本教材获得复旦大学“双一流”建设项目

“七大系列精品教材”建设计划资助

商务印书馆（上海）有限公司 出品
The Commercial Press (Shanghai) Co. Ltd.

复旦哲学·教材系列

# 中国哲学史史料学

何 俊 编著

商务印书馆
创于1897 The Commercial Press

**图书在版编目（CIP）数据**

中国哲学史史料学 / 何俊编著. — 北京：商务印书馆，2025. —（复旦哲学）.— ISBN 978 − 7 − 100 − 24638 − 5

Ⅰ. B2

中国国家版本馆CIP数据核字第20240JY292号



**中 国 哲 学 史 史 料 学**

何 俊 编著

商 务 印 书 馆 出 版

（北京王府井大街36号 邮政编码 100710）

商 务 印 书 馆 发 行

北京盛通印刷股份有限公司印刷

ISBN 978 − 7 − 100 − 24638 − 5

2025年8月第1版 开本 710×1000 1/16

2025年8月第1次印刷 印张 30

定价：108.00元

## 复旦哲学·教材系列

# 目　录

# 第一讲
# 导论

中国哲学史史料学主要讲解中国哲学史的史料来源与运用。为了更好地理解中国哲学史的史料，有必要简单说明一下哲学、哲学史，以及中国哲学史。

# 一、哲学与哲学史

现代中国的知识系统是二十世纪初以来建立起来的，与传统中国的知识系统完全不同。传统中国的知识系统主要是经史子集的四部之学，以及佛教与道教的知识与理论，现代中国的知识系统最初是经过日本转输入的西方知识系统，主要是理工农医文商法的七科之学，然后逐渐分解演化发展成现在的知识系统。

除了新的知识增长及其带来的分类细化，从知识的基本界定与分类上讲，尽管传统中国也有诸如农学、医学这样的知识门类，但与现代中国知识系统中的相关知识门类仍然是存在着某种区别的。另一方面，相比于其它学科，比如人文学科中的文学、史学、艺术学、宗教学，哲学又有更显著的特殊性，即传统中国的知识系统中没有“哲学”。虽然传统中国的知识系统中有近似于西方哲学的易学、义学、道学、理学等，但它们与西方哲学相比较，所异远大于所同。因此，中国哲学基本上是一个依据西方的哲学概念与形态而建构起来的学科。

西方关于哲学的界定，以及呈现出的知识形态是多样的。西方哲学起源于希腊，希腊语的哲学语义是“爱智慧”，但其内涵无疑是丰富的，而且随时代而变化，哲学是在哲学史中展开并得以形成的。更为重要的是，虽然哲学也提供某种知识，但哲学的性质更是表现为对知识的拷问和对真理的探索。这种拷问与探索，固然也呈现出对知识与真理的确认，但更重要的是呈现为过程本身。因此，无论就西方哲学实际的展开过程，还是哲学自身的性质，要真正理解与把握哲学，都必须通过哲学史。在这个意义上讲，哲学等于哲学史。

在西方的知识系统中，哲学与哲学史都是内生的概念，因此它们的呈现无论具有怎样的异相，都不足以动摇自身的正当性，相反更足以成为自身传统的丰富性的表征。但是，中国哲学既然完全是仿照西方哲学建构起来的，而哲学等于哲学史，那么当以西方哲学史为原型去透视传统中国的知识系统时，自然很难找到与西方哲学史所呈现的哲学形态完全相同的知识表达。这意味着，尽管中国哲学仿照于西方哲学而建构，但在哲学等于哲学史的观念指引下，进入中国哲学史的梳理时，便面临着截然不同的情状。因为历史虽然通过重述而呈现，但重述本身就表征了历史具有先在性。如果以外来的模型去删选历史中的事物，那么出现空白是完全可能的；哲学既然不是传统中国知识系统固有的知识形态，中国哲学史的梳理自然会出现困难，故而有所谓中国哲学合法性的争论。或者，比附于西方而梳理出来的哲学史，往往似是而非，比如将明清之际的中国哲学比拟于西方的启蒙思想。

## 二、中国哲学史及其史料

梳理中国哲学史，固然应该借镜于西方哲学与哲学史，但更应该取其精神内核而超越知识形态。就知识的形态而言，西方哲学史所呈现出的哲学恰恰也是变动的；而就哲学的精神内核而言，对知识的拷问与真理的探索，乃至概之以对存在的思考与精神的反思，同样始终弥散与贯穿在传统中国的知识系统中。中国哲学史的梳理需要立足于传统中国的知识系统，这不仅决定于中国哲学史作为历史的先在性，在梳理上具有更好的操作性，而且更在于中国哲学史的梳理最终是中国的哲学呈现，而不是西方哲学在传统中国的表达。

传统中国的知识系统是经史子集的四部之学，附之以佛教与道教的知识与理论。这一知识系统的形成、完型、展开与传统中国相始终，在漫长的历史过程中，它虽然极大地受到了朝代盛衰兴替的影响，但更受到整个传统中国的经济、政治、社会、文化的影响，从而具有自身的历史演进轨迹，并不完全与朝代史同步。因此，中国哲学史及其史料的梳理与选取，既与传统中国的知识系统存在横断面的密切关系，又与这一知识系统的长时段历史演进具有纵向的密切关系。当然，作为中国哲学史史料学，本课程虽然会基于中国哲学史的认识，但重心显然不在哲学史本身的梳理，而在史料的选取。

除了基于传统中国的知识系统而展开的中国哲学史及其史料以外，佛教的传入对于中国哲学史及其史料的构成产生了深刻的影响。这种影响不仅是佛教以及随之而起的道教直接构成了中国哲学史的重要组成部分，而且是佛、道两教促使儒家哲学从内容到形式都产生了根本性的改变。

综合上述，中国哲学史的史料呈现出迥异于西方哲学史史料的特征。择其显明者略加说明。首先，经传构成了中国哲学史的一个史料主线。不仅是《六经》本身成为中国哲学最重要的史料，而且对《六经》的传注也成为史料的重要部分。这一现象所带来的复杂性在于，《六经》本身的哲学与传注所表达的哲学是交错在一起的，需要在使用史料时有自觉的分疏。此外，虽然以《六经》经传说明这一特征，但这一特征并不限于《六经》，而且呈现于包括《四书》、诸子、佛道在内的几乎整个中国哲学史中。其次，构成中国哲学史史料重心的诸子在内容与形式上都不完全是西方意义上的哲学。诸子针对的问题是自身所面对的问题，而其回应的方式也是自己的知识传统中的形式，与西方哲学具有明显的不同，需要在史料研读中细加体会。最后，与西方哲学呈现为专门的哲学著作不同，中国哲学除了上述的经传与诸子两个部分以外，大量的哲学史料分散于史籍、文集、语录中，需要用心采集。

## 三、本课程的目标与安排

课程的教学目标照理应该具有完整性，但由于哲学史的认识是在与当下哲学的研究的互动中不断变化的，因此哲学史史料的完整性只是一个相对的概念。本课程将中国哲学史的下限定为二十世纪以前，在实现史料的基本完整性的基础上，本课程的教学目标主要有二：

第一，实用性。史料学不是一门理论课，而是一门应用课。由于传统中国的知识系统没有哲学的门类，因此中国哲学史的史料分散于传统的知识系统中，学生如何在基本了解传统的知识系统的基础上，有效地找到想要研读的史料，这是本课程希望达到的主要目标。

第二，亲切感。史料本身是比较陌生的，对于本科生甚至是枯燥的，但如果为了逃避这种陌生与枯燥，流于一般的介绍讲解，那么学生将始终与史料处于疏离的状态。因此如何使学生在了解史料的基本情况的基础上，通过直接研读史料，从而与史料建立起亲切感，这是本课程希望达到的另一个主要目标。

基于这样的目标设定，本课程的内容安排大致分四个部分：一、首先通过传统目录学的概略性讲解，说明传统中国的知识系统及其演化，然后进入知识系统本身，按经传、诸子、史籍、文集的顺序，从哲学的视角进行哲学史史料的说明。二、基于佛教对于中国哲学史产生的深远影响，以及佛教本身构成中国哲学史的重要组成部分，因此佛教以及道教的哲学史史料将成为一个内容。三、宋代以后受佛道影响而衍生出的中国哲学，在史料形式上发生了一些重要变化，虽然它们都被安顿在传统的知识系统中，但将它们专门进行讲解，应该是非常有益的。四、除了上述以外，传统中国的书籍编刻还有类书、丛书的形式，虽然这些著作大部分不构成哲学史的研究对象，但史料价值仍然是有的。当然，出土文献与域外新见史料总是具有最新价值的史料。不过，对于本科教学而言，传世基本史料的掌握永远是最重要的。同样，数字资源的使用在史料上也越来越显重要，而当代学生对此技术的掌握往往超过前人，但真正用好数字资源仍然依赖于对基本史料的充分掌握，以及相应的研究水准。

此外，本课程在进行讲解的同时，附以史料的直接研读。因此，在整个课程的十六讲中，每讲都附有相关的研读材料，这些材料有些会直接在课堂教学中进行研读，有些则留待学生于课外作延伸研读。当然，本课程的教学目标是引导学生了解中国哲学史史料的基本情况，掌握史料的搜寻与基本运用，史料的深度分析不是主要目的，课堂教学中的史料研读主要是为了培养学生对于史料的感性认识。

与此后十五讲完全是关于中国哲学史的史料相区别，作为首讲的导论是从哲学与哲学史讲起，由前所述，相关内容与西方哲学与哲学史具有密切的关系，所以这讲所附的研读资料就几乎不涉及史料，而是附录了西方关于哲学与哲学史的材料，以及中国哲学史建构初期的材料，作为学生进入本课程的知识背景。

## 思考题

1. 哲学与哲学史是怎样的关系？
2. 西方哲学与中国哲学的历史阶段可以如何对比？

## 【阅读材料】

### 一、罗素《西方哲学史》绪论[1]

我们所说的“哲学的”人生观与世界观乃是两种因素的产物：一种是传统的宗教与伦理观念，另一种是可以称之为“科学的”那种研究，这是就科学这个词的最广泛的意义而言的。至于这两种因素在哲学家的体系中所占的比例如何，则各个哲学家大不相同；但是唯有这两者在某种程度上同时存在，才能构成哲学的特征。

哲学这个词曾经被人以各种方式使用过，有的比较广泛，有的则比较狭隘。我是在一种很广泛的意义上使用这个词的，现在就把这一点解释一下。

哲学，就我对这个词的理解来说，乃是某种介乎神学与科学之间的东西。它和神学一样，包含着人类对于那些迄今仍为确切的知识所不能肯定的事物的思考；但是它又象科学一样是诉之于人类的理性而不是诉之于权威的，不管是传统的权威还是启示的权威。一切确切的知识——我是这样主张的——都属于科学；一切涉及超乎确切知识之外的教条都属于神学。但是介乎神学与科学之间还有一片受到双方攻击的无人之域；这片无人之域就是哲学。思辨的心灵所最感到兴趣的一切问题，几乎都是科学所不能回答的问题；而神学家们的信心百倍的答案，也已不再象它们在过去的世纪里那么令人信服了。世界是分为心和物吗？如果是这样，那么心是什么？物又是什么？心是从属于物的吗？还是它具有独立的能力呢？宇宙有没有任何的统一性或者目的呢？它是不是朝着某一个目标演进的呢？究竟有没有自然律呢？还是我们信仰自然律仅仅是出于我们爱好秩序的天性呢？人是不是天文学家所看到的那种样子，是由不纯粹的碳和水化合成的一块微小的东西，无能地在一个渺小而又不重要的行星上爬行着呢？还是他是哈姆雷特所看到的那种样子呢？也许他同时是两者吗？有没有一种生活方式是高贵的，而另一种是卑贱的呢？还是一切的生活方式全属虚幻无谓呢？假如有一种生活方式是高贵的，它所包含的内容又是什么？我们又如何能够实现它呢？善，为了能够值得受人尊重，就必须是永恒的吗？或者说，哪怕宇宙是坚定不移地趋向于死亡，它也还是值得加以追求的吗？究竟有没有智慧这样一种东西，还是看来仿佛是智

1 〔英〕罗素著，何兆武、李约瑟译：《西方哲学史》上卷，北京：商务印书馆，1963年，第11—23页。

慧的东西，仅仅是极精炼的愚蠢呢？对于这些问题，在实验室里是找不到答案的。各派神学都曾宣称能够做出极其确切的答案，但正是他们的这种确切性才使近代人满腹狐疑地去观察他们。对于这些问题的研究——如果不是对于它们的解答的话，——就是哲学的业务了。

你也许会问，那末为什么要在这些不能解决的问题上面浪费时间呢？对于这个问题，我们可以以一个历史学家的身分来回答，也可以以一个面临着宇宙孤寂的恐怖感的个人的身分来回答。

历史学家所作的答案，在我力所能及的范围内，将在本书内提出来。自从人类能够自由思考以来，他们的行动在许多重要方面都有赖于他们对于世界与人生的各种理论，关于什么是善什么是恶的理论。这一点在今天正象在已往任何时候是同样地真确。要了解一个时代或一个民族，我们必须了解它的哲学；要了解它的哲学，我们必须在某种程度上自己就是哲学家。这里就有一种互为因果的关系，人们生活的环境在决定他们的哲学上起着很大的作用，然而反过来他们的哲学又在决定他们的环境上起着很大的作用。这种贯穿着许多世纪的交互作用就是本书的主题。

然而，也还有一种比较个人的答案。科学告诉我们的是我们所能够知道的事物，但我们所能够知道的是很少的；而我们如果竟忘记了我们所不能知道的是何等之多，那末我们就会对许多极重要的事物变成麻木不仁了。另一方面，神学带来了一种武断的信念，说我们对于事实上我们是无知的事物具有知识，这样一来就对于宇宙产生了一种狂妄的傲慢。在鲜明的希望与恐惧之前而不能确定，是会使人痛苦的；可是如果在没有令人慰藉的神话故事的支持下，我们仍希望活下去的话，那末我们就必须忍受这种不确定。无论是想把哲学所提出的这些问题忘却，还是自称我们已经找到了这些问题的确凿无疑的答案，都是无益的事。教导人们在不能确定时怎样生活下去而又不致为犹疑所困扰，也许这就是哲学在我们的时代仍然能为学哲学的人所做出的主要事情了。

与神学相区别的哲学，开始于纪元前六世纪的希腊。在它经过了古代的历程之后，随着基督教的兴起与罗马的灭亡，它就又浸没于神学之中。哲学的第二个伟大的时期自十一世纪起至十四世纪为止，除了象皇帝弗里德里希二世（1195—1250）那样极少数的伟大的叛逆者而外，是完全受天主教会支配着的。这一时期以种种混乱而告结束，宗教改革就是这些混乱的最后结果。第三个时期，自十七世纪至今天，比起前两个时期的任何一个来，更受着科学的支配；传统的宗教信仰仍占重要地位，但却感到有给自己作辩护的必要了；而每当科学似乎是使改造成为必要的时候，宗教信仰总是会被改造的。这一时期很少有哲学家在天主教立场上是正统派，而且在他们的思想里世俗的国家也要比教会重要得多。

社会团结与个人自由，也象科学与宗教一样，在一切的时期里始终是处于一种冲突状态或不安的妥协状态。在希腊，社会团结是靠着对城邦的忠诚而得到保证的；即使是亚里士多德（虽则在他那时候亚力山大正在使得城邦成为过时的陈迹），也看不出任何其他体制能有更多的优点。个人自由因个人对城邦的责任而被缩减的程度，是大有不同的。在斯巴达，个人所享有的自由要和在现在的德国或俄国一样地少；在雅典，则除了有时候有迫害而外，公民在最好的时代里曾享有过不受国家所限制的极大的自由。希腊思想直到亚里士多德的时代为止，一直为希腊人对城邦的宗教热诚与爱国热诚所支配；它的伦理体系是适应于公民们的生活的，并且有着很大的政治成份在内。当希腊人最初臣服于马其顿人，而后又臣服于罗马人的时候，与他们独立的岁月相适应的那些概念就不能再适用了。这就一方面，由于与传统断绝而丧失了蓬勃的生气，而另一方面又产生了一种更为个人化的、更缺少社会性的伦理。斯多葛派认为有德的生活乃是一种灵魂对上帝的关系，而不是公民对国家的关系。这样他们便为基督教准备了道路，因为基督教和斯多葛主义一样，起初也是非政治性的，在它最初的三个世纪里，它的信徒们都是对政府毫无影响的。从亚力山大到君士坦丁的六个半世纪里，社会团结既不是靠哲学，也不是靠古代的忠诚，而是靠强力，最初是靠军队的强力，尔后则是靠行政机构的强力，才获得保障的。罗马军队、罗马道路、罗马法与罗马官吏首先创立了，随后又维系了一个强大的中央集权的国家。没有什么是可以归功于罗马哲学的，因为根本就没有什么罗马哲学。

在这个漫长的时期里，从自由的时代所继承下来的希腊观念经历了一番逐渐转化的过程。某些古老的观念，尤其是那些我们认为最富于宗教色彩的观念，获得了相对的重要性；而另外那些更富理性主义色彩的观念则因为它们不再符合时代的精神，就被人们抛弃了。后来的异教徒们就是以这种方式整理了希腊的传统，使它终于能够被吸收到基督教的教义里来。

基督教把一个早已为斯多葛派学说所包含了的、然而对古代的一般精神却是陌生的重要见解给普及化了。我指的就是认为一个人对上帝的责任要比他对国家的责任更为必要的那种见解。象苏格拉底和使徒们所说的“我们应该服从神更甚于服从人”的这种见解，在君士坦丁皈依基督教以后一直维持了下来，因为早期基督徒的皇帝们都是阿利乌斯教派倾向于阿利乌斯主义。当皇帝变成了正统的教徒以后，这种见解就中断了。在拜占廷帝国它却仍然潜存着，正如后来它在俄罗斯帝国一样，俄罗斯帝国的基督教本是从君士坦丁堡传来的[1]。但是在西方，天主教的皇帝们几乎是立即（除了高卢的某几部分而外）就被异教徒的蛮人征服者所取而代之，于是宗教忠贞应优越于政治忠贞的思想就保存了下来，而且在某种程度上迄今依然保存着。

野蛮人的入侵中断了西欧文明达六个世纪之久。但它在爱尔兰却不绝如缕，直到九世纪时丹麦人才摧毁了它；在它灭亡之前它还在那里产生过一位出色的人物，即司各脱·厄里根纳。在东罗马帝国，希腊文明以一种枯朽的形式继续保存下去，好象在一所博物馆里面一样，一直到1453年君士坦丁堡的陷落为止。然而除了一种艺术上的传统以及查士丁尼的罗马法典而外，世界上并没有什么重要的东西是出自君士坦丁堡的。

在黑暗时代，自五世纪末叶至十一世纪中叶，西罗马世界经历了一些非常有趣的变化。基督教所带来的对上帝的责任与对国家的责任两者之间的冲突，采取了教会与国王之间的冲突的形式。教皇的教权伸展到意大利、法国与西班牙、大不列颠与爱尔兰、德国、斯堪的那维亚与波兰。起初，除了在意大利和法国南部以外，教皇对于主教们和修道院长们的控制力量本是很薄弱的；但自从格雷高里第七的时代（十一世纪末）以来，教皇对他们就有了实际而有效的控制力量。从那时候起，教士在整个西欧就形成一个受罗马指挥的单一组织，巧妙地而又无情地追逐着权势；一直到公元1300年以后，他们在与世俗统治者的斗争之中通常总是胜利的。教会与国家之间的冲突不仅是一场教士与俗人的冲突。同时也是一场地中海世界与北方蛮族之间的冲突的重演。教会的统一就是罗马帝国统一的反响；它的祷文是拉丁文，它的首脑人物主要是意大利人西班牙人和南部法国人。他们的教育（当教育恢复起来之后）也是古典的；他们的法律观念和政府观念在马尔库斯·奥勒留皇帝看来要比近代的君主们看来恐怕更容易理解。教会同时既代表着对过去的继续，又代表着当时最文明的东西。

---

1　这就是为什么现代的俄国人认为我们不应该服从辩证唯物主义有甚于我们应该服从斯大林。

反之，世俗权力则掌握在条顿血统的王侯们的手中，他们企图尽力保持他们从日耳曼森林里所带出来的种种制度。绝对的权力与这些制度是格格不入的；对于这些生气勃勃的征服者们说来显得是既沉闷而又毫无生气的那些法律制度，情形也是如此。国王必须和封建贵族分享自己的权力，但是大家都希望不时地可以采取战争、谋杀、掠夺或者奸淫的形式以发泄激情。君主们也可以忏悔，因为他们衷心里是虔敬的，而且忏悔本身毕竟也是激情的一种形式。可是教会却永远也不能使他们有近代雇主所要求于，而且通常可以获得于他的雇工们的那种循规蹈矩的良好品行。当精神激动的时候，如果他们不能喝酒、杀人、恋爱，那末征服全世界又有什么用呢？而且他们有勇敢的骑士队伍，为什么要听命于发誓独身而又没有兵权的书呆子呢？尽管教会不同意，他们仍然保存着决斗和比武的审判方法，而且他们还发展了马上比武和献殷勤的恋爱。有时候，他们甚至一阵狂暴发作还会杀死显赫的教士。

所有的武装力量都在国王这方面，然而教会还是胜利的。教会获得胜利，部分地是因为它几乎享有教育的独占权，部分地是因为国王们彼此经常互相作战；但是除了极少数的例外，主要地却是因为统治者和人民都深深地相信教会掌握着升天堂的钥匙的权力。教会可以决定一个国王是否应该永恒地升天堂还是下地狱；教会可以解除臣民们效忠的责任，从而就可以鼓动反叛。此外，教会还代表着足以代替无政府状态的秩序，因而就获得了新兴的商人阶级的支持。尤其在意大利，这最后的一点是有决定意义的。

条顿人至少要保持教会一部分的独立性的企图，不仅表现在政治上，也表现在艺术、传奇、骑士道和战争上。但这一点却很少表现在知识界，因为教育差不多是完全限于教士阶级的。中古时代所公开表现出来的哲学并不就是一面精确的时代镜子，而仅是一党一派的思想镜子。然而，就在教士里面——尤其是弗兰西斯教团的修道士们——却有相当数目的人，为了各种原因，是和教皇有分歧的。此外，在意大利，文化传播到俗人方面来要比在阿尔卑斯以北早上好几个世纪。弗里德里希第二曾试图建立一种新宗教，这代表着反教廷文化的极端；而托马斯·阿奎那诞生于弗莱德利克第二具有无上权威的那不勒斯王国，却直到今天始终是教廷哲学的典型阐扬者。大约五十年之后，但丁成就了一套综合，并且给整个的中古观念世界做出了唯一的一套均衡的发挥。

但丁以后，由于政治上的以及理智上的种种原因，中古哲学的综合便破灭了。当中古哲学存在的时候，它具有一种整齐而又玲珑完整的性质，这个体系所论述到的任何一点都是和它那极其有限的宇宙中的其他内容摆在一个非常精确的关系之上的。但是宗教大分裂、宗教大会运动以及文艺复兴的教廷终于导向宗教改革，宗教改革便摧毁了基督教世界的统一性以及经院学者以教皇为中心的政府理论。在文艺复兴时代，新的知识，无论是关于古代的或是关于地球表面的，都使人厌倦于理论体系；人们感到理论体系是座心灵的监狱。哥白尼天文学赋给地球的地位与人类的地位，远比他们在托勒密的理论中所享有的地位要卑微得多。在知识分子中间，对新事物的乐趣代替了对于推理、分析、体系化的乐趣；虽然在艺术方面文艺复兴仍然崇尚整齐有序，但是在思想方面它却喜欢大量而繁富的混乱无章。在这方面，蒙台涅是这一时代最典型的代表人物。

在政治理论方面，正象除了艺术而外的任何其他事物一样，也发生了秩序的崩溃。中世纪，虽然事实上是动荡不宁的，但在思想上却被一种要求合法性的热情、被一种非常严谨的政权理论所支配着。一切权力总归是出自上帝；上帝把神圣事物的权力交给了教皇，把俗世事情的权力交给了皇帝。但在十五世纪，教皇和皇帝同样地都丧失了自己的重要性。教皇变成了仅仅是意大利诸侯的一员，他在意大利的强权政治里面从事于种种令人难以置信的复杂而又无耻的勾当。在法国、西班牙和英国，新的君主专制的民族国家在他们自己的领土上享有的权力，是无论教皇或者皇帝都无力加以干涉的。民族国家，主要是由于有了火药的缘故，对人们的思想和感情获得了一种前所未有的影响，并且渐次地摧毁了罗马所遗留下来的对于文明统一性的信念。

这种政治上的混乱情形在马基雅弗利的《君王论》一书中得到了表现。政治已没有任何指导的原则，而变成为赤裸裸的争夺权力了；至于怎样才能把这种赌博玩得很成功，《君王论》一书也提出了很精明的意见。在希腊的伟大时代里出现过的事，再一次出现于文艺复兴的意大利：传统的道德束缚消失了，因为它们被人认为是与迷信结合在一起的；从羁绊中获得的解放，使得个人精力旺盛而富于创造力，从而便产生了极其罕见的天才的奔放；但是由于道德败坏而不可避免地造成的无政府状态与阴谋诡诈，却使得意大利人在集体方面成为无能的了，于是他们也象希腊人一样，倒在了别的远不如他们文明、但不象他们那样缺乏社会团结力的民族的统治之下了。

然而结局并不象在希腊那么惨重，因为许多新的强而有力的民族表现出来他们自己也象意大利人已往那样地能够有伟大的成就，只有西班牙是例外。

从十六世纪以后，欧洲思想史便以宗教改革占主导地位。宗教改革是一场复杂的多方面的运动，它的成功也要归功于多种多样的原因。大体上，它是北方民族对于罗马东山再起的统治的一种反抗。宗教曾经是征服了欧洲北部的力量，但是宗教在意大利已经衰颓了：教廷作为一种体制还存在着，并且从德国和英国吸取大量的贡赋，但是这些仍然虔诚的民族却对于波尔嘉家族和梅狄奇家族不能怀有什么敬意，这些家族借口要从炼狱里拯救人类的灵魂，而收敛钱财大肆挥霍在奢侈和不道德上。民族的动机、经济的动机和道德的动机都结合在一起，就格外加强了对罗马的反叛。此外，君王们不久就看出来，如果他们自己领土上的教会完全变成为本民族的，他们便可以控制教会；这样，他们在本土上就要比以往和教皇分享统治权的时候更加强而有力。由于这一切的原因，所以路德的神学改革在北欧的大部分地区，既受统治者欢迎，也受人民欢迎。

天主教教会有三个来源：它的圣教历史[1]是犹太的，它的神学是希腊的，它的政府和教会法，至少间接地是罗马的。宗教改革摒除了罗马的成份，冲淡了希腊的成份，但是大大地加强了犹太的成份。它就这样和民族主义的力量展开了合作。这些民族主义的力量正在摧毁着最初由罗马帝国而后又被罗马教会所造成的那种社会团结的成果。在天主教的学说里，神圣的启示并不因为有圣书而结束，而是一代一代地通过教会的媒介继续传下来的；因此，个人的意见之服从于教会，就成为每个人的责任。反之，新教徒则否认教会是传达启示的媒介；真理只能求之于圣经，每一个人都可以自己解释圣经。如果人们的解释有了分歧，那末也并没有任何一个由神明所指定的权威可以解决这种分歧。实际上国家已经要求着曾经是属于教会的权利了，但这乃是一种篡夺。在新教的理论里，灵魂与上帝之间是不该有任何尘世的居间人的。

这一变化所起的作用是极其重大的。真理不再需要请权威来肯定了，真理只需要内心的思想来肯定。于是很快地就发展起来了一种趋势，在政治方面趋向于无政府主义，而在宗教方面则趋向于神秘主义。这和天主教的正统体系始终是难于适应的。这

1 指圣经中所记述的历史。——译者

时出现的并不只是一种新教而是许多的教派；不是一种与经院派相对立的哲学而是有多少位哲学家就有多少种哲学；不是象在十三世纪那样，有一个皇帝与教皇相对立，而是有许许多多的异端的国王。结果无论在思想上还是在文学上，就都有着一种不断加深的主观主义；起初这是作为一种从精神奴役下要求全盘解放的活动，但它却朝着一种不利于社会健康的个人孤立倾向而稳步前进了。

近代哲学始于笛卡儿，他基本上所肯定为可靠的就是他自己和他的思想的存在，外在世界是由此而推出来的。这只是那个通过贝克莱、康德直到费希特的总的发展过程的第一个阶段。到了费希特遂认为万物都只是自我的流溢。这是不健康的；从此之后，哲学一直在企图从这种极端逃到日常生活的常识世界里去。

政治上的无政府主义和哲学上的主观主义携手并进。早在路德在世的时候，就有些不受欢迎又不被承认的弟子们已经发展了再洗礼的学说了，这种学说有一个时期统治了闵斯特城。再洗礼派摒弃一切的法律，因为他们认为好人是无时无刻不被圣灵所引导的，而圣灵又是不可能受任何公式的束缚的。从这个前提出发，他们就达到了共产主义与两性杂交的结论；因此，他们在经过一段英勇抗抵之后终于被人消灭了。但是他们的学说却采取了更柔和的形式而流传到荷兰、英国和美国；这就是历史上贵格会的起源。在十九世纪又产生了另一种形式更激烈的、已经和宗教不再有联系的无政府主义。在俄国、在西班牙、以及较小的程度上也在意大利，它都有过相当的成功；并且直到今天，它在美国移民当局的眼里还是个可怕的怪物。这种近代的形式虽然是反宗教的，但是仍然具有很多的早期新教的精神；它的不同点主要就在于把路德针对着教皇的那种仇恨转过来针对着世俗的政府。

主观主义一旦脱缰之后，就只能一泻到底而不能再被束缚于任何的界限之内。新教徒在道德上之强调个人的良心，本质上乃是无政府主义的。但习惯与风俗却是如此之有力，以致于除了象闵斯特那样暂时的爆发而外，个人主义的信徒们在伦理方面仍然是按照传统所认为的道德方式来行动，但这是一种不稳定的平衡。十八世纪的“感性”崇拜开始破坏了这种平衡：一种行为之受到赞美并不是因为它有好结果或者因为它与一种道德教条相符合，而是因为它有那种把它激发起来的情操。从这种态度就发展了象卡莱尔和尼采所表现的那种英雄崇拜，以及拜伦式的对于任何激情的崇拜。

浪漫主义运动在艺术上、在文学上以及在政治上，都是和这种对人采取主观主义的判断方式相联系着的，亦即不把人作为集体的一个成员而是作为一种美感上的愉悦的观照对象。猛虎比绵羊更美丽，但是我们宁愿把它关在笼子里。典型的浪漫派却要把笼子打开来，欣赏猛虎消灭绵羊时那幕壮丽的纵身一跃。他鼓励着人们想象他们自己是猛虎，可是如果他成功的话，结果并不会是完全愉快的。

针对着近代主观主义的比较不健康的形式，曾经出现过各种不同的反应。首先是一种折衷妥协的哲学，即自由主义的学说，它企图给政府和个人指定其各自的领域。这种学说的近代形式是从洛克开始的，洛克对于“热情主义”——即再洗礼派的个人主义——和对于绝对的权威以及对传统的盲目服从，是同样地反对的。另一种更彻底的反抗则导致了国家崇拜的理论，这种理论把天主教所给予教会，甚至于有时候是给予上帝的那种地位给了国家。霍布斯、卢梭和黑格尔代表了这种理论的各个不同方面，而他们的学说在实践上就体现为克伦威尔、拿破仑和近代的德国。共产主义在理论上是和这些哲学距离得非常遥远的，但是在实践上也趋向于一种与国家崇拜的结果极其相似的社会形态。

自从公元前600年直到今天这一全部漫长的发展史上，哲学家们可以分成为希望加强社会约束的人与希望放松社会约束的人。与这种区别相联系着的还有其他的区别。纪律主义分子宣扬着某种或新或旧的教条体系，并且因此在或多或少的程度上就不得不仇视科学，因为他们的教条并不能从经验上加以证明。他们几乎总是教训人说，幸福并不就是善，而惟有“崇高”或者“英雄主义”才是值得愿望的。他们对于人性中的非理性的部分有着一种同情，因为他们感到理性是不利于社会团结的。另外一方面，则自由主义分子，除了极端的无政府主义者而外，都倾向于科学、功利与理性而反对激情，并且是一切较深刻形式的宗教的敌人。这种冲突早在我们所认为的哲学兴起之前就在希腊存在着了，并且在早期的希腊思想中已经十分显著。它变成为各种形式，一直持续到今天，并且无疑地将会持续到未来的时代。

很显然，在这一争论中——就象所有经历了漫长时期而存留下来的争论一样——每一方都是部分正确的而又部分错误的。社会团结是必要的，但人类迄今还不曾有过单凭说理的论辩就能加强团结的事。每一个社会都受着两种相对立的危险的威胁：一方面是由于过分讲纪律与尊敬传统而产生的僵化，另一方面是由于个人主义与个人独立性的增长而使得合作成为不可能，因而造成解体或者是对外来征服者的屈服。一般说来，重要的文明都是从一种严格和迷信的体系出发，逐渐地松弛下来，在一定的阶段就达到了一个天才辉煌的时期；这时，旧传统中的好东西继续保存着，而在其解体之中所包含着的那些坏东西则还没有来得及发展。但是随着坏东西的发展，它就走向无政府主义，从而不可避免地走向一种新的暴政，同时产生出来一种受到新的教条体系所保证的新的综合。自由主义的学说就是想要避免这种无休止的反复的一种企图。自由主义的本质就是企图不根据非理性的教条而获得一种社会秩序，并且除了为保存社会所必须的束缚而外，不再以更多的束缚来保证社会的安定。这种企图是否可以成功，只有未来才能够断定了。

## 二、黑格尔《哲学史讲演录》导言（节选）[1]

（三）哲学史与哲学本身的进一步比较

我们可以把那分布在时间内的全部财富变成自己所有，并指出一系列的哲学如何就是哲学这门学问之自身的系统化。我们也许会以为，哲学在理念阶段上发展的次序与它在时间上出现的次序是不一致的。但大体上这次序是相同的。在这里只须指出一个区别：那初期开始的哲学思想是潜在的、直接的、抽象的、一般的，亦即尚未高度发展的思想。而那较具体较丰富的总是较晚出现；最初的也就是内容最贫乏的。这种看法似乎与我们最通常的观念相违反。但哲学的观念常常正是通常观念的反面；而我们通常所假想的观念每每发现与事实不符。我们可以这样想：那最初出现的是具体的。譬如，当一个儿童的本性尚在原始的完整状态时，我们可以说他是较成人更具体的。成人受了限制，已不复有这种浑朴的完整性，我们会以为他过的生活较儿童生活更为抽象。成人的行为有一定的目的，没有全心全意去作一件事，而分裂成一些抽象的个别目标。反之，儿童、青年人却用全部心情去行动。在他们，情感、直观是第一的，思想是最后的。看起来似乎情感较之思想，较之抽象的、普遍性的活动又更为具体。但事实上恰好与此相反。感性意识一般地诚然是较为具体，虽说在思想方面最贫乏，但在内容方面却最丰富。因此我们必须把自然的具体性与思想的具体性加以区别，而思想的具体性方面却又最缺乏感性。儿童也可说是最抽象、最缺乏思想的人。与自然的具体性相比较，成人是抽象的。但就思想的具体性言，他却较儿童更为具体。成人的

---

1 〔德〕黑格尔著，贺麟、王太庆译：《哲学史讲演录》卷一，北京：商务印书馆，1959年，第43—110页。

目的在处理一般事务时无疑地是抽象的，譬如维持他的家庭，履行他的职务，但他却在贡献他的力量于一个客观的有机的全体，应付这全体，推进这全体。而在儿童的行为里却只有一个幼稚的、一时的“自我”，所以在少年人的行为里，主要的原则只是主观的天性和散漫无目标。由此足见，科学［的思想］较［感性的］[1] 直观更为具体。

应用这种说法来看各种形态的哲学，第一个结论是：最初期的哲学是最贫乏最抽象的哲学。在这些哲学里面，理念得着最少的规定，它们只停滞在一般的看法上，没有充实起来。我们必须认清这点，才可不至于在古代哲学里面去寻找较多于所应找得到的东西。因此我们无须乎要求古代哲学具有一些属于较深刻意识的概念。譬如，有人提出这样的问题：究竟泰利士的哲学是有神论还是无神论呢？[2] 究竟他相信有人格的神，还只是持一个无人格的普遍的本质之说呢？这问题就涉及了最高理念之主观性格，上帝之人格性的概念。像我们所了解的这样的主观性，乃是个远为丰富，远为集中，也就是很晚出的一个概念，这在古代一般是找不到的。在幻想和表象里、希腊的诸神诚然是有人格的，一如犹太教所信奉的一神是有人格的。但是，想像里的表象是很不同于纯粹思想和概念的理解的。如果我们以较深的观念作为衡量基础，那么，无疑地古代哲学可以正确地说是无神论。但这种说法同时也是错误的，因为初期的思想还没有发展到我们现在所达到的阶段。深度似乎是指内涵而言。但精神的内涵愈丰，则它外延愈广，愈能发挥其自身于外。所谓“较大的”这里是指对立、分离的强度而言。较大的力量方可克服较大的分离。

从上面这种结论就可看到，既然发展的推进即是更进一步的规定，而更进一步的规定即是深入理念本身，所以最晚出的、最年轻的、最新近的哲学就是最发展、最丰富、最深刻的哲学。在这里面，凡是初看起来好像是已经过去了的东西，被保存着，被包括着，——它必须是整个历史的一面镜子。开始的即是最抽象的，即因为它只是一种萌芽，它自身尚没有向前进展。由这种向前进展的过程所达到的最后的形态，作为一种进一步的规定而出现，当然是最具体的。首先须指明，这不是狂妄地对我们自己时代的哲学引为骄傲，因为这全部陈述的精神，就在于认识到：时间较晚的进一步发挥出来的哲学乃是思维精神的先行工作所获得的主要结果；它为较早的观点驱迫着

1 据荷夫麦斯特本，第一四一页增补。——译者

2 弗拉特：“论米利都人泰利士的有神论”，一七八五年图宾根版，第四页。

前进，并不是孤立地自己生长起来的。

还有一点须记得的，即我们用不着迟疑去说出，这个看法的本质所包含的意思，即在最新的哲学里所把握着的和所发挥出来的理念将是最发展的、最丰富的、最深邃的。我提出这点来说，因为新哲学、最新的哲学、全新的哲学已经成为很流行的徽号。那些以为使用这些徽号能够表示某种意义的人，就随他们的高兴，可以很容易地，在许多哲学中，要贬斥谁就贬斥谁，要推崇谁就推崇谁，不仅把每一个流星，甚至把每一枝烛光都当作太阳来看待，或者把每一个通俗的空论，也高叫作哲学，因而以此为根据来证明：这里有这样多的哲学，每天都有一个哲学挤掉昨天的哲学。这样他们就同时寻得了一个范畴，可以把一个似将获得重要性的哲学放进去，——凭藉这个范畴他们立刻就把它处理了，他们把它叫做“时髦哲学”，而轻蔑地一概不予理会。

当人们的精神在不断地更新地严肃地追求更高的形式，
你却轻蔑地叫它做“时髦”。

第二条结论关涉到对于古代哲学的研究。上面这种对于哲学史的发展的看法，还可以使我们不要动辄去责备过去的一些哲学家，假如我们在他们的哲学里面找不着在他们的文化水平里尚没有出现的思想。同时复可以使我们不致妄加一些结论和论断给过去的哲学家，这些结论和论断他们从没有做过，也从没有想到过，虽说我们可以很正确地从他们的哲学思想里面推演出来。我们只须忠于历史去进行工作，对于过去的哲学我们只应归给它那些直接给予我们的材料。大多数的哲学史都在这一点上犯了错误。我们常看见有些哲学史家把一连串的形而上学命题归给一个哲学家，并当作历史事实引证出来，说是那位哲学家所作的论断，而其实对于这些论断，他从来没有想到过，也不知道一个字，在历史上也寻不出丝毫痕迹。譬如在布鲁克尔的巨著“哲学史”里面，关于泰利士[1]及别的哲学家就列举了一系列的，三十，四十，甚或一百条哲学命题，其实在历史上谁也找不出这些哲学家曾有过关于这些命题的思想。他又从许多与他同类的著者的论证里面，提出了许多命题并引用许多话来支持他的解释，对于这些论证我们也实在没有那么多时间去研究。布鲁克尔的方法是这样的：他在一个古代哲学家的简单原则上面，附会进去这原则所可能有的一些结论和前提，这依照乌尔夫的形而上学的观念应该是那个原则的前提和结论，这样就天真地建造一种纯粹

1　布鲁克尔：“批评的哲学史”，第一部，第四六五——四七八页。

的、空虚的幻象，而以为这是真实的历史事实。我们太容易倾向于拿我们的思想方式去改铸古代哲学家。但构成思想发展的进程的关键乃在这里，即：时间上、文化上、哲学上的区别正在于某些观念、某些思想范畴和某些概念的联系出现在意识里面与否，正在于一种意识是否已经发展到了某种阶段。哲学史所研究的只是这些思想之发展和发挥出来的次序。某些范畴是很正确地自某一原则推出的，但是这些范畴是否已经很明白地发挥出来，乃完全是另一问题。但把一个哲学所内在包含的内容发挥出来却是至关重要的。

因此我们只须引用哲学家自己的字句，至于原字句之发展或引伸乃是进一步的思想范畴，尚不属于原哲学家本人的意识。譬如，亚里士多德说过，泰利士曾提出：一切事物的原则（ἀρχή）是水。但阿那克西曼德才是第一个用ἀρχή这字。所以足见泰利士还没有这一思想范畴。他认为ἀρχή是时间上的起始，但并不是内在的根据。泰利士哲学里还没有提出“原理”这一思想范畴，“第一原理”乃是更进一步的规定。有许多民族一直还没有“第一原理”这个概念。要具有这个概念还需很大一个阶段的发展。既然文化上的区别一般地基于思想范畴的区别，则哲学上的区别更是基于思想范畴的区别。所以，依布鲁克尔，泰利士曾经说过，“无中不能生有”，因为泰利士说过，水是永恒的，因此他也应算在否认从无中创造有的哲学家之内。但关于这点，泰利士——至少就历史事实看来——是无所知的。又如锐德教授（Ritter）很辛勤地写出的一部“伊奥尼亚哲学史”，大体上他很小心，避免掺杂外在材料进去，但他附会给泰利士的材料比历史上所证明的要多。他说：[1]“因此，我们必须认为泰利士始终把自然看作是生动的。他认世界为一无所不包的有生命的动物，这动物与一切别的动物一样是从一个种子里发展出来的，这种子也与一切别的动物的种子一样是湿的，或水。所以泰利士的基本观点是认世界为一有生命的全体，是从种子里面发展出来的，依照动物的方式靠一种合于它的生存的养料继续生活下去”。[2]这个说法是与亚里士多德的话完全不同的。所有这些关于泰利士的话，古代的人都不曾报道过。他这结论是易于引出的，但在历史上却得不到证据。我们不应该用这样的推论方法把一种古代哲学造成一些与原来不同的东西。

1 “伊奥尼亚哲学史”，第十二至十三页。

2 参看该书第十六页。

第三：一如在思想的逻辑系统里，每一思想的形态有它独自有效准的地位，并且通过进一步向前的发展而被贬降为附从的环节，同样每一个哲学在全部过程里是一特殊的发展阶段，有它一定的地位，在这地位上有它的真实意义和价值。必须依照这样的规定去认识它的特殊性格，必须承认它的地位，对于它才有正确合理的处理。也就因为这样，我们对于它的成就，不可要求并希望得过多。我们不要在它里面去寻求须于较高发展的知识里才可提供的满足。我们不必相信，我们思想上的问题，或现代世界感兴趣的问题，可以在古代哲学家那里去找到答案。我们现代的问题有了某些思想上的教养作为先在的条件。因此每一哲学属于它的时代，受它的时代的局限性的限制，即因为它是某一特殊的发展阶段的表现。个人是他的民族，他的世界的产儿。[他的民族和世界的结构和性格都表现在他的形体里。][1]个人无论怎样为所欲为地飞扬伸张——他也不能超越他的时代、世界。因为他属于那唯一的普遍精神，这普遍精神就是他的实质和本质，他如何会从它里面超越出来呢？这同一的普遍精神就是哲学要用思维去加以把握的。哲学就是这普遍精神对它自身的思维，因此也就是它的确定的实质的内容。每一哲学都是它的时代的哲学，它是精神发展的全部锁链里面的一环，因此它只能满足那适合于它的时代的要求或兴趣。

因此一个较早时期的哲学现在不能令一个有较深邃较明确的概念活跃于其中的精神感到满意。这个概念已构成精神的存在之根柢和内在性格。精神在哲学里所要作的，就是寻求这个概念，把它作为思维的对象来把握。这样，精神所要求的实即是认识它自己。但理念在早期哲学里还没有很明确地出现。因此柏拉图、亚里士多德的哲学，和一切哲学，就它们的原理来说，尽管直到现在还存在着，但哲学已不复是在柏拉图和亚里士多德哲学的形式和阶段中了。我们不能够停留在他们那儿，他们已不能复兴了。因此我们今天不复有柏拉图派、亚里士多德派、斯多葛派、伊壁鸠鲁派。要复兴他们即无异于把更完善，更深入自身的精神带回到一个较早的阶段。但这样的事是没有的。这也是不可能的，甚至是极愚蠢的事，就好像一个成年人费尽气力要想退回到青年，青年要想回复到童年或婴儿时期一样，虽说成人，青年，孩童是那同一的个人。十五和十六世纪所展开的文艺复兴时期、求知的新时代，其起始不只是复兴了

1 据米希勒本，第二版，英译本增补。——译者

古典文艺，而又是古典哲学之获得新生命。玛西留·费其诺（Marsilius Ficinus）是一个柏拉图派，科斯谟·美第奇（Kosmos Medicis）聘请了许多教授，建立了一个专门研究柏拉图哲学的学院，而以费其诺为领袖。于是也有纯粹的亚里士多德派，如滂波那齐（Pomponatius）。稍后，伽桑第（Gassendi）提倡伊壁鸠鲁哲学，用伊壁鸠鲁的观点来研究物理学。李普修（Lipsius）想要作一个斯多葛派，诸如此类的例子甚多。这时，对立的观点异常普遍。古代哲学与基督教（这时还没有真正的哲学从基督教中发展出来）如此对立，以致从基督教中不可能发挥出真正的哲学。这时的哲学，无论顺从或反对基督教，都只是某一派的古代哲学之重新恢复。但是把木乃伊带到活人里面去是不能在那里支持很久的。精神早就有其更充实的生活，早就对它自己具有一个更深邃的观念，因此它的思想也就有了较高的需要，而不会满足于那种袭取来的哲学。因此像这样的复兴只能被认作藉那有限的先行的形态以深入认识自身的过渡，或者被认作通过必要的文化进展的阶段把那业已过去了的东西重新经历一遍罢了。像这样的模仿并复习那对于精神很生疏的原则的作风，只能作为一个转瞬即逝的阶段出现在历史上，而且也只是藉一种死文字作出来。这种模仿复习的成果只是些译品，而非原本；而精神只能于认识它自己的原始性里得到满足。

如果我们在近代，同样地想要提倡回复到古代哲学的观点，（特别是像我们竭力推崇柏拉图的哲学那样，）为了想要寻得一个工具，以拯救我们逃出这时代中的一切麻烦和困难，则这种回复也已经不像初次那样天真纯朴的景象了。这个谦逊的劝告，其来源颇有点像文明社会中人要求到北美洲森林里去回复那些野人的风俗习惯和相应的观念形态一样，也有点像费希特[1]有一次推荐麦尔其塞德克的宗教，认之为最纯洁最简单而为我们所必将达到的境界。一方面，无可否认，在这种回复里所追求的乃是在获得一原始开端和坚定的出发点，但这只能在思想理念本身内去寻求，而不能从外在的权威里去寻求。另一方面，那已经发展了丰富了的精神要想回复到纯朴的境界——亦即回复到一种孤寂的，抽象的境界或思想，也只能被认作无可奈何的逃避；这表示着精神的无能，——无能去享受那摆在面前的高度发展了的丰富的材料（这材料要求我们的思想去克服它，并深入掌握它），因而对它（即材料——译者）采取逃

1 “现代的基本特点”，第二一一、二一二页，比较“幸福生活的指针”，第一七八、三四八页。（这个小注据米希勒本，第二版，英译本增补。——译者）

避的方式而逃避到荒漠之野。

从上面所说，即可明白，何以有许多人，或者受了这种浪漫想法的特殊引诱，或者一般地受了柏拉图和古代的哲学的名声的吸引，去钻研古典哲学，为了从源头上去为创立自己的哲学找基础，而结果他们对于这种研究皆不感到满意，反而很不应该地索性就把它丢掉了。我们在古典哲学里只能得到某种程度的满足。我们必须知道我们要在古代哲学或每一特定时期的哲学中所要寻求的东西，或者至少必须知道，每一种哲学都代表一特定的发展阶段，在它里面只有在它那一阶段范围内的精神的形式和需要才被揭示出来。在近代精神里，沉睡着更深的理念，为促使这些理念得到明晰的意识，需要在古代的抽象的不明晰的晦暗的思想以外，去另觅一种环境和现状。例如，在柏拉图那里，关于自由的性质、罪恶的起源、神的意旨等问题均找不到哲学的解答。关于这些问题，我们当然一部分可以采纳通常的虔诚信仰的人的看法，或者一部分采取哲学的观点，决心把这些通俗的看法完全抛在一边，或者把罪恶、自由都仅认作一种消极的东西。但当这些问题，一旦成为精神研究的对象时，当自我意识的对立达到了一种强度，有了深入去解答这些问题的兴趣时，精神对于两种办法都不会感到满意。同样，关于知识限度，关于主体与客体对立的问题，在柏拉图时期也还没有提出。自我本身的独立性或自为性，对于柏拉图也是生疏的。人尚没有回复到他自己，尚没有建立他自己为一独立自主的人。主体诚然被认作一自由的个体，但他意识到自己的自由只在于与他的本质的合一里。雅典人知道他是自由的，正如一个罗马公民，一个出身贵胄的人也是自由的。至于说到一个人本身就是自由的，依照他的本质，作为一个人生来就是自由的，——这点柏拉图不知道，亚里士多德也不知道，西塞罗不知道，罗马的立法者也不知道，虽说惟有自由这一概念才是法律的泉源。只有在基督教的教义里，个人的人格和精神才第一次被认作有无限的绝对的价值。一切的人都能得救是上帝的意旨。基督教里有这样的教义：在上帝面前所有的人都是自由的，所有的人都是平等的，耶稣基督解救了世人，使他们得到基督教的自由。这些原则使人的自由不依赖于出身、地位、和文化程度。这的确已经跨进了一大步，但仍然还没有达到认自由构成人之所以为人的概念的看法。多少世纪，多少千年以来，这样自由之感曾经是一个推动的力量，产生了最伟大的革命运动。但是关于人本性上是自由的这个概念或知识，乃是人对于他自身的知识，这却并不古老。

……

二、哲学史的史料来源

哲学史的史料来源和政治史不同。在政治史里，史料的来源是历史家，这些史料又以各个个人的言论事迹为其来源；——不从原始史料研究的历史家当然是从第二手史料中去汲取的。历史家业已把事迹写进历史，写成想像的形式；历史这个名词有这么一种双重意义：它一方面指事迹与事象本身，另一方面又指那些通过想像为了想像而写出来的东西。在哲学史中史料来源并不是历史家，而是我们面前的那些史迹；这就是哲学著作本身。这些著作本身就是真实的来源，如果我们要想真诚地研究哲学史，就应该去接触这些史料。若只是从原始史料去研究哲学史，这些著作确是一个极丰富的宝藏。有许多哲学家，我们研究他们时绝对需要借重作者本人。不过有许多时候，原始史料已经不复存在，譬如古代希腊哲学便是如此，这时我们就必须借重历史家，借重另一些作家了。还有一些时代，可以希望有一些人读过哲学家本人的著作，并且为我们作下一些摘要。有很多经院学者曾经留下了十六、二十四以至二十六巨册的著作，在这种场合就必须借重别人的作品了。有许多哲学著作很少见，非常难得。也有许多哲学家写的书大半是历史性质、文学性质的，我们蒐集材料的时候就可以限于包含哲学的部分。最值得注意的关于哲学史的著作有下面几种，关于详细书目，请参考文德从邓尼曼的哲学史所作的摘要，因为我不想列出详尽的文献。

## 三、冯友兰《中国哲学史》第一章　绪论（节选）[1]

十二、中国哲学史取材之标准

哲学一名词，中国本来无有；一般人对于哲学之范围及内容，无明确的观念，几以为凡立言有近于旧所谓“经”“子”者，皆可为哲学史之材料。[2]但依以上所说，吾人对于哲学之内容，既已有明确的观念，则吾人作哲学史于选取史料，当亦有一定的标准。古人著述之可为哲学史史料者：

（一）上所说哲学之内容已确定哲学之范围，并已指明哲学中所有之问题。古人

1　冯友兰:《中国哲学史》上册，北京：商务印书馆，2011年，第19—21页。

2　日本高濑武次郎所著《支那哲学史》颇可代表此一般人之意见。其书竟为兵家书各作提要，于《孙子》云:“《孙子》之文，精到而简约，曲折而峻洁，不愧春秋杰作。……而其文亦虚虚实实，简尽渊通，不能增减一字。……故《孙子》一书，不但为兵家之秘宝，亦为文字上不可多得之一大雄篇也。”（赵正平译本卷上，二八六页）读之诚令人疑所读为兵学史，为文学史矣。

著述之有关于此诸问题者，其所讨论在上述范围之内者，方可为哲学史史料。否则不可为哲学史史料，如上述兵家著述之类。

（二）依以上所说，哲学家必有其自己之“见”，以树立其自己之系统。故必有新“见”之著述，方可为哲学史史料。如只述陈言者，不可为哲学史史料。黄梨洲云：“学问之道，以各人自用得著者为真，凡依门傍户，依样葫芦者，非流俗之士，则经生之业也。……以水济水，岂是学问？”（《明儒学案发凡》）正此意也。

（三）依上所说，一哲学必有其中心观念（即哲学家之见）。凡无中心观念之著述，即所谓杂家之书，如《吕氏春秋》、《淮南子》之类，不可为哲学史之原始的史料；但以其记述别家之言，有报告之价值，可以作为辅助的史料。

（四）依上所说，哲学家之哲学，须以理智的辩论出之，则凡片语只句，如《诗》云：“民之秉彝，好是懿德”之言，不可为哲学史之原始的史料；但依上所述，一时代之哲学与其时代之情势及各方面之思想状况，有互为因果之关系，故此等言论，可搜集以见一时流行之思想，以见哲学系统之背景。

（五）依上所述，一哲学家之哲学与其人格有关系。故凡对于一哲学家之叙说，能表现其人格者，亦可为哲学史史料。

依上标准，以搜集中国哲学史之史料，则“虽不中，不远矣”。

## 思考题

1. 中国哲学史研究如何取材？取材的标准又是什么？
2. 在中国哲学史研究中，如何平衡我思和学术思想客观的反映？又此客观的反映的价值何在，如果我思本是哲学研究之本义？

# 第二讲 目录

中国传统文献学主要有三个分支：版本、训诂、目录。同一本书，同一时代的不同地区、不同人有不同的文本；不同时代又有不同的文本。这些文本彼此的优劣、异同、关系，读者应该有所了解，因此版本学的知识是必要的。哲学的思考通过概念进行，概念基于字义，汉字有虚有实，或一字一义，或一字多义，以及应用中的复杂变化，还有读音的问题。了解必要的训诂学知识对于学习中国哲学是重要的。相比较而言，目录学更为重要一些。一本书有一本书的目录，认真看一遍目录，对于这本书能有一个总的了解。一堆书放在一起，需要对所有书进行编目、分类，不仅为了方便查找，而且也能反映这些书的大致情况。分类本身就是知识的呈现，体现了一种知识的结构；如果进一步对每一门类的书进行提要性质的说明，就可以揭明关于这一门类的知识的演化脉络。因此，目录学具有考镜源流、辨章学术的重要意义。对于中国哲学史史料学的掌握，目录学提供了最重要与最基础的路径。

传统目录学源于先秦，形成于汉，成熟于唐宋，完备于清，《汉书·艺文志》《隋书·经籍志》《四库全书总目提要》分别是代表。

## 一、《汉书·艺文志》

考镜源流、辨章学术的工作在战国后期就已经有了高度自觉的开始，《庄子·天下》是其中杰出的代表。在《天下》篇中，作者首先提出了一个统一的整体性的“无乎不在”的“道术”概念，并以《诗》《书》《礼》《乐》《易》《春秋》作为道术的分别承载，明确：“《诗》以道志，《书》以道事，《礼》以道行，《乐》以道和，《易》以道阴阳，《春秋》以道名分。”然后进一步指出，随着天下大乱，对整体性的道术损失了统一的认识，出现了“道术将为天下裂”的状况，诸子百家蜂出。在秦汉中央集权的帝制确立以后，知识系统得以重新建构，形成了现存最早的目录学著作，即《汉书·艺文志》，它同时也是系统概述先秦学术思想的著作。后来的历代正史，沿循《汉书·艺文志》，基本上都有《艺文志》或《经籍志》，它们依据当时的官修目录与私家目录，著录了各朝代的著述，这些著述既反映了各朝代的学术思想面貌，又呈现了前后朝代学术思想的变化。作为目录学的创始，《汉书·艺文志》是所有正史中的《艺文志》或《经籍志》的典范，它不仅为传统知识谱系奠定了目录学的基础，而且本身也包含了极重要的学术思想，因此，研究中国哲学史，甚至研究中国历史与文化，都应当对《汉书·艺文志》有深入的了解。

《汉书·艺文志》的作者是东汉的班固。按照班固的总序，《艺文志》是在《七略》的基础上删改而成的。《七略》是刘向（公元前77—前7）、刘歆（公元前53—前23）父子完成的。汉成帝时，刘向奉诏校经传诸子诗赋，任宏校兵书，尹咸校数术，李柱国校方技，每一书校完后，由刘向“条其篇目，撮其指意，录而奏之”。后来刘向去世，汉哀帝又诏刘歆继承父业，“总群书而奏其《七略》”，分别是《辑略》《六艺略》《诸子略》《诗赋略》《兵书略》《术数略》《方技略》。《七略》本身唐以后亡佚，但主要内容由《汉书·艺文志》保存了下来。

《汉书·艺文志》保存了《七略》的六艺、诸子、诗赋、兵书、数术、方技的分类，删去了《辑略》，增补了《艺文志》的总序，对缘起作了说明，同时撰有各略的小序，对各略作了概述。《艺文志》共著录38种、596家、13269卷，具体的分类是：

1. 六艺略。共分九类。

（1）易、（2）书、（3）诗、（4）礼、（5）乐、（6）春秋、（7）论语、（8）孝经、（9）小学。

在这个分类中，有两个特点：一是《易》成为群经之首。《六经》在《庄子·天下》中是并列的，《艺文志》将《易》提于首位，并说明其他五经各为世俗性知识，构成系统的完备性，而《易》则是这些世俗性知识的知识依据，即“五者，盖五常之道，相须而备，而《易》为之原”。二是《六经》以外，增加了《论语》《孝经》《小学》类。《小学》属于文字类，可以理解为基础性质的工具类知识。《论语》是“孔子应答弟子时人及弟子相与言而接闻于夫子之语也”；《孝经》是“孔子为曾子陈孝道也”。《论语》与《孝经》附于《六经》之后，成为小经。上述两个特点一方面反映了至汉代，传统的知识系统有了更具层次性的建构，《易》的地位提升表明关于形而上的哲学思考趋于高度自觉；另一方面反映了孔子删修《六经》的认识获得确认，《六经》以及孔子的思想获得了经典性的确立。

2. 诸子略。共分十家。

（1）儒家、（2）道家、（3）阴阳家、（4）法家、（5）名家、（6）墨家、（7）纵横家、（8）杂家、（9）农家、（10）小说家。

在《诸子略》中，《艺文志》除了对诸子思想作出概述以外，还对诸子的兴起作出了阐述，这个阐述包含了两方面的内容：一是诸子是在王道政治衰微的乱世中，得以蜂出并作，各引一端，以合诸侯，因此，诸子都是“《六经》之支与流裔”。这不仅说明了诸子与现实社会的关系问题，而且也阐明了诸子与《六经》的关系问题。二是提出了诸子出于王官论，诠释了文化下移与哲学思想之间的关系。《艺文志》的上述阐述对于后来中国哲学史的理解产生了深远的影响。

3. 诗赋略。共分五类。

（1）屈原赋之属、（2）陆贾赋之属、（3）荀卿赋之属、（4）杂赋、（5）歌诗。

4. 兵书略。共分四类。

（1）兵权谋、（2）兵形势、（3）兵阴阳、（4）兵技巧。

5. 数术略。共分六类。

（1）天文、（2）历谱、（3）五行、（4）蓍龟、（5）杂占、（6）形法。

6. 方技略。共分四类。

（1）医经、（2）经方、（3）房中、（4）神仙。

此四略虽然与哲学存在着知识上的间隔，但在其具体知识的背后又都蕴含着哲学观念，比如美学、军事哲学、科技哲学、医学伦理，以及宗教学的一些材料，仍然值得中国哲学关注。而且，就其知识的分类本身，也是一种哲学观念的呈现。

## 二、《隋书·经籍志》及其他

《汉书·艺文志》以后，第二部重要的目录学著作是《隋书·经籍志》，简称《隋志》。《隋志》由唐李延寿编，魏徵删定，它是在南朝梁代阮孝绪《七录》等著作的基础上编成的，包括了梁、陈、齐、周、隋的官私书目所记录的图书，共著录书6520部，56881卷，以及书的存佚状况，是了解魏晋南北朝历史与文化的主要著作，其中也包括了此一阶段的哲学史料。《隋志》卷首有总叙，四部有后叙四篇，每类有小叙四十篇，这些叙文反映了唐初对魏晋南北朝学术源流的认识，成为重要的学术史文献，同样也是重要的哲学史料。

《隋志》最重要的一个特征，就是确立了经史子集的四部分类法，这一分类法成为传统中国知识系统的典型形式，一直沿续到晚清。此后，西学东渐，传统中国知识系统被彻底解构，现代中国知识体系完全西学化。

《隋志》的四部分类法是在前人的基础上完善而成的。三国魏郑默曾经作了一个书目《中经》，或称《中经簿》。晋荀勖又根据《中经》作了《中经新簿》。在《中经新簿》中，荀勖对《汉书·艺文志》目录分类作了调整。荀勖把书分成四个部分，甲部就是《艺文志》中的《六艺略》，乙部包括了《艺文志》中的《诸子略》《兵书略》

《术数略》《方技略》，丙部则包括了当时所有的历史著作，而在《艺文志》中，历史著作附在《六艺略》的《春秋》类，后世历史著作增多，荀勖始专辟一部。丁部包括《艺文志》的《诗赋略》，另加上图赞与“汲冢书”。至东晋李充，将荀勖的乙、丙作了调换，四部的秩序变成了经史子集。《隋志》沿用了这一秩序，并且作了阐明，使此秩序得以固化。

经史子集的四部分类对于中国哲学最重要的思想意义，在于史部的独立归类，并置于子部之前。后来在中国哲学史上提出的“六经皆史”，更进一步将经与史等同，经史并重成为传统中国学术思想中的重要特征。中国哲学的史料无疑应以经与子为重，但“六经皆史”的观念与经史并重的特征，使得中国哲学的研究具有浓厚的史的性质。

在四部分类之外，《隋志》另一个重要内容是在四部之末，附有关于道教与佛教的叙文。这表明道教与佛教已构成了传统中国学术思想的重要组成部分。《隋志》先讲道教，再讲佛教，这样的先后安排应该是表征了作者的立场。《隋志》没有具体列出道教与佛教的著述，而是作了总的说明。道教共“经戒三百一部，九百八卷。饵服四十六部，一百六十七卷。房中十三部，三十八卷。符录十七部，一百三卷”；佛教共“大乘经六百一十七部，二千七十六卷。小乘经四百八十七部，八百五十二卷。杂经三百八十部，七百一十六卷。杂疑经一百七十二部，三百三十六卷。大乘律五十二部，九十一卷。小乘律八十部，四百七十二卷。杂律二十七部，四十六卷。大乘论三十五部，一百四十一卷。小乘论四十一部，五百六十七卷。杂论五十一部，四百三十七卷。记二十部，四百六十四卷”。这个总的说明，不仅反映了至《隋志》撰写时的道教与佛教的著述总体情况，而且对道教著述作了经戒、饵服、房中、符录的分类，对佛教作了大乘、小乘以及经、律、论、记的分类，加之叙文对于道教、佛教的概述，使得道教与佛教有了系统而清晰的说明。

《隋志》以后，唐代的目录有《旧唐书·经籍志》与《新唐书·艺文志》，《宋史》《元史》《明史》《清史稿》都有《艺文志》。除了这些官修的《艺文史》以外，宋代的一些私家目录著作也非常重要。其中，代表性的有南宋晁公武的《郡斋读书志》、南宋陈振孙的《直斋书录解题》、元初马端临的《文献通考·经籍考》，以及明代黄虞稷的《千顷堂书目》。

《郡斋读书志》二十卷，著录书一千多种。《直斋书录解题》原本五十六卷，此书后来散佚，四库馆臣从《永乐大典》辑为二十二卷本。这两种书最大的特点是对著录的每种书都撰有提要，就书的作者、内容、版本、学术源流等作了提示性的说明，这些说明对读者很有帮助。《文献通考·经籍考》七十六卷，分经史子集四部五十五类著录，各有总序、小序及解题，这部书综合了汉、隋、唐三代史志目录，宋代的《崇文总目》《国史艺文志》《郡斋读书志》《直斋书录解题》，以及史传、序跋、文集等史料，收罗丰富，体例完备，成为著名的辑录体目录著作。至此，目录类的著作可以说已近于成熟；此后，各种私家著录的目录也很多。明代黄虞稷所撰的《千顷堂书目》是重要的目录学著作，每书著录著者、书名和卷数，不少类目之后还附有南宋末及辽、金、元图书，是《明史·艺文志》的蓝本。关于目录学的其他著作，余嘉锡的《目录学发微》可以参读。

## 三、《四库全书总目提要》

中国传统古籍很多，但是由于收藏等各种原因，平常大家最方便使用的，还是已被电子文本化了的《四库全书》。清代乾隆时期编辑的《四库全书》共有七部，现在使用最广泛的电子版是文渊阁版。文渊阁《四库全书》共收书3461种，79309卷，分经史子集四部编辑，收录了乾隆以前传统中国的主要古籍。除了佛教与道教以外，古代中国的哲学史料基本都在其中。

乾隆编辑《四库全书》是为了表征清廷的文治天下，但是《四库全书》的编辑既起到了保存古籍的作用，也销毁了许多古籍，尤其是明末清初有关满人历史与明朝抗清的史料。即便是收入《四库全书》的著作，也都经过了四库馆臣的审查，作了相应的删改。

《四库全书》在编辑过程中，四库馆臣针对收录的每一部书都作了一个“提要”。提要除了说明作者、卷数、内容外，还作了许多相关的考证，或详或略。这些“提要”在乾隆年间被汇集成《四库全书总目提要》，又简称为《四库全书总目》，达二百卷，成为清代最大，也是最重要的官方藏书目录。除了每种书的提要外，《四库全书总目》也还有各部的总叙、每类的小叙，这些叙文与提要广泛而系统地评论了所涉领域与各种著述的学术问题，对于读者具有很大益处。

当然，清代乾隆年间正是清代考据学兴起时期，因此《四库全书总目》非常强烈地反映出了清代考据学的学术风格，这是读此书需要注意的。此外，《四库全书总目》本身也存在着很多错误，后人有过多种补正，余嘉锡的《四库提要辨证》是其中代表性的著作。

《四库全书总目》除了对收入《四库全书》的每种著述都有提要外，还对由于各种原因没有收入《四库全书》的著述作了“存目”的处理，也都一一写了提要。“存目”部分共计6793种，93551卷，超出《四库全书》本身的收录，这些书许多已不存于世，因此，“存目”的提要对于了解这些著述起到了有益的作用。

《四库全书》只收入乾隆时期的著述，而且存在着不全、删改等事，因此，后来又有《四库全书》的续修工作。先是编撰了《续修四库全书总目提要》，齐鲁书社出版了影印本。这部提要主要收录《四库全书》存有问题的古籍，以及乾隆以后的书，包括禁毁书、佛与道的一些重要典籍和其他的书，共收录了三万多种。后来，齐鲁书社又出版了《四库全书存目丛书》与《四库全书存目丛书补编》，共收经史子集4730种。上海古籍出版社出版了《续修四库全书》，共收经史子集5123种著述。这两部大型丛书，顾名思义，收录范围有所区别。《四库全书存目丛书》收录的是“存目”类的著述，《续修四库全书》是补收了乾隆以前《四库全书》未收的著述，特别是收录了乾隆以后至民国元年的著述，这使得传统中国的古籍获得了系统的补充，从而使得《四库全书》趋于完整。在使用上，《四库全书存目丛书》《四库全书存目丛书补编》与《续修四库全书》都附有书名与著者索引，为今人使用古籍提供了极大的方便。

综而言之，了解传统目录的形成与变化，以及重要的目录学著作，不仅是为了方便史料的搜寻与研读，而且也是进入传统学术史的重要路径。虽然今天的中国哲学研究已完全不再是传统的经史研究，但是学术自有传承的脉络，深入了解与体会传统学术史，对于理解与阐明中国哲学史具有很重要的作用。

## 思考题

1. 举例说明目录的叙文与提要的作用。

2. 谈谈经史并重，以及经与子的关系。

## 【阅读材料】

### 一、《庄子·天下》[1]

天下之治方术者多矣，皆以其有为不可加矣。古之所谓道术者，果恶乎在？曰："无乎不在。"曰："神何由降？明何由出？""圣有所生，王有所成，皆原于一。"

不离于宗，谓之天人。不离于精，谓之神人。不离于真，谓之至人。以天为宗，以德为本，以道为门，兆于变化，谓之圣人。以仁为恩，以义为理，以礼为行，以乐为和，熏然慈仁，谓之君子。以法为分，以名为表，以参为验，以稽为决，其数一二三四是也，百官以此相齿，以事为常，以衣食为主，蕃息畜藏，老弱孤寡为意，皆有以养，民之理也。

古之人其备乎！配神明，醇天地，育万物，和天下，泽及百姓，明于本数，系于末度，六通四辟，小大精粗，其运无乎不在。其明而在数度者，旧法世传之史尚多有之。其在于《诗》《书》《礼》《乐》者，邹鲁之士缙绅先生多能明之。《诗》以道志，《书》以道事，《礼》以道行，《乐》以道和，《易》以道阴阳，《春秋》以道名分。其数散于天下而设于中国者，百家之学时或称而道之。

天下大乱，贤圣不明，道德不一，天下多得一察焉以自好。譬如耳目鼻口，皆有所明，不能相通。犹百家众技也，皆有所长，时有所用。虽然，不该不遍，一曲之士也。判天地之美，析万物之理，察古人之全，寡能备于天地之美，称神明之容。是故内圣外王之道，暗而不明，郁而不发，天下之人各为其所欲焉以自为方。悲夫！百家往而不反，必不合矣！后世之学者，不幸不见天地之纯，古人之大体，道术将为天下裂。

不侈于后世，不靡于万物，不晖于数度，以绳墨自矫而备世之急，古之道术有在于是者。墨翟禽滑厘闻其风而说之，为之大过，已之大循。作为《非乐》，命之曰《节用》。生不歌，死无服。墨子泛爱兼利而非斗，其道不怒；又好学而博，不异，不与先王同，毁古之礼乐。

黄帝有《咸池》，尧有《大章》，舜有《大韶》，禹有《大夏》，汤有《大濩》，文

1 ［清］郭庆藩撰，王孝鱼点校：《庄子集释》卷十下，北京：中华书局，2012年，第1060—1106页。

王有辟雍之乐，武王、周公作《武》。古之丧礼，贵贱有仪，上下有等，天子棺椁七重，诸侯五重，大夫三重，士再重。今墨子独生不歌，死不服，桐棺三寸而无椁，以为法式。以此教人，恐不爱人；以此自行，固不爱己。未败墨子道，虽然，歌而非歌，哭而非哭，乐而非乐，是果类乎？其生也勤，其死也薄，其道大觳；使人忧，使人悲，其行难为也，恐其不可以为圣人之道，反天下之心，天下不堪。墨子虽独能任，奈天下何！离于天下，其去王也远矣。

墨子称道曰："昔禹之湮洪水，决江河而通四夷九州也，名山三百，支川三千，小者无数。禹亲自操橐耜而九杂天下之川；腓无胈，胫无毛，沐甚雨，栉疾风，置万国。禹大圣也而形劳天下也如此。"使后世之墨者，多以裘褐为衣，以跂蹻为服，日夜不休，以自苦为极，曰："不能如此，非禹之道也，不足谓墨。"

相里勤之弟子五侯之徒，南方之墨者若获、已齿、邓陵子之属，俱诵《墨经》，而倍谲不同，相谓别墨；以坚白同异之辩相訾，以奇偶不仵之辞相应；以巨子为圣人，皆愿为之尸，冀得为其后世，至今不决。

墨翟禽滑厘之意则是，其行则非也。将使后世之墨者，必自苦以腓无胈胫无毛相进而已矣。乱之上也，治之下也。虽然，墨子真天下之好也，将求之不得也，虽枯槁不舍也。才士也夫！

不累于俗，不饰于物，不苟于人，不忮于众，愿天下之安宁以活民命，人我之养毕足而止，以此白心。古之道术有在于是者。宋钘尹文闻其风而悦之，作为华山之冠以自表，接万物以别宥为始；语心之容，命之曰心之行，以聏合欢，以调海内，请欲置之以为主。见侮不辱，救民之斗，禁攻寝兵，救世之战。以此周行天下，上说下教，虽天下不取，强聒而不舍者也，故曰上下见厌而强见也。

虽然，其为人太多，其自为太少，曰："请欲固置五升之饭足矣。"先生恐不得饱，弟子虽饥，不忘天下，日夜不休，曰："我必得活哉！"图傲乎救世之士哉！曰："君子不为苛察，不以身假物。"以为无益于天下者，明之不如已也，以禁攻寝兵为外，以情欲寡浅为内，其小大精粗，其行适至是而止。

公而不当，易而无私，决然无主，趣物而不两，不顾于虑，不谋于知，于物无择，与之俱往，古之道术有在于是者。彭蒙田骈慎到闻其风而悦之，齐万物以为首，曰："天能覆之而不能载之，地能载之而不能覆之，大道能包之而不能辩之，知万物皆有所可，有所不可，故曰选则不遍，教则不至，道则无遗者矣。”

是故慎到弃知去己而缘不得已，泠汰于物以为道理，曰知不知，将薄知而后邻伤之者也，謑髁无任而笑天下之尚贤也，纵脱无行而非天下之大圣，椎拍輐断，与物宛转，舍是与非，苟可以免，不师知虑，不知前后，魏然而已矣。推而后行，曳而后往，若飘风之还，若羽之旋，若磨石之隧，全而无非，动静无过，未尝有罪。是何故？夫无知之物，无建己之患，无用知之累，动静不离于理，是以终身无誉。故曰至于若无知之物而已，无用贤圣，夫块不失道。豪桀相与笑之曰：“慎到之道，非生人之行而至死人之理，适得怪焉。”

田骈亦然，学于彭蒙，得不教焉。彭蒙之师曰：“古之道人，至于莫之是莫之非而已矣。其风窢然，恶可而言？”常反人，不见观，而不免于魭断。其所谓道非道，而所言之韪不免于非。彭蒙田骈慎到不知道。虽然，概乎皆尝有闻者也。

以本为精，以物为粗，以有积为不足，澹然独与神明居，古之道术有在于是者。关尹老聃闻其风而悦之，建之以常无有，主之以太一，以濡弱谦下为表，以空虚不毁万物为实。

关尹曰：“在己无居，形物自著。其动若水，其静若镜，其应若响。芴乎若亡，寂乎若清，同焉者和，得焉者失。未尝先人而常随人。”

老聃曰：“知其雄，守其雌，为天下溪；知其白，守其辱，为天下谷。”人皆取先，己独取后，曰受天下之垢；人皆取实，己独取虚，无藏也故有余，岿然而有余。其行身也，徐而不费，无为也而笑巧；人皆求福，己独曲全，曰苟免于咎。以深为根，以约为纪，曰坚则毁矣，锐则挫矣。常宽容于物，不削于人，可谓至极。

关尹老聃乎！古之博大真人哉！

芴漠无形，变化无常，死与生与，天地并与，神明往与！芒乎何之，忽乎何适，万物毕罗，莫足以归，古之道术有在于是者。庄周闻其风而悦之，以谬悠之说，荒唐之言，无端崖之辞，时恣纵而不傥，不以觭见之也。以天下为沈浊，不可与庄语，以卮言为曼衍，以重言为真，以寓言为广。独与天地精神往来而不敖倪于万物，不谴是非，以与世俗处。其书虽瑰玮而连犿无伤也。其辞虽参差而諔诡可观。彼其充实不可以已，上与造物者游，而下与外死生无终始者为友。其于本也，弘大而辟，深闳而肆，其于宗也，可谓稠适而上遂矣。虽然，其应于化而解于物也，其理不竭，其来不蜕，芒乎昧乎，未之尽者。

惠施多方，其书五车，其道舛驳，其言也不中。历物之意，曰："至大无外，谓之大一；至小无内，谓之小一。无厚，不可积也，其大千里。天与地卑，山与泽平。日方中方睨，物方生方死。大同而与小同异，此之谓小同异；万物毕同毕异，此之谓大同异。南方无穷而有穷，今日适越而昔来。连环可解也。我知天下之中央，燕之北越之南是也。泛爱万物，天地一体也。"

惠施以此为大，观于天下而晓辩者，天下之辩者相与乐之。卵有毛，鸡三足，郢有天下，犬可以为羊，马有卵，丁子有尾，火不热，山出口，轮不蹍地，目不见，指不至，至不绝，龟长于蛇，矩不方，规不可以为圆，凿不围枘，飞鸟之景未尝动也，镞矢之疾而有不行不止之时，狗非犬，黄马骊牛三，白狗黑，孤驹未尝有母，一尺之捶，日取其半，万世不竭。辩者以此与惠施相应，终身无穷。

桓团公孙龙辩者之徒，饰人之心，易人之意，能胜人之口，不能服人之心，辩者之囿也。惠施日以其知与人之辩，特与天下之辩者为怪，此其柢也。

然惠施之口谈，自以为最贤，曰天地其壮乎！施存雄而无术。南方有倚人焉曰黄缭，问天地所以不坠不陷，风雨雷霆之故。惠施不辞而应，不虑而对，遍为万物说，说而不休，多而无已，犹以为寡，益之以怪。以反人为实而欲以胜人为名，是以与众不适也。弱于德，强于物，其涂隩矣。由天地之道观惠施之能，其犹一蚊一虻之劳者也。其于物也何庸！夫充一尚可，曰愈贵道，几矣！惠施不能以此自宁，散于万物而不厌，卒以善辩为名。惜乎！惠施之才，骀荡而不得，逐万物而不反，是穷响以声，形与影竞走也。悲夫！

## 二、《汉书·艺文志》

《总序》[1]

昔仲尼没而微言绝，七十子丧而大义乖。故《春秋》分为五，《诗》分为四，《易》有数家之传。战国从衡，真伪分争，诸子之言纷然殽乱。至秦患之，乃燔灭文章，以愚黔首。汉兴，改秦之败，大收篇籍，广开献书之路。迄孝武世，书缺简脱，

1 ［汉］班固撰，［唐］颜师古注，中华书局编辑部点校：《汉书》卷三十，北京：中华书局，1962年，第1701页。

礼坏乐崩，圣上喟然而称曰：“朕甚闵焉！”于是建藏书之策，置写书之官，下及诸子传说，皆充秘府。至成帝时，以书颇散亡，使谒者陈农求遗书于天下。诏光禄大夫刘向校经传诸子诗赋，步兵校尉任宏校兵书，太史令尹咸校数术，侍医李柱国校方技。每一书已，向辄条其篇目，撮其指意，录而奏之。会向卒，哀帝复使向子侍中奉车都尉歆卒父业。歆于是总群书而奏其《七略》，故有《辑略》，有《六艺略》，有《诸子略》，有《诗赋略》，有《兵书略》，有《术数略》，有《方技略》。今删其要，以备篇籍。

《六艺略》(节选)[1]

……《易》曰：“宓戏氏仰观象于天，俯观法于地，观鸟兽之文，与地之宜，近取诸身，远取诸物，于是始作八卦，以通神明之德，以类万物之情。”至于殷、周之际，纣在上位，逆天暴物，文王以诸侯顺命而行道，天人之占可得而效，于是重《易》六爻，作上下篇。孔氏为之《彖》、《象》、《系辞》、《文言》、《序卦》之属十篇。故曰《易》道深矣，人更三圣，世历三古。及秦燔书，而《易》为筮卜之事，传者不绝。汉兴，田何传之。讫于宣、元，有施、孟、梁丘、京氏列于学官，而民间有费、高二家之说，刘向以中《古文易经》校施、孟、梁丘经，或脱去“无咎”、“悔亡”，唯费氏经与古文同。

……《易》曰：“河出图，雒出书，圣人则之。”故《书》之所起远矣，至孔子纂焉，上断于尧，下讫于秦，凡百篇，而为之序，言其作意。秦燔书禁学，济南伏生独壁藏之。汉兴亡失，求得二十九篇，以教齐鲁之间。讫孝宣世，有《欧阳》、《大小夏侯氏》，立于学官。《古文尚书》者，出孔子壁中。武帝末，鲁共王怀孔子宅，欲以广其宫，而得《古文尚书》及《礼记》、《论语》、《孝经》凡数十篇，皆古字也。共王往入其宅，闻鼓琴瑟钟磬之音，于是惧，乃止不坏。孔安国者，孔子后也，悉得其书，以考二十九篇，得多十六篇。安国献之。遭巫蛊事，未列于学官。刘向以中古文校欧阳、大小夏侯三家经文，《酒诰》脱简一，《召诰》脱简二。率简二十五字者，脱亦二十五字，简二十二字者，脱亦二十二字，文字异者七百有余，脱字数十。《书》者，

1 《汉书》卷三十，第1704—1723页。

古之号令，号令于众，其言不立具，则听受施行者弗晓。古文读应尔雅，故解古今语而可知也。

……《书》曰："诗言志，歌咏言。"故哀乐之心感，而歌咏之声发。诵其言谓之诗，咏其声谓之歌。故古有采诗之官，王者所以观风俗，知得失，自考正也。孔子纯取周诗，上采殷，下取鲁，凡三百五篇，遭秦而全者，以其讽诵，不独在竹帛故也。汉兴，鲁申公为《诗》训故，而齐辕固、燕韩生皆为之传。或取《春秋》，采杂说，咸非其本义。与不得已，鲁最为近之。三家皆列于学官。又有毛公之学，自谓子夏所传，而河间献王好之，未得立。

……《易》曰："有夫妇父子君臣上下，礼义有所错。"而帝王质文世有损益，至周曲为之防，事为之制，故曰："礼经三百，威仪三千。"及周之衰，诸侯将踰法度，恶其害己，皆灭去其籍，自孔子时而不具，至秦大坏。汉兴，鲁高堂生传《士礼》十七篇。讫孝宣世，后仓最明。戴德、戴圣、庆普皆其弟子，三家立于学官。《礼古经》者，出于鲁淹中及孔氏，与十七篇文相似，多三十九篇。及《明堂阴阳》、《王史氏记》所见，多天子诸侯卿大夫之制，虽不能备，犹愈仓等推《士礼》而致于天子之说。

……《易》曰："先王作乐崇德，殷荐之上帝，以享祖考。"故自黄帝下至三代，乐各有名。孔子曰："安上治民，莫善于礼；移风易俗，莫善于乐。"二者相与并行。周衰俱坏，乐尤微眇，以音律为节，又为郑卫所乱故无遗法。汉兴，制氏以雅乐声律，世在乐官，颇能纪其铿锵鼓舞，而不能言其义。六国之君，魏文侯最为好古，孝文时得其乐人窦公，献其书，乃《周官·大宗伯》之《大司乐》章也。武帝时，河间献王好儒，与毛生等共采《周官》及诸子言乐事者，以作《乐记》，献八佾之舞，与制氏不相远。其内史丞王定传之，以授常山王禹。禹，成帝时为谒者，数言其义，献二十四卷记。刘向校书，得《乐记》二十三篇。与禹不同，其道浸以益微。

……古之王者世有史官。君举必书，所以慎言行，昭法式也。左史记言，右史记事，事为《春秋》，言为《尚书》，帝王靡不同之。周室既微，载籍残缺，仲尼思存前圣之业，乃称曰："夏礼吾能言之，杞不足征也；殷礼吾能言之，宋不足征也。文献不足故也，足则吾能征之矣。"以鲁周公之国，礼文备物，史官有法，故与左丘明观其史记，据行事，仍人道，因兴以立功，就败以成罚，假日月以定历数，藉朝聘以正礼乐。有所褒讳贬损，不可书见，口授弟子，弟子退而异言。丘明恐弟子各安其意，以失其真，故论本事而作传，明夫子不以空言说经也。《春秋》所贬损大人当世君臣，有威权势力，其事实皆形于传，是以隐其书而不宣，所以免时难也。及末世口说流行，故有《公羊》、《谷梁》、《邹》、《夹》之《传》。四家之中，《公羊》、《谷梁》立于学官，邹氏无师，夹氏未有书。

……《论语》者，孔子应答弟子时人及弟子相与言而接闻于夫子之语也。当时弟子各有所记。夫子既卒，门人相与辑而论纂，故谓之《论语》。汉兴，有齐、鲁之说。传《齐论》者，昌邑中尉王吉、少府宋畸、御史大夫贡禹、尚书令五鹿充宗、胶东庸生，唯王阳名家。传《鲁论语》者，常山都尉龚奋、长信少府夏侯胜、丞相韦贤、鲁扶卿、前将军萧望之、安昌侯张禹，皆名家。张氏最后而行于世。

……《孝经》者，孔子为曾子陈孝道也。夫孝，天之经，地之义，民之行也。举大者言，故曰《孝经》。汉兴，长孙氏、博士江翁、少府后仓、谏大夫翼奉、安昌侯张禹传之，各自名家。经文皆同，唯孔氏壁中古文为异。“父母生之，续莫大焉”，“故亲生之膝下”，诸家说不安处，古文字读皆异。

……六艺之文：《乐》以和神，仁之表也；《诗》以正言，义之用也；《礼》以明体，明者著见，故无训也；《书》以广听，知之术也；《春秋》以断事，信之符也。五者，盖五常之道，相须而备，而《易》为之原。故曰“《易》不可见，则乾坤或几乎息矣”，言与天地为终始也。至于五学，世有变改，犹五行之更用事焉。古之学者耕且养，三年而通一艺，存其大体，玩经文而已，是故用日少而畜德多，三十而五经立也。后世经传既已乖离，博学者又不思多闻阙疑之义，而务碎义逃难，便辞巧说，破坏形体；说五字之文，至于二三万言。后进弥以驰逐，故幼童而守一艺，白首而后能言；安其所习，毁所不见，终以自蔽。此学者之大患也。序六艺为九种。

《诸子略》（节选）[1]

……儒家者流，盖出于司徒之官，助人君顺阴阳明教化者也。游文于六经之中，留意于仁义之际，祖述尧舜，宪章文武，宗师仲尼，以重其言，于道最为高。孔子

1 《汉书》卷三十，第1728—1746页。

曰："如有所誉，其有所试。"唐虞之隆，殷周之盛，仲尼之业，已试之效者也。然惑者既失精微，而辟者又随时抑扬，违离道本，苟以哗众取宠。后进循之，是以《五经》乖析，儒学浸衰，此辟儒之患。

……道家者流，盖出于史官，历记成败存亡祸福古今之道，然后知秉要执本，清虚以自守，卑弱以自持，此君人南面之术也。合于尧之克攘，《易》之嗛嗛，一谦而四益，此其所长也。及放者为之，则欲绝去礼学，兼弃仁义，曰独任清虚可以为治。

……阴阳家者流，盖出于羲和之官，敬顺昊天，历象日月星辰，敬授民时，此其所长也。及拘者为之，则牵于禁忌，泥于小数，舍人事而任鬼神。

……法家者流，盖出于理官。信赏必罚，以辅礼制。《易》曰"先王以明罚饬法"，此其所长也。及刻者为之，则无教化，去仁爱，专任刑法而欲以致治，至于残害至亲，伤恩薄厚。

……名家者流，盖出于礼官。古者名位不同，礼亦异数。孔子曰："必也正名乎！名不正则言不顺，言不顺则事不成。"此其所长也。及警者为之，则苟钩鈲析乱而已。

……墨家者流，盖出于清庙之守。茅屋采椽，是以贵俭；养三老五更，是以兼爱；选士大射，是以上贤；宗祀严父，是以右鬼；顺四时而行，是以非命；以孝视天下，是以上同：此其所长也。及蔽者为之，见俭之利，因以非礼，推兼爱之意，而不知别亲疏。

……从横家者流，盖出于行人之官。孔子曰："诵《诗》三百，使于四方，不能专对，虽多亦奚以为？"又曰："使乎，使乎！"言其当权事制宜，受命而不受辞。此其所长也。及邪人为之，则上诈谖而弃其信。

……杂家者流，盖出于议官。兼儒、墨，合名、法，知国体之有此，见王治之无不贯，此其所长也。及荡者为之，则漫羡而无所归心。

……农家者流，盖出于农稷之官。播百谷，劝耕桑，以足衣食，故八政一曰食，二曰货。孔子曰"所重民食"，此其所长也。及鄙者为之，以为无所事圣王，欲使君臣并耕，悖上下之序。

……小说家者流，盖出于稗官。街谈巷语，道听涂说者之所造也。孔子曰："虽小道，必有可观者焉，致远恐泥，是以君子弗为也。"然亦弗灭也。闾里小知者之所及，亦使缀而不忘。如或一言可采，此亦刍荛狂夫之议也。

……诸子十家，其可观者九家而已。皆起于王道既微，诸侯力政，时君世主，好恶殊方，是以九家之术蜂出并作，各引一端，崇其所善，以此驰说，取合诸侯。其言虽殊，辟犹水火，相灭亦相生也。仁之与义，敬之与和，相反而皆相成也。《易》曰："天下同归而殊涂，一致而百虑。"今异家者各推所长，穷知究虑，以明其指，虽有蔽短，合其要归，亦《六经》之支与流裔。使其人遭明王圣主，得其所折中，皆股肱之材已。仲尼有言："礼失而求诸野。"方今去圣久远，道术缺废，无所更索，彼九家者，不犹愈于野乎？若能修六艺之术，而观此九家之言，舍短取长，则可以通万方之略矣。

### 三、《隋书·经籍志》

经籍一　经[1]

夫经籍也者，机神之妙旨，圣哲之能事，所以经天地，纬阴阳，正纪纲，弘道德，显仁足以利物，藏用足以独善，学之者将殖焉，不学者将落焉。大业崇之，则成钦明之德，匹夫克念，则有王公之重。其王者之所以树风声，流显号，美教化，移风俗，何莫由乎斯道？故曰："其为人也，温柔敦厚，《诗》教也；疏通知远，《书》教也；广博易良，《乐》教也；洁静精微，《易》教也；恭俭庄敬，《礼》教也；属辞比事，《春秋》教也。"遭时制宜，质文迭用，应之以通变，通变之以中庸。中庸则可久，通变则可大，其教有适，其用无穷，实仁义之陶钧，诚道德之橐籥也。其为用大矣，随时之义深矣，言无得而称焉。故曰："不疾而速，不行而至。"今之所以知古，后之所以知今，其斯之谓也。是以大道方行，俯龟象而设卦，后圣有作，仰鸟迹以成文。书契已传，绳木弃而不用，史官既立，经籍于是兴焉。

夫经籍也者，先圣据龙图，握凤纪，南面以君天下者，咸有史官，以纪言行。言则左史书之，动则右史书之。故曰"君举必书"，惩劝斯在。考之前载，则《三坟》、《五典》、《八索》、《九丘》之类是也。下逮殷、周，史官尤备，纪言书事，靡有阙遗，则《周礼》所称：太史掌建邦之六典、八法、八则，以诏王治；小史掌邦国之志，定世系，辨昭穆；内史掌王之八柄，策命而贰之；外史掌王之外令及四方之志，三皇、五帝之书；御史掌邦国都鄙万民之治令，以赞冢宰。此则天子之史，凡有五焉。诸

---

1 ［唐］魏徵、［唐］令狐德棻撰，中华书局编辑部点校：《隋书》卷三十二，北京：中华书局，1973年，第903—904页。

侯亦各有国史，分掌其职。则《春秋传》，晋赵穿弑灵公，太史董狐书曰“赵盾杀其君”，以示于朝。宣子曰：“不然。”对曰：“子为正卿，亡不越境，反不讨贼，非子而谁？”齐崔杼弑庄公，太史书曰“崔杼弑其君”，崔子杀之。其弟嗣书，死者二人。其弟又书，乃舍之。南史闻太史尽死，执简以往，闻既书矣，乃还。楚灵王与右尹子革语，左史倚相趋而过。王曰：“此良史也，能读《三坟》、《五典》、《八索》、《九丘》。”然则诸侯史官，亦非一人而已，皆以记言书事，太史总而裁之，以成国家之典。不虚美，不隐恶，故得有所惩劝，遗文可观，则《左传》称《周志》，《国语》有《郑书》之类是也。

经籍二　史[1]

古者天子诸侯，必有国史，以纪言行，后世多务，其道弥繁。夏殷已上，左史记言，右史记事，周则太史、小史、内史、外史、御史，分掌其事，而诸侯之国，亦置史官。又《春秋国语》引周志、郑书之说，推寻事迹，似当时记事，各有职司，后又合而撰之，总成书记。其后陵夷衰乱，史官放绝，秦灭先王之典，遗制莫存。至汉武帝时，始置太史公，命司马谈为之，以掌其职。时天下计书，皆先上太史，副上丞相，遗文古事，靡不毕臻。谈乃据《左氏》、《国语》、《世本》、《战国策》、《楚汉春秋》，接其后事，成一家之言。谈卒，其子迁又为太史令，嗣成其志。上自黄帝，讫于炎汉，合十二本纪、十表、八书、三十世家、七十列传，谓之《史记》。迁卒以后，好事者亦颇著述，然多鄙浅，不足相继。至后汉扶风班彪，缀后传数十篇，并讥正前失。彪卒，明帝命其子固续成其志。以为唐、虞、三代，世有典籍，史迁所记，乃以汉氏继于百王之末，非其义也。故断自高祖，终于孝平、王莽之诛，为十二纪、八表、十志、六十九传。潜心积思，二十余年。建初中，始奏表及纪传，其十志竟不能就。固卒后，始命曹大家续成之。先是明帝召固为兰台令史，与诸先辈陈宗、尹敏、孟冀等，共成《光武本纪》。擢固为郎，典校秘书。固撰后汉事，作《列传载记》二十八篇。其后刘珍、刘毅、刘陶、伏无忌等，相次著述东观，谓之《汉记》。及三国鼎峙，魏氏及吴，并有史官。晋时，巴西陈寿删集三国之事，唯魏帝为纪，其功臣

1 《隋书》卷三十三，第956—964页。

及吴、蜀之主，并皆为传，仍各依其国，部类相从，谓之《三国志》。寿卒后，梁州大中正范颖表奏其事，帝诏河南尹、洛阳令，就寿家写之。自是世有著述，皆拟班、马，以为正史，作者尤广。一代之史，至数十家。唯《史记》、《汉书》，师法相传，并有解释。《三国志》及范晔《后汉》，虽有音注，既近世之作，并读之可知。梁时，明《汉书》有刘显、韦棱，陈时有姚察，隋代有包恺、萧该，并为名家。《史记》传者甚微。今依其世代，聚而编之，以备正史。

自史官放绝，作者相承，皆以班、马为准。起汉献帝，雅好典籍，以班固《汉书》文繁难省，命颍川荀悦作《春秋左传》之体，为《汉纪》三十篇。言约而事详，辩论多美，大行于世。至晋太康元年，汲郡人发魏襄王冢，得古竹简书，字皆科斗。发冢者不以为意，往往散乱。帝命中书监荀勖、令和峤，撰次为十五部，八十七卷。多杂碎怪妄，不可训知，唯《周易》、《纪年》，最为分了。其《周易》上下篇，与今正同。《纪年》皆用夏正建寅之月为岁首，起自夏、殷、周三代王事，无诸侯国别。唯特记晋国，起自殇叔，次文侯、昭侯，以至曲沃庄伯，尽晋国灭。独记魏事，下至魏哀王，谓之“今王”。盖魏国之史记也。其著书皆编年相次，文意大似《春秋经》。诸所记事，多与《春秋》、《左氏》扶同。学者因之，以为《春秋》则古史记之正法，有所著述，多依《春秋》之体。今依其世代，编而叙之，以见作者之别，谓之古史。

自秦拨去古文，篇籍遗散。汉初得《战国策》，盖战国游士记其策谋。其后陆贾作《楚汉春秋》，以述诛锄秦、项之事。又有《越绝》，相承以为子贡所作。后汉赵晔又为《吴越春秋》。其属辞比事，皆不与《春秋》、《史记》、《汉书》相似，盖率尔而作，非史策之正也。灵、献之世，天下大乱，史官失其常守。博达之士，愍其废绝，各记闻见，以备遗亡。是后群才景慕，作者甚众。又自后汉已来，学者多钞撮旧史，自为一书，或起自人皇，或断之近代，亦各其志，而体制不经。又有委巷之说，迂怪妄诞，真虚莫测。然其大抵皆帝王之事，通人君子，必博采广览，以酌其要，故备而存之，谓之杂史。

《传》曰：“不有君子，其能国乎？”自晋永嘉之乱，皇纲失驭，九州君长，据有中原者甚众。或推奉正朔，或假名窃号，然其君臣忠义之节，经国字民之务，盖亦勤矣。而当时臣子，亦各记录。后魏克平诸国，据有嵩、华，始命司徒崔浩，博采旧闻，缀述国史。诸国记注，尽集秘阁。尔朱之乱，并皆散亡。今举其见在，谓之霸史。

经籍三　子[1]

儒者，所以助人君明教化者也。圣人之教，非家至而户说，故有儒者宣而明之。其大抵本于仁义及五常之道，黄帝、尧、舜、禹、汤、文、武，咸由此则。《周官》，太宰以九两系邦国之人，其四曰儒，是也。其后陵夷衰乱，儒道废阙。仲尼祖述前代，修正六经，三千之徒，并受其义。至于战国，孟轲、子思、荀卿之流，宗而师之，各有著述，发明其指。所谓中庸之教，百王不易者也。俗儒为之，不顾其本，苟欲哗众，多设问难，便辞巧说，乱其大体，致令学者难晓，故曰"博而寡要"。

道者，盖为万物之奥，圣人之至赜也。《易》曰："一阴一阳之谓道。"又曰："仁者见之谓之仁，智者见之谓之智，百姓日用而不知。"夫阴阳者，天地之谓也。天地变化，万物蠢生，则有经营之迹。至于道者，精微淳粹，而莫知其体。处阴与阴为一，在阳与阳不二。仁者资道以成仁，道非仁之谓也；智者资道以为智，道非智之谓也；百姓资道而日用，而不知其用也。圣人体道成性，清虚自守，为而不恃，长而不宰，故能不劳聪明而人自化，不假修营而功自成。其玄德深远，言象不测。先王惧人之惑，置于方外，六经之义，是所罕言。《周官》九两，其三曰师，盖近之矣。然自黄帝以下，圣哲之士，所言道者，传之其人，世无师说。汉时，曹参始荐盖公能言黄老，文帝宗之。自是相传，道学众矣。下士为之，不推其本，苟以异俗为高，狂狷为尚，迂诞谲怪而失其真。

法者，人君所以禁淫慝，齐不轨，而辅于治者也。《易》著"先生明罚饬法"，《书》美"明于五刑，以弼五教"。《周官》，司寇"掌建国之三典，以佐王刑邦国，诘四方"；司刑"以五刑之法，丽万民之罪"，是也。刻者为之，则杜哀矜，绝仁爱，欲以威劫为化，残忍为治，乃至伤恩害亲。

名者，所以正百物，叙尊卑，列贵贱，各控名而责实，无相僭滥者也。《春秋传》曰："古者名位不同，节文异数。"孔子曰："名不正则言不顺，言不顺则事不成。"《周官》，宗伯"以九仪之命，正邦国之位，辨其名物之类"，是也。拘者为之，则苛察缴绕，滞于析辞而失大体。

---

1 《隋书》卷三十四，第999—1012页。

墨者，强本节用之术也。上述尧、舜、夏禹之行，茅茨不翦，粝粱之食，桐棺三寸，贵俭兼爱，严父上德，以孝示天下，右鬼神而非命。《汉书》以为本出清庙之守。然则《周官》宗伯"掌建邦之天神地祇人鬼"，肆师"掌立国祀及兆中庙中之禁令"，是其职也。愚者为之，则守于节俭，不达时变，推心兼爱，而混于亲疏也。

从横者，所以明辩说，善辞令，以通上下之志者也。《汉书》以为本出行人之官，受命出疆，临事而制。故曰："诵《诗》三百，使于四方，不能专对，虽多亦奚以为？"《周官》，掌交"以节与币，巡邦国之诸侯及万姓之聚，导王之德意志虑，使辟行之，而和诸侯之好，达万民之说，谕以九税之利，九仪之亲，九牧之维，九禁之难，九戎之威"，是也。佞人为之，则便辞利口，倾危变诈，至于贼害忠信，覆邦乱家。

杂者，兼儒、墨之道，通众家之意，以见王者之化，无所不冠者也。古者司史历记前言往行，祸福存亡之道。然则杂者，盖出史官之职也。放者为之，不求其本，材少而多学，言非而博，是以杂错漫羡，而无所指归。

农者，所以播五谷，艺桑麻，以供衣食者也。《书》叙八政，其一曰食，二曰货。孔子曰："所重民食。"《周官》，冢宰"以九职任万民"，其一曰"三农生九谷"；地官司稼"掌巡邦野之稼，而辨穜稑之种，周知其名与其所宜地，以为法而悬于邑闾"，是也。鄙者为之，则弃君臣之义，徇耕稼之利，而乱上下之序。

小说者，街说巷语之说也。《传》载舆人之诵，《诗》美询于刍荛。古者圣人在上，史为书，瞽为诗，工诵箴谏，大夫规诲，士传言而庶人谤。孟春，徇木铎以求歌谣，巡省观人诗，以知风俗。过则正之，失则改之，道听途说，靡不毕纪。《周官》，诵训"掌道方志以诏观事，道方慝以诏辟忌，以知地俗"；而训方氏"掌道四方之政事，与其上下之志，诵四方之传道而观衣物"，是也。孔子曰："虽小道，必有可观者焉，致远恐泥。"

## 四、《四库全书总目提要》相关材料

《经部总叙》[1]

经禀圣裁，垂型万世，删定之旨，如日中天，无所容其赞述。所论次者，诂经之

1 ［清］纪昀总纂：《四库全书总目提要》卷一，石家庄：河北人民出版社，2000年，第49—50页。

说而已。自汉京以后垂二千年，儒者沿波，学凡六变。其初专门授受，递禀师承，非惟诂训相传，莫敢同异，即篇章字句，亦恪守所闻，其学笃实谨严，及其弊也拘。王弼、王肃稍持异议，流风所扇，或信或疑，越孔、贾、啖、赵以及北宋孙复、刘敞等，各自论说，不相统摄，及其弊也杂。洛闽继起，道学大昌，摆落汉唐，独研义理，凡经师旧说，俱排斥以为不足信，其学务别是非，及其弊也悍。学脉旁分，攀缘日众，驱除异己，务定一尊，自宋末以逮明初，其学见异不迁，及其弊也党。主持太过，势有所偏，材辨聪明，激而横决，自明正德、嘉靖以后，其学各抒心得，及其弊也肆。空谈臆断，考证必疏，于是博雅之儒引古义以抵其隙，国初诸家，其学征实不诬，及其弊也琐。要其归宿，则不过汉学、宋学两家互为胜负。夫汉学具有根柢，讲学者以浅陋轻之，不足服汉儒也。宋学具有精微，读书者以空疏薄之，亦不足服宋儒也。消融门户之见而各取所长，则私心祛而公理出，公理出而经义明矣。盖经者非他，即天下之公理而已。今参稽众说，务取持平，各明去取之故，分为十类：曰易、曰书、曰诗、曰礼、曰春秋、曰孝经、曰五经总义、曰四书、曰乐、曰小学。

《易类序》[1]

圣人觉世牖民，大抵因事以寓教。《诗》寓于风谣，《礼》寓于节文，《尚书》、《春秋》寓于史，而《易》则寓于卜筮。故《易》之为书，推天道以明人事者也。《左传》所记诸占，盖犹太卜之遗法。汉儒言象数，去古未远也。一变而为京、焦，入于禨祥，再变而为陈、邵，务穷造化，《易》遂不切于民用。王弼尽黜象数，说以老庄。一变而胡瑗、程子，始阐明儒理，再变而李光、杨万里，又参证史事，《易》遂日启其论端。此两派六宗，已互相攻驳。又《易》道广大，无所不包，旁及天文、地理、乐律、兵法、韵学、算术以逮方外之炉火，皆可援《易》以为说，而好异者又援以入《易》，故《易》说愈繁。夫六十四卦大象皆有"君子以"字，其爻象则多戒占者，圣人之情，见乎词矣。其余皆《易》之一端，非其本也。今参校诸家，以因象立教者为宗，而其他《易》外别传者亦兼收以尽其变，各为条论，具列于左。

1 《四库全书总目提要》卷一，第50页。

《书类序》[1]

《书》以道政事，儒者不能异说也。《小序》之依托，《五行传》之附会，久论定矣。然诸家聚讼，犹有四端：曰今文、古文，曰错简，曰《禹贡》山水，曰《洪范》畴数。夫古文之辨，至阎若璩始明。朱彝尊谓是书久颁于学官，其言多缀辑逸经成文，无悖于理。汾阴汉鼎，良亦善喻。吴澄举而删之，非可行之道也。禹迹大抵在中原，而论者多当南渡。昔疏今密，其势则然。然尺短寸长，互相补苴，固宜兼收并蓄，以证异同。若夫刘向记《酒诰》、《召诰》脱简仅三，而诸儒动称数十。班固牵《洪范》于《洛书》，诸儒并及《河图》，支离轇輵，淆经义矣。故王柏《书疑》、蔡沈《皇极数》之类，非解经之正轨者，咸无取焉。

《春秋类序》[2]

说经家之有门户，自《春秋》三《传》始，然迄能并立于世。其间诸儒之论，中唐以前则《左氏》胜，啖助、赵匡以逮北宋则《公羊》、《谷梁》胜。孙复、刘敞之流，名为弃《传》从《经》，所弃者特《左氏》事迹，《公羊》、《谷梁》月日例耳。其推阐讥贬，少可多否，实阴本《公羊》、《谷梁》法，犹诛邓析用竹刑也。夫删除事迹，何由知其是非？无案而断，是《春秋》为射覆矣。圣人禁人为非，亦予人为善。经典所述，不乏褒词，而操笔临文，乃无人不加诛绝，《春秋》岂吉网罗钳乎？至于用夏时则改正朔，削尊号则贬天王，《春秋》又何僭以乱也！沿波不返，此类宏多。虽旧说流传，不能尽废，要以切实有征、平易近理者为本。其瑕瑜互见者，则别白而存之。游谈臆说，以私意乱圣经者，则仅存其目。盖《六经》之中，惟《易》包众理，事事可通。《春秋》具列事实，亦人人可解。一知半见，议论易生。著录之繁，二经为最。故取之不敢不慎也。

《史部总叙》[3]

史之为道，撰述欲其简，考证则欲其详。莫简于《春秋》，莫详于《左传》。《鲁

1 《四库全书总目提要》卷十一，第322页。

2 《四库全书总目提要》卷二十六，第679页。

3 《四库全书总目提要》卷四十五，第1227—1228页。

史》所录，具载一事之始末，圣人观其始末，得其是非，而后能定以一字之褒贬。此作史之资考证也。丘明录以为传，后人观其始末，得其是非，而后能知一字之所以褒贬。此读史之资考证也。苟无事迹，虽圣人不能作《春秋》。苟不知其事迹，虽以圣人读《春秋》，不知所以褒贬。儒者好为大言，动曰舍传以求经。此其说必不通。其或通者，则必私求诸传，诈称舍传云尔。司马光《通鉴》，世称绝作，不知其先为《长编》，后为《考异》。高似孙《纬略》，载其《与宋敏求书》，称到洛八年，始了晋、宋、齐、梁、陈、隋六代。唐文字尤多依年月编次为草卷，以四丈为一卷，计不减六七百卷。又称光作《通鉴》，一事用三四出处纂成，用杂史诸书凡二百二十二家。李焘《巽岩集》，亦称张新甫见洛阳有《资治通鉴》草稿盈两屋。今观其书，如淖方成祸水之语则采及《飞燕外传》，张彖冰山之语则采及《开元天宝遗事》，并小说亦不遗之。然则古来著录，于正史之外兼收博采，列目分编，其必有故矣。今总括群书，分十五类。首曰《正史》，大纲也。次曰《编年》，曰《别史》，曰《杂史》，曰《诏令奏议》，曰《传记》，曰《史抄》，曰《载记》，皆参考纪传者也。曰《时令》，曰《地理》，曰《职官》，曰《政书》，曰《目录》，皆参考诸志者也。曰《史评》，参考论赞者也。旧有《谱牒》一门，然自唐以后，谱学殆绝。玉牒既不颁于外，家乘亦不上于官，徒存虚目，故从删焉。考私家记载，惟宋、明二代为多。盖宋、明人皆好议论，议论异则门户分，门户分则朋党立，朋党立则恩怨结。恩怨既结，得志则排挤于朝廷，不得志则以笔墨相报复。其中是非颠倒，颇亦荧听。然虽有疑狱，合众证而质之，必得其情。虽有虚词，参众说而核之，亦必得其情。张师棣《南迁录》之妄，邻国之事无质也。赵与旹《宾退录》证以金国官制而知之。《碧云騢》一书诬谤文彦博、范仲淹诸人，晁公武以为真出梅尧臣，王铚以为出自魏泰，邵博又证其真出尧臣，可谓聚讼。李焘卒参互而辨定之，至今遂无异说。此亦考证欲详之一验。然则史部诸书，自鄙倍冗杂，灼然无可采录外，其有裨于正史者，固均宜择而存之矣。

# 第三讲
# 经传（一）:《易》与《春秋》

《六经》在传统中国知识系统的地位确定以后，经典的传释，亦即经学，便成为学术传衍的重要形式，新的思想也借助于这样的形式得以阐发，而且在这样的阐释过程中导致《六经》的经典系统扩大到《四书》，经学也衍生出理学。无论是《六经》与《四书》，还是经学与理学，在中国哲学史上都具有重要的地位。经传部分将主要围绕着经部文献来介绍，分“《易》与《春秋》”“《诗》《书》《礼》《乐》”“《孝经》与《四书》”三讲。

《易》在《艺文志》中被确认为所有世俗性知识的根源，《春秋》则是一本史书。照理，谈论形而上的《易》应该是隐微的，《春秋》记录具体的事迹则是显明的，但是易理具有普适性，可以畅言阐明，而史迹是具体的，其所指反而禁忌难言。因此，《易》与《春秋》在形式与内容上各有自己的隐微与显明。隐微的易理可以表征于显明的史迹，而显明的史迹反过来印证隐微的易理。《易》与《春秋》作为中国哲学的重要史料，可以互参研读。

# 一、《易》及易学相关著作

## （一）《周易》

《易》，又名《周易》。“周”是朝代，“易”有“简易”“变易”“不易”三义。关于《易》的作者，有多种说法。通常流行的是汉代讲的“易更三圣”说，即伏羲制作八卦，文王将八卦两两重叠，衍为六十四卦《易经》，孔子撰《十翼》解释《易经》，即《易传》。由于孔子的地位，因此《十翼》附于《易经》，《周易》就包括了《经》与《传》两个部分。后世传释《周易》的《传》很多，大多被冠以作者的名号，比如宋代程颐的《周易程氏传》、苏轼的《东坡易传》等等，这些传释是了解作者思想的重要史料。

《易经》原本是一本占卜的书，由符号与文字两部分组成。基本符号是代表阳与阴的**—**、**--**爻象，三叠组成了八卦，八卦两两重叠，演成了六爻组成六十四卦象。文字分别是解释每个卦的卦辞，以及解释每个卦的每一爻的爻辞。八卦各有其名，即乾、坤、震、巽、坎、离、艮、兑。八卦既有最基本的指义，分别表示健、顺、动、入、陷、丽、止、说，又有对应的最基本物象，即天、地、雷、风、水、火、山、泽，在此基础上又可以衍生出不同的一组组引申义与物象。《易经》就是通过它的符号与文字及其所对应的物象与指义，糅合事物关联、历史故事、民间传说、筮人经验等各种内容，提供预示吉凶的作用。

六十四卦的符号与文字反映了物象的多样性与指义的丰富性，为思想阐述提供了巨大的空间。《易传》从各方面作了最早的解释与阐发，不仅将《易经》从占卜的经典提升为哲学的理论著作，而且因其典范性而与《易经》一起成为经典。《易传》包括了《文言》、《彖传》上下、《象传》上下、《系辞传》上下、《说卦传》、《序卦传》、《杂卦传》，共十篇。

《文言》分两节，专对《乾》《坤》两卦作卦义与爻义的解释，通常的文本将《文言》直接附在《乾》《坤》两卦的《彖传》与《象传》后面。《彖传》分释六十四卦的卦名与卦辞，《象传》分释六十四卦的卦象与爻象，通常的文本也都将它们直接附在各卦后面，《易经》分上下经，故《彖传》与《象传》也分了上下。《系辞传》上下两篇，通论《易经》旨义与功用，兼释八卦起源与《周易》的筮法。《说卦传》解释八卦所象征的事物。《序卦传》解释六十四卦的排列顺序。《杂卦传》解释每两卦构成某种对应关系。在对《易经》的这些多视角与多层面的解释中，《易传》提出了中国哲学上的一系列重要概念与命题，建构了从自然到人的哲学理论。

## （二）易学相关著作

易学是历代研究《周易》的专门学术，其中许多是哲学著作。易学分两派，象数与义理，象数重符号，义理重文字。两派各有衍变，相互攻驳，间有融合。这里列举几种在中国哲学史上比较重要的易学著作。

### （1）《周易正义》

《周易正义》，或称《周易注》《周易注疏》，十三卷，魏王弼撰、晋韩康伯注、唐孔颖达正义。王弼的《周易注》是除《经》《传》之外，最重要的易学典籍。王弼（字辅嗣，226—249），曹魏山阳郡（今山东济宁）人，其学术影响十分深远。孔颖达奉唐太宗之命所编的《周易正义》，其所沿用的底本即《周易注》，换言之，王弼的易学思想是唐代科举取士的标准，直至宋学的出现。《周易注》之所以可为取士的标准用书，主要是王弼以儒学为主，结合老庄思想解释《周易》中隐含的哲学思想，以“寻意观象”“得意忘象”等方法，既满足了当时学者爱好玄学的学风思潮，也满足了国家为控制社会而对道德的需求。所以孔颖达指出：“原夫易理难穷，虽复玄之又玄，至于垂范作则，便是有而教有。”但要留意的是，孔颖达也指出:“江南义疏十有余家，皆辞尚虚玄，义多浮诞。”“义多浮诞”是以玄学解《易》带来的新的学术问题。这也就是孔颖达之所以要“正义”的原因，他认为“奉敕删定，考察其事，必以仲尼为宗；义理可诠，先以辅嗣为本”。思想分合的源由，为学术研究者必察，这是《周易正义》在易学史上的独特地位。

### （2）《周易集解》

《周易集解》，十七卷，唐李鼎祚撰。李鼎祚的生平事迹无明文可考。《周易》经过孔颖达的正义，在学术研究上获得了统一，然而汉代象数学亦伴随着统一而彻底被义理学所取代，故易学发展转以重义理轻象数，而以象数为主的汉学亦因此逐渐落没。同处唐代的李鼎祚则认为“郑则多参天象，王乃全释人事”，明确指出“易之为道，岂偏滞于天人哉?”，又指出因其学问偏于一隅而“致使后学之徒，纷然淆乱，各修局见”，致使易学源流难以辨源，因此将汉代诸家的易学研究兼收并畜，不参已见，尤强调“权舆三教，钤键九流”，汇编汉代以降共三十多家易说，在易学发展史上占有重要地位。如象数义理两派各有衍变，便可在《周易集解》中找到相应的学术线索与文献资料，其史料价值实属仅次于孔颖达的《周易正义》。

### （3）《伊川易传》

《伊川易传》，或称《周易程氏传》，四卷，程颐撰。程颐（字正叔，1033—1107），河南府洛阳（今河南省洛阳市）人，为北宋著名的理学家，学者尊称伊川先生。《周易程氏传》是理学的基础性核心著作。程颐认为“传者，辞也”，而由辞以得其意的关键在于知识的转出，而知识的转出“存乎人”，直指汉唐注疏学为“自秦而下，盖无传矣”。四库馆臣称此书“始阐儒理”。具体而言，程颐以《序卦传》为准断定上下篇的关系，即六十四卦的内在逻辑，如其所谓“《坎》、《离》，阴阳之成质，故为上篇之终。《咸》、《恒》，夫妇之道，生育之本，故为下篇之首;《未济》,《坎》、《离》之合,《既济》,《坎》、《离》之交，合而交则生物，阴阳之成功也，故为下篇之终”，此一首尾相应的逻辑推论为后来的学术发展，尤其是在“理性分析”的思维方法上奠定了理论基础。

**（4）《周易本义》**

《周易本义》，十二卷，宋朱熹撰。朱熹（字元晦、仲晦，1130—1200），晚称晦翁，南剑州尤溪（今属福建省尤溪县）人，南宋著名理学家，世称朱文公，后人为他编辑有《朱文公易说》二十三卷，与《周易本义》互为表里。《周易本义》有很多不同的版本，但有些版本不仅错误百出，而且割裂了朱熹与义理学之间的继承关系，如段玉裁就指出："朱子《本义》一书自明时为妄庸人割附程子《易传》，不独变紊十二篇，抑使朱子文义多有不可通之处。"此处特指胡广官纂的《易经大全》。但这样的问题在元明清的朱子学研究中亦屡见不鲜，故把版本问题弄清楚，为研究《周易本义》的第一要义。朱熹《本义》着重以经文原貌解释易理，认为须对"易"有完整通顺的认识，方可论《易》，如其所谓"以一时而索卦，则拘无变，非《易》也；以一事而明爻，则窒而不通，非《易》也。知所谓卦、爻、彖、象之义，而不知有卦、爻、彖、象之用，亦非《易》也"。即《周易本义》本身，为理解自周敦颐传承下来的义理学脉的重要史料。《周易本义》有中华书局2009年的点校本刊行。

**（5）《慈湖易传》**

《慈湖易传》，或称《杨氏易传》，二十卷，杨简撰。杨简（字敬仲，1141—1226），慈溪（今属浙江省宁波市）人，是陆九渊的弟子，世称慈湖先生。《慈湖易传》是心学《易》的代表著作，其解《易》以人心为主，象数义理皆以此为基础类推，诚如四库馆臣谓其书乃"心学《易》流别之始"。

虽然朱熹直言其"文字可毁"，而刘宗周则论"象山言心本未尝差，到慈湖言无意，分明是禅家机轴，一盘托出"。但《慈湖易传》详细记载了易学研究从理学的"始阐儒理"转向心学的过程，为研究中国哲学不可或缺的文献资料。

## 二、《春秋》与春秋学相关著作

### （一）《春秋》及三传

《春秋》是鲁国史书，记述鲁隐公到鲁哀公共十二君的史事。具体时间有争议，据《左传》是二百四十四年，《公羊传》《谷梁传》是二百四十二年。传统以为《春秋》是孔子修的，但这种说法即使是古代也存疑。现代研究大致认为《春秋》原是鲁国旧史，孔子用它来教授学生，也不排除孔子作了删修。

由于《春秋》难读，后人对《春秋》作有不同侧重的解读。三传，即《左传》《公羊传》《谷梁传》就是最基本与重要的著述。《左传》起初用西汉以前的文字写的，相对于汉代人是古文，《公羊传》与《谷梁传》是用汉代隶书写的，属于今文。《左传》重史事的补充，近于史学，作者相传是左丘明，但不一定可信；《公羊传》与《谷梁传》重史事背后的道理，近于哲学，作者相传是公羊高、谷梁赤，同样也不可靠。起初《春秋》有单行本，后来因三传很重要，经传合并，先经后传。

比如《春秋》经最初的一句原文：

> 隐公元年春，王正月。

《左传》的解释就补充史事，说明隐公是妾所生，桓公是夫人所生，隐公虽年长于桓公，但因身份的原因，隐公只是摄政而奉桓公为国君，所以经文只写“元年春，王正月”，不写即位。《公羊传》与《谷梁传》虽然也言及史事，但重心在阐明记载这一史事背后隐藏的义理。如《公羊传》，强调“元年”是表明“君之始年”，“春”表明“岁之始”，“王正月”是强调“大一统”，等等；《谷梁传》则解释，“虽无事，必举正月，谨始也”，进而作理论性阐发，诸如“《春秋》贵义而不贵惠，信道而不信邪”，等等。《公羊传》与《谷梁传》相传都是由子夏所传，只是思想方式与精神固然相近，但矛盾也是存在的。

中唐以前虽然推重《左传》，但三传并立于世，各成系统。《左传》的经典文本是晋杜预注、唐孔颖达疏《春秋左传正义》六十卷，《公羊传》的经典文本是汉何休解诂、唐徐彦疏《春秋公羊传注疏》二十八卷，《谷梁传》的经典文本是晋范宁集解、唐杨士勋疏《春秋谷梁传注疏》二十卷。

## （二）中唐以后的春秋学相关著作

中唐以后啖助新春秋学派兴起，舍传返经，同时合三传而阐发经义，对宋代以后的哲学影响深重。阐发经义往往借重于《公羊传》与《谷梁传》，但《左传》的史事可以限制经义的自由发挥，因此《左传》仍然有其作用。这里列举啖助新春秋学派及此后的几种著作。

### （1）《春秋集传纂例》

《春秋集传纂例》，或称《春秋啖赵集传纂例》《春秋纂例》，十卷，唐陆淳撰。陆淳（字伯冲，？—806），吴郡（今江苏吴县）人，师从啖助、赵匡。唐代的史书指出，“啖助在唐，名治《春秋》，摭讪三家，不本所承，自用名学，凭私臆决，尊之曰：‘孔子意也。’赵、陆从而唱之，遂显于时”，评价似不高，但他们着眼于孔子纂修《春秋》的原意，并由此建构理论，明确指出“《春秋》参用二帝三王之法，以夏为本，不全守周典礼”为孔子意也，这为宋一代学者恢复“道统”奠定了其经学研究的基础。所以后来四库馆臣指出，“舍传求经，实导宋人先路，生臆断之弊，其过不可掩；破附会之失，其功亦不可没也”。《春秋集传纂例》为陆淳系统研究《春秋》三传诸多著作之一种，与《春秋集传微旨》《春秋集传辨疑》等著作互为补充。

### （2）《春秋集传微旨》

《春秋集传微旨》，三卷，唐陆淳撰。《春秋集传微旨》是陆淳论三传的微言大义。其体例首先条列《春秋》相关经文，其次列举《左传》《公羊传》与《谷梁传》异同，并参之啖助、赵匡之说而断其是非，在继承三传旧说的基础上又多有发展。陆淳闻于师曰：“圣人之教，为可传也，为可继也。伯姬之行，旷代而无一人，非可传可继之道。经文既无褒异，当从左氏之说。”圣人之教的“可传”“可继”亦即陆淳关于春秋微言大义的“微旨”。陆淳的《春秋集传微旨》可称为理学的前奏之一。

### （3）《春秋尊王发微》

《春秋尊王发微》，十二卷，宋孙复撰。孙复（字明复，992—1057），晋州平阳（今山西临汾）人，学者尊称宋初三先生。唐以前为《春秋》说者，多本三传，议者殊纷纭，至陆淳始别出新义。孙复的《春秋尊王发微》即缘此“别出新义”的思路，如谓《春秋》大义有所谓“尊王攘夷”。欧阳修指出:“先生治《春秋》，不惑传注，不为曲说以乱经，得经之义为多。”朱熹亦谓:“近时言《春秋》者，如陆淳、孙明复，推言治道凛凛可畏，终是得圣人意。”可见《春秋尊王发微》对宋学的发展影响深远。

### （4）《春秋集解》

《春秋集解》，十二卷，宋苏辙撰。苏辙（字子由，1039—1112），苏洵之子，苏轼之弟，眉山（今属四川）人，北宋著名的政治家、散文家，与其父兄同时闻名于世，为唐宋八大家之一。自孙复作《春秋尊王发微》，舍传以求经，古说被废弃。后来王安石因变法的需要而又直指《春秋》为“断烂代报”。故苏辙对“孔子之遗言而凌灭至此”深感痛心，而为重振古学，遂“汇集诸家之说而裁之以义”，撰成此书，自谓其意在矫正宋儒舍传求经、标新立异的学风，认为《春秋》之事当从史，指出孔子作《春秋》略史，只是“有待乎史而后足也”，而王安石以意传《春秋》而不信史，则失孔子之意。故苏辙重申《左传》的价值强调以史为据，认为左氏为传，依据国事，事皆有征。再参照《公羊传》及《谷梁传》以及啖助、赵匡诸家观点，以为补充。宋、元两代学者解经也多引用《春秋集解》，对后世春秋学的发展产生了一定的影响。

### （5）《春秋传》

《春秋传》，或称《春秋胡氏传》，三十卷，宋胡安国撰。胡安国（字康侯，1074—1138），南宋建宁崇安（今属福建）人，宋代著名的理学家。胡安国师从杨时，为二程的三传弟子，学者尊称武夷先生。胡安国自述治《春秋》之始末:“某之初学也，用功十年，遍览诸家，欲多求博取以会要妙，然但得其糟粕耳。又十年，时有省发，遂集众传，附以几说，犹未敢以为得也。又五年，去者或取，取者或去，几说之不可于心者，尚多有之。又五年，书成，旧说之得存者寡矣。及此二年，所习似益察，所造似益深，乃知圣人之旨益无穷，信非言论所能及也。”胡安国《春秋传》对后世学术有深远影响，与《左传》《公羊传》《谷梁传》齐名，成为了科举考试的范本。《春秋传》具有浓厚政教色彩，强调《春秋》为孔子“见其用”之书，假鲁史以寓王法，拨乱世反之正，犹法律之有断例也，又承董仲舒依循三纲五常“尊王攘夷”阐述春秋的微言大义，视《春秋》为勉国君正己、四海平治、天下一统等思想的具体呈现。四库馆臣称“所传，事按《左氏》，义采《公羊》、《谷梁》精者，大纲本《孟子》，而微词多以程氏之说为证”。

## 思考题

1. 为什么唐代需要统一经学思想以及它给思想界带来了什么影响?
2. 宋学的出现为学术思想的研究带来了什么新的变化? 我们应该怎么看待它与汉唐经学的关系?

## 【阅读材料】

### 一、《周易正义》相关材料

《周易正义序》（节选）[1]

国子祭酒、上护军、曲阜县开国子臣孔颖达奉敕撰定

夫易者，象也。爻者，效也。圣人有以仰观俯察，象天地而育群品；云行雨施，效四时以生万物。若用之以顺，则两仪序而百物和；若行之以逆，则六位倾而五行乱。故王者动必则天地之道，不使一物失其性；行必协阴阳之宜，不使一物受其害。故能弥纶宇宙，酬酢神明。宗社所以无穷，风声所以不朽，非夫道极玄妙，孰能与于此乎？斯乃乾坤之大造，生灵之所益也。若夫龙出于河，则八卦宣其象；麟伤于泽，则《十翼》彰其用。业资九圣，时历三古。及秦亡金镜，未坠斯文；汉理珠囊，重兴儒雅。其传《易》者，西都则有丁、孟、京、田，东都则有荀、刘、马、郑，大体更相祖述，非有绝伦。唯魏世王辅嗣之注独冠古今。所以江左诸儒，并传其学；河北学者，罕能及之。其江南义疏，十有余家，皆辞尚虚玄，义多浮诞。

原夫易理难穷，虽复"玄之又玄"，至于垂范作则，便是有而教有。若论住内住外之空、就能就所之说，斯乃义涉于释氏，非为教于孔门也。既背其本，又违于注。……

今既奉敕删定，考察其事，必以仲尼为宗；义理可诠，先以辅嗣为本；去其华而取其实，欲使信而有征。其文简，其理约，寡而制众，变而能通，仍恐鄙才见，意未周尽。谨与代散大夫行大学博士臣马嘉运，守太学助教臣赵乾叶等对共参议，详其可否。至十六年，又奉敕与前修疏人及给事郎守四门博士上骑都尉臣苏德融等，对敕使赵弘智覆更详审，为之正义，凡十有四卷。庶望上裨圣道，下益将来，故序其大略，附之卷首尔。

《论"易"之三名》（节选）[2]

正义曰：夫"易"者，变化之总名，改换之殊称。自天地开辟，阴阳运行，寒暑迭来，日月更出，孚萌庶类，亭毒群品，新新不停，生生相续，莫非资变化之力，换

1 ［魏］王弼、［晋］韩康伯注，［唐］孔颖达正义:《周易正义》，北京：中国致公出版社，2009年，第1—2页。

2 《周易正义》，第4—5页。

代之功。然变化运行，在阴阳二气，故圣人初画八卦，设刚柔两画，象二气也；布以三位，象三才也。谓之为“易”，取变化之义。

既义总变化，而独以“易”为名者。《易纬·乾凿度》云：“易一名而含三义，所谓易也，变易也，不易也。”……

……盖“易”之三义，唯在于有。然有从无出，理则包无，故《乾凿度》云：“夫有形者生于无形，则乾坤安从而生？故有太易、有太初、有太始、有太素。太易者，未见气也。太初者，气之始也。太始者，形之始也。太素者，质之始也。气、形、质具而未相离谓之浑沌。浑沌者，言万物相浑沌而未相离也。视之不见，听之不闻，循之不得，故曰易也。”

是知易理备包有无，而易象唯在于有者，盖以圣人作《易》，本以垂教，教之所备，本备于有。故《系辞》云“形而上者谓之道”，道即无也；“形而下者谓之器”，器即有也。故以无言之，存乎道体；以有言之，存乎器用；以变化言之，存乎其神；以生成言之，存乎其易；以真言之，存乎其性；以邪言之，存乎其情；以气言之，存乎阴阳；以质言之，存乎爻象；以教言之，存乎精义；以人言之，存乎景行。此等是也。且易者象也，物无不可象也。作《易》所以垂教者，即《乾凿度》云：“孔子曰：上古之时，人民无别，群物未殊，未有衣食器用之利，伏羲乃仰观象于天，俯观法于地，中观万物之宜，于是始作八卦，以通神明之德，以类万物之情。故易者所以断天地，理人伦，而明王道。是以画八卦，建五气，以立五常之行；象法乾坤，顺阴阳，以正君臣、父子、夫妇之义，度时制宜，作为罔罟，以佃以渔，以赡民用。于是人民乃治，君亲以尊，臣子以顺，群生和洽，各安其性。”此其作《易》垂教之本意也。

释“乾：元亨利贞”[1]

正义曰：“乾”者，此卦之名。谓之卦者，《易纬》云：“卦者挂也，言悬挂物象，以示于人，故谓之卦。”但二画之体，虽象阴阳之气，未成万物之象，未得成卦，必三画以象三才，写天、地、雷、风、水、火、山、泽之象，乃谓之卦也。故《系辞》云“八卦成列，象在其中矣”是也。但初有三画，虽有万物之象，于万物变通之理，

1 《周易正义》，第9—10页。

犹有未尽，故更重之而有六画，备万物之形象，穷天下之能事，故六画成卦也。此乾卦本以象天，天乃积诸阳气而成天，故此卦六爻皆阳画成卦也。此既象天，何不谓之天，而谓之“乾”者？天者定体之名，“乾”者体用之称。故《说卦》云:“乾，健也。”言天之体，以健为用。圣人作《易》本以教人，欲以法天之用，不法天之体，故名“乾”，不名天也。天以健为用者，运行不息，应化无穷，此天之自然之理，故圣人当法此自然之象而施人事，亦当应物成务，云为不已，“终日乾乾”，无时懈倦，所以应天象以教人事。于物象言之，则纯阳也，天也。于人事言之，则君也，父也。以其居尊，故在诸卦之首，为《易》理之初。但圣人名卦，体例不同，或则以物象而为卦名者，若否、泰、剥、颐、鼎之属是也，或以象之所用而为卦名者，即乾、坤之属是也。如此之类多矣。虽取物象，乃以人事而为卦名者，即家人、归妹、谦、履之属是也。所以如此不同者，但物有万象，人有万事，若执一事，不可包万物之象；若限局一象，不可总万有之事。故名有隐显，辞有踳驳，不可一例求之，不可一类取之。故系辞云:“上下无常，刚柔相易，不可为典要。”韩康伯注云“不可立定准”是也。“元、亨、利、贞”者，是乾之四德也。《子夏传》云:“元，始也。亨，通也。利，和也。贞，正也。”言此卦之德，有纯阳之性，自然能以阳气始生万物而得元始亨通，能使物性和谐，各有其利，又能使物坚固贞正得终。此卦自然令物有此四种使得其所，故谓之四德。言圣人亦当法此卦而行善道，以长万物，物得生存而为“元”也。又当以嘉美之事，会合万物，令使开通而为“亨”也。又当以义协和万物，使物各得其理而为“利”也。又当以贞固干事，使物各得其正而为“贞”也。是以圣人法乾而行此四德，故曰“元、亨、利、贞”。其委曲条例，备在《文言》。

## 二、《周易集解》相关材料

《潘恭定公序》（潘恩撰）[1]

此唐李氏鼎祚所辑《易解》，刻之者我明宗室西亭氏也。六经之道大矣，而《易》之为原。自古庖牺氏之王天下，始画八卦，重之为六十四。周文王作卦辞，公旦作爻

1 ［唐］李鼎祚撰，王丰先点校:《周易集解》，北京：中华书局，2016年，第1—3页。

辞，孔子系之以《十翼》，所以阐阴阳之秘、发天地之房者，斯其至哉。语有之，“乾坤毁则无以见《易》”，言《易》与天地相始终也。自卜商以后，传注百家，惟王、郑为众所宗，颇行于代。

李氏谓：“郑则多参天象，王乃全释人事。易之为道，岂偏滞于天人哉？于是采摭遗言，历汉迄唐，集虞翻、荀爽三十余家，刊辅嗣之野文，补康成之逸象。”其用意勤矣。夫二气运行，彰往察来，莫赜于天道，而八象备之。消息盈虚，其数不可略也。贞悔相因，杂物撰德，莫辨于人事，而六位穷之。乘承失得，其理不可遗也。故曰：易也者，天人之间者也。孰或合之，而孰或离之。李之宗郑斥王，过矣。

迨及有宋，儒道彰明，若正叔程氏之《易传》，晦庵朱子之《本义》，皆渊源王学，而二书沛然大行于时，近世因之，立于学官。凡师之所以教、弟子所肄习者，独宗朱子。是故童幼而颛一艺，白首而或未能言。盖安于所习，毁所不见，卒以自蔽，此学者之通患也。

儒先有言：“隋唐以前，《易》家诸书逸不复传，赖李氏此书犹见其一二。”然则是编何可废哉？西亭氏者，负陈思之轶才，慕河间之大雅，词翰踔绝，跻古作者之涂，迩年好《易》，潜心韦编，遂以所得宋本募善工刻之，以广传布，讵不谓知本者耶？今夫崑仑之水，其发源也滥觞无垠，演而为河流，汇而为沧海，至于海，而水之观尽矣。羲文周孔之《易》，辟则崑仑之源也。李氏之《集解》，辟则河之众流也。程朱之《传》《义》，辟则海之会归也。是故由《集解》而溯四圣之微言，则其端倪可测矣。由《集解》而征程朱之著述，则其脉络益明矣。《传》云：“先王之祭川，先河而后海。或原或委，之谓务本。”然则是编之刻，其先河之义也。

夫刻既完，授余读之，且属余序。余遂诠次其略，俾后之览者有所考焉。

《周易集解原序》（李鼎祚撰）[1]

元气氤氲，三才成象；神功浃洽，八索成形。在天则日月运行，润之以风雨；在地则山泽通气，鼓之以雷霆。至若近取诸身，四支百体合其度；远取诸物，森罗万象

1 《周易集解》，第6—8页。

备其工。“阴阳不测之谓神”，“一阴一阳之谓道”；“范围天地而不过，曲成万物而不遗”；“仁者见之以为仁，智者见之以为智”；“百姓日用而不知”，“君子之道鲜矣”，斯乃“显诸仁而藏诸用”，“神无方而易无体”，巍巍荡荡，难可名焉。

逮乎天尊地卑，君臣位列；五运相继，父子道彰。震巽索而男女分，咸恒设而夫妇睦，人伦之义既阐，家国之教郁兴。故《系辞》云:“古者庖牺氏王天下也，始画八卦，以通神明之德，以类万物之情，作结绳而为罔罟，以佃以渔，盖取诸离。庖牺氏没，神农氏作，斲木为耜，揉木为耒，耒耨之利，以教天下，盖取诸益。日中为市，致天下之人，聚天下之货，交易而退，盖取诸噬嗑。神农氏没，黄帝、尧、舜氏作，通其变，使人不倦；神其化，使人宜之。刳木为舟，剡木为楫，舟楫之利，以济不通，盖取诸涣。服牛乘马，引重致远，盖取诸随。古者穴居而野处，后代圣人易之以宫室，盖取诸大壮。弦木为弧，剡木为矢，弧矢之利，以威天下，盖取诸睽。上古结绳为政，后代易之书契，百官以理，万人以察，盖取诸夬。”故“圣人见天下之赜，而拟诸形容，象其物宜”，而“观其会通，以行其典礼”，触类而长之，六十四卦，三百八十四爻，天下之能事毕矣。其旨远，其辞文，其言曲而中，其事肆而隐。

若夫“杂物撰德，辨是与非”，“终日乾乾，夕惕若厉”，“无有师保，如临父母”，“自天祐之，吉无不利”者也。至于“损以远害，说以先之”，“定其交而后求，安其身而后动”，“履和而至，谦尊而光”，“能说诸心，能研诸虑”，是故“君子居则观其象而玩其辞，动则观其变而玩其占”，“蓍之德圆而神，卦之德方以智”，“探赜索隐，钩深致远”，“定天下之吉凶，成天下之亹亹，莫善乎蓍龟。神以知来，智以藏往，将有为也，问之以言，其受命也，应之如响”，“无有远迩幽深，遂知来物”，“故能穷理尽性，利用安身”。“圣人以此洗心，退藏于密”，自然“虚室生白，吉祥至止”，坐忘遗照，精义入神。口僻焉不能言，心困焉不能知，微妙玄通，深不可识。易有圣人之道四焉，斯之谓矣。

原夫权舆三教，钤键九流，实开国承家脩身之正术也。自卜商入室，亲授微言，传注百家，緜历千古。虽竞有穿凿，犹未测渊深。唯王、郑相沿，颇行于代。郑则多参天象，王乃全释人事，且易之为道，岂偏滞于天人者哉？致使后学之徒，纷然淆乱，各脩局见，莫辩源流。天象远而难寻，人事近而易习，则折杨黄华，嗑然而笑。方以类聚，其在兹乎？

## 三、《周易程氏传》相关材料

《周易程氏传·易传序》（程颐撰）[1]

易，变易也，随时变易以从道也。其为书也，广大悉备，将以顺性命之理，通幽明之故，尽事物之情，而示开物成务之道也。圣人之忧患后世，可谓至矣。去古虽远，遗经尚存。然而前儒失意以传言，后学诵言而忘味。自秦而下，盖无传矣。予生千载之后，悼斯文之湮晦，将俾后人沿流而求源，此《传》所以作也。

《易》有圣人之道四焉："以言者尚其辞，以动者尚其变，以制器者尚其象，以卜筮者尚其占。"吉凶消长之理，进退存亡之道，备于辞。推辞考卦，可以知变，象与占在其中矣。君子居则观其象而玩其辞，动则观其变而玩其占。得于辞，不达其意者有矣；未有不得于辞而能通其意者也。至微者理也，至著者象也。体用一源，显微无间。观会通以行其典礼，则辞无所不备。故善学者，求言必自近。易于近者，非知言者也。予所传者辞也，由辞以得其意，则在乎人焉。

《上下篇义》（节选）[2]

《乾》、《坤》，天地之道，阴阳之本，故为上篇之首；《坎》、《离》，阴阳之成质，故为上篇之终。《咸》、《恒》，夫妇之道，生育之本，故为下篇之首；《未济》，《坎》、《离》之合，《既济》，《坎》、《离》之交，合而交则生物，阴阳之成功也，故为下篇之终。二篇之卦既分，而后推其义以为之次，《序卦》是也。

卦之分则以阴阳。阳盛者居上，阴盛者居下。所谓盛者，或以卦，或以爻。卦与爻取义有不同。如《剥》：以卦言，则阴长阳剥也；以爻言，则阳极于上，又一阳为众阴主也。如《大壮》：以卦言，则阳长而壮；以爻言，则阴盛于上，用各于其所，不相害也。

《乾》，父也，莫亢焉；《坤》，母也，非《乾》无与为敌也。故卦有《乾》者居上篇，有《坤》者居下篇。而《复》阳生，《临》阳长，《观》阳盛，《剥》阳极，则虽有《坤》而居上；《姤》阴生，《遯》阴长，《大壮》阴盛，《夬》阴极，则虽有《乾》而居下。

---

1 ［宋］程颐撰，王孝鱼点校：《周易程氏传》，北京，中华书局，2011年，第1页。

2 《周易程氏传》，第4—7页。

其余有《乾》者皆在上篇,《泰》、《否》、《需》、《讼》、《小畜》、《履》、《同人》、《大有》、《无妄》、《大畜》也。有《坤》而在上篇，皆一阳之卦也。卦五阴而一阳，则一阳为之主，故一阳之卦皆在上篇,《师》、《谦》、《豫》、《比》、《复》、《剥》也。

其余有《坤》者皆在下篇,《晋》、《明夷》、《萃》、《升》也。卦一阴五阳者，皆有《乾》也，又阳众而盛也，虽众阳说于一阴，说之而已，非如一阳为众阴主也。王弼云“一阴为之主”，非也。故一阴之卦皆在上篇,《小畜》、《履》、《同人》、《大有》也。

卦二阳者，有《坤》则居下篇;《小过》虽无《坤》，阴过之卦也，亦在下篇。其余二阳之卦，皆一阳生于下而达于上，又二体皆阳，阳之盛也，皆在上篇,《屯》、《蒙》、《颐》、《习坎》也。阳生于下，谓《震》、《坎》在下。《震》，生于下也。《坎》，始于中也。达于上，谓一阳至上，或得正位也。生于下而上。达，阳畅之盛也。阳生于下而不达于上，又阴众而阳寡，复失正位，阳之弱也,《震》也,《解》也。上有阳而下无阳，无本也,《艮》也,《蹇》也。《震》、《坎》、《艮》，以卦言则阳也，以爻言则皆始变，微也。而《震》之上、《艮》之下无阳,《坎》则阳陷，皆非盛也。惟《习坎》则阳上达矣，故为盛卦。

二阴者，有《乾》则阳盛可知,《需》、《讼》、《大畜》、《无妄》也；无《乾》而为盛者,《大过》也,《离》也。《大过》阳盛于中，上下之阴弱矣。阳居上下，则纲纪于阴,《颐》是也。阴居上下，不能主制于阳而反弱也；必上下各二阴，中惟两阳，然后为胜,《小过》是也。《大过》、《小过》之名可见也。《离》则二体上下皆阳，阴实丽焉，阳之盛也。其余二阴之卦，二体具阴，阴盛也，皆在下篇,《家人》、《睽》、《革》、《鼎》、《巽》、《兑》、《中孚》也。

卦三阴三阳者敌也，则以义为胜。阴阳尊卑之义，男女长少之序，天地之大经也。阳少于阴而居上，则为胜。《蛊》，少阳居长阴上;《贲》，少男在中女上，皆阳盛也。《坎》虽阳卦，而阳为阴所陷，弱也，又与阴卦重，阴盛也。故阴阳敌而有《坎》者，皆在下篇,《困》、《井》、《涣》、《节》、《既济》、《未济》也。

或曰：一体有《坎》，尚为阳陷，二体皆《坎》，反为阳盛，何也？曰：一体有《坎》，阳为阴所陷，又重于阴也；二体皆《坎》，阳生于下而达于上，又二体皆阳，可谓盛矣。

## 四、《周易本义》相关材料

《周易序》(朱熹撰)[1]

《易》之为书，卦爻彖象之义备，而天地万物之情见。圣人之忧天下来世其至矣。先天下而开其物，后天下而成其务，是故极其数以定天下之象，著其象以定天下之吉凶。六十四卦、三百八十四爻，皆所以顺性命之理，尽变化之道也。散之在理，则有万殊；统之在道，则无二致。所以，易有太极，是生两仪。太极者，道也；两仪者，阴阳也。阴阳一道也，太极无极也。万物之生，负阴而抱阳，莫不有太极，莫不有两仪。絪緼交感，变化不穷。形一受其生，神一发其智，情伪出焉，万绪起焉，易所以定吉凶而生大业。故易者，阴阳之道也；卦者，阴阳之物也；爻者，阴阳之动也。卦虽不同，所同者奇耦；爻虽不同，所同者九六。是以六十四卦为其体，三百八十四爻互为其用，远在六合之外，近在一身之中。暂于瞬息，微于动静，莫不有卦之象焉，莫不有爻之义焉。至哉易乎！其道至大而无不包，其用至神而无不存。时固未始有一，而卦未始有定象；事固未始有穷，而爻亦未始有定位。以一时而索卦，则拘于无变，非易也；以一事而明爻，则窒而不通，非易也；知所谓卦爻彖象之义，而不知有卦爻彖象之用，亦非易也。故得之于精神之运、心术之动，与天地合其德，与日月合其明，与四时合其序，与鬼神合其吉凶，然后可以谓之知易也。虽然，易之有卦，易之已形者也。卦之有爻，卦之已见者也。已形已见者，可以言知；未形未见者，不可以名求，则所谓易者果何如哉？此学者所当知也。

《附录·〈朱子语类〉卷第六十七》(节选)[2]

看《易》，先看某《本义》了，却看伊川解，以相参考。如未看他《易》，先看某说，却易看也，盖未为他说所汩故也。

方叔问："《本义》何专以卜筮为主？"曰："且须熟读正文，莫看注解。盖古《易》，《彖》、《象》、《文言》各在一处，至王弼始合为一。后世诸儒遂不敢与移动。今难卒说，且须熟读正文，久当自悟。"……

"圣人作《易》，有说得极疏处，甚散漫。如爻象，盖是汎观天地万物，取得来

1 [宋]朱熹撰，廖名春点校：《周易本义》，北京：中华书局，2009年，第1—2页。

2 《周易本义》，第274—277页。

阔，往往只仿佛有这意思，故曰‘不可为典要’。又有说得极密处，无缝罅，盛水不漏，如说‘吉凶悔吝’处是也。学者须是大著心胸方看得。譬如天地生物，有生得极细巧者，又自有突兀粗拙者。近赵子钦有书来云，某说《语》、《孟》极详，《易说》却太略。譬之此烛笼，添得一条骨子，则障了一路明。若能尽去其障，使之体统光明，岂不更好！盖著不得详说故也。”……

先生问时举看《易》如何。曰:“只看程《易》，见其只就人事上说，无非日用常行底道理。”曰:“《易》最难看，须要识圣人当初作《易》之意。且如《泰》之初九：‘拔茅茹，以其汇，征吉。’谓其引贤类进也。都不正说引贤类进，而云‘拔茅’，何耶？如此之类，要须思看。某之《启蒙》自说得分晓，且试去看。”因云:“某少时看文字时，凡见有说得合道理底，须旁搜远取，必要看得他透。今之学者多不如是，如何?”时举退看《启蒙》。晚往侍坐，时举曰:“向者看程《易》，只就注解上生议论，却不曾靠得《易》看，所以不见得圣人作《易》之本意。今日看《启蒙》，方见得圣人一部《易》，皆是假借虚设之辞。盖缘天下之理，若正说出，便只作一件用。唯以象言，则当卜筮之时，看是甚事，都来应得。……

……前辈止缘不把做占说了，故此《易》竟无用处。圣人作《易》，盖谓当时之民，遇事都闭塞不知所为。故圣人示以此理，教他恁地做，便会吉；如此做，便会凶。必恁地，则吉而可为；如此，则凶而不可为。《大传》所谓‘通天下之志’是也。通，是开通之意，是以《易》中止说道善则吉，却未尝有一句说不善亦会吉。仁义忠信之事，占得其象则吉；却不曾说不仁不义不忠不信底事，占得亦会吉。如南蒯得‘黄裳’之卦，自以为大吉，而不知黄中居下之义，方始会元吉；反之则凶。……所以孔子晚年方学《易》，到得平常教人，亦言‘兴于《诗》，立于《礼》，成于《乐》’，却未曾说到《易》。”又云:“《易》之卦爻，所以该尽天下之理。一爻不止于一事，而天下之理莫不具备，不要拘执著。今学者涉世未广，见理未尽，揍他底不著，所以未得他受用。”

### 五、《慈湖易传》相关材料

《明吏部尚书蔡国珍序》（蔡国珍撰）[1]

昨秋余入南铨选部，陈君以所刻苏长公《易传》相示。余读而卒业，已谓奇矣。

1 ［宋］杨简撰，邓新文点校:《慈湖易传》，上海：上海古籍出版社，2021年，第27—28页。

顷之封司刘君、功司陈君复刻杨敬仲《易传》成，属余叙。余读之，又一奇也。独斯《传》也，明所学也。余不学，其何敢序？然学不可以终弃，则《传》言学者不敢不致意也，叙何可已？

夫《易》道大矣。自周孔而后微言绝，而程、朱《传》行，谓可以尽《易》，而《易》有所不可尽也。今观苏氏《传》，虽未必尽合《易》旨，然借《易》以发其自有之奇，其识隽，其文雄，往往道人所未经道，其卒传，宜也。杨氏因《易》之理，以发摅其所学，精深融贯，要在一而能通，示人专事内而不外，非直探本原者能之乎？要之，苏即事以明理，杨溯源以该流。譬之苏如樝梨橘柚杂陈而皆适于口，杨则即一樝梨橘柚，而凡为樝梨橘柚之类者皆可推而味之也。是二氏俱深于《易》，求其有补于学，杨视苏为要焉。

抑杨氏始因象山先生举扇讼而得其本心，遂悟所学，乃发为《易传》。于《乾》有曰："君子自强不息者，即天行之健也；非天行之健在彼，而君子效之于此也。"又曰："子思不曰'诚者自诚'，而曰'自成'，是于诚实之外复起自成之意，失其诚矣。"斯语也，亦犹是心也。唯是健不必效，而诚不必成。或疑允若兹，是人皆天也，不必复益以人力也，不几于溺人以虚乎？然善语道者必反其本，善察言者必抉其要。慈湖先生尝云："少读《易大传》，唯爱'无思也，无为也，寂然不动，感而遂通天下之故'。"故其传《益》，则以善之不能为、过之难改皆始于意。意本于我，知我本无体，复何迁而何改？传《震》又曰，人唯知恐惧修省学者事耳，谓易道精微不在是，持是见者不惟不知《易》，亦不知恐惧修省。夫曰"不能为"，曰"难改"，曰"恐惧修省"，则何尝不责人之致力，特其所以致者，在何思何虑而不失其寂然者耳。盖用力于其本而不泛用者也。譬之操舟者然，顺流帆风，楫櫂随之，瞬息千里，是不操之操，操更力耳。庸可以无操之迹，遂谓其不操舟也？审然者，不惟益《易》，且益学者哉。

吁！此与苏《传》，均《易》之羽翼也。顾湮没久矣，待三君而始传，信大宝之显晦有时哉。然一时并显，而三君与诸同官之志于《易》，及易道之益明可觇矣。独愧余莫为倡，其独无入山舍玉之惧乎？兹叙也，并以自勖云。

释《文言》曰："坤至柔而动也刚，至静而德方；后得主而有常，含万物而化光。坤道其顺乎，承天而时行。"[1]

---

1 《慈湖易传》卷二，第65—66页。

“坤”之为言，乃道之至顺之名，非乾自有乾之道，坤自有坤之道，非六十四卦各自有其道也。一道而殊名，故六十四卦卦卦皆妙，卦卦皆易。惟其该易之道，故有柔有刚，不偏于一隅，至静而无所为，而其德方而不可转易也。有时乎动，动而莫御，其刚可验。厚重疑止，不可转移，其方可验。晓愚喻昏，始止此证，亦犹谦《彖》曰“天道亏盈而益谦，地道变盈而流谦”。智者通达乾坤一道，虽于坤曰“刚健中正纯粹精也”，亦无不可，何必指事为验？乾坤之道，为臣为妻，不得此至柔动刚、至静德方之道，则为臣不尽忠，为妻不尽正。道心无体；无体可执，非至柔乎？立己私焉，则不柔矣。有体之柔，柔则不刚。无体之刚，刚不可屈，义不可夺，非动刚乎？有体之静，未为至静，暂静复动；无体之静，斯为至静，真不动矣。有体之方亦可摇动，无体之方不可摇也，真为方矣。道心无体，随体而著。

“后得主而有常，含万物而化光。坤道其顺乎，承天而时行。”如四时之错行，如日月之代明。万物未生，乃含藏于坤道之中；万物既生，非离于坤也。万物，乃坤之化。物者坤之物，万者坤之万也。坤之顺，即乾之健。坤之承天，即乾之统天。坤之生物于春，长物于夏，成物于秋，藏物于冬，时行也，即乾之生物、之长物、之成物、之藏物、之时行也。名殊形殊，阴阳之气殊，而实一也。惟其实一，故阳气发于地，而雪霜降于天。故曰：“天地之道，其为物不二，故其生物不测。”又曰：“道并行而不相悖。”譬犹人之目视、耳听、手执、足行、心思，而一人也。苟惟不知一，不惟不知乾，亦不知坤。

## 六、《春秋集传纂例》相关材料

《春秋宗指议第一》(节选)[1]

此经所以称《春秋》者，先儒说云：“鲁《史记》之名也。”记事者以事系日，以日系月，以月系时，以时系年，所以记远近，别同异也。故史之所记，必表年以首事。年有四时，故错举以为所记之名也。

啖子曰：“夫子所以修《春秋》之意，三传无文。说《左氏》者，以为《春秋》者，周公之志也。暨乎周德衰，典礼丧，诸所记注，多违旧章。宣父因鲁史成文，考

1 [唐]陸淳纂:《春秋集传纂例》卷一,《儒藏》精华编九〇册，北京：北京大学出版社，2007年，第11—13页。

其行事而正其典礼，上以遵周公之遗制，下以明将来之法。言《公羊》者则曰：夫子之作《春秋》，将以黜周王鲁，变周之文，从先代之质。解《谷梁》者则曰：平王东迁，周室微弱，天下板荡，王道尽矣，夫子伤之，乃作《春秋》，所以明黜陟，著劝戒，成天下之事业，定天下之邪正，使夫善人劝焉，淫人惧焉。吾观三家之说，诚未达乎《春秋》大宗，安可议其深指？可谓宏纲既失，万目从而大去者也。予以为《春秋》者，救周之弊，革礼之薄，何以明之？《前志》曰："夏政忠，忠之弊野；殷人承之以敬，敬之弊鬼；周人承之以文，文之弊僿。救僿莫若以忠，复当从夏政。"夫文者，忠之末也。设教于本，其弊犹末。设教于末，弊将若何？武王、周公承殷之弊，不得已而用之。周公既没，莫知改作，故其颓弊甚于二代，以至东周王纲废绝，人伦大坏。夫子伤之，曰："虞夏之道，寡怨于民。殷周之道，不胜其弊。"又曰："后代虽有作者，虞帝不可及已。"盖言唐虞淳化，难行于季末，夏之忠道，当变而致焉。是故《春秋》以权辅正，以诚断礼，用忠道原情为本，不拘浮名，不尚猖介，从宜救乱，因时黜陟，或贵非礼勿动，或贵贞而不谅，进退抑扬，去华居实，故曰救周之弊，革礼之薄也。古人曰："殷变夏，周变殷，春秋变周。"又言三王之道如循环。太史公亦言："闻诸董生曰：《春秋》上明三王之道。"《公羊》亦言："乐道尧、舜之道，以俟后圣。"是知《春秋》参用二帝三王之法，以夏为本，不全守周典，理必然矣。据杜氏所论褒贬之指，唯据周礼。若然，则周德虽衰，礼经未泯，化人足矣，何必复作《春秋》乎？且游、夏之徒，皆造堂室，其于典礼固当洽闻，述作之际，何其不能赞一辞也？又云"周公之志，仲尼从而明之"，则夫子曷云"知我者亦《春秋》，罪我者亦《春秋》"乎？斯则杜氏之言陋于是矣。何氏所云"变周之文，从先代之质"，虽得其言，用非其所，不用之于性情，而用之于名位，失指浅末，不得其门者也。周德虽衰，天命未改，所言变从夏政，唯在立忠为教，原情为本，非谓改革爵列，损益礼乐者也。故夫子伤主威不行，下同列国，首王正以大一统，先王人以黜诸侯，不书战以示莫敌，称天王以表无二尊，唯王为大，邈矣崇高。反云黜周王鲁，以为《春秋》宗指。两汉专门，传之于今，悖礼诬圣，反经毁传，训人以逆，罪莫大焉。

《三传得失议第二》[1]

啖子曰："古之解说悉是口传，自汉以来乃为章句，如《本草》皆后汉时郡国而

1 《春秋集传纂例》卷一，《儒藏》精华编九〇册，第13—15页。

题以神农，《山海经》广说殷时而云夏禹所记。自余书籍，比比甚多，是知三传之义本皆口传，后之学者乃著竹帛，而以祖师之目题之。予观《左氏传》，自周、晋、齐、宋、楚、郑等国之事最详，晋则每一出师具列将佐，宋则每因兴废备举六卿，故知史策之文，每国各异。左氏得此数国之史以授门人，义则口传，未形竹帛。后代学者乃演而通之，总而合之，编次年月以为传记。又广采当时文籍，故兼与子产、晏子及诸国卿佐家传并卜书、梦书及杂占书、纵横家、小说、讽谏等杂在其中，故叙事虽多，释意殊少，是非交错，混然难证，其大略皆是左氏旧意。故比余传，其功最高，博采诸家，叙事尤备，能令百代之下颇见本末，因以求意，经文可知。又况论大义得其本源，解三数条大义（天王狩于河阳之类），亦以原情为说，欲令后人推此以及余事。而作传之人不达此意，妄有附益，故多迂诞。又左氏本未释者，抑为之说，遂令邪正纷揉，学者迷宗也。《公羊》、《谷梁》初亦口授，后人据其大义，散配经文（传中犹称'谷梁子曰'，是其证也），故多乖谬，失其纲统，然其大指亦是子夏所传，故二传传经密于《左氏》。《谷梁》意深，《公羊》辞辨，随文解释，往往钩深，但以守文坚滞，泥难不通，比附日月，曲生条例，义有不合亦复强通，踳驳不伦，或至矛楯，不近圣人夷旷之体也。夫《春秋》之文，一字以为褒贬，诚则然矣。其中亦有文异而义不异者（详内以略外、因旧史之文之类是也），二传穿凿，悉以褒贬言之，是故繁碎甚于《左氏》。《公羊》、《谷梁》又不知有不告则不书之义，凡不书者皆以义说之。且列国至多，若盟会、征伐、丧纪不告亦书，则一年之中，可盈数卷。况他国之事，不凭告命，从何得书？但书所告之事，定其善恶，以文褒贬耳。《左氏》言褒贬者又不过十数条，其余事同文异者，亦无他解，旧解皆言从告及旧史之文。若如此论，乃是夫子写鲁史尔，何名修《春秋》乎？故谓二者之说俱不得中。"

## 七、《春秋集传微旨》相关材料

《春秋集传微旨序》（陆淳撰）[1]

《经》曰："惟天为大，惟尧则之。《韶》，尽美矣。又尽善也。《武》，尽美矣，未尽善也。"又曰："禹吾无间然矣。"推此而言，宣尼之心，尧舜之心也；宣尼之道，三王之道也。故《春秋》之文，通于《礼经》者，斯皆宪章周典可得而知矣。其有事，

1 ［唐］陆淳撰，柴可辅点校：《春秋集传微旨》，上海：上海古籍出版社，2019年，第5页。

或反经而志协乎道，迹虽近义而意实蕴奸；或本正而末邪，或始非而终是。贤智莫能辨，彝训莫能及，则表之圣心，酌乎皇极。是生人已来，未有臻斯理也，岂但拨乱反正，使乱臣贼子知惧而已乎？今故掇其微旨，总为三卷，三《传》旧说，亦备存之。其义当否，则以朱墨为别。其有与我同志思见唐虞之风者，宜乎齐心极虑于此，得端本清源之意，而后周流乎二百四十二年褒贬之义，使其道贯于灵府，其理浃于事物，则知比屋可封，重译而至，其犹指诸掌尔。宣尼曰："如有用我者。期月而已可也。"岂虚言哉！岂虚言哉！

释"隐公元年，春，王正月"[1]

《左氏》云："初，惠公元妃孟子。孟子卒，继室以声子，生隐公。宋武公生仲子。仲子生，而有文在其手，曰：'为鲁夫人'，故仲子归于我。生桓公，而惠公薨，是以隐公立而奉之。不书即位，摄也。"

《公羊》曰："元年者何？君之始年也。春者何？岁之始也。王者孰谓？谓文王也。曷为先言王而后言正月？王正月也。何言乎王正月？大一统也。公何以不言即位，成公意也。曷为成公之意？公将平国而反之桓。曷为反之桓？桓幼而贵，隐长而卑。其为尊卑也微，国人莫知，隐长又贤，诸大夫攀隐而立之。隐于是焉而辞立，则未知桓之将必得立也。且如桓立，则恐诸大夫之不能相幼君也。故凡隐之立，为桓立也。隐长又贤，何以不宜立？立嫡以长，不以贤；立子以贵，不以长。桓何以贵？母贵也。母贵，则子何以贵？子以母贵，母以子贵。"

《谷梁》曰："虽无事，必举正月，谨始也。公何以不言即位？成公志也。焉成之？言君之不取为公也。君之不取为公何也？将以让桓也。让桓正乎？曰不正。《春秋》成人之美，不成人之恶，隐不正而成之，何也？将以恶桓也。其恶桓何也？隐将让而桓弑之，则桓恶也；桓弑而隐让，则隐善矣。善，则其不正焉，何也？《春秋》贵义而不贵惠，信道而不信邪。孝子扬父之美，不扬父之恶。先君之欲与桓，非正也，邪也。虽然，既胜其邪心，以与隐矣；已探先君之邪志，而遂以与桓，则是成父之恶也。兄弟，天伦也。为子，受之父；为诸侯，受之君。已废天伦而忘君父，以行小

---

1 《春秋集传微旨》卷上，第7—8页。

惠，曰小道也。若隐者，可谓轻千乘之国，蹈道则未也。”

啖氏云：“仲子非夫人，桓公非嫡子，是惠公亏礼而遗祸也。此言古者诸侯一娶九女，元妃卒，则次妃摄行内事，无再娶之文，故云仲子非夫人也。”

释隐公元年“五月，郑伯克段于鄢”[1]

《左氏》云：“初，郑武公娶于申，曰武姜，生庄公及共叔段。庄公寤生，惊姜氏，姜氏恶之，爱共叔段，欲立之，武公弗许。及庄公即位，为之请京，使居之，谓之京城大叔。大叔缮甲兵、具卒乘，将袭郑。公子封伐京，京叛大叔段，段入于鄢。公伐诸鄢，大叔出奔共。书曰‘郑伯克段于鄢’，段不弟，故不言弟；如二君，故曰克；称郑伯，讥失教也；谓之郑志。不言出奔，难之也。”（《注》云：“段实出奔而以克为文，明郑公志在于杀，难言其奔也。”）

《公羊》曰：“克之者何？杀之也。杀之，则曷为谓之克？大郑伯之恶也。曷为大郑伯之恶？母欲立之，已杀之，如勿与而已矣。段者何？郑伯之弟也。何以不称弟？当国也。其地何？当国也。齐人杀无知，何以不地？在内也。在内，虽当国，不地也。不当国，虽在外，亦不地也。”

《谷梁》曰：“克者何？能也。何能之？能杀也。何以不言杀？见段之有徒众也。段，郑伯弟也。何以知其为弟也？杀世子、母弟目君，以其目君，知其为弟也。段，弟也，而弗谓之弟；公子也，而弗谓公子，贬之也。段失子弟之道矣，贱段而甚郑伯也。何甚乎郑伯？甚郑伯之处心积虑成于杀也。于鄢，远也，犹曰取之其母之怀中而杀之云尔，甚之也。然则为郑伯者宜奈何？缓追逸贼，亲亲之道也。”

啖氏云：“不称段出奔，言郑伯志存乎杀也。此言若云郑段出奔，则郑伯但有逐弟之名，而无杀弟之志也。”

淳闻于师曰：“凡人君杀弟及弟奔，皆书曰某侯之弟，讥其身为人君，不能友爱其弟，且明骨肉相残也。今不书郑伯之弟者，以段不行弟之道，自绝于兄也。凡君讨其臣，但举国名而已，不称其君。今段虽不弟，乃是郑伯养成其恶，故特称‘郑伯’，以讥失教。”

---

1 《春秋集传微旨》卷上，第8—10页。

## 八、《春秋尊王发微》相关材料

《孙泰山春秋尊王发微序》（纳兰性德撰）[1]

宋晋州孙明复先生，庆历间隐居泰山，学《春秋》，著《尊王发微》十二篇，以教授弟子。范文正、富文忠两公言先生道德经术宜在朝廷，召拜校书郎、国子监直讲，后官至殿中丞而卒。方先生卧病时，天子从韩忠献之言，命其门人祖无择就家录其书，藏于秘阁。案唐以前诸为《春秋》说者，多本三传，至陆淳始别出新义，柳子厚所谓“明章大中，发露公器”者也。先生之书因淳意而多与先儒异，故当时杨安国谓其说戾先儒，而常秩亦言其失之刻，石林叶氏谓其不达经例，又不深礼学。议者殊纷纭。虽然，群言异同，必质诸大儒而论定。欧阳子言，先生治《春秋》，不惑传注，不为曲说以乱经，其言简易，于诸侯、大夫功罪，以考时之盛衰，而推见王道之治乱，得《经》之义为多。而朱子亦谓，近时言《春秋》者，如陆淳、孙明复，推言治道，凛凛可畏，终是得圣人意。绎二子之言以读先生是书，则《春秋》大义，诸家所不及者，先生独得之，又岂可以说之异同而妄议之也哉。

释“元年，春王正月”[2]

孔子之作《春秋》也，以天下无王而作也，非为隐公而作也。然则《春秋》之始于隐公者非他，以平王之所终也。何者？昔者幽王遇祸，平王东迁，平既不王，周道绝矣。观夫东迁之后，周室微弱，诸侯强大，朝觐之礼不修，贡赋之职不奉，号令之无所束，赏罚之无所加。坏法易纪者有之，变礼乱乐者有之，弑君戕父者有之，攘国窃号者有之。征伐四出，荡然莫禁，天下之政、中国之事，皆诸侯分裂之。平王庸暗，历孝逾惠，莫能中兴，播荡陵迟，逮隐而死。夫生犹有可待也，死则何所为哉？故《诗》自《黍离》而降，《书》自《文侯之命》而绝，《春秋》自隐公而始也。《诗》自《黍离》而降者，天下无复有《雅》也；《书》自《文侯之命》而绝者，天下无复有诰命也，《春秋》自隐公而始者，天下无复有王也。夫欲治其末者，必先端其本；严其终者，必先正其始。元年书王，所以端本也；正月，所以正始也。其本既端，其始既正，然后以大中之法从而诛赏之，故曰“元年，春王正月”也。隐公曷为不书即位，正也。五等

1 ［宋］孙复撰，段志强点校：《春秋尊王发微》，上海：上海古籍出版社，2019年，第113页。

2 《春秋尊王发微》卷一，第115—116页。

之制，虽曰继世，而皆请于天子。隐公承惠，天子命也，故不书即位以见正焉。

释哀公“十有四年，春，西狩获麟”[1]

狩未有言其所获者，此言西狩获麟，何也？伤之也。孔子伤麟之见获与？孔子伤圣王不作，圣道遂绝，非伤麟之见获也。然则曷为绝笔于此？前此犹可言也，后此不可言也。天子失政，自东迁始；诸侯失政，自会溴梁始。故自隐公至于溴梁之会，天下之政、中国之事，皆诸侯分裂之；自溴梁之会至于申之会，天下之政、中国之事，皆大夫专执之；自申之会至于获麟，天下之政、中国之事，皆夷狄迭制之。圣王宪度、礼乐衣冠、遗风旧政，盖扫地矣。周道沦胥，逮此而尽。前此犹可言者，黄池之会，晋、鲁在焉；后此不可言者，诸侯泯泯，制命在吴，无复天子会盟征伐之事也。是故《春秋》尊天子，褒齐晋、褒齐晋所以贬楚也；尊天子所以黜诸侯也。尊天子黜诸侯始于隐公是也。褒齐晋贬吴楚终于获麟是也。呜呼！其旨微哉，其旨微哉。

## 九、《春秋集解》相关材料

《春秋集解引》（苏辙撰）（节选）[2]

予少而治《春秋》，时人多师孙明复，谓孔子作《春秋》略尽一时之事，不复信史，故尽弃三《传》，无所复取。予以为左丘明鲁史也，孔子本所据依以作《春秋》，故事必以丘明为本。杜预有言：“丘明授经于仲尼，身为国史，躬览载籍。其文缓，其旨远，将令学者原始要终，寻其枝叶，究其所穷。优而柔之，使自求之；餍而饫之，使自趋之。若江海之浸，膏泽之润，涣然冰释，怡然理顺。”斯言得之矣。至于孔子之所予夺，则丘明容不明尽，故当参以公、榖、啖、赵诸人。然昔之儒者各信其学，是而非人，是以多窒而不通。老子有言：“学不学，复众人之所过，以辅万物之自然而不敢为。”予窃师此语，故循理而言，言无所系；理之所至，如水之流，东西曲直，势不可常，要之于通而已。近岁王介甫以宰相解经，行之于世。至《春秋》，漫不能通，则诋以为断烂朝报，使天下士不得复学。呜呼！孔子之遗言而凌灭至此，非独介

1 《春秋尊王发微》卷十二，第334—335页。

2 ［宋］苏辙撰:《春秋集解》，曾枣庄、舒大刚主编:《三苏全书》第3册，北京：语文出版社，2001年，第13页。

甫之妄，亦诸儒讲解不明之过也。故予始自熙宁谪居高安，览诸家之说而裁之以义，为《集解》十二卷，……

释隐公元年“秋，七月，天王使宰咺来归惠公仲子之赗”[1]

……故凡《春秋》之事当从史。左氏史也，《公羊》、《穀梁》皆意之也。盖孔子之作《春秋》，事亦略矣，非以为史也，有待乎史而后足也。以意传《春秋》而不信史，失孔子之意矣。

释庄公八年“冬十有一月癸未，齐无知弑其君诸儿”[2]

齐僖公母弟夷仲年生公孙无知，有宠于僖公，衣服礼秩如适。襄公绌之，故作乱。不称公孙，将为君也。凡弑君称君，君无道也。然《春秋》所书，无道而称臣者六：齐诸儿虽无道，而无知以其私弑之，故称无知；晋夷皋、楚虔虽无道，而赵盾、公子比疑于无罪，故称盾及比；陈平国、蔡固虽无道，而罪不加于国人，故称征舒及般；齐光虽无道，而崔杼之恶甚于光，故称杼。言各有所当已，不必同也。

释襄公二十一年“邾庶其以漆闾丘来奔”[3]

……《春秋》之法，小国之大夫不书，然纪裂繻来逆女则书，以其接我也。接我以礼而书，贵之也。小国之大夫来奔者亦众矣，虽接我而不书，法也。惟以地来奔则书，恶其接我以利也。然鲁人非大夫，而以地出奔者犹不书，何也？以利接我，虽微必书，详内也；以利接外，以微故不书，略外也。略外而详内，此圣人处己之厚也。

### 十、《春秋传》相关材料

《春秋传序》（胡安国撰）[4]

古者列国各有史官，掌记时事。《春秋》，鲁史尔，仲尼就加笔削，乃史外传心之要典也，而孟氏发明宗旨，目为天子之事者。周道衰微，乾纲解纽，乱臣贼子接迹当

---

1 《春秋集解》卷一，《三苏全书》第3册，第17—18页。

2 《春秋集解》卷三，《三苏全书》第3册，第38页。

3 《春秋集解》卷九，《三苏全书》第3册，第117—118页。

4 ［宋］胡安国撰，王丽梅校点：《春秋传》，长沙：岳麓书社，2011年，第1—2页。

世，人欲肆而天理灭矣。仲尼，天理之所在，不以为己任而谁可？五典弗惇，己所当叙；五礼弗庸，己所当秩；五服弗章，己所当命；五刑弗用，己所当讨。故曰："文王既没，文不在兹乎？天之将丧斯文也，后死者不得与于斯文也；天之未丧斯文也，匡人其如予何？"圣人以天自处，斯文之兴丧在己而由人乎哉！故曰："我欲载之空言，不如见诸行事之深切著明也。"空言独能载其理，行事然后见其用。是故假鲁史以寓王法，拨乱世反之正。叙先后之伦，而典自此可惇；秩上下之分，而礼自此可庸。有德者必褒而善自此可劝；有罪者必贬而恶自此可惩。其志存乎经世，其功配于抑洪水、膺戎狄、放龙蛇、驱虎豹，其大要则皆天子之事也。故曰："知我者，其惟《春秋》乎！罪我者，其惟《春秋》乎！"

知孔子者谓此书遏人欲于横流，存天理于既灭，为后世虑至深远也；罪孔子者，无其位而托二百四十二年南面之权，使乱臣贼子禁其欲而不得肆，则戚矣。是故《春秋》见诸行事，非空言比也。公好恶，则发乎《诗》之情；酌古今，则贯乎《书》之事；兴常典，则体乎《礼》之经；本忠恕，则导乎《乐》之和；著权制，则尽乎《易》之变。百王之法度，万世之绳准，皆在此书。故君子以谓《五经》之有《春秋》，犹法律之有断例也。学是经者，信穷理之要矣；不学是经，而处大事、决大疑能不惑者，鲜矣。自先圣门人以文学名科如游、夏尚不能赞一辞，盖立义之精如此。去圣既远，欲因遗经窥测圣人之用，岂易能乎？然世有先后，人心之所同然一尔，苟得其所同然者，虽越宇宙，若见圣人亲炙之也，而《春秋》之权度在我矣。

近世推隆王氏新说，按为国是，独于《春秋》，贡举不以取士，庠序不以设官，经筵不以进读。断国论者无所折衷，天下不知所适。人欲日长，天理日消，其效使夷狄乱华，莫之遏也。噫，至此极矣！仲尼亲手笔削，拨乱反正之书，亦可以行矣。

天纵圣学，崇信是经，乃于斯时奉承诏旨，辄不自揆，谨述所闻为之说以献。虽微辞奥义，或未贯通，然尊君父、讨乱贼、辟邪说、正人心、用夏变夷，大法略具。庶几圣王经世之志，小有补云。

《述纲领》[1]

学《春秋》者，必知纲领，然后众目有条而不紊。自孟轲氏而下，发明纲领者凡

1 《春秋传》，第2—4页。

七家，今载七家精要之词于卷首，智者即词以观义，则思过半矣。

孟轲氏曰:《春秋》，天子之事也。昔者禹抑洪水而天下平，周公膺戎狄、驱猛兽而百姓宁，孔子成《春秋》而乱臣贼子惧。又曰：王者之迹熄而《诗》亡,《诗》亡然后《春秋》作。晋之《乘》，楚之《梼杌》，鲁之《春秋》，一也。其事则齐桓、晋文，其文则史，其义则丘窃取之矣。又曰：春秋无义战，彼善于此，则有之矣。征者，上伐下也，敌国不相征也。

庄周曰:《春秋》经世，先王之志也，圣人议而不辨。又曰:《春秋》以道名分。

汉董仲舒记夫子之言曰:“我欲载之空言，不如见之于行事之深切著明也。”诵其师说曰:“拨乱世反之正，莫近《春秋》。”董氏治公羊学。其自言曰：有国者，不可以不知《春秋》，前有谗而不见，后有贼而不知；为人臣者，不可以不知《春秋》，守经事而不知其宜，遭变事而不知其权。为人君、父而不通《春秋》之义者，必蒙首恶之名；为人臣、子而不通《春秋》之义者，必陷篡弑之罪。故《春秋》，礼义之大宗也。

隋王通曰:《春秋》之于王道，是轻重之权衡、曲直之绳墨也，舍则无所取衷矣。又曰:《春秋》其以天道终乎？故止于获麟。

宋西都邵雍曰:《春秋》，孔子之刑书也。功过不相掩，五伯者，功之首、罪之魁也。先定五伯之功过，而学《春秋》，则大意立矣。春秋之间，有功者未有大于四国者也，有过者亦未有大于四国者也。不先治四国之功过，则事无统理，不得圣人之心矣。

横渠张载曰:《春秋》之书在古无有，乃仲尼所自作，惟孟子为能知之，非理明义精，殆未可学。先儒未及此而治之，故其说多凿。

河南程颐曰:《五经》，载道之文;《春秋》，圣人之用。《五经》之有《春秋》，犹法律之有断例也。又曰:《五经》如药方,《春秋》犹用药治病，圣人之用全在此书。又曰:《春秋》一句即事，是非便见于此，乃穷理之要，学者只观《春秋》，亦可以尽道矣。又曰:《春秋》传为按，经为断。又曰:《春秋》之文，一一意在示人，如土功之事无大小，莫不书之，其意止欲人君重民力也。又曰:《春秋》之法极谨严，中国而用夷礼则夷之，韩子之言深得其旨。又曰：夫子作《春秋》，为百王不易之大法，后世以史视《春秋》，谓褒善贬恶而已，经世之大法则不知也。《春秋》大义数十，炳如日星，乃易见也。惟微辞隐义时措从宜者，为难知耳。或抑或纵，或与或夺，或进或退，或微或显，而得乎义理之安，文质之中，宽猛之宜，是非之公，乃制事之权衡，揆道之模范也。夫观百物而后识化工之神，聚众材而后知作室之用，于一事一义而欲窥圣人之用，非上智不能也。故学《春秋》者，必优游涵泳，默识心通，然后能造其微矣。

《叙传授》[1]

传《春秋》者三家，《左氏》叙事见本末，《公羊》、《谷梁》词辨而义精。学经以传为按，则当阅《左氏》；玩词以义为主，则当习《公》、《谷》。如载惠公元妃继室及仲子之归于鲁，即隐公兄弟嫡庶之辨、摄让之实，可按而知也，当阅《左氏》谓此类也。若夫来赗仲子，以为豫凶事，则诬矣，王正月之为“大一统”，“及”我欲之，“暨”不得已也，当习《公羊氏》谓此类也。若夫母以子贵，媵妾许称大人则乱矣。段，弟也弗谓弟，公子也弗谓公子，贱段而甚，郑伯之处心积虑成于杀也，当习《谷梁》氏谓此类也。若夫曲生条例，以大夫日卒为正则凿矣。万物纷错悬诸天，众言淆乱折诸圣，要在反求于心，断之以理，精择而慎取之，则美玉之与武砆，必有能辨之者。自晋杜预、范宁、唐啖助、赵匡，此数子者用力甚勤，时有所取。虽造宫墙之侧，几得其门而入，要皆未见宗庙之美、百官之富者也，故不预七家之列。七家所造，固自有浅深，独程氏尝为之传，然其说甚略，于意则引而不发，欲使后学慎思明辨，自得于耳目见闻之外者也。故今所传，事按《左氏》，义采《公羊》、《谷梁》之精者，大纲本《孟子》，而微词多以程氏之说为证云。

1 《春秋传》，第6—7页。

# 第四讲

# 经传（二）:《诗》《书》《礼》《乐》

六经之中，除《易》与《春秋》以外，还有《诗》《书》《礼》《乐》。六经古称“六艺”，章学诚《校雠通义·原道篇》记载:“六艺非孔氏之书，乃周官之旧典也。《易》掌太卜,《书》掌外史,《礼》在宗伯,《乐》隶司乐,《诗》领于太师,《春秋》存乎国史。”后来我们称“六艺”为六经，即由文字通达经义，主要是受汉儒重训诂之学的影响。文字是思想的载体，我们固然不能不由辞达意，但从六经的古称来看，六经最初应该首先是一组十分专业的知识技能，因为艺指技巧，也指技艺。从技艺的角度反观六经之旨，则所谓《诗》《书》《礼》《乐》，我们可以说:《诗》是以端正语言的使用;《书》是以掌握理性分析的方法;《礼》以衡量世俗知识的尺度;《乐》以指示修身养性的工夫。而此四维与天道人事的变化相配合，亦即中国学术传统的核心内容。这是我们研究中国哲学史史料学时需要注意的地方，因为史料不仅只是单纯表征历史，更意味着变化的规律。

## 一、《诗》及诗学相关著作

《诗》收录了西周初年至春秋中叶的诗歌，现存305篇，据说是孔子删修整理而成的。《史记》记载:“古者诗三千余篇，及至孔子，去其重，取可施于礼义。”《诗》主要分为三个部分:《风》《雅》《颂》。《风》收录了周朝属地和诸侯邦国的诗歌。《雅》收录了周代直辖地区的诗歌。有学者指出，“雅”是“正”的意思，为典范之意。如朱熹便认为周朝直辖地区的教化之所以最入人心，可以在《雅》找到证据。《颂》收录了古代宗庙祭祀的舞曲歌辞，内容多为歌颂祖先的功业容貌。相传孔子去世以后，传《诗》有四家：鲁人申培的《鲁诗》；齐人辕固的《齐诗》；燕人韩婴的《韩诗》；鲁国毛亨和赵国毛苌（后人尊称毛公）的《毛诗》。不过，据《隋书·经籍志》的记载:“《齐诗》魏代已亡，《鲁诗》亡于西晋，《韩诗》虽存，无传之者。”《齐诗》《鲁诗》在魏晋期间先后佚失，而《韩诗》则在东汉随着《毛诗》在汉代的兴起而衰落，故“无传之者”。所以我们对诗学的一般认识也只能通过《毛诗》了。之所以说是一般，因为宋代涌现了一批质疑《毛诗》的学者，形成了许多崭新的观点。

《毛诗》除记载着孔子删修的诗歌以外，还附有《诗序》为参考。“序”功能类似于导读，但也不能完全这样说，因为《诗序》决定了后人怎样理解诗学研究的价值；而反对《毛诗》的学者，他们主要反对的是《诗序》的观点。《诗序》又分为《小序》和《大序》。《小序》有很多篇，《大序》只有一篇。毛公写《小序》的目的，是要引出诗歌的政教意义。如《诗》首篇《关雎》的《小序》指出:“关雎，后妃之德也。风之始也，所以风天下而正夫妇也。用之乡人焉，用之邦国焉。”认为诗人写《关雎》

一诗，目的是要扶持国家。何以扶持?《小序》之后有一段很长的话作解释。节录如下：

上以风化下，下以风刺上。主文而谲谏，言之者无罪，闻之者足以戒，故曰风。至于王道衰，礼义废，政教失，国异政，家殊俗，而“变风”“变雅”作矣。国史明乎得失之迹，伤人伦之废，哀刑政之苛，吟咏情性，以风其上，达于事变而怀其旧俗者也。

这就是《大序》。所谓“主文而谲谏，言之者无罪，闻之者足以戒，故曰风”，贸言之，即如清代学者程廷祚所说:“汉儒说诗，不出美刺二端。”所谓“美刺二端”，即王道行，则诗人赞之，如《关雎》；不行，则讽刺之。故《诗》有“变风”“变雅”，即自《雅》以下，除《颂》的诗歌，为诗人对当时政治不满及其讽刺；汉儒以此类推于现实，以纠正政治的错误，使“闻之者足以戒”。

## （一）诗学相关著作

“美刺”是否为理解《诗》意义的唯一，宋以前无疑。宋以后，宋儒通过引入分析、批判的方法，对《诗序》萌生了质疑。他们认为，《诗》作为儒家经典的价值，不应只有政教的价值，亦具有扩充学术精神的意义。实际上，《诗》的文本意义极为复杂，这使得学者对《诗》的解释，从本质上就可以具有非常多元的路径。如今，我们完全可以视《诗》为一部纯粹的文学作品看待。在某种意义上说，《诗》的文本意义完全是由诠释者引出的。所以我们不妨通过以下数部著作，一览诗学史的流变。

### （1）《毛诗指说》

《毛诗指说》，一卷，唐成伯玙撰。成伯玙的生平事迹，已无明文可考。《毛诗指说》论学切要简洁有力，分四篇论述《毛诗》在诗学史上的意义：一为《兴述》；二为《解说》；三为《传受》；四为《文体》。《兴述》说明的是古代帝王如何借由采《诗》观察社会风气，以及它与孔子删《诗》的内在联系；《解说》则说明了“诗义”

的意义，认为“诗者，持也”，即因《诗》传承了“政善则下民承而赞咏之，政恶则讽刺之”的赞咏讽刺，可以扶持邦家;《传受》则以“齐”“鲁”“毛”“韩”四家诗的授受次序为镜，考察了后儒注释“诗义”的源流。至于《文体》，就三百篇中诗文句法的长短、措辞之异同、用字之体例，皆列举诗篇逐一说明。值得注意的是，成伯玙的诗学与陆淳的春秋学异曲同工，共同反映出与唐代注疏学主流不同的学术风貌。《毛诗指说》只有四库本传世。

**（2）《毛诗本义》**

《毛诗本义》，或称《诗本义》，十六卷，宋欧阳修撰。欧阳修（字永叔，1007—1072），吉州永丰（今属江西省吉安市永丰县）人，是北宋著名的政治家、文学家，是划时代、开风气的学术领袖。《毛诗本义》体大思精，其论诗义之旨有114篇，另有《统解》10篇、《时世》《本末》二论以及“豳”“鲁”“序”三问，卷末附有《补亡郑谱》《诗图总序》对《诗序》对诗文解释的诸多牵强附会提出了质疑。认为《诗》载数代君臣得失、风俗善恶之事，而阔广邃邈，故郑学有不失者亦可疑，故“欲志郑学之妄，益毛氏疏略而不至者，合之于经”。这种秉持怀疑的学术精神，四库馆臣曾概括，宋朝学者解诗新辟途径而新义日增，“推原所始，实始于欧阳修《诗本义》之辨毛郑之失，而断以己意”。换言之，宋儒围绕废序尊序的论辩，以及使宋儒被导向对汉代诗学的批判，实由《毛诗本义》引出。这是欧阳修《诗本义》在诗学史上的地位，也是我们需要注意的。《诗本义》已收入中华书局2009年的《欧阳修全集》。

**（3）《诗集传》**

《诗集传》，二十卷，宋朱熹撰。朱熹，所有学者皆称他为朱子，历史上最伟大的哲学家之一。《诗集传》的成书，据学者的考证，朱熹集传《诗》期间，从信《序》到疑《序》历时数十年，最终彻底否定了《诗序》，被认为是集古文今文、汉学宋学之大成，在诗学史上是继《毛诗郑笺》《毛诗正义》之后的第三座里程碑。随着朱子学升格为官学，关于《毛诗》的正统性，则被延伸为汉学宋学之争，而又转出了新的学术问题，此后“说《诗》者遂分为攻《序》、宗《序》两家，互相争胜驳难，决难调合”。这是我们研究《诗集传》需要注意的地方。朱熹认为《诗》之所以为经，原因在于它记载了人心的种种变化，而这与“天道”（即周朝的学术传统）互相辉映，故“而无一理之不具也”。所以朱熹集传《诗》，一方面继承宋儒始阐儒理的传统；另一方面又极为重视诗人的内心世界，并由此反观孔子著书立说的起因，认为孔子在当时有德无位，即“无以行帝王劝惩黜陟之政”，于是与学生举籍讨论，又在讨论期间“去其重复，正其纷乱”，以善为法，以恶为戒而以示久远，使我们可以考其得失，从而“善者师之，而恶者改焉”，由此重新论证了儒家学术的独特性及其起源。这是《诗集传》的最大特色。朱熹的观点，戴震未尝反对。《诗集传》有中华书局2017年的点校本刊行。

## 二、《书》及尚书学相关著作

《书》又称《尚书》《书经》。《书》是古代的历史文献，即上世帝王遗书。关于《书》的形书来源，汉代学者，如郑玄就认为：“尚者，上也，尊而重之，若天书然，故曰《尚书》。”但把《尚书》理解成是一部由上天授予的“天书”，似乎不可靠。王充则以为，《尚书》是一部上古时期帝王、诸侯及高级官员和下级臣子间互相发出的公文的汇编，而这些公文由当时的史官汇编。后来，经过了孔子的整理，《尚书》成为了儒家经典。这样的说法，似乎比较合理。

《尚书》按时代划分，分为《虞书》五篇、《夏书》四篇、《商书》十七篇、《周书》三十二篇。总共五十篇。值得注意的是，《尚书》有六种写作体例，后人称之为六体，即：“典”“谟”“训”“诰”“誓”“命”。“谟”，记述君臣谋议国事，如《皋陶谟》；“训”，记述训导言词，如《伊训》；诰，施政文告，如《汤诰》；誓，临战勉励将士的誓词，如《牧誓》；命，帝王的诏令，如《顾命》。总言之，《尚书》涉及到的问题都与王道政治有关，也涉及到道德与政事之间的关系，更重要的是古人制义时，常须考量历史与思想传统，而《尚书》就是最好的引伸。

### （一）尚书学相关著作

尚书学研究主要是与历史与政治学等问题相关，如下臣如何讥政，君主如何施政等问题。这些问题与哲学都没有太大的关系。而大部分的尚书学著作，它们研究的问题大多都只是关于古今文《尚书》的真伪。至魏晋南北朝，虽然涌现出一批通过质疑他人说法，来发表自己看法的尚书学著作，极具前瞻，但因其著作大多都已散佚，或仅存数卷，如王肃的《尚书王氏注》，所以这里列举一部与清代考证学关系密切的著作，以及两部在宋明理学史较为重要的尚书学著作为代表。

**（1）《尚书古文疏证》**

《尚书古文疏证》，八卷，清阎若璩撰。阎若璩（字百诗，1636—1704），一生求之功名不得，则与他人论学，故其学上承顾炎武、黄宗羲，下启惠栋、戴震等一批引导近代中国哲学开始的学者。《尚书古文疏证》之所以为清代考据学的先导，是阎若璩在前人研究的基础上，从篇数篇名、典章制度、历法、文字句读、地理沿革和古今行文异同等多方面，对《古文尚书》进行了系统考证，为后来的疑古风气奠定了经学研究的基础。东晋学者梅赜所献的《古文尚书》及孔安国传的真伪问题，是尚书学史的公案。宋代学者吴棫始疑其伪，朱熹也有怀疑，但由于理学的理论依据——“人心惟危，道心惟微，惟精惟一，允执厥中”便出自《古文尚书》的《大禹谟》，故朱熹“恐倒了六经”而不敢私议其伪。相较之下，《尚书古文疏证》“事必求其根柢，言必求其依据”，“手一书至检数十书相证”，列举一百二十八条证据，将孔安国传《古文尚书》判定为伪书，认为《古文尚书》为东晋梅赜的伪作。毛奇龄作《古文尚书冤词》与之驳辩，但亦“终不能以强辞夺正理”“则有据之言先立于不可败也”。总言之，《尚书古文疏证》不仅反映出清学的精神，也改变了尚书学研究的整体学术风貌，如四库馆臣评“引经据古，一一陈其矛盾之故，古文之伪乃大明”，“反复厘别，以祛千古之大疑，考证之学则固未之或先矣”。故列此宋书之前以见其学旨，以见清代考镜源流之学的重要性。《尚书古文疏证》有上海书店出版社2012年的点校本刊行。

**（2）《东坡书传》**

《东坡书传》，十三卷，宋苏轼撰。苏轼（字子瞻，1037—1101），眉州眉山（今四川省眉山市）人，世称苏东坡。苏轼虽为宋代著名的文学家，但他对经学实有深造之诣，尤其是擅长把他对政治的独特眼光融入经学研究，《东坡书传》即是显例。《朱子语录》记载："《书》解谁者最好，莫是东坡《书》为上否?"朱熹回答："然。"又说："苏氏说解，甚合于理。"可知，苏轼的文学不仅深得学者所重，他对经学的研究，在道学中亦能得到认可。从思想史而言，苏轼撰写《东坡书传》的目的，是他不满开科取士专尚王安石之说，故而借由《诗》《左传》《论语》《孟子》等经与《尚书》经文作互训与对比，企图从理论上驳倒王安石的《三经新义》。从学术史而言，苏轼不采旧说，既善于独立思考，又善于辨析疑义，如释《舜典》"禋于六宗，望于山川，遍于群神"考《祭法》以见郑玄改"宗"为"禜"，实曲为异说，为后来的宋儒奠定了以义理解《书》的学术范式。

**（3）《书集传》**

《书集传》，或称《书经集传》《书经集注》《书蔡传》，宋蔡沈撰。蔡沈（沈通沉，字仲默，1167—1230），建州建阳（今属福建）人，学者尊称西山先生。蔡沈的父亲蔡元定是"朱门领袖"，犹孔门之颜渊，擅长治《书》。然而，蔡元定早死（因朱熹受诋，罪及蔡元定），蔡元定的遗志也因此寄托在自幼志承家学的蔡沈身上，朱熹亦嘱咐蔡沈完成注《书》的工作。这也是《书集传》的作者是蔡沈，而不是其他比较重要的朱门弟子的原因。蔡沈注《书》，融汇众说，注释明晰，元代科举考试就是以《书集传》之注说为准。值得注意的是，蔡沈自用己意者多，尤其强调心学的价值（与阳明的心学不同，明朝大儒顾炎武反对阳明学时便了举《书集传》为例证说明古人论心与阳明的心学的不同之处），又与《孟子》的民本思想相结合，明确指出这是"内外相资"的治道方法，所以在宋末元初期间，《书集传》被许多官方学者递相诘难，但即便如此，他们因畏于朱子的学术地位，《书集传》一直是官方的标准义，而沿袭至清代，直至《古文尚书》为清代学者所证伪。换言之，元明清三朝几乎所有关于尚书学的研究，无论是持批评或赞成与否，实际都围绕着蔡沈的《书集传》展开。《书集传》有中华书局2018年的点校本刊行。

## 三、《礼》及宋以后礼学相关著作

《礼》有三礼，因此《礼》又称《三礼》。所谓三礼，即《周礼》《仪礼》《礼记》。古人认为“礼”是国家的根基。所以孔子说“礼坏乐崩”是乱世之始。一如现代，礼是具身份的人的行为准则。只是，古人的礼与现代的平等意识——每人都必须守礼不同，它们只是些针对贵族的约束。孔子有德无位，只能“克己复礼”，将这些关于礼的节文保存起来，并赋予了它新的主体观念——仁。仁义虽存，成为了中国思想文化的主脉。只是，这些节文后来却经过了秦火而佚失了大部分的内容。如《周礼》,《周礼》只记载了烦琐的礼节与制度，然而意义不明；而《仪礼》(据说是昔日周公治理天下的方法），正如《中庸》记载，“礼仪三百，威仪三千”，即其论“礼”的总纲有三百条之多，细目有三千多条，但今仅存十七篇。元朝著名的礼学家陈澔就指出：“前圣继天立极之道，莫大于礼；后圣垂世立教之书，亦莫先于礼。礼仪三百，威仪三千，孰非精神心术之所寓，故能与天地同其节。”中国曾经是礼仪大国，这些礼仪本来与天地相合，不仅只是外在的行为规范，更是内心精神的价值源头，然而“四代损益，世远经残，其详不可得闻矣!”至于《礼记》，则是汉代学者论说礼学的文章，它们是西汉著名的礼学家——戴圣所编。值得注意的是,《礼记》在宋以后被立为“经”，尤其是《礼记》中的《大学》与《中庸》，是研究宋明理学不可或缺的文献。

### （一）宋以后礼学相关著作

《礼》不仅被认为难读，又是争议最大的书。四库馆臣指出：“其实伪亦纷如聚讼，不可缕举。”即先不论《礼》的学术价值，其成书年代、书名、流传、篇次、内容已是棘手难题，笃于好古的韩愈也“苦其难读”，因此实际上礼学研究实多围绕着辩驳、补纠、论定等以分析的角度展开。后来宋儒更因其义理稀疏而不讲。独有朱熹另辟蹊径，其《仪礼经传通解》为《仪礼》分节、作图，而后之学者循其方法，渐多研习。循朱子学，以元朝敖继公《仪礼集说》最负盛名，谓郑注“疵多而醇少”,“删其不合于经者，而存其不谬者，意义有未足则取疏记或先儒之说以补之，又未足则附之以一得之见”。至于《礼记》，则另选元朝陈澔的《礼记集说》，因其言有补于除《大学》与《中庸》的其余四十七篇。

### （1）《仪礼集说》

《仪礼集说》，十七卷，元敖继公撰。敖继公（字君善），宋元之际经学家，生卒年不详，长乐（今属福建）人。《仪礼集说》旨在辨明《仪礼》经、传、记的区别，阐发郑玄《仪礼注》的疏失。《集说》征引多人的笺释成果，断以己意，故其谓“自知芜陋，固不敢以示知礼之君子。然初学之士或有取焉，亦未必无小补云尔”。但《仪礼》之学既去古甚远，又隐赜镜幽微，故此“小”诚为“大”也。《仪礼集说》在清初一度很有影响力，官撰《仪礼义疏》并列敖继公、郑玄，往往以敖说为定，其后考据学渐兴，学者多宗郑玄，则力诋敖继公小人之心有意违郑玄。反观敖继公之说，亦可见考据学之弊。《仪礼集说》有上海古籍出版社2018年的点校本刊行。

### （2）《礼记集说》

《礼记集说》，十卷，元陈澔撰。陈澔（字可大，1260—1341），元南康路都昌（今江西都昌县）人，学者称云庄先生。陈澔的父陈大猷是饶鲁的学生，饶鲁是朱熹的三传弟子，而陈澔幼承家学，对《礼》的注释也承继了朱熹“删繁就简”的解释学思路，而且陈澔对教学也十分重视，为通俗而明而“喜浅近之说”，这也使得他的《礼记集说》为明朝学者胡广修《四书五经大全》时所重视。后来对《四书五经大全》有诸多不满的朱彝尊，仍特意指出：“特礼文奥赜，骤读为难，因其疏解，得知门径，以渐进而求于古。于初学之士，固亦不为无益。”就学术而言，陈澔认为，《礼记》四十九篇，先儒表章《大学》《中庸》两篇，因此《大学》《中庸》就成为了道学的重要文献，这是值得重视的，但认为其余四十七篇亦有深入研究的价值，只是它们的内容纯驳不同，而又深受注释学的影响，故其义理难以述明，因此《礼记集说》主要围绕着其余四十七篇的历代注释考察，其间“不废汉唐注疏，兼采宋儒义理之说”，以明确的考据指出郑玄注《礼记》实深受谶纬学说的影响而非儒学本旨，致四十七篇的文意不通，许多隐藏在文字中间的蕴奥就难以让人明白。陈澔解《礼运》“大同”之意就明确提了“天下为公，言不以天下之大私其子孙，而与天下之贤圣公共之”的观念。

# 四、《乐》及乐学相关著作

中国是礼乐文明，古人称学校的名字为“成均”，而大司乐则“掌成均之法，以治建国之学政，而合国之子弟焉”，可见礼乐是国之学政中最为重要的内容。虽然西周制定的礼乐制度，儒家推崇有加，历朝历代都试图沿用周初礼与乐融合的制度，然而正如清朝学者张宣猷《乐书内编》指出:“秦焚《六经》,《乐书》遂缺。”也就是说，西周制定的礼乐制度经秦焚《六经》后，已经名存实亡，这也是为什么我们似乎并不觉得中国是礼乐文明的原因。不过，也正如张宣猷接着指出:“汉兴有制氏，纪其铿锵，叔孙定其容与。颇袭秦旧。至武帝时，河间献王好博古，与诸生等共采周官及诸子言乐事者，以作《乐记》二十四卷。传于王禹，禹后献之成帝。刘向校书所得二十三篇，文与禹不同。”汉初河间献王——刘德好博古，“与诸生等共采周官及诸子言乐事者”，留下了论《乐》的文献资料，即《乐记》。须留意的是，在西汉时,《乐记》是有两个版本的。一为王禹所传，即《王禹记》二十四卷，另一为刘向所校的二十三篇，“文与禹不同”。但今天在《礼记》中保存只有刘向的，而且亦只剩下十一篇，非常可惜。十一篇分别是《乐本》《乐论》《乐施》《乐言》《乐礼》《乐情》《乐化》《乐象》，又有《宾牟贾》《师乙》《魏文侯》三篇。余下的十二篇，有题无辞，分别是《奏乐》《乐器》《乐作》《意始》《乐穆》《说律》《季札》《乐道》《乐义》《昭本》《昭颂》《窦公》。总言之，考《乐》的佚失，古今同叹，不仅是因为理应三百五篇中,《韶》《武》《雅》《颂》皆可以弦而歌之，而且《乐》更可以“使人自易其恶，自至于中，以归于雅正焉而已矣!”而今论《乐》的思想，主要从《乐记》出发,《乐记》包含相当丰富的乐教思想，只是《乐记》的文字十分精简，故其隐含的深意，必须借助适当的诠释始得彰显。

## （一）乐学相关著作

历代都有学者试图对《乐》进行补作与辑佚。汉有阳成子长作《乐经》，唐有李玄楚《乐经》三十卷，宋有房庶《补亡乐书总要》三卷，元有余载《中和乐经》二卷，明有湛若水《古乐经传》三卷、杨继盛《拟补乐经》一卷、张凤翔《乐经集注》二卷，清朝则有李光地《古乐经传》五卷、张宣猷《乐经内编》二十卷，王谟《汉魏遗书钞》、马国翰《玉函山房辑佚书》亦有《乐经》的辑佚。现存的《乐经》辑佚著作中以李光地《古乐经传》一书体例相对较好、内容较完整、主次较分明。值得注意的是，由于经秦火而儒家典籍不存，制度皆亡，所以诸儒传闻失实，异说遂兴，因此司马迁作《律书》，研究了五音，即宫、徵、商、羽、角的比例。我们知道，好听的音乐有由一定的声值构成的，通过对声值的推算，也许能够窥探古乐的面貌，“盖凡世间一切器数，非人则无以为因，非天则无所于因”，明代学者王邦直的《律吕正声》就做了这样的一个工作。

### （1）《〈古乐经传〉通释》

《〈古乐经传〉通释》，五卷，汪舒旋校注。《古乐经传》是清李光地的著作。李光地（字晋卿，1642—1718），是清朝著名的理学名臣，学者或尊称安溪先生。《古乐经传》五卷，卷一《乐经》，取自《周官·大司乐》章，主要论述掌乐、教乐之职官；卷二《乐记》，取自《乐记》，改《乐记》十一篇为十章，主要论述乐之起源、作用，是乐教理论的系统阐发；卷三附《乐经》，杂采《易》《书》《诗》《礼》等经典中有关乐者；卷四附《乐记》之《声律》篇，杂采传记子史如《管子》《孟子》《史记》《汉书》等文献，主要论述音律制度；卷五附《乐记》之《乐教》篇、《乐用》篇，亦杂采传记子史所记关于乐者。总言之，《古乐经传》辑佚的内容，基本涵盖了先秦、秦汉时代有关乐的文献，汇集乐教、乐制等记载，可为读者提供齐备而有体系的文献资料。

### （2）《律吕正声校注》

《律吕正声校注》，六十卷，王守伦、任怀国等校注。《律吕正聲》是明王邦直的著作。王邦直（字子鱼，1513—1600）博览群书，尤其热衷于研讨声律之学，二十年足不出户。经过二十年的探索、考证、辨析，终于完成音乐理论巨著《律吕正声》六十卷。本书开篇为《律吕总叙》，论述了乐的由来和作用，之后按照时间顺序，介绍了自伏羲、神农、黄帝以来的中国音乐发展史。

## 思考题

1. 宋儒为何要质疑汉唐儒者对诗学的研究?

2. 王安石的《三经新义》为何会遭到同时代学者的反对?

## 【阅读材料】

### 一、《毛诗指说》相关材料

《兴述第一》[1]

王泽竭而《诗》不作者，谓幽厉之后周室大坏，不能赏善罚恶，讽刺无益故也。诗乐相通，可以观政矣。古之王者发言举事，左右书之，犹虑臣有曲从、史无直笔，于是省方巡狩，大明黜陟。诸侯之国各使陈诗以观风，又置采诗之官而主纳之，申命瞽史习其箴诵，广闻教谏之义也。人心之哀乐，王政之得失，备于此矣。然诗者乐章也，不起洪荒之代，始自女娲笙簧。神农造瑟，未有音曲，亦无文词。然婴儿有善，则凤自舞，其来尚矣。夫大乐与天地同和，后代圣人从而明之耳。上皇道质，人无所感，虽形讴歌，未寄文字。俗薄政烦，歌讴理切，六代之乐同功异用。前者超忽，莫得而传，虞舜之书始陈诗，咏五弦之琴，以歌南风，其文详也。自殷周洎于鲁僖，六诗该备，而运钟治乱，时有夷险。感物而动，人之常情。升平则闻雅颂之音，丧乱惟陈怨刺之作。故何休云："男女怨恨，相从而讴歌之。饥者饱其食，劳者歌其事。"是也。使老而无子者求诗于巷党之间，闻之于乡，乡传于邑，邑达于国，国升于王。王不下堂而知率土之劳逸矣。初，周公制礼，以著乐章。雅颂之音，播于管弦，荐于郊国，而太师主职。及天厌周德，礼坏乐崩，春秋之际旧章泯绝。司马迁曰："古诗三千余篇，孔子去其繁重，可通于义者采而录之，远自稷契之功，次取殷周之盛，次陈幽厉之缺。始于衽席，故用《关雎》为首；奄有邦家，而收牡马之类。凡所删定三百一十有一篇，合于宫商，书之玉版，乐正雅颂，各得其所。"范宁曰："仲尼因鲁史而修《春秋》，就太师而正雅颂。"其言近之矣。夫四国所陈，臣下所献，出自百家，辞生鄙俚，岂能尽善？若不刊正，无裨国风。又遭暴秦，并为煨烬，而《诗》同乐章布于人口，三百之外唯亡六篇。比诸典籍，未为残灭。《诗》者，温柔敦厚之教，曰"思无邪"，若不继迹王业，何得谓之为雅？三代之封建，九土分星，六服诸侯唯存十五国而已。荆、徐、吴、越僭窃名位，杞、莒、邾、滕杂用夷礼，江、黄、道、桐陷于楚服，不与诸夏同风。盖亦没而不取也。其德薄而浅，自取削灭者，夫复奚言焉？

1 ［唐］成伯玙撰：《毛诗指说》，《景印文渊阁四库全书》第七〇册，台北：台湾商务印书馆，1986年，第170—171页。

《解说第二》（节选）[1]

《诗含神雾》云:“诗者，持也。”在于敦厚之教，自持其心，讽刺之道可以扶持邦家者也。郑玄云:“诗者，承也。”政善则下民承而赞咏之，政恶则讽刺之。梁简文云:“诗者，思也、辞也。”发虑在心谓之思，言见其怀抱者也。在辞为诗，在乐为歌，其本一也。故云好作歌以讯之是也。诗人先系其辞，然后播之乐曲。大康之乱，五子之歌，文近于诗，载于夏典。殷汤之盛，而有颂声。文武克成王业，周公能致太平，四始六义焕然昭著。幽厉板荡，则变雅著，自兹以往，美刺相杂矣。

……《诗》者有“四始”。始者，正诗也，谓之正始。周召“二南”，《国风》之正始。《鹿鸣》《菁菁者莪》为《小雅》之正始，《文王在上》至《卷阿》为《大雅》之正始，《清庙》至《般》为《颂》之正始。此诗陈圣人之德为功用之极，修之则兴，废之则衰，正由此始也。风、赋、比、兴、雅、颂，谓之六义。赋、比、兴，是诗人制作之情。风、雅、颂，是诗人所歌之用。诸侯禀王政，风化一国，谓之为风。王者制法于天下，谓之为雅。颂者，容也。赋者，敷也，指事而陈布之也。然物类相从，善恶殊态，以恶类恶名之为比，《墙有茨》比方是子者也；以美拟美谓之为兴，叹咏尽韵善之深也。听关雎声和，知后妃能谐和众妾；在河洲之阔远，喻门壶之幽深。鸳鸯于飞，陈万化得所，此之类也。

《传授第三》（节选）[2]

《传》曰:“仲尼没而微言绝，七十子终而大义乖。”故《春秋》分为五，《诗》分为四。古之学者口相师受，或文字假借，言音有殊，各自专门，是生同异。而秦季焚书之后，故名有《鲁诗》《韩诗》《毛诗》《齐诗》四家之说。（始皇三十四年焚书，三十五年坑儒，天下莫有挟藏诗书者。汉文始除挟书之令。又河间献王多得古书献之。景武之世方征儒术，典籍亦多，或藏之于屋壁，或得之于岩穴，自此而兴焉。）鲁申培公初与楚元王刘交俱受诗于浮丘伯（丘伯齐人，秦时诸生，本荀卿门人。吕太后召入南宫说诗，又遣王子郢与申公俱诣长安终其业。及郢为楚王，又使申公传太子戊），申公为《诗》作诂训，而无其传。（传即义注也。申公作诂训，不能解诗之意，号曰

1 《毛诗指说》，《景印文渊阁四库全书》第七〇册，第171—173页。
2 《毛诗指说》，《景印文渊阁四库全书》第七〇册，第176—177页。

《鲁诗》。教于乡里弟子，为大官博士者十有余人。王臧官至郎中令，赵绾御史大夫，孔安国临淮太守，周霸胶西内史，鲁赐东海太守，皆弟子也。）武帝以安车蒲席轮征申公，拜太中大夫，时年八十余矣。（秦时博士官犹有三千人，如今太学生耳。得逃难者皆年老居家，恐不能至，以蒲席里车轮而征之。安车小车皆坐乘，驷马之车则立乘。古之老臣未听致仕者适四方，乘安车。）申公授江公（瑕丘人），江公授韦贤，贤授子玄成（并为丞相扶阳侯），玄成传兄子赏（赏以《诗》授昭帝，为大司马车骑将军）。江公又传至王式（式为昌邑王师），式传褚少孙及薛广德（广德为御史大夫。少孙沛人，为博士，又续司马迁史记，号褚先生），广德授龚舍（舍楚人，为太山太守）。齐人辕固生（汉景帝博士，后为清河太守）为《诗》作传，号曰《齐诗》，授夏侯始昌（始昌为昌邑王太傅），始昌授后苍（东海剡人，世为博士），苍授翼奉（下邳人，为谏议大夫），又授萧望之，又授匡衡（子咸又能明《诗》）。衡授师丹（琅邪人，为大司空）。后汉陈元方亦学《齐诗》。燕人韩婴（汉文帝时为博士，后为常山王太傅）广推《诗》意，作内、外传数万言，号曰《韩诗》。其孙商亦以诗为博士，淮南贲（音肥）生初受之，燕赵之间好《韩诗》。贲生传河内赵生，赵生传同郡蔡谊（谊亦为丞相，以《诗》授昭帝）及王吉（琅邪人，昌邑中尉益州刺史亦受《齐诗》）。鲁人毛公于其家作《诗诂训》，故曰《毛诗》（解诂训又注诗义，总名之为诂训传。一云河间人也），河间献王见而深好之（献王名德，景帝之子）。赵人毛苌传其业，号小毛公，为献王博士。在汉朝，故《毛诗》不列于国庠，唯齐鲁韩三家得立学官（太学诸生随其所习）。小毛公传同郡贯长卿，长卿传齐人解延年（延年阿武令），延年授徐敖（敖亦为鲁诗，学于江公，以《诗》别传王式），敖授陈侠（九江人，王莽时讲学大夫）。始自仲尼删《诗》以授子夏，故子夏作《关雎大序》及诸篇《小序》，历四传至大毛公（一云子夏授鲁人曾申，申传魏人李克，克传鲁人孟仲子，即子思之弟子也。孟仲子二传至赵人荀卿，卿六传至大毛公。未知孰是）。

## 二、《毛诗本义》相关材料

《诗解统序》[1]

五经之书，世人号为难通者，《易》与《春秋》。夫岂然乎？经皆圣人之言，固

1 ［宋］欧阳修著，李逸安点校：《欧阳修全集》卷六十一，北京：中华书局，2001年，第883—884页。

无难易，系人之所得有深浅。今考于《诗》，其难亦不让二经，然世人反不难而易之，用是通者亦罕。使其存心一，则人人皆明，而经无不通矣。

大抵谓《诗》为不足通者有三：曰章句之书也，曰淫繁之辞也，曰猥细之记也。若然，孔子为泛儒矣。非唯今人易而不习之，考于先儒亦无几人。是果不足通欤？唐韩文公最为知道之笃者，然亦不过议其序之是否，岂是明圣人本意乎！《易》、《书》、《礼》、《乐》、《春秋》，道所存也。《诗》关此五者，而明圣人之用焉。习其道不知其用之与夺，犹不辨其物之曲直而欲制其方圆，是果于其成乎！故二《南》牵于圣贤，《国风》惑于先后，《豳》居变《风》之末，惑者溺于私见而谓之兼上下，二《雅》混于小、大而不明，三《颂》昧于《商》《鲁》而无辨，此一经大概之体，皆所未正者。先儒既无所取舍，后人因不得其详，由是难易之说兴焉。毛、郑二学，其说炽辞辩固已广博，然不合于经者亦不为少，或失于疏略，或失于谬妄。盖《诗》载《关雎》，上兼商世，下及武、成、平、桓之间，君臣得失、风俗善恶之事阔广邃邈，有不失者鲜矣，是亦可疑也。予欲志郑学之妄，益毛氏疏略而不至者，合之于经，故先明其统要十篇，庶不为之芜泥云尔。

《序问》[1]

或问："《诗》之《序》，卜商作乎？卫宏作乎？非二人之作，则作者其谁乎？"应之曰："《书》、《春秋》皆有《序》，而著其名氏，故可知其作者。《诗》之序不著其名氏，安得而知之乎？虽然，非子夏之作，则可以知也。"

曰："何以知之？"应之曰："子夏亲受学于孔子，宜其得《诗》之大旨，其言《风》、《雅》有变正，而论《关雎》、《鹊巢》系之周公、召公，使子夏而序《诗》，不为此言也。自圣人殁，六经多失其传，一经之学分为数家，不胜其异说也。当汉之初，《诗》之说分为齐、鲁、韩三家，晚而毛氏之《诗》始出，久之三家之学既废，而《毛诗》独行以至于今不绝。今齐、鲁之学没不复见，而《韩诗》遗说往往见于他书，至其经文亦不同，如逶迤、郁夷之类是也，然不见其终始，亦莫知其是非。自汉以来，学者多矣，其卒舍三家而从毛公者，盖以其源流所自，得圣人之旨多，与今考《毛诗》诸序与孟子说《诗》多合。故吾于《诗》，常以《序》为证也，至其时有小

1 《欧阳修全集》卷六十一，第900页。

失，随而正之。惟《周南》、《召南》失者类多，吾固已论之矣，学者可以察焉。”

《豳问》[1]

或问：“《七月》，《豳风》也，而郑氏分为《雅》、《颂》。其诗八章，以其一章、二章为《风》，三章、四章、五章、六章之半为《雅》，又以六章之半、七章、八章为《颂》。一篇之诗别为三体，而一章之言半为《雅》而半为《颂》，诗人之意果若是乎？”应之曰：“《七月》，周公之作也。其言豳土寒暑气节、农桑之候、勤生事、男女耕织衣食之本，以见太王居豳兴起王业艰难之事，此诗之本义，毛、郑得之矣。其为《风》、为《雅》、为《颂》，吾所不知也。所谓《七月》之本义幸在者，吾既得之矣，其有所难知者，阙之可也。虽然，吾知郑氏之说，自相牴牾者矣。今《诗》之经，毛、郑所学之经也。经以为《风》，而郑氏以为《雅》、《颂》，岂不戾哉？夫一国之事谓之《风》，天下之政谓之《雅》，以其成功告于神明谓之《颂》，此毛、郑之说也。然则《风》，诸侯之事；雅，天子之事。今所谓《七月》者，谓之《风》可矣。谓之《雅》、《颂》，则非天子之事，又非告功于神明者，此又其戾者也。《风》、《雅》、《颂》之为名未必，然则于其所自为说，有不能通也。”

问者又曰：“郑氏所以分为《雅》、《颂》者，岂非以《周礼》籥章之职，有吹豳《诗》、《雅》、《颂》之说乎？”应之曰：“今之所谓《周礼》者，不完之书也。其礼乐制度，盖有周之大法焉，至其考之于事，则繁杂而难行者多。故自汉兴，六经复出，而《周礼》独不为诸儒所取，至以为黩乱不验之书，独郑氏尤推尊之，宜其分豳之《风》为《雅》、《颂》，以合其事也。”

问者又曰：“今《豳诗》七篇，自《鸱鸮》以下六篇皆非豳事，独《七月》一篇，岂足以自为一国之《风》？然则《七月》而下七篇，寓于《豳风》耳，豳其自有诗乎？《周礼》所谓《豳雅》、《豳颂》者，岂不为《七月》，而自有《豳诗》而今亡者乎？至于《七月》，亦尝亡矣，故齐、鲁、韩三家之《诗》皆无之。由是言之，豳诗其犹有亡者乎？”应之曰：“经有其文，犹有不可知者；经无其事，吾可逆意而为然乎？”

1 《欧阳修全集》卷六十一，第896—898页。

## 三、《诗集传》相关材料

《诗经传序》[1]

或有问于余曰:“诗何为而作也?”余应之曰:“人生而静，天之性也；感于物而动，性之欲也。夫既有欲矣，则不能无思；既有思矣，则不能无言；既有言矣，则言之所不能尽而发于咨嗟咏叹之余者，必有自然之音响节族而不能已焉。此诗之所以作也。”

曰:“然则其所以教者何也?”曰:“《诗》者，人心之感物而形于言之余也。心之所感有邪正，故言之所形有是非。惟圣人在上，则其所感者无不正，而其言皆足以为教。其或感之之杂，而所发不能无可择者，则上之人必思所以自反，而因有以劝惩之。是亦所以为教也。昔周盛时，上自郊庙朝廷，而下达于乡党闾巷，其言粹然无不出于正者，圣人固已协之声律，而用之乡人，用之邦国，以化天下。至于列国之诗，则天子巡守，亦必陈而观之，以行黜陟之典。降自昭穆而后，寖以陵夷。至于东迁，而遂废不讲矣。孔子生于其时，既不得位，无以行帝王劝惩黜陟之政，于是特举其籍而讨论之，去其重复，正其纷乱，而其善之不足以为法，恶之不足以为戒者，则亦刊而去之，以从简约，示久远，使夫学者即是而有以考其得失，善者师之而恶者改焉。是以其政虽不足行于一时，而其教实被于万世，是则诗之所以为教者然也。”

曰:“然则《国风》、《雅》、《颂》之体，其不同若是，何也?”曰:“吾闻之，凡《诗》之所谓风者，多出于里巷歌谣之作，所谓男女相与咏歌，各言其情者也。惟《周南》、《召南》亲被文王之化以成德，而人皆有以得其性情之正，故其发于言者，乐而不过于淫，哀而不及于伤，是以二篇独为风诗之正经。自邶而下，则其国之治乱不同，人之贤否亦异，其所感而发者，有邪正是非之不齐，而所谓先王之风者，于此焉变矣。若夫《雅》、《颂》之篇，则皆成周之世，朝廷郊庙乐歌之辞，其语和而庄，其义宽而密，其作者往往圣人之徒，固所以为万世法程而不可易者也。至于《雅》之变者，亦皆一时贤人君子，闵时病俗之所为。而圣人取之，其忠厚恻怛之心，陈善闭邪之意，尤非后世能言之士所能及之，此诗之为经，所以人事浃于下，天道备于上，而无一理之不具也。”

---

1 ［宋］朱熹注，王华宝整理:《诗集传》，南京：凤凰出版社，2007年，第2页。

曰："然则其学之也当奈何？"曰："本之二《南》以求其端，参之列国以尽其变，正之于《雅》以大其规，和之于《颂》以要其止，此学《诗》之大旨也。于是乎章句以纲之，训诂以纪之，讽咏以昌之，涵濡以体之，察之情性隐微之间，审之言行枢机之始，则修身及家，平均天下之道，其亦不待他求而得之于此矣。"

问者唯唯而退。余时方辑《诗传》，因悉次是语以冠其篇云。

## 四、《尚书古文疏证》相关材料

《尚书古文疏证序》（黄宗羲撰）[1]

吴草庐以古文《尚书》之伪，其作《纂言》，以伏氏二十八篇为之解释，以古文二十五篇自为卷帙。其《小序》分冠于各篇者，合为一篇，置于后。归震川以为不刊之典。郝楚望著《尚书辨解》，亦依此例。然从来之议古文者，以史传考之，则多矛盾。既云安国之学以授都尉朝，朝授庸生，庸生授胡常，胡常授徐敖及王璜、涂恽，涂恽授贾徽，徽以授其子逵，其传授历然，何以《后汉书》又称扶风杜林于西州得漆书古文《尚书》一卷，同郡贾逵为之作训，则其所授于父者何书耶？既言贾逵为古文《尚书》作训，何以逵之所训者止欧阳、夏侯之书，而不及其他也？又云马融作传，郑康成作注，何以康成之注《书序》有《汩作》《九共》《典宝》《肆命》《原命》，而无《仲虺之诰》《太甲》《说命》诸篇也？即篇名同者，亦不同其文。如注《禹贡》则引《胤征》云"篚厥玄黄，绍我周王"，乃孔书之《武成》文也。又云康成传其孙小同，小同与郑冲同事高贵乡公，冲以古文《尚书》教授，其学未绝，何以东晋豫章内史梅赜始得安国之传奏之？史传之矛盾如此。若以文辞格制之不同别之，而为古文者，其采缉补缀无一字无所本，质之今文，亦无大异。亦不足以折其角也。唯是秦火以前，诸书之可信者，如《左氏内外传》《孟子》《荀子》《墨子》之类，取以证之，庶乎思过半矣。自来诸儒间指其一二破绽而疑之，其疑信相半也。嘉靖初，旌川梅鷟著《尚书谱》一编，取诸传记之语与二十五篇相近者类列之，以证其剽窃。称引极博，然于史传之异同终不能合也。

淮海阎百诗寄《尚书古文疏证》，方成四卷，属余序之。余读之终卷，见其取材

1 ［清］阎若璩撰，钱文忠整理，朱维铮审阅：《尚书古文疏证》，上海：上海书店出版社，2012年，第9—10页。

富，折衷当。当两汉时，安国之《尚书》虽不立学官，未尝不私自流通，逮永嘉之乱而亡。梅赜作伪书，冒以安国之名，则是梅赜始伪。顾后人并以疑汉之安国，其可乎？可以解史传连环之结矣。中间辨析三代以上之时日、礼仪、地理、刑法、官制、名讳、祀事、句读、字义，因《尚书》以证他经史者，皆足以祛后儒之蔽。如此方可谓之穷经其原。夷族祸始于《泰誓》，短丧作俑于《太甲》，错解《金縢》而陷周公于不弟。仁人之言，有功于后世大矣。

忆吾友朱康流谓余曰，从来讲学者未有不渊源于"危、微、精、一"之旨，若无《大禹谟》则理学绝矣，而可伪之乎？余曰，此是古今一大节目，从上皆突兀过去。"允执厥中"本之《论语》，"惟危、惟微"本之《荀子》。《论语》曰，舜亦以命禹，则舜之所言者，即尧之所言也。若于尧之言有所增加，《论语》不足信矣。人心、道心，正是《荀子》性恶宗旨。惟危者，以言乎性之恶；惟微者，此理散殊无有形象，必择之至精，而后始与我一。故矫饰之论生焉。后之儒者，于是以心之所有，唯此知觉。理则在于天地万物，穷天地万物之理以合于我心之知觉，而后谓之道。皆为"人心、道心"之说所误也。夫人只有人心，当恻隐自能恻隐，当羞恶自能羞恶，辞让是非，莫不皆然。不失此本心，无有移换，便是"允执厥中"。故孟子言求放心，不言求道心；言失其本心，不言失其道心。夫子之"从心所欲不逾矩"，只是不失人心而已。然则此十六字者，其为理学之蠹甚矣。康流不以为然。呜呼！得吾说而存之，其于百诗之证，未必无当也。

《尚书古文疏证后序》（阎咏撰）[1]

家大人征君先生著《尚书古文疏证》若干卷，爱之者争相缮写，以为得未曾有。而怪且非之者亦复不少。征君意不自安，曰：吾为此书，不过从朱子引而伸之，触类而长之耳，初何敢显背紫阳，以蹈大不韪之罪？因命咏取《语类》四十七条、《大全集》六条，汇次成编，名《朱子古文书疑》，就京师刻以行世。告咏曰：夫破人之惑，若难与争于笃信之时，待其有所疑焉，然后从而攻之可也。此欧公语也。欧公又言，孔子者，万世取信，一人而已。余则谓，朱子者，孔子后取信一人而已。今取朱子之所疑告天下，天下人闻之，自不必尽笃其信。所谓有所疑然后出吾《疏证》以相示，

1 《尚书古文疏证》，第11页。

庶其有悟乎？咏叹其循循善诱，不骤以强人，故亦不敢旁溢一语，即录以为序。至征君所以名其书之义，实尝与闻。盖读《汉书·儒林传》，孟喜得《易》家候阴阳灾变书，诈言师田生枕喜厀，独传喜，诸儒以此耀之。同门梁邱贺疏通证明之。颜师古注"疏通"犹言"分别"也，"证明"，明其伪也。摘取此二字，首曰《尚书》，尊经也。次曰《古文》，传疑也。书凡数十万言，先标出以告天下。庶他日奉征君返山阳，筑礼堂为写定，不致愦于所好，则又征君之志而小子咏所有事云。

《第一》（节选）[1]

《汉书·儒林传》，孔氏有古文《尚书》。孔安国以今文字读之，因以起其家逸《书》，得十余篇，盖《尚书》兹多于是矣。《艺文志》，古文《尚书》者，出孔子壁中。武帝末，鲁共王坏孔子宅，得古文《尚书》及《礼记》《论语》《孝经》凡数十篇，皆古字。孔安国者，孔子后也，悉得其书，以考二十九篇，得多十六篇。安国献之，遭巫蛊事，未列于学官。《楚元王传》，鲁恭王坏孔子宅，欲以为宫，而得古文于坏壁之中。逸《礼》有三十九，《书》十六篇。天汉之后，孔安国献之。夫一则曰得多十六篇，再则曰逸《书》十六篇。是古文《尚书》篇数之见于西汉者，如此也。《后汉书·杜林传》，林前于西州得漆书古文《尚书》一卷，常宝爱之。虽遭艰困，握持不离身。后出示卫宏等，遂行于世。同郡贾逵为之作训，马融、郑康成之传注解，皆是物也。夫曰古文《尚书》一卷，虽不言篇数，然马融《书序》则云逸十六篇。……

按古文《尚书》实多十六篇。惟《论衡》所载，其说互异。其《正说篇》云，孝景帝时，鲁共王坏孔子教授堂以为殿，得百篇《尚书》于墙壁中。武帝使使者取视，莫能读者。遂秘于中，外不得见。至孝成皇帝时，张霸伪造百两之篇。帝出秘百篇以校之。愚谓成帝时校理秘书正刘向刘歆父子，及东京班固亦典其职，岂有亲见古文《尚书》百篇而乃云尔者乎？刘则云十六篇逸，班则云得多十六篇，确然可据。至王充《论衡》或得于传闻，传闻之与亲见固难并论也。且云武帝使使者取视。不云安国献之，而云武帝取视，此何据也？惟云孝景时，鲁共王坏孔子宅，较《汉志》武帝末三字，则确甚，何也？鲁恭王以孝景前三年丁亥徙王鲁，徙二十七年薨，则薨当于武

1 《尚书古文疏证》卷一，第15—16页。

帝元朔元年癸丑。武帝方即位十三年。安得云武帝末乎？且恭王初好治宫室，季年好音，则其坏孔子宅以广其宫，正初王鲁之事，当作孝景时三字为是。愚尝谓传记杂说往往足证史文之误，要在识者决择之耳。

又按孔壁《书》出于景帝初，而武帝天汉后孔安国始献。遭巫蛊仓卒之难，未及施行。则其相去已六十余年，而安国之寿必且高矣。及考《孔子世家》，安国为今皇帝博士，至临淮太守，蚤卒。则孔壁之《书》出，安国固未生也。故《大序》亦云，悉以书还孔氏。科斗书废已久，时人无能知者。愚意书藏屋壁中，不知几何年。书出屋壁之外，又几六十余年，孔安国始以隶古字更写之，则其错乱摩灭弗可复知，岂特《汩作》《九共》诸篇已也？即安国所云，可知者二十五篇，亦必字画脱误，文势龃龉。而乃明白顺易，无一字理会不得，又何怪吴氏、朱子及草庐辈切切然议之哉？

## 五、《书集传》相关材料

《九峰蔡先生书集传序》[1]

呜呼！《书》岂易言哉！二帝、三王治天下之大经大法皆载此书，而浅见薄识岂足以尽发蕴奥？且生于数千载之下，而欲讲明于数千载之前，亦已难矣！然二帝、三王之治本于道，二帝、三王之道本于心，得其心则道与治固可得而言矣。何者？精一执中，尧、舜、禹相授之心法也；建中建极，商汤、周武相传之心法也；曰德、曰仁、曰敬、曰诚，言虽殊而理则一，无非所以明此心之妙也。至于言天则严其心之所自出，言民则谨其心之所由施。礼乐教化，心之发也。典章文物，心之著也。家齐国治而天下平，心之推也。心之德，其盛矣乎！二帝、三王，存此心者也；夏桀、商受，亡此心者也；太甲、成王，困而存此心者也。存则治，亡则乱，治乱之分，顾其心之存不存如何耳。后世人主有志于二帝、三王之治，不可不求其道；有志于二帝、三王之道，不可不求其心。求心之要，舍是书何以哉？

沉自受读以来，沉潜其义，参考众说，融会贯通，乃敢折衷。微辞奥旨，多述旧闻。二《典》《禹谟》，先生盖尝是正，手泽尚新。呜呼！惜哉！先生改本已附文集中，其间亦有经承先生口授指画而未及尽改者，今悉更定，见本篇。《集传》本先

1 ［宋］蔡沉撰，王丰先点校：《书集传》，北京：中华书局，2018年，第13—14页。

生所命，故凡引用师说不复识别，四代之书分为六卷，文以时异，治以道同。圣人之心见于书，犹化工之妙着于物，非精深不能识也。是传也，于尧、舜、禹、汤、文、武、周公之心，虽未必能造其微，于尧、舜、禹、汤、文、武、周公之书，因是训诂，亦可得其指意之大略矣。

《书序》[1]

汉孔安国曰："古者伏牺氏之王天下也，始画八卦，造书契以代结绳之政，由是文籍生焉。"伏牺、神农、黄帝之书谓之《三坟》，言大道也。少昊、颛顼、高辛、唐、虞之书谓之《五典》，言常道也。至于夏、商、周之书，虽设教不伦，雅诰奥义，其归一揆，是故历代宝之，以为大训。八卦之说，谓之《八索》，求其义也。九州之志，谓之《九丘》。丘，聚也，言九州所有、土地所生、风气所宜，皆聚此书也。《春秋左氏传》曰"楚左史倚相能读《三坟》、《五典》、《八索》、《九丘》"，即谓上世帝王遗书也。先君孔子生于周末，睹史籍之烦文，惧览之者不一，遂乃定礼乐，明旧章，删《诗》为三百篇，约史记而修《春秋》，赞《易》道以黜《八索》，述《职方》以除《九丘》，讨论《坟典》，断自唐虞以下，讫于周，芟夷烦乱，翦截浮辞，举其宏纲，撮其机要，足以垂世立教，《典》、《谟》、《训》、《诰》、《誓》、《命》之文凡百篇，所以恢弘至道，示人主以轨范也。帝王之制坦然明白，可举而行。三千之徒，并受其义。〇程子曰："所谓大道，若性与天道之说，圣人岂得而去之哉？若言阴阳、四时、七政、五行之道，亦必至要之理，非如后世之繁衍末术也，固亦常道，圣人所以不去也。或者所谓羲、农之书，乃后人称述当时之事，失其义理，如许行为神农之言及阴阳、权变、医方称黄帝之说耳，此圣人所以去之也。五典既皆常道，又去其三。盖上古虽已有文字，而制立法度，为治有迹，得以纪载，有史官以识其事，自尧始耳。"〇今按：《周礼》外史"掌三皇、五帝之书"，周公所录必非伪妄。而春秋时，《三坟》、《五典》、《八索》、《九丘》之书，犹有存者，若果全备，孔子亦不应悉删去之。或其简编脱落，不可通晓；或是孔子所见，止自唐虞以下，不可知耳。今亦不必深究其说也。

---

1 《书集传》，第15—16页。

释《大禹谟》“人心惟危，道心惟微，惟精惟一，允执厥中”[1]

心者，人之知觉，主于中而应于外者也。指其发于形气者而言，则谓之人心。指其发于义理者而言，则谓之道心。人心易私而难公，故危。道心难明而易昧，故微。惟能精以察之而不杂形气之私，一以守之而纯乎义理之正，道心常为之主而人心听命焉，则危者安，微者著，动静云为自无过不及之差，而信能执其中矣。尧之告舜，但曰“允执其中”，今舜命禹，又推其所以而详言之。盖古之圣人，将以天下与人，未尝不以其治之之法并而传之。其见于经者如此，后之人君，其可不深思而敬守之哉？

释《大禹谟》“无稽之言勿听，弗询之谋勿庸”[2]

无稽者，不考于古。弗询者，不咨于众。言之无据，谋之自专，是皆一人之私心，必非天下之公论，皆妨政害治之大者也。言谓泛言，勿听可矣。谋谓计事，故又戒其勿用也。上文既言存心出治之本，此又告之以听言处事之要，内外相资而治道备矣。

释《大禹谟》“可爱非君？可畏非民？众非元后何戴？后非众罔与守邦？钦哉！慎乃有位，敬修其可愿，四海困穷，天禄永终，惟口出好兴戎，朕言不再”[3]

可爱，非君乎？可畏，非民乎？众非君则何所奉戴？君非民则谁与守邦？钦哉，言不可不敬也。可愿，犹《孟子》所谓“可欲”，凡可愿欲者皆善也。人君当谨其所居之位，敬修其所可愿欲者，苟有一毫之不善生于心，害于政，则民不得其所者多矣。四海之民至于困穷，则君之天禄一绝而不复续。岂不深可畏哉？此又极言安危存亡之戒，以深警之。虽知其功德之盛必不至此，然犹欲其战战兢兢，无敢逸豫，而谨之于毫厘之间，此其所以为圣人之心也。好，善也。戎，兵也。言发于口，则有二者之分，利害之几可畏如此。吾之命汝，盖已审矣，岂复更有他说。盖欲禹受命而不复辞避也。

1 《书集传》卷一，第31页。
2 《书集传》卷一，第31页。
3 《书集传》卷一，第31—32页。

### 六、《东坡书传》相关材料

释《舜典》“肆类于上帝”[1]

肆，遂也。类，事类也，以事告，非常祀也。凡祀上帝，必及地示。何以知其然也？以郊之有望知之。《春秋》书“不郊，犹三望”，《传》曰：“望，郊之细也。”《书》曰：“庚戌，柴望，大告武成。”柴，祀天也。望，祀山川也。而礼成于一日，祀山川而不及地，此理之必不然者也。是以知祀天必及地也。《诗》曰：“昊天有成命。”郊祀天地也。汉以来学者考之不详，而世主或出其私意，五畤祭帝，汾阴祀后土，而王莽始合祭天地。世祖以来，或合或否，而唐明皇始下诏合祀。至于今者疑焉，以谓莽与明皇始变礼，而不知祀天之必及地，盖自舜以来见于经矣。

释《胤征》“羲和湎淫，废时乱日，胤往征之，作《胤征》”[2]

……孔子叙《书》，其篇曰“羲和湎淫废时乱日”者，言其罪止于此也。曰“胤往征之”者，见征伐号令之出于胤，非仲康之命也。此《春秋》之法。……

释《酒诰》“王曰：封，汝典听朕毖，勿辩乃司，民湎于酒”[3]

禁之难行者莫若酒，周公忧之深矣，故卒告之曰：汝既常听用我所畏慎者，又当专建一司，以察沉湎。若以泛责群吏，而不辨其司，禁必不行矣。或曰：自汉武帝以来至于今，皆有酒禁，刑者有至流，赏或不赀，未尝以少纵而私酿，终不能绝也，周公独何以禁之？曰：周公无所利于酒也，以正民德而已。甲乙皆笞其子，甲之子服，乙之子不服，何也？甲笞其子而责之学，乙笞其子而夺之食，此周公所以能禁酒也。

释《吕刑》“上刑适轻，下服；下刑适重，上服”[4]

世或谓大罪法重而情轻，则服下刑。此犹可也，不失为仁。若小罪法轻情重，而服上刑，则不可。古之用刑者，有出于法内，无入于法外。“与其杀不辜，宁失不

1 《东坡书传》卷二，《三苏全书》第1册，第448—449页。

2 《东坡书传》卷六，《三苏全书》第1册，第540—541页。

3 《东坡书传》卷十二，《三苏全书》第2册，第125页。

4 《东坡书传》卷十九，《三苏全书》第2册，第230页。

经"，故知此说之非也。请设为甲乙以解此二言：甲初欲为强盗，既至其所，则不强而窃，当以窃法坐之。此之谓"上刑适轻，下服"。乙初欲窃尔，既至其所，则强，当以强法坐之，此之谓"下刑适重，上服"。刑贵称罪，报其所犯之功，不报其所犯之意也。

## 七、《仪礼集说》相关材料

《仪礼集说序》（纳兰性德撰）[1]

鲁高堂生传《士礼》十七篇，即今《仪礼》也。生之传既不存，而王肃、袁准、孔伦、陈铨、蔡超宗、田僧绍诸家注亦未流传于世。今自注疏而外，他无闻焉，岂非昌黎所言文既奇奥，且沿袭不同，复之无由，学者不好，故亦不之传说邪？夫亦周公之著作三代之仪文，学者有志稽古礼文之事，乃以其词之难习，遂无以通其义，非有志于学者之所为也。

元大德中，长乐敖继公以康成旧注疵多醇少，辄为删定。取贾疏及先儒之说补其阙，又未足，则附以己见，名曰"集说"，盖不以其艰词奥义自委者已。宋相马廷鸾生五十八年始读《仪礼》，称其"奇词奥旨中有精义妙道焉，纤悉曲折中有明辨等级焉"。观于继公是书，不信然欤？继公字君善，闽人而家于吴兴。居小楼，日从事经史，吴士多从之游，赵孟頫其弟子也。以江浙平章高彦敬荐，为信州教授。

《仪礼集说序》（敖继公撰）[2]

《仪礼》何代之书也？曰：周之书也。何人所作也？曰：先儒皆以为周公所作。愚亦意其或然也。何以言之？周自武王始有天下，然其时已老矣，必未暇为此事也。至周公相成王，乃始制礼作乐以致太平。故以其时考之，则当是周公之书。又以其书考之，辞意简严，品节详备，非圣人莫能为，益有以见其果为周公之书也。然周公之书乃为侯国而作也，而王朝之礼不与焉。何以知其然也？书中十七篇，《冠》、《昏》、《相见》、《乡饮》、《乡射》、《士丧》、《既夕》、《士虞》、《特牲馈食》凡九篇，皆言侯国之士礼；《少牢馈食》上、下二篇，皆言侯国之大夫礼；《聘》、《食》、《燕》、《大

1 ［元］敖继公撰，孙宝点校：《仪礼集说·序》，上海：上海古籍出版社，2017年，第1页。
2 《仪礼集说·序》，第1—3页。

射》四篇，皆言诸侯之礼；惟《觐礼》一篇，则言诸侯朝天子之礼，然主于诸侯而言也。《丧服篇》中言诸侯及公子、大夫、士之服详矣，其间虽有诸侯与诸侯之大夫为天子之服，然亦皆主于诸侯与其大夫而言也。由是观之，则此书决为侯国之书无疑矣。

然则圣人必为侯国作此书者，何也？夫子有言曰："夫礼必本于天，殽于地，列于鬼神，达于、丧祭、冠昏、射御、朝聘。圣人以礼示之，故天下国家可得而正也。"以夫子此言证之，则是书也，圣人其以为正天下之具也欤？故当是时，天下五等之国莫不宝守是书而藏之有司以为典籍。无事，则其君臣相与讲明之；有事，则皆据此以行礼。又且班之于其国，以教其人。此有周盛时所以国无异礼，家无殊俗，兵寝刑措，以跻太平者，其以是乎？其后王室衰微，诸侯不道，乐于放纵而惮于检束也。于是恶典籍之不便于已而皆去之，则其鼏之受于王朝者，不复藏于有司矣；鼏之藏于有司者，或私传于民间矣。此十七篇之所以不绝如线而幸存以至今日也。或曰：此十七篇为侯国之书固也，岂其本数但如是而已乎？抑或有亡逸而不具者乎？曰：是不可知也。但以经文与其礼之类考之，恐其篇数本不止此也。是经之言士礼特详，其于大夫则但见其祭礼耳，而其昏礼、丧礼则无闻焉，此必其亡逸者也。《公食大夫礼》云"设法如飨"，谓如其公飨大夫之礼也，而今之经乃无是礼焉，则是逸之也明矣。又诸侯之有觐礼，但用于王朝耳；若其邦交，亦当有相朝、相飨、相食之礼。又诸侯亦当有丧礼、祭礼，而今皆无闻焉，是亦其亡逸者也。然此但以经之所尝言、礼之所可推者而知之也，而况其间又有不尽然者乎？由此言之，则是经之篇数本不止于十七，亦可见矣。但不知诸侯既去其籍之后，即失之邪？抑传之民间久而后失之也？是皆不可得而考矣。《记》有之曰："经礼三百，曲礼三千。"所谓"经礼"，即十七篇之类也。其数乃至于"三百"者，岂其合王朝与侯国之礼而言之欤？若所谓"曲礼"，则又在经礼之外者，如《内则》《少仪》所记之类是也。先王之世，人无贵贱，事无大小，皆有礼以行之。盖以礼有所阙，则事有所遗，故其数不容不如是之多也。去古既远，而其所存者乃不能什一也，可胜叹哉！夫其已废坏而亡逸者，固不可复见矣。其幸存而未泯者，吾曹安可不尽心而讲明之乎？固不宜以其无用于今为说而绝之也。

继公半生游学，晚读此书，沉潜既久，忽若有得。每一开卷，则心目之间如亲见古人于千载之上，而与之揖让周旋于其间焉，盖有手之舞、足之蹈而不自知者。夫如是，则其无用有用之说尚何足以蒂芥于胸中哉？呜呼！予之所玩者仅十七篇耳，而其意已若此。设使尽得“三百”“三千”之条目而读之，又将何如耶？此书旧有郑康成注，然其间疵多而醇少，学者不察也。予今辄删其不合于经者而存其不谬者，意义有未足，则取疏、记或先儒之说以补之。又未足则附之以一得之见焉，因名曰“仪礼集说”。自知芜陋，固不敢以示知礼之君子。然初学之士或有取焉，亦未必无小补云尔。

## 八、《礼记集说》相关材料

《礼记集说序》[1]

前圣继天立极之道，莫大于礼；后圣垂世立教之书，亦莫先于礼。礼仪三百，威仪三千，孰非精神心术之所寓，故能与天地同其节。四代损益，世远经残，其详不可得闻矣！《仪礼》十七篇，《戴记》四十九篇，先儒表章学庸，遂为千万世道学之渊源。其四十七篇之文，虽纯驳不同，然义之浅深同异，诚未易言也。郑氏祖谶纬，孔疏惟郑之从，虽有他说，不复收载，固为可恨。然其灼然可据者，不可易也。近世应氏集解，于《杂记》《大小记》等篇，皆阙而不释。噫！慎终追远，其关于人伦世道，非细故而可略哉？先君子师事双峰先生十有四年，以是经三领乡书，为开庆名进士，所得于师门讲论甚多，中罹煨烬，只字不遗。不肖孤，僭不自量，会萃衍绎而附以臆见之言，名曰《礼记集说》。盖欲以坦明之说，使初学读之即了其义，庶几章句通，则蕴奥自见，正不必高为议论而卑视训故之辞也。书成，甚欲就正于四方有道之士，而衰年多疾，游历艮艰，姑藏巾笥，以俟来哲。治教方兴，知礼者或有取焉，亦愚者千虑之一尔。

释“昔者仲尼与于蜡宾，事毕，出游于观之上，喟然而叹。仲尼之叹，盖叹鲁也。言偃在侧曰：‘君子何叹？’孔子曰：‘大道之行也，与三代之英，丘未之逮也，而有志焉”[2]

蜡礼，详见《郊特牲》篇。孔子在鲁与为鲁国蜡祭之宾，毕事而游息于观止。观，门阙也，两观在门之两旁，悬国家典章之言于上以示人也。喟然，叹声也。所以

1 ［元］陈澔注，万久富整理：《礼记集说·序》，南京：凤凰出版社，2010年，第1页。
2 《礼记集说》卷四，第169页。

叹鲁者，或祭事之失礼，或因睹旧章而思古也。言偃，孔子弟子子游也。问所以叹之故，夫子言我思古昔大道之行于天下，与夫三代英贤之臣，所以得时行道之盛。我今虽未得及见此世之盛，而有志于三代英贤之所为也。此亦梦见周公之意。石梁王氏曰："以五帝之世为大同，以禹、汤、文、武、成王、周公为小康，有老氏意。而注又引以实之，且谓礼为忠信之薄，皆非儒者语。所谓孔子曰，记者为之辞也。"与，去声。蜡，音乍。观，去声。喟，去愧切。

释"大道之行也，天下为公。选贤与能，讲信修睦，故人不独亲其亲，不独子其子。使老有所终，壮有所用，幼有所长，矜寡、孤独、废疾者，皆有所养。男有分，女有归。货，恶其弃于地也，不必藏于己。力，恶其不出于身也，不必为己。是故谋闭而不兴，盗窃乱贼而不作。故外户而不闭，是谓大同"[1]

天下为公，言不以天下之大私其子孙，而与天下之贤圣公共之。如尧授舜，舜授禹，但有贤能可选，即授之矣。当时之人，所讲习者诚信，所修为者和睦，是以亲其亲以及人之亲，子其子以及人之子，使老者壮者幼者各得其所，困穷之民，无不有以养之。男则各有士农工商之职分，女则得归于良奥之家。……

## 九、《古乐经传》相关材料

《乐经》（节选）[2]

大司乐：中大夫二人。乐师：下大夫四人，上士八人，下士十有六人；府四人，史八人，胥八人，徒八十人。

大司乐，掌成均之法，以治建国之学政，而合国之子弟焉。凡有道者，有德者，使教焉；死则以为乐祖，祭于瞽宗。以乐德教国子：中、和、祗、庸、孝、友。以乐语教国子：兴道、讽诵、言语。以乐舞教国子：舞《云门》《大卷》《大咸》《大磬》《大夏》《大濩》《大武》。

［李传］成均，五帝之学名也。周人兼立四代之学，其所以教，则皆古者之遗法。故举成均为尊，而大司乐掌焉。其法则下文乐德、乐语、乐舞之类是也。国之子

1 《礼记集说》卷四，第169—170页。
2 ［清］李光地撰，汪舒旋校注：《〈古乐经传〉通释》卷一，成都：四川大学出版社，2015年，第1—3页。

弟，公卿大夫之子弟也。瞽宗，殷学也。立师教之，死而祀之于学，所谓释菜于先师者也。祇，敬也。庸，常也。体中达和，所谓至德也；敬业有常，所谓敏德也；仁孝友悌，所谓孝德也：此养士之本，故与师氏之教同。兴者，以物兴怀。道者，自述其意。所谓“诗言志”者也。倍文曰讽，以声节之曰诵，所谓“歌永言”者也。发端曰言，答述曰语，所谓“君子于是语，于是道古”者也。《云门》以下，黄帝至周列代之乐也。盖乐德则以理义养其心，乐语则以声音养其耳，乐舞则以舞蹈养其血脉，古人所谓以乐教者以此。

## 十、《律吕正声校注》相关材料

《总叙》（王邦直撰）[1]

叙曰：夫乐，何为而作也？本天地之和，以感夫人心者也。今夫阴阳之气，一升一降，相摩相荡，欲已之而不能。于是奋击之而为雷霆，润泽之而为风雨，推明之而为日月，往来之而为寒暑。絪缊煦妪，和气熏蒸，品物由是而亨焉，化育由是而成焉，乐之道其有加于是者乎？古之圣人有见于此，因制之以为乐，形见之于声容，发挥之于事业。着天地之和以感人心之和，养其优游平中之德，以消其暴慢淫邪之气。无非使人自易其恶，自至于中，以归于雅正焉而已矣！故《易》曰：“雷出地奋，豫。”先王以作乐崇德，殷荐之上帝，以配祖考。《记》曰：“流而不息，合同而化，而乐兴焉。”乐之道可谓观其深矣！稽之上古，乐教已兴。伏羲乐曰《立基》，言伏羲之代五运成，立甲历始基，画八卦以定阴阳，造琴瑟以谐律吕，故曰《立基》。神农乐曰《下谋》，言神农播种百谷，济育群生，造五弦之琴，演六十四卦，始基立化，设降神谋，故曰《下谋》。然而其制犹未备也，其制之备则始于轩辕。黄帝氏命伶伦自大夏之西，取竹于嶰谿之谷，断两节间，长三寸九分而吹之，以为黄钟之宫。次制十二管于崑仑之下，听凤凰之鸣以制十二律。律吕之制既定，则乐有定体。厥后帝王有作，虽乐不相沿，而其度数之同，则未之或改也。故《虞书》协时月正日、同律度量衡，《王制》考时月定日同律，然则其所同者果何谓也？岂非以其度数而为言耶？故典同掌六律六同之和，以辨天地四方阴阳之声，以为乐器。凡为乐器，以十有二律为之数

1 ［明］王邦直撰，王守伦、任怀国等校注:《律吕正声校注·总叙》，北京：中华书局，2012年，第1—9页。

度，以十有二声为之齐量。但其度数之详，则有不可得而闻者，何耶？或者当时《乐经》未亡，其度数之详，人皆习而知之，固无俟于谆谆者乎？是其时尚未有异论也。至经秦火之余，而《乐经》亡矣。《乐经》亡则《礼》素而《诗》虚，是一经缺而三经不完也。三经既无所考据，异论遂起，故司马迁《律书》出焉。《律书》以黄钟为九寸，三分损益，隔八相生。由是而生十一律，则律吕之制益灭裂而不可复闻矣。窃意以黄钟为九寸者，必传闻子九之说而误也。盖子午之数俱九，子为九分，九之少也；午为九寸，九之老也。一阳来复，而以九寸之老当之，可乎？其三分损益，隔八相生，疑古《乐经》之言。盖律以子午为经，左五律各益三分，右五律各损三分，阴阳赢缩之意也。律以隔八而取应声，故宫、徵、商、羽、角五声皆是隔八，阴阳倡和之理也。……自汉而下，皆以黄钟为九寸，若黄钟为宫，则固无不顺矣。若以他律为宫，则是以最浊为君，其臣与民反尊于君，则礼义乖矣，人道废矣，天道逆矣。其所奏，莫非陵上之音，反位而乱伦者也，何望其移风易俗，感格天人者哉！此汉唐宋之治所以不古若者，皆由于此也。然则圣人之制作，岂终不可得而见耶？盖律吕之度数虽亡，其散见于诸书，犹有存者，顾诸儒之弗察耳。黄钟三寸九分，《吕氏春秋》志之矣；圜钟六变，函钟八变，黄钟九变，《周礼》载之矣；子午之数九，丑未八，寅申七，卯酉六，辰戌五，巳亥四，吕三十六，律四十二，合之七十有八，或还或否，黄钟之数立焉，杨子《太玄》详之矣。其见于制作，黄钟、蕤宾为宫，其乐九变；大吕、林钟为宫，其乐八变；太簇、夷则为宫，其乐七变；夹钟、南吕为宫，其乐六变；姑洗、无射为宫，其乐五变；仲吕、应钟为宫，其乐四变，有《唐史》可考也。其存于度数，桌氏为辅声，中黄钟之宫，与凫氏黄钟之钟合，其为量皆六斗四升，有《考工记》可稽也。其方位之数即《洛书》之数，是以《洛书》为之体也；其相生之数即《河图》之数，是以《河图》为之用也。纵数七百二十九，杨子云得之以为《太玄》者，此也。积数六千五百六十一，蔡九峰得之以为《洪范·皇极》者，此也。子午为经，左右为纬，其经纬之义即《易》之阴阳消长之机。阴南阳北，迭为消长。其清浊之用，即《乐记》清浊迭经之理。本《先天圆图》，以序卦气之运；本《先天方图》，以尽声卦之变。其候气也，则正之以中星，参之以晷影，考之以日月之会，以符其飞灰之节；其应历也，则取之以中气，验之以物候，稽之以气朔闰余之数，以合其周天之度；其应五气，则本之于《素问》；其应八风，则参之以后天；五音、六律、十二管还相为宫，取《礼运》“还相为宫”之法；宫、商、角、徵、羽五声本人声而正之以律，本《虞书》“依永和声”之义；以宫、商、角、徵、羽为五声清浊之次，以宫、徵、商、羽、角为五声相生之次，本朱子《仪礼》之疏也。一均五调，一调七声，声用二变；庭奏以律，升歌以吕，调用双声，本李氏元声之说也。至于二舞之容，则本《周礼》大舞小舞之制，《宋史》文舞武舞之节。若赵慎言方色之论，李太常周舞之节，韩邦奇虞舞之图，亦未尝不兼考之矣。其八音之器，则本凫氏之钟制，磬人之磬制。若韗人皋陶之度，陈旸八音之论，李氏吹孔之法，亦未尝不兼取之矣。律为万事之根本，可以审度，可以嘉量，可以平衡。度则本于司马光所定，兼累之以上党之黍，符之以三体淳化之钱，而度无不定矣。量以周鬴为法，衡以汉制为法，其容受铢两，亦皆参之以秬黍，而量衡无不定矣。

草野微臣，耕农之暇，颇湛书史，忧律吕之失传，伤诸儒之傅会，故不惮劳苦，竭力研穷几二十年，乃敢会众说而折衷之，分为六十余卷。芹曝之忱不能自已，辄不自量，欲献之当宁，冀命儒臣更加详考。傥有可采，以为大乐之助，庶千载之谬可革，而往圣之绝学不患于无继矣。

# 第五讲

# 经传（三）：孝经·四书

《孝经》是儒家的十三经之一。它以孔子和曾子的对话形式讲述儒家的孝道思想，其成书时间大约在战国初期。历代以来，对于《孝经》的作者争议颇大，《史记·仲尼弟子列传》认为是曾子所作，《汉书·艺文志》题为孔子所作。《四库全书总目提要》："今观其文去二戴所录为近，要为七十子徒之遗书。"这一说法较为近实。《孝经》中规定了天子、诸侯、卿大夫、士、庶人等不同等级阶层所应尽的孝道，强调"始于事亲，中于事君，终于立身"是孝道根本之义，具有家国同构、君民一体的思想特征。古代帝王提倡"以孝治天下"，因此对《孝经》颇为重视。魏文侯、晋元帝、梁武帝、唐玄宗、清世祖等都曾为《孝经》做过注解，这在儒家十三经中是绝无仅有的现象。历代儒学大师，如孔安国、何休、马融、郑玄、王肃、司马光、朱熹、杨简、吴澄、罗汝芳、黄道周等，尽管他们有今古文经学、理学、心学等为学宗旨的差异，但都曾对孝经有过注释、刊误和研究。由此足见《孝经》与政教伦常、世道人心之间的密切关系。

《四书》是《论语》《孟子》《大学》《中庸》的合称。《论语》在《汉书·艺文志》已附为小经。《孟子》唐以前未受到特别关注，中唐韩愈发明道统，极力推崇孟子。至宋代，《孟子》升格为"经"。《大学》与《中庸》是《礼记》中的两篇，中唐以后也逐渐被抽离出来，受到重视。朱熹对《大学》《中庸》分章断句，加以注释，并为《论语》《孟子》集注，作《四书章句集注》，元代以后被钦定为科举考试教科书，对后世产生了深远影响。《四书》被认为是《五经》的阶梯，相较于《五经》,《四书》更加突出义理向度，有助于儒家道德形上学之构建，以应对佛道二氏的冲击，因此宋元以来，学者们关于《四书》的著述汗牛充栋,《四书》也成了经学之专门一类，与《五经》并称。

《论语》是由孔子弟子及其再传弟子编撰而成的记录孔子及其弟子言行的著作，成书于战国初期，共二十篇。《论语》在流传的过程中有三个本子：一是《古论语》，二是《齐论语》，三是《鲁论语》。《汉书·艺文志》记载《古论语》二十一篇，出于孔子壁中，有两篇《子张》;《齐论语》二十二篇，较今本多《问王》《知道》两篇;《鲁论语》二十篇，传十九篇。西汉末安昌侯张禹依据《鲁论语》的篇目，兼采齐说，善者从之，世称张侯《论语》，在当时影响颇大。东汉末年，郑玄又依据张侯《论语》，并参照《古论语》和《齐论语》，为《论语》作注，衍为现在通行各本的祖本。《论语》较为重要的注本有南朝皇侃的《论语义疏》，魏何晏集解、北宋邢昺注疏的《论语注疏》，宋代朱熹的《论语集注》，清人刘宝楠的《论语正义》等。

《孟子》是由孟子及其弟子编撰而成的著作，是研究孟子思想的重要资料。《史记》记载孟子“与万章之徒序《诗》《书》，述仲尼之意，作《孟子》七篇”。《汉书·艺文志》著录《孟子》十一篇，现存七篇十四卷，即《梁惠王》上下、《公孙丑》上下、《滕文公》上下、《离娄》上下、《万章》上下、《告子》上下、《尽心》上下十四章。历代比较重要的《孟子》注本有东汉赵岐《孟子章句》，宋孙奭《孟子注疏》，朱熹《孟子集注》，清代焦循《孟子正义》等。

《大学》和《中庸》来源于《小戴礼记》，相传为曾子和子思的作品，它们是儒家为学次第和成德工夫的整体说明。

# 一、《孝经》相关著作

## （一）《孝经注疏》

《孝经注疏》，又称《孝经正义》，唐玄宗注、宋代邢昺疏，共九卷。唐宋时期被立为官学，是现存最早的完整的孝经注本。

在唐代以前，注《孝经》者有百余家。当时主要流行的有两种：一种是古文本的孔安国注，其书出自刘炫，《隋书·经籍志》称其为伪；一种是今文本的郑玄注，其说传自荀昶，共分为十八章。唐玄宗开元七年诏令群儒议定《孝经》文本，刘知几力主古文，司马贞崇尚今文，双方互相攻讦。为了平息今古文之争，唐玄宗亲自为《孝经》作注解，删去繁芜，撮其精要，以期至当归一。书成以后，玄宗又让元行冲为《孝经注》作疏，并立于学宫。之后，郑玄和孔安国两家注解逐渐亡佚。北宋咸平年间，邢昺以元行冲《疏》为基础，重新作《孝经注疏》。邢疏在训诂名物上，征引广博，注解详尽，成为唐宋《十三经注疏》的定本之一。清人皮锡瑞作《孝经郑注疏》，曾多次引用邢《疏》，并称赞“其见卓矣”。

《孝经注疏》的版本以清嘉庆时期阮元主持重刻《十三经注疏》版为最好。2009年上海古籍出版社出版的《孝经注疏》以此为底本，参校开元十年唐玄宗《孝经》注本、古文《孝经孔传》、殿本《孝经注疏》、浦镗《孝经正误》、石台《孝经》等版本，是当前最好的点校整理本。

### （二）《孝经集传》

《孝经集传》是明末大儒黄道周为发明《孝经》大义所撰之作，共四卷。该书作于崇祯十一年至十六年间黄道周廷杖下狱期间。黄道周撰写《孝经集传》本欲用之教导太子读书，后来也被用为门人授业的教材。

黄道周认为《孝经》是“道德之渊源，治化之纲领”。他在《自序》中称《孝经集传》是“绎《孝经》微义有五、著义十二”（《进孝经集传序》）。所谓“微义五者”是指“因性明教”“追文反质”“贵道德而贱兵刑”“定辟异端”“韦布而享祀”；“十二著者”是指郊庙、明堂、释奠、齿胄、养老、耕藉、冠昏、朝、聘、丧、祭、乡饮酒等具体礼制。黄道周所注《孝经集传》具有“融贯礼经，根极理要”的特征，极大提高了《孝经》的义理化深度。近代以来，曹元弼、唐文治、马一浮等学者都极为推崇《孝经集传》，将之视为《孝经》学史上的经典之作。

《孝经集传》现存可见最早的版本是崇祯十六年刻本，黄氏弟子张天维、林有柏等人刊刻，今藏于美国哈佛大学哈佛燕京图书馆。2020年中国社会科学出版社《孝经集传》以此为底本，以文渊阁《四库全书》经部孝经类所收《孝经集传》为校本，以国家图书馆所藏康熙三十二年郑开极刻本《孝经集传》为参校本，是当前较好的标点整理本。

## 二、《论语》相关著作

### （一）《论语义疏》

《论语义疏》又称《论语集解义疏》，魏何晏注、梁皇侃疏，共十卷。该书成书于南朝梁武帝普通、大通年间（520—534），以玄学立场解释《论语》，对于研究六朝义疏学具有重要价值。

何晏曾集孔安国、包咸、周氏、马融、郑玄、陈群、王肃、周生烈八家注解，下以己意，撰为《论语集解》。《论语》自何晏注以后，注家众多，晋时江熙则集卫瓘、缪播、栾肇、郭象、蔡谟、袁宏、江淳、蔡系、李充、孙绰、周瑰、范宁、王珉晋人十三家为《集解论语》。南朝时梁皇侃又采纳江氏《集解》中诸人之说，辅以郑玄、刘歆、王肃、王弼等通儒解释，为何晏《集解》重新注解，纂成《论语义疏》。何晏《集解》较为简略，并非每句都有解释，皇侃《义疏》则旁征博引，遍采诸说，保存了汉魏至南朝众多注家的解说。

皇侃《论语义疏》南宋时失传，但在日本传播。乾隆年间日本根本逊志本《论语义疏》，由商人汪鹏购买回中国，献给浙江遗书局，继而被进呈四库馆，经鲍廷博校订后收入《四库全书》，随后又被其刻入自编的《知不足斋丛书》。但根本逊志本改变皇《疏》旧式，妄改文字，已非皇《疏》原貌；《知不足斋丛书》本在鲍氏整理润色时又加重了其失真程度。武内义雄及怀德堂纪念会同仁对根本逊志改变皇《疏》体式的做法不满，由武内氏广搜钞本，恢复皇《疏》旧体，于大正十二年（1923）校理出版，称“怀德堂本”。2013年中华书局出版了以武内义雄校勘的怀德堂本为底本的整理点校本，较之其他版本更优，不足之处是武内义雄《论语义疏校勘记》一卷没有保留。2018年广西师范大学出版社影印出版了怀德堂本《论语义疏》，保留武内义雄《论语义疏校勘记》一卷，并且书后附桂文灿《论语皇疏考证》十卷，资料更为翔实，可作研究之用。

### （二）《论语注疏》

《论语注疏》，又称《论语注疏解经》，魏何晏注、宋邢昺疏，二十卷。该书曾被立于官学，是唐宋《十三经注疏》的一种。

皇侃的《论语义疏》虽一度流行，但其略于名物训诂，多以道家思想解经，且依傍前说，较少创获，故颇为后世学者不满。北宋咸平二年，朝廷诏令邢昺等人重作新疏。邢昺等人乃删除皇氏《义疏》的枝蔓言说，以儒家的立场重新解释。周中孚《郑堂读书记》评其“荟萃群言，创通大义，已为程、朱开其先路矣”。书成以后，邢《疏》代替皇《疏》，成为《论语》的权威注本。《四库全书总目》言：“汉学、宋学，兹其转关。”总体而言，皇、邢二《疏》各有特点，皇《疏》虽偏于玄学，但保存大量汉魏六朝古注；邢《疏》虽以儒家为本，也采纳许多隋唐以后的注解，两书均为研究《论语》的重要参考文献。

《论语注疏》的版本以清嘉庆时期阮元主持重刻《十三经注疏》版本最好。2007年北京大学出版社《儒藏》精华编一〇四收有《论语注疏》。

### （三）《论语正义》

《论语正义》是清代刘宝楠父子以何晏《论语集解》为疏释对象，充分吸收前人成果而撰写的《论语》注解。该书是清代《论语》学的代表作，共二十四卷，曾被中华书局收入《十三经清人注疏》系列。

刘宝楠起初研治毛《诗》、郑《礼》之学，后与同乡刘文淇、梅植之、包慎言、柳兴恩、陈立相约各治一经，其专治《论语》。《清史稿·刘宝楠传》称其“病皇、邢《疏》芜陋，搜辑汉儒旧说，益以宋人长义及近世诸家”，仿焦循《孟子正义》体例，“先为长编，次乃荟萃而折衷之”，撰写《论语正义》。但他后来因官务繁忙，交由其子刘恭冕续成。据初刻本中卷题所署，前十七卷为刘宝楠撰，后七卷为刘恭冕补撰。《论语正义》重视历代注疏成果，“不为专己之学，亦不欲分汉宋门户之见。凡以发挥圣道，证明典礼，期于实事求是而已”（《论语正义》后叙）。

《论语正义》最初刻本是同治五年刻本，其后《皇清经解续编》本、《四部备要》本、《万有文库》本、《诸子集成》本和《国学基本丛书》本，都是据此翻刻或排印。1990年中华书局出版的《论语正义》，以同治五年初刻本为底本，参校其他多种版本，充分吸收前人的注释成果，匡正谬误，采集不少清人注释、考证论语的新材料，并注重文字训诂、史实考订和阐述经义。

## 三、《孟子》相关著作

### （一）《孟子注疏》

《孟子注疏》，东汉赵岐注、伪宋孙奭疏，共十四卷。该书曾被立于官学，是唐宋

《十三经注疏》的一种，现存最早的《孟子》注本。

与汉儒名物训诂繁冗不同，赵岐笺解文字，疏通句义，与后世口义之学相似。《四库全书总目提要》评价“其说虽不及后来之精密，而开辟荒芜，俾后来得循途而深造，其功要不可泯也”。宋咸平二年，孙奭奉诏校订群经，著有《孟子音义》两卷，体例略同于《经典释文》。朱熹认为《孟子疏》乃邵武人士假作，“其书全不似疏体，不曾解出名物制度，只缠绕赵岐之说尔”（《朱子语类》卷十九）。《宋史》也没有孙奭疏《孟子》的记载。后来《四库提要》进一步考辨其疏并非出自孙奭之手。陈澧《东塾读书记》认为，伪孙疏虽在训释名物典故上颇多疏漏，但其阐发义理“甚有精善处”，“不可以其伪而弃之也”。因此，《孟子注疏》仍是研究《孟子》的重要参考书。

《孟子注疏》的版本以清嘉庆时期阮元主持重刻《十三经注疏》本最好。2017年北京大学出版社《儒藏》精华编一〇七收有《孟子注疏》，以台北故宫博物院影印南宋两浙东路茶盐司刻元明递修本为底本，以嘉庆二十一年（1816）阮元校刻《十三经注疏》本为校本，并参校《续古逸丛书》影印宋椠大字本《孟子》和影印文渊阁《四库全书》本。

### （二）《孟子字义疏证》

《孟子字义疏证》是清代戴震借助考释《孟子》字义来表达个人思想的著作，体现了其“由字以通其词，由词以通其道”的为学主张，分为上、中、下三卷。

戴震在《与段玉裁书》中说：“仆生平著述，最大者为《孟子字义疏证》一书，此正人之要。今人无论正邪，尽以意见误名之曰理，而祸斯于民，故《疏证》不得不作。”《孟子字义疏证》通过对理、天道、性、才、道、仁义礼智、诚、权等儒家哲学的核心概念的重新阐释，表达了戴震自己的思想。

《孟子字义疏证》最早刻本是乾隆时期收入《微波榭丛书》中的《戴氏遗书》，道光二十三年（1843）钱熙祚辑《指海》丛书及光绪年间端溪书院刊刻《端溪丛书》都有收录《孟子字义疏证》。1982年中华书局出版的《孟子字义疏证》是较好的整理点校本。此外，《戴震集》《戴震全集》《戴震全书》等著作也都有收录《孟子字义疏证》。

### （三）《孟子正义》

《孟子正义》是清代焦循为赵岐《孟子章句》所作的新疏体著作。该书共三十卷，梁启超赞其为“后此新疏家模范作品”，曾被中华书局收入《十三经清人注疏》系列。

焦循自幼好《孟子》，深感伪孙奭疏“体例踳驳，征引陋略乖舛，文义冗蔓俚鄙”，于是在完成《易》学著作后，准备为《孟子》赵注作新疏，以补前人之阙失。乾隆二十三年，焦循与其子焦延琥博采历代经史传注有关《孟子》的著述，辑为长编十四帙，而后断以己意，撰成《正义》三十卷，七十余万字，又删繁补缺，终成定稿。焦循手写清稿本至十二卷时病逝，最后由焦延琥和其弟焦徵续抄完成并刊印于世。沈文倬指出，《孟子正义》关于理、气、命、性取戴震、程瑶田说，井田、封建取顾炎武、毛奇龄说，天文、历算取梅文鼎、李光地说，地理、水道取胡渭、阎若璩说，逸《书》考订取江声、王鸣盛说，六书训诂取王念孙、段玉裁说，版本、校勘取阮元、卢文绍说，每释一义，往往引两、三家之说，对先儒见解相似而所得有深有浅、持论分歧而所证有得有失者，无不以己意裁成损益于其间，定成善论。焦循还突破了唐人“疏不破注”的成规，“于赵氏之说或有所疑，不惜驳破以相规正”，对其他各家之说，亦兼存备录，堪称清代新疏体之典范。《孟子正义》立论坚实，疏解明晰，对于研究孟子具有重要的参考价值。

《孟子正义》的刻本有两个系统，一是道光五年家刻单行本，与后来的家刻《焦氏丛书》本及光绪二年衡阳魏纶先购得《丛书》版片印行的《焦氏遗书》本，名称虽异，实际上是同一雕版；二是《皇清经解》本，有道光本和咸丰补刊本两种。1987年中华书局出版《孟子正义》，是沈文倬以咸丰补刊本为底本，参校《焦氏丛书》本而成，乃当前最好的整理点校本。

## 四、四书合编相关著作

### （一）《四书章句集注》

《四书章句集注》，又称《四书集注》，是南宋朱熹关于四书的重要注本，也是其学术思想的代表作，元、明、清三代成为科举的教科书，对中国社会乃至东亚产生了深远影响。

朱熹将《礼记》中的《大学》《中庸》与《论语》《孟子》并列，为四者分别作了注释，并对《大学》区分了经传，重新编排了章节。《大学》《中庸》的注释称为章句，《论语》《孟子》的注释因引用二程、程门弟子及其他人的说法较多，称集注。

《四书章句集注》分为《大学章句》一卷、《中庸章句》一卷、《论语集注》十卷以及《孟子集注》十四卷。朱熹认为四书之间具有内在的关联性，他主张“先读《大学》，以定其规模；次读《论语》，以立其根本；次读《孟子》，以观其发越；次读《中庸》，以求古人微妙处”（《朱子语类》）。朱子《四书集注》一方面广泛吸收了汉魏以来的历代注家成果，体现了名物训诂的经学向度；另一方面又以二程道学为基本理论框架，突出了心性理气的理学向度。朱熹在撰写《四书集注》之前曾著有《论孟精义》，广泛收取二程、张载以来十二家有关《论语》《孟子》之说，荟萃条疏；《四书集注》完成之后，朱熹又撰有《四书或问》，用以解答《四书集注》中的异同疑问，阐明自己的去取之意。两书可与《四书集注》一起参阅，有助于全面理解《四书章句集注》的思想内涵与学术价值。

《四书章句集注》版本众多，分卷也不一致，宋、元、明、清历代都有刻本。清嘉庆间吴县吴英、吴志忠父子用多种古本和宋元人所作疏释本相校，力求恢复朱熹定本的原貌，纠正流传中的错误，于嘉庆十六年（1811）刊出，是现存各本中较好的。中华书局1983年出版的整理点校本，即以此本为底本，校之以中华书局藏清康熙内务府仿刻宋淳祐二年（1242）的大字本，是迄今最好的点校整理本。

### （二）《读四书大全说》

《读四书大全说》是明清之际思想家王夫之阅读《四书大全》的读书札记，共十卷。该书集中反映了他对宋明理学的批判与重构，是研究王夫之哲学思想的重要资料。

《四书大全》是明永乐年间胡广等人奉诏以朱熹《四书章句集注》为基础，汇集宋元以来理学家对四书的解说编纂而成，是官方解释朱子四书学的权威著作。《读四书大全说》包括《大学》一卷、《中庸》两卷、《论语》四卷、《孟子》三卷。王夫之在书中表达了他的思想，较为典型地体现了他批判陆王、修正程朱、宗师横渠、回归《六经》的思想特征。

《读四书大全说》常见版本有金陵本《船山遗书》和太平洋书店本《船山遗书》两种。1975年中华书局出版的《读四书大全说》是用清同治四年（1865）金陵刻《船山遗书》本为底本，参校1933年上海太平洋书店排印本，是目前较好的点校整理本。

## 思考题

1. 简要介绍历代重要的《孝经》注本。
2. 浅谈《四书》的形成过程。

## 【阅读材料】

### 一、《孝经注疏》

《孝经注疏·卷第一·开宗明义章第一》（节选）[1]

【疏】开，张也。宗，本也。明，显也。义，理也。言此章开张一经之宗本，显明五孝之义理，故曰“开宗明义章”也。第，次也；一，数之始也。以此章总标，诸章以次结之，故为第一，冠诸章之首焉。案《孝经》遭秦坑焚之后，为河间颜芝所藏，初除挟书之律，芝子贞始出之。长孙氏及江翁、后仓、翼奉、张禹等所说皆十八章，及鲁恭王坏孔子宅，得古文二十二章，孔安国作传。刘向校经籍，比量二本，除其烦惑，以十八章为定而不列名。又有荀昶集其录及诸家疏并无章名，而《援神契》自《天子》至《庶人》五章，唯皇侃标其目而冠于章首。今郑注见章名，岂先有改除，近人追远而为之也？御注依古今、集详议，儒官连状题其章名，重加商量，遂依所请。“章”者明也，谓分析科段，使理章明。《说文》曰：“乐歌竟为一章。”章字从音、从十，谓从一至十，十，数之终。诸书言章者，盖因《风》《雅》凡有科段皆谓之“章”焉。言天子、庶人虽列贵贱，而立身行道无限高卑，故次首章先陈天子，等差其贵贱以至庶人。次及《三才》《孝治》《圣治》三章，并叙德教之所由生也。《纪孝行章》叙孝子事亲为先，与五刑相因，即“夫孝始于事亲”也。《广要道章》《广扬名章》即“先王有至德要道”，“扬名于后世”也。扬名之主因谏争之臣，从谏之君必有应感，三章相次，不离于扬名。《事君章》即“忠于事君”也。《丧亲章》继于诸章之末，言孝子事亲之道纪也。皇侃以《开宗》及《纪孝行》《丧亲》等三章通于贵贱，今案《谏争章》大夫已上皆有争臣，而士有争友、父有争子，亦该贵贱，则通于贵贱者有四焉。

**仲尼居，**仲尼，孔子字。“居”谓闲居。**曾子侍。**曾子，孔子弟子。“侍”谓侍坐。

【疏】“仲尼居曾子侍”。夫子以六经设教，随事表名，虽道由孝生而孝纲未举，将欲开明其道，垂之来裔。以曾参之孝先有重名，乃假因闲居，为之陈说。自标己字，称“仲尼居”；呼参为子，称“曾子侍”。建此两句，以起师资问答之体，似若别有承受而记录之。

---

1 ［唐］李隆基注，［宋］刑昺疏，金良年整理：《孝经注疏》，上海：上海古籍出版社，2009年，第1—3页。

**注“仲尼”至“闲居”** 云“仲尼，孔子字”者，案《家语》云：“孔子父叔梁纥娶颜氏之女徵在，徵在既往庙见，以夫年长，惧不时有男，而私祷尼丘山以祈焉。孔子故名丘，字仲尼。”夫伯、仲者，长幼之次也。仲尼有兄字伯，故曰“仲”。其名则案桓六年《左传》申繻曰名有五，其三曰“以类命为象”，杜注云：“若孔子首象尼丘。”盖以孔子生而汙顶，象尼丘山，故名丘，字仲尼。而刘瓛述张禹之义，以为仲者中也，尼者和也，言孔子有中和之德，故曰仲尼。殷仲文又云：“夫子深敬孝道，故称表德之字。”及梁武帝又以丘为聚，以尼为和。今并不取。仲尼之先，殷之后也。案《史记·殷本纪》曰：帝喾之子契为尧司徒，有功，尧封之于商，赐姓子氏。契后世孙汤灭夏而为天子，至汤裔孙有位无道，周武王杀之，封其庶兄微子启于宋。案《家语》又《孔子世家》皆云：孔子其先宋人也。宋闵公有子弗父何，长而当立，让其弟厉公。何生宋父周，周生世子胜，胜生正考父，正考父受命为宋卿，生孔父嘉，嘉别为公族，故其后以孔为氏。或以为用乙配子，或以滴溜穿石，其言不经，今不取也。孔父嘉生木金父，木金父生皋夷父，皋夷父生防叔，避华氏之祸而奔鲁。防叔生伯夏，伯夏生叔梁纥，纥生孔子也。云“‘居’谓闲居”者，古文《孝经》云“仲尼闲居”，盖为乘闲居而坐，与《论语》云“居，吾语汝”义同，而与下章“居则致其敬”不同。

**注“曾子”至“侍坐”** 云“曾子，孔子弟子”者，案《史记·仲尼弟子传》称：“曾参，南武城人，字子舆，少孔子四十六岁。孔子以为能通孝道，故授之业，作《孝经》，死于鲁。”故知是仲尼弟子也。云“‘侍’谓侍坐”者，言侍孔子而坐也。案古文云“曾子侍坐”，故知“侍”谓侍坐也。卑者在尊侧曰侍，故经谓之“侍”。凡侍有坐有立，此“曾子侍”即侍坐也，《曲礼》有“侍坐于先生”“侍坐于所尊”“侍坐于君子”。据此而言，明侍坐于夫子也。

## 二、《孝经集传》

《四库全书总目提要·卷三十二·经部三十二·孝经类·孝经集传四卷（福建巡抚采进本）》[1]

明黄道周撰。道周有《易象正》，已著录。是书作于廷杖下狱之时。其作书之旨，

1 《四库全书总目提要》卷三十二，第844页。

见于门人所笔记者，曰："《孝经》有五大义。本性立教，因心为治，令人知非孝无教，非性无道，为圣贤学问根本，一也。约教于礼，约礼于敬，敬以致中，孝以导和，为帝王致治渊源，二也。则天因地，常以地道自处，履顺行让，使天下销其戾心，觉五刑、五兵无得力处，为古今治乱渊源，三也。反文尚质，以夏、商之道救周，四也。辟杨诛墨，使佛、老之道不得乱常，五也。"以是五者，别其章分，然后以《礼记》诸篇条贯丽之。其《自序》中所谓"五微义"、"十二著义"者，不出于此，实其著书之纲领也。然其初说以引《诗》数处各属下章，如《中庸·尚絅章》例，今则仍附于各章之后，盖亦自知其说之不安。又其初欲先明篇章，次论孝敬渊源，三论反文归质。似欲自立名目，如《大学衍义》之体。今本则仍依《经》文次第，而杂引经记以证之，亦与初例不同。昔朱子作《刊误后序》曰："欲掇取他书之言可发此《经》之旨者别为《外传》，顾未敢耳。"道周此书，盖与之暗合。其推阐颇为详洽，盖起草于崇祯戊寅，卒业于癸未，屡变其例而后成，故较所注《礼记》五篇成于一岁之中者为精密云。

《孝经集传·卷三·纪孝行章第十》[1]

**子曰："孝子之事亲也，居则致其敬，养则致其乐，病则致其忧，丧则致其哀，祭则致其严，五者备矣，然后能事亲。"**

曾子曰"人未有自致者也"（《论语·子张》），子夏曰"事君能致其身"（《论语·学而》），致身以事君，致心以事亲，两者天地之大义也。致而知之，不虑而知谓之良知；致而能之，不学而能谓之良能。故五致者，赤子之知、能，不假学问而学问之大，人有不能尽也。故言致良知、致良能之说则出于此也。仁、义、礼、乐、信、智则皆自此始也。

**"事亲者，居上不骄，为下不乱，在丑不争。居上而骄则亡，为下而乱则刑，在丑而争则兵。三者不除，虽日用三牲之养，犹为不孝也。"**

若是者，何也？敬身之谓也。敬身而后敬人，敬人而后敬天。《颂》曰："敬之敬之，天维显思。命不易哉！无曰高高在上。"（《诗经·周颂·敬之》）为天子者如此，

---

1 ［明］黄道周撰，许卉、蔡杰、翟奎凤点校：《孝经集传》卷三，北京：中国社会科学出版社，2020年，第112—113页。

又况其下者乎？为下而争乱，忘身及亲，是君子之大戒也。《泰誓》曰："予克受，非予武，惟朕文考无罪。受克予，非朕文考有罪，惟予小子无良。"（《尚书·周书·泰誓》）甚矣！圣人之危也。其孝愈大，则其敬也愈至矣。

《孝经》者，其为辟兵而作乎？辟兵与刑，孝治乃成。兵刑之生，皆始于争。为孝以教仁，为弟以教让，何争之有？《传》曰："尧、舜帅天下以仁，而民从之；桀、纣帅天下以暴，而民从之；其所令反其所好，而民不从。是故君子有诸已而后求诸人，无诸已而后非诸人。所藏乎身不恕，而能喻诸人者，未之有也。"（《礼记·大学》）故恕者，圣人所养兵不用而藏身之固也。

### 三、《论语义疏》相关材料

《论语义疏·卷一·学而第一》（节选）[1]

【疏】《论语》是此书总名，《学而》为第一篇别目，中间讲说，多分为科段矣。侃昔受师业，自《学而》至《尧曰》凡二十篇，首末相次无别科重。而以《学而》最先者，言降圣以下皆须学成，故《学记》云："玉不琢不成器，人不学不知道。"是明人必须学乃成。此书既遍该众典，以教一切，故以《学而》为先也。"而"者，因仍也。"第"者，审谛也。"一"者，数之始也。既谛定篇次，以《学而》居首，故曰"《学而第一》"也。

**子曰：**【疏】"子"者，指于孔子也。"子"是有德之称，古者称师为子也。"曰"者，发语之端也。许氏《说文》云："开口吐舌，谓之为曰。"此以下是孔子开口谈说之语，故称"子曰"为首也。然此一书，或是弟子之言，或有时俗之语，虽非悉孔子之语，而当时皆被孔子印可也。必被印可，乃得预录，故称此"子曰"，通冠一书也。**"学而时习之，**【疏】此以下，孔子言也。就此一章，分为三段。自此至"不亦悦乎"为第一，明学者幼少之时也。学从幼起，故以幼为先也。又从"有朋"至"不亦乐乎"为第二，明学业稍成，能招朋聚友之由也。既学已经时，故能招友为次也。故《学记》云"一年视离经辨志，三年视敬业乐群，五年视博习亲师，七年视论学取友，谓之小成"是也。又从"人不知"讫"不君子乎"为第三，明学业已成，能为师

1 ［梁］皇侃撰，高尚榘校点：《论语义疏》卷一，北京：中华书局，2013年，第1—4页。

为君之法也。先能招友，故后乃学成为师君也。故《学记》云“九年知类通达，强立而不反，谓之大成”，又云“能博喻，然后能为师；能为师，然后能为长；能为长，然后能为君”是也。今此段明学者少时法也。谓为学者，《白虎通》云：“学，觉也，悟也。”言用先王之道，导人情性，使自觉悟也。去非取是，积成君子之德也。“时”者，凡学有三时：一是就人身中为时，二就年中为时，三就日中为时也。一就身中者，凡受学之道，择时为先，长则捍格，幼则迷昏。故《学记》云“发然后禁，则捍格而不胜；时过然后学，则勤苦而难成”是也。既必须时，故《内则》云：“六年教之数与方名，七年男女不同席，八年始教之让，九年教之数日，十年学书计，十三年学乐，诵《诗》舞《勺》，十五年成童，舞《象》。”并是就身中为时也。二就年中为时者，夫学随时气则受业易入。故《王制》云“春夏学《诗》《乐》，秋冬学《书》《礼》”是也。春夏是阳，阳体轻清；《诗》《乐》是声，声亦轻清。轻清时学轻清之业，则为易入也。秋冬是阴，阴体重浊；《书》《礼》是事，事亦重浊。重浊时学重浊之业，亦易入也。三就日中为时者，前身中、年中二时而所学，并日日修习不暂废也。故《学记》云“藏焉，修焉，息焉，游焉”是也。今云“学而时习之”者，“而”犹因仍也，“时”是日中之时也，“习”是修故之称也。言人不学则已，既学必因仍而修习，日夜无替也。“之”，之于所学之业也。**不亦悦乎?**【疏】“亦”，犹重也。“悦”者，怀抱欣畅之谓也。言知学已为可欣，又能修习不废，是日知其所亡，月无忘其所能，弥重为可悦，故云“不亦悦乎”，如问之然也。

【注】**马融曰:“子者，男子通称，**【疏】凡有德者皆得称“子”，故曰通称也。**谓孔子也。”**【疏】“子”乃是男子通称，今所称“子曰”不关通他，即指谓孔子也。【注】**王肃曰:“时者，学者以时诵习也。诵习以时，学无废业，所以为悦怿也。”**【疏】背文而读曰“诵”也。然王此意，即日中不忘之时也。举日中不忘，则前二事可知也。

**有朋自远方来，不亦乐乎?**【疏】此第二段，明取友交也。同处师门曰朋，同执一志为友。朋犹党也，共为党类在师门也。“友”者，有也。共执一志，绸缪寒暑，契阔饥饱，相知有无也。“自”犹从也。《学记》云:“独学而无友，则孤陋而寡闻。”君子出其言善，则千里之外应之；出其言不善，则千里之外违之。今由我师德高，故有朋从远方而来，与我同门，共相讲说，故可为乐也。所以云“远方”者，明师德洽被，虽远必集也。招朋已自可为欣，远至弥复可乐，故云“亦”也。然朋疎而友亲，朋至既乐，友至故忘言。但来必先同门，故举“朋”耳。“悦”之与“乐”俱是懽欣，在心常等，而貌迹有殊。悦则心多貌少，乐则心貌俱多。所以然者，向得讲习在我，自得于怀抱，故心多曰“悦”。今朋友讲说，义味相交，德音往复，形彰在外，故心貌俱多曰“乐”也。故江熙云：“君子以朋友讲习，出其言善，则千里之外应之。远人且至，况其近者乎？道同齐味，欢然适愿，所以乐也。”

【注】**苞氏曰：“同门曰朋也。”**【疏】郑玄注《司徒》云：“同师为朋，同志为友。”然何《集注》皆呼人名，唯苞独云氏者，苞名咸，何家讳咸，故不言也。

**人不知而不愠，不亦君子乎？”**【疏】此第三段，明学已成者也。“人”，谓凡人也。“愠”，怒也。“君子”，有德之称也。此有二释：一言古之学者为己，己学得先王之道，含章内映，而他人不见知，而我不怒，此是君子之德也。有德已为可贵，又不怒人之不知，故曰“亦”也。又一通云：“君子易事，不求备于一人，故为教诲之道，若人有钝根不能知解者，君子恕之而不愠怒之也，为君者亦然也。”

【注】**愠，怒也。凡人有所不知，君子不愠之也。**【疏】就注乃得两通，而于后释为便也。故李充云：“愠，怒也。君子忠恕，诲人不倦，何怒之有乎？”明夫学者始于时习、中于讲肆、终于教授者也。凡注无姓名者，皆是何平叔语也。

## 四、《论语注疏》

《论语注疏·卷二·八佾第三》（节选）[1]

【疏】正义曰：前篇论为政。为政之善，莫善礼乐，礼以安上治民，乐以移风易俗，得之则安，失之则危，故此篇论礼乐得失也。

**孔子谓季氏：“八佾舞于庭，是可忍也，孰不可忍也？”**马曰：“孰，谁也。佾，列也。天子八佾，诸侯六，卿大夫四，士二。八人为列，八八六十四人。鲁以周公故受王者礼乐，有八佾之舞。季桓子僭于其家庙舞之，故孔子讥之。”【疏】“孔子”至“忍也”。〇正义曰：此章论鲁卿季氏僭用礼乐之事。“孔子谓季氏，八佾舞于庭”者，谓者，评论之称。季氏，鲁卿，于时当桓子也。佾，列也。舞者八人为列，八八六十

1　［北宋］邢昺撰，陈新校勘，沙志利标点：《论语注疏》卷二，《儒藏》精华编一〇四册，第610—611页。

四人。桓子用此八佾舞于家庙之庭，故孔子评论而讥之。“是可忍也，孰不可忍也”者，此孔子所讥之语也。孰，谁也。人之僭礼，皆当罪责，不可容忍。季氏以陪臣而僭天子，最难容忍，故曰：“若是可容忍，他人更谁不可忍也？”〇注“马曰”至“讥之”。〇正义曰：“孰，谁”，《释诂》文。“佾，列”，书传通训也。云“天子八佾，诸侯六，大夫四，士二”者，隐五年《左传》文也。云“八人为列，八八六十四人”者，杜预、何休说如此。其诸侯用六者，六六三十六人。大夫四，四四十六人。士二，二二四人。服虔以用六为六八四十八人，大夫四为四八三十二人，士二为二八十六人。今以舞势宜方，行列既减，即每行人数亦宜减，故同何、杜之说。天子所以八佾者，案隐五年《左传》：“考仲子之宫将万焉。公问羽数于众仲，对曰：‘天子用八，诸侯用六，大夫四，士二。’夫舞所以节八音而行八风，故自八以下。”杜预云：“唯天子得尽物数，故以八为列，诸侯则不敢用八。”所谓八音者，金、石、土、革、丝、木、匏、竹也。郑玄云：“金，钟镈也。石，磬也。土，埙也。革，鼓鼗也。丝，琴瑟也。木，柷敔也。匏，笙也。竹，管箫也。”所谓八风者，服虔以为八卦之风：“乾音石，其风不周。坎音革，其风广莫。艮音匏，其风融，震音竹，其风明庶。巽音木，其风清明。离音丝，其风景。坤音土，其风凉。兑音金，其风阊阖。”又《易纬·通卦验》云：“立春调风至，春分明庶风至，立夏清明风至，夏至景风至，立秋凉风至，秋分阊阖风至，立冬不周风至，冬至广莫风至。”是则天子之舞，所以节八音而行八风，故八佾也。云“鲁以周公之故受王者礼乐，有八佾之舞”者，此释季氏所以得僭之由，由鲁得用之也。案《礼记·祭统》云：“昔者，周公旦有勋劳于天下，成王、康王赐之以重祭，朱干玉戚以舞《大武》，八佾以舞《大夏》。此天子之乐也，重周公，故以赐鲁。”又《明堂位》曰：“命鲁公世世祀周公以天子之礼乐。”是受王者礼乐也。然王者礼乐唯得于文王、周公庙用之，若用之他庙，亦为僭也，故昭二十五年《公羊传》称昭公谓子家驹曰：“吾何僭哉？”答曰：“朱干玉戚以舞《大夏》，八佾以舞《大武》，此皆天子之礼也。”是昭公之时，僭用他庙也。云“季桓子僭于家庙舞之，故孔子讥之”者，案《经》但云季氏，知是桓子者，以孔子与桓子同时，亲见其事而讥之，故知桓子也。何休云：“僭，齐也，下效上之辞。”季氏，陪臣也，而效君于上，故云僭也。大夫称家。《祭法》：“大夫三庙。”此《经》又言“于庭”。鲁之用乐，见于经传者，皆据庙中祭祀时，知此亦僭于其家庙舞之，故孔子讥之也。

### 五、《论语正义》

《论语正义·卷十·子罕第九》（节选）[1]

**子罕言利与命与仁。**【注】罕者，希也。利者，义之和也。命者，天之命也。仁者，行之盛也。寡能及之，故希言也。《注》“罕者”至“言也”。〇正义曰：《尔雅·释诂》云：“希，罕也。”《毛诗·太叔于田·传》云：“罕，希也。”转相训。《左》襄九年《传》：“穆姜曰：‘利，义之和也。利物足以和义。’”《易·文言传》同。此相传古训，故此《注》本之。“利物”者，物犹事也。若《左》文七年《传》郤缺释《夏书》三事有“利用”也。穆姜言“作而害身，不可谓利”。而《易·彖》以“元亨利贞”为四德，其见之《彖辞》、《象辞》，如云“利见大人”，“利建侯”，“利用侵伐”，“利用行师征邑国”，“利用为依迁国”，“利用宾于王”，“孚乃利用禴”，“利用享祀”，“利用祭祀”，“利用刑人”，“利用狱”，“利涉大川”，“利有攸往”，“利西南”，“利执言”，“利用为大作”，“利出否”，“无不利”，皆言“利”也。如云“不利为寇”，“不利涉大川”，“不利有攸往”，“不利东北”，“不利宾”，“不利即戎”，“无攸利”，皆言“不利”也。利与不利，古人皆质言之。人未有知其不利而为之，则亦岂有知其利而避之弗为哉？利所以为义之和者，和犹言调适也。义以方外，若但言义不言利，则方外而不能和，故利为义之和。《周语》曰：“言义必及利。”韦昭曰：“能利人物，然后为义。”此即“利物足以和义”之谊，此即“利”字最初之谊。君子明于义利，当趋而趋，当避而避。其趋者，利也，即义也；其避者，不利也，即不义也。然而急君父之难，赴蹈水火而不顾其身，虽有似于不利而亦趋之，则以合乎义，即为利也。视不义之富贵如浮云，禄之以天下弗顾也，系马千驷弗视也，虽有似于利而亦避之，则以不合乎义，即为不利也。若小人则反是。故其所谓利，或君子所视为不利；而其所视为不利，或君子所视为义，所视为利也。君子知利不外义，故喻于义；小人知利不知义，故喻于利。时至春秋，君子道微，故夫子罕言利，则以其理精微，人或误习其说，而惟知有利，不复知有义矣。至战国，而孟子且辞而辟之，岂特如夫子之罕言哉？此解经说文字所当知世变也。利、命、仁三者，皆子所罕言，而言“仁”稍多，言“命”次之，言“利”最少。故以“利”承“罕”言之文，而于

---

1 ［清］刘宝楠撰，高流水点校：《论语正义》卷十，北京：中华书局，1990年，第319—320页。

“命”、于“仁”则以两“与”字次第之。皇《疏》云：“命，天命，穷通夭寿之目也。”是命为禄命。《书·召诰》云：“今天命吉凶，命历年。”下篇子夏曰：“死生有命，富贵在天。”“有命”、“在天”，互文见义。《史记·外戚世家》：“孔子罕称命者，难言之也。非通幽明之变，乌足识乎性命哉？”正以命为禄命也。阮氏元《论语论仁篇》：“孔子言仁者详矣，曷为曰‘罕言’也？所谓罕言者，孔子每谦不敢自居于仁，亦不轻以仁许人也。”今案：夫子晚始得《易》，《易》多言“利”，而赞《易》又多言“命”，中人以下，不可语上，故弟子于《易》独无问答之辞。今《论语》夫子言“仁”甚多，则又群弟子记载之力，凡言“仁”皆详书之，故未觉其罕言尔。

## 六、《孟子注疏》

《孟子注疏·告子章句上》（节选）[1]

**告子曰：“性，犹杞柳也；义，犹桮棬也。以人性为仁义，犹以杞柳为桮棬。”**告子以为人性为才干，义为成器，犹以杞柳之木为桮棬也。杞柳，柜柳也。一曰杞，木名也，《诗》云：“北山有杞。”桮棬，桮素也。**孟子曰：“子能顺杞柳之性而以为桮棬乎？将戕贼杞柳而后以为桮棬也？**戕犹残也，《春秋传》曰：“戕舟发梁。”所能顺完杞柳，不伤其性，而成其桮棬乎？将斤斧残贼之，乃可以为桮棬乎？言必残贼也。**如将贼杞柳而以为桮棬，则亦将戕贼人以为仁义与？**孟子言以人身为仁义，岂可复残伤其形体乃成仁义邪？明不可比桮棬。**率天下之人而祸仁义者，必子之言夫！”**以告子转性为仁义，若转木以成器，必残贼之，故言率人以祸仁义者，必子之言。夫，盖叹辞也。

【疏】“告子”至“言夫”。〇正义曰：此章言养性长义，顺夫自然，残木为器，变而后成。告子道偏，见有不纯，仁内义外，违人之端。孟子拂之，不假以言也。“告子曰”至“为桮棬”，告子言人之性譬若杞柳，义若桮棬也。以人之性为其仁义之道，若以杞柳之木为之桮棬也。杞，枸杞也。柳，少杨也。桮，素朴也。棬，器之似屈转木作也。以其杞柳可以楺而作棬也。“孟子曰：子能顺杞柳之性为桮棬乎”至“必子之言夫”，孟子乃拂之曰：子能顺杞柳之木性以为桮棬乎？以其将以斤斧残贼

---

1 ［东汉］赵岐注，（题）［北宋］孙奭疏，刘丰点校：《孟子注疏》卷十一上，《儒藏》精华编一〇七册，第312—314页。

其杞柳然后为之桮棬也。如将斤斧残贼杞柳而以为之桮棬，是亦将残贼人之形躯然后以为仁义与。且驱天下之之人而残祸仁义之道者，是亦必子之此言也。孟子所以拂之以此，盖谓人之性仁义，固有不可比之桮棬以杞柳为之也。〇注“杞柳，柜柳”至“素”。〇正义曰：案《说文》云：“杞，枸杞。”“柳，少杨也。”“桮，𠤵也。”“棬，屈木盂也，所谓器似升屈木作是也。”《诗》云“北山有杞”，《南山有台》文也。

**告子曰：“性犹湍水也，决诸东方则东流，决诸西方则西流。人性之无分于善不善也，犹水之无分于东西也。”** 湍水圜也，谓湍水湍萦水也。告子以喻人性若是水也，善恶随物而化，无本善不善之性也。**孟子曰：“水信无分于东西，无分于上下乎？人性之善也，犹水之就下也。人无有不善，水无有不下。今夫水搏而跃之，可使过颡；激而行之，可使在山。是岂水之性哉？其势则然也。人之可使为不善，其性亦犹是也。”** 孟子曰：水诚无分于东西，故决之而往也，水岂无分于上下乎？水性但欲下耳。人性生而有善，犹水之欲下也。所以知人皆有善性，似水无有不下者也。跃，跳。颡，额也。人以手跳水，可使过颡，激之可令上山，皆迫于势耳，非水之性也。人之可使为不善，非顺其性也，亦妄为利欲之势所诱迫耳，犹是水也。言其本性非不善也。

【疏】“告子”至“是也”。〇正义曰：此章指言人之欲善，犹水好下，迫势激跃，失其素真，是以守正性为君子，随曲折为小人者也。“告子曰性犹湍水也”至“东西也”，告子言人之性犹萦回之水也。湍，圜，萦回之势也。萦回之水，决之使流于东方则东流之，使之流西方则西流之。而人之性，无分于为善为不善也，如萦回之之水，无分于东西也。“孟子曰”至“是也”，孟子言水之性无分于东西上下乎？言有分于东西上下也。人性之善也，犹水之就下也，人无有性之不善者，水无有不就下者。今夫水之势，搏而跳之，可使过颡；激而行之，可令上山，如此，岂水性如是哉？是其势如是也。人之性所以可使为不善者，亦若此水之势也。以其人之性不善，乃利欲而诱迫之也，亦搏激其水之谓也。〇注“湍者圜也”。〇正义曰：《说文》云：“湍，急濑水。”又云：“濑，水流沙上也。”今谓萦回之水者，言其水流沙上，萦回之势，湍湍然也。

**告子曰：“生之谓性。”** 凡物生同类者皆同性。**孟子曰：“生之谓性也，犹白之谓白与？”** 犹见白物皆谓之同白，无异性。**曰：“然。”** 告子曰然。**“白羽之白也，犹白雪之白；白雪之白，犹白玉之白欤？”** 孟子以为羽性轻，雪性消，玉性坚，虽俱白，其性不同。问告子，以三白之性同邪？**曰：“然。”**告子曰然，诚以为同也。**“然则犬之性犹牛之性，牛之性犹人之性欤？”**孟子言犬之性岂与牛同所欲，牛之性岂与人同所欲乎？

【疏】“告子曰生之”至“性欤”。〇正义曰：此章指言物虽有性，性各殊异，惟人之性，与善俱生，赤子入井，以发其诚，告子一之，知其粗矣，孟子精之，是在其中。“告子曰生之谓性”，告子言人之生与物之生皆谓之性，以其为同也。“孟子曰生之谓性也，犹白之谓白欤”，孟子见告子以为凡物生同谓之性，故问之曰：然则生之谓性，是如凡物之白皆谓同白，无异性也。“曰然”，告子以为诚如是也。“白羽之白也，犹白雪之白；白雪之白，犹白玉之白欤”，孟子又言是则白羽毛之白，亦如白雪之白；白雪之白，亦如白玉之白欤？故以此三者问告子，然孟子以谓羽毛之白，则其性轻；白雪之白，其性易消；白玉之白，其性坚：是其性有不同其白也。“曰然”，告子不知为有异，故亦以为诚然也。言则同也。“然则犬之性犹牛之性，牛之性犹人之性欤”，孟子曰：又如是，则犬狗之性犹牛之性，牛之性亦犹人之性与？孟子所以言此者，以其犬之性，金畜也，故其性守；牛之性，土畜也，故其性顺；夫人受天地之中，万物俱备于我者也，是其禀阴与阳之气所生也，故其性能柔能刚，是为不同者。告子不知，但知其粗者也。

## 七、《孟子字义疏证》

《孟子字义疏证·序》[1]

余少读《论语》端木氏之言曰：“夫子之文章可得而闻也，夫子之言性与天道不可得而闻也。”读《易》，乃知言性与天道在是。周道衰，尧、舜、禹、汤、文、武、周公致治之法，焕乎有文章者，弃为陈迹。孔子既不得位，不能垂诸制度礼乐，是以为之正本溯源，使人于千百世治乱之故，制度礼乐因革之宜，如持权衡以御轻重，如规矩准绳之于方圜平直，言似高远而不得不言。自孔子言之，实言前圣所未言；微孔子，孰从而闻之！故曰“不可得而闻”。

是后私智穿凿者，亦警于乱世，或以其道全身而远祸，或以其道能诱人心有治无

1 ［清］戴震著，何文光整理：《孟子字义疏证》，北京：中华书局，1982年，第1—2页。

乱；而谬在大本，举一废百；意非不善，其言只足以贼道，孟子于是不能已于与辩。当是时，群共称孟子好辩矣。《孟子》之书，有曰“我知言”，曰“游于圣人之门者难为言”。盖言之谬，非终于言也，将转移人心；心受其蔽，必害于事，害于政。彼目之曰小人之害天下后世也，显而共见；目之曰贤智君子之害天下后世也，相率趋之以为美言，其入人心深，祸斯民也大，而终莫之或寤。辩恶可已哉！

孟子辩杨墨；后人习闻杨、墨、老、庄、佛之言，且以其言汩乱孟子之言，是又后乎孟子者之不可已也。苟吾不能知之亦已矣，吾知之而不言，是不忠也，是对古圣人贤人而自负其学，对天下后世之仁人而自远于仁也。吾用是惧，述《孟子字义疏证》三卷。韩退之氏曰：“道于杨、墨、老、庄、佛之学而欲之圣人之道，犹航断港绝潢以望至于海也。故求观圣人之道，必自孟子始。”呜呼，不可易矣！休宁戴震。

理十五条**卷上目一**

天道四条**卷中目二**

性九条

才三条**卷下目五**

道四条

仁义礼智二条

诚二条

权五条

## 八、《孟子正义》

《孟子正义·尽心章句上》(节选)[1]

**孟子曰：“尽其心者，知其性也。知其性，则知天矣。**【注】性有仁义礼智之端，心以制之。惟心为正。人能尽极其心，以思行善，则可谓知其性矣。知其性，则知天道之贵善者也。【疏】注“性有”至“善者也”〇正义曰：《礼记·表记》云“义者，天下之制也”，注云：“制，谓裁制。”人之心能裁度，得事之宜，所以性善，故仁义礼智之端，原于性而见于心。心以制之，即所谓思虑可否，然后行之也。惟心为正，

1 ［清］焦循撰，沈文倬点校：《孟子正义》卷二十六，北京：中华书局，1987年，第877—879页。

谓心能裁度，以正四体五官也。即天之北辰，执持维纲，以正二十八舍也。《吕氏春秋·明理篇》云“五帝三王之于乐尽之矣”，高诱注云：“尽，极也。”《礼记·大学篇》云“是故君子无所不用其极”，注云：“极，犹尽也。”故尽其心即极其心。性之善，在心之能思行善，故极其心以思行善，则可谓知其性矣。知其性，谓知其性之善也。天道贵善，特钟其灵于人，使之能思行善。惟不知己性之善，遂不能尽极其心，是能尽极其心以思行善者，知其性之善也。知其性之善，则知天道之好善矣。赵氏之义如此。戴氏震《原善》云：“孟子曰：‘尽其心者，知其性也。知其性，则知天矣。’耳目百体之所欲，血气资之以养，所谓性之欲也，原于天地之化者也。是故在天为天道，在人，咸根于性而见于日用事为为人道。仁义之心，原于天地之德者也，是故在人为性之德。斯二者一也。由天道而语于无憾，是谓天德；由性之欲而语于无失，是谓性之德。性之欲，其自然之符也；性之德，其归于必然也。归于必然适全其自然，此其为自然之极致。诗曰：‘天生蒸民，有物有则，民之秉常，好是懿德。’凡动作威仪之则，自然之极致也，民所秉也。自然者，散之普为日用事为；必然者，秉之以协于中，达于天下。知其自然，斯通乎天地之化；知其必然，斯通乎天地之德；故曰知其性，则知天矣。天人道德，靡不豁然于心，故曰尽其心。”**存其心，养其性，所以事天也。**【注】能存其心，养育其正性，可谓仁人。天道好生，仁人亦好生。天道无亲，惟仁是与，行与天合，故曰所以事天。**殀寿不贰，修身以俟之，所以立命也。”**【注】贰，二也。仁人之行，一度而已。虽见前人或殀或寿，终无二心，改易其道。殀若颜渊，寿若邵公，皆归之命。修正其身，以待天命，此所以立命之本也。【疏】注“贰二”至“本也”〇正义曰：《礼记·王制》云“丧事不贰”，注云：“贰之言二也。”《国语·周语》云“百姓携贰”，韦昭注云：“贰，二心也。”昭公二十八年《左传》云“心能制义曰度”，一度而已，不改易也。《史记·仲尼弟子列传》云：“回年二十九，发尽白，蚤死，孔子哭之恸。”此殀若颜渊之说也。《论衡·气寿篇》云：“周公居摄七年，复政退老，出入百岁矣。邵公，周公之兄也。至康王之时，尚为大保，出入百有余岁矣。”又云：“《传》称邵公百八十。”此寿若邵公之说也。程氏瑶田《论学小记》云：“心者，身之主也。万物皆备于吾之身，物则即具于吾之心。而以为吾之性如是，而心可不尽乎！曷为而可谓之尽其心也？由尽己之性而充极之，至于尽人之性，尽物之性，而心尽矣。是非先有以知其性不能也。曷知乎尔？格物以致其知，斯能穷尽物则，以知其心所具之性，而因以尽其心。然则尽其心者，知其性也。夫是性也，天之分与我者也。性不异乎天，而天岂异乎性？知性知天非二事，亦无二时也。知其性则知天矣。夫然而心可不存乎？不存则放。夫然而性可不养乎？不养则戕。父母生我以身，而不毁伤其身者，能事亲者也。天分我以心与性，而能不放之不戕之，非所以事天乎！故苟能存其心而养其性，则必其明物察伦，以致其知者既详且尽，而见之于行，必能居仁由义，以尽其道。而其功之盛，必将有以驯致夫参天地、赞化育之能。任则至重也，道则至远也，死而后已者也。夫然后天之所以与我以为性而具于心者，是我所受之命，而殀寿不贰，修身以俟之矣，岂非所以立命乎！"按程氏说是也。尽其心，即伏羲之"通德类情"，黄帝尧舜之"通变神化"。惟知人性之善，故尽其心以教之，知性即是知天，知天而尽其心以教之，即所以事天。所以尽其心者，不过存其心，养其性也。尽其性，以尽人之性，尽物之性，赞天地之化育，所以成天之能，犹人臣赞君之治，以成君之功。圣人事天，犹人臣事君也。天之命有殀寿穷达智愚贤不肖，而圣人尽其心以存之养之，存之养之，即所以修身使天下皆归于善。天之命虽有不齐，至是而皆齐之，故为立命知性，知天穷理也。尽其心以存之养之脩之，尽性也，立命至于命也。《孟子》此章，发明《易》道也。

**《章指》言：尽心竭性，所以承天，殀寿祸福，秉心不违，立命之道，惟是为珍。**

## 九、《四书章句集注》

《四书章句集注·大学章句序》（节选）[1]

大学之书，古之大学所以教人之法也。盖自天降生民，则既莫不与之以仁义礼智之性矣。然其气质之禀或不能齐，是以不能皆有以知其性之所有而全之也。一有聪明睿智能尽其性者出于其间，则天必命之以为亿兆之君师，使之治而教之，以复其性。此伏羲、神农、黄帝、尧、舜，所以继天立极，而司徒之职、典乐之官所由设也。

三代之隆，其法寖备，然后王宫、国都以及闾巷，莫不有学。人生八岁，则自王公以下，至于庶人之子弟，皆入小学，而教之以洒扫、应对、进退之节，礼乐、射御、书数之文；及其十有五年，则自天子之元子、众子，以至公、卿、大夫、元士之

1 ［宋］朱熹撰：《四书章句集注》，北京：中华书局，1983年，第1—2页。

适子，与凡民之俊秀，皆入大学，而教之以穷理、正心、修己、治人之道。此又学校之教、大小之节所以分也。

夫以学校之设，其广如此，教之之术，其次第节目之详又如此，而其所以为教，则又皆本之人君躬行心得之余，不待求之民生日用彝伦之外，是以当世之人无不学。其学焉者，无不有以知其性分之所固有，职分之所当为，而各俛焉以尽其力。此古昔盛时所以治隆于上，俗美于下，而非后世之所能及也！

及周之衰，贤圣之君不作，学校之政不修，教化陵夷，风俗颓败，时则有若孔子之圣，而不得君师之位以行其政教，于是独取先王之法，诵而传之以诏后世。若《曲礼》、《少仪》、《内则》、《弟子职》诸篇，固小学之支流余裔，而此篇者，则因小学之成功，以著大学之明法，外有以极其规模之大，而内有以尽其节目之详者也。三千之徒，盖莫不闻其说，而曾氏之传独得其宗，于是作为传义，以发其意。及孟子没而其传泯焉，则其书虽存，而知者鲜矣！

## 十、《读四书大全说》

《读四书大全说·卷二·中庸·第二章》[1]

《或问》于第二章、第三章，皆有“未遽及”之语。此朱子一部《中庸》浑然在胸中，自然流出来底节目，非汉人随句诠解者所逮，而况后人之为字诱句迷，妄立邪解者乎？

《中庸》第一章既彻底铺排，到第二章以后，却又放开，从容广说，乃有德之言涵泳宽和处，亦成一书者条理之必然也。不则为皮日休《天隐子》、刘蜕《山书》，随意有无，全无节次矣。

自第二章以下十章，皆浅浅说，渐向深处。第二章只言君子小人之别，劈开小人在一边，是入门一大分别。如教人往燕，迎头且教他向北去，若向南行，则是往粤。而既知北辕以后，其不可东北而之于齐，西北而之于晋，皆所未论。《中庸》只此一章辨小人，迳路既分，到后面不复与小人为辨，行险徼幸是就情事上说，非论小人之道。直至末章，从下学说起，乃更一及之。

1 ［清］王夫之著：《读四书大全说》，北京：中华书局，1975年，第88—90页。

《或问》于第三章云："承上章小人反中庸之意而泛论之。"喫紧在"泛论"二字。不可误认朱子之意，以民之鲜能为反中庸。小人自小人，民自民。反则有以反之，鲜能只是鲜能。末章云"小人之道"，小人固自有道，与不兴行之民漫无有道者不同。民无小人陷溺之深，则虽不兴行，而尚不敢恣为反中庸之事。民亦无小人为不善之力，则既鲜能中庸，而亦不得成其反中庸之道。

向后贤知之过，愚不肖之不及，则又从鲜能之民，拣出中闲不安于不知味者言之。所谓愚不肖者，亦特对贤知而言天资之滞钝者也，与夫因世教衰而不兴行、可繇而不知之民，自进一格。到十一章所言"索隐行怪"，则又就贤知之专志体道而为之有力者身上撇开不论，而后就遵道之君子进而求作圣之功。此《中庸》前十章书次第之井井者也。

"小人反中庸"，只如叔孙通之绵蕞，欧阳永叔之濮议，王介甫之新法，直恁大不可而有害于世，故先儒以乡原当之，极是。若鲜能之民，则凡今之人而皆然。贤知之过，愚不肖之不及，则孔、孟之门多有之。要亦自其见地操履处，显其过不及，而未尝显标一过不及者以为道。且过不及，亦皆以行乎中庸之教，而初未反戾乎中庸。抑过则业亦有所能，而不及者亦非全乎其不能，与不兴行之民自别。至于"索隐行怪"，则又从天理上用力推测安排，有私意而无私欲，其厌恶小人而不用其道者，更不待说，盖庄、列、陆、王之类是也。

小人只是陷于流俗功利而有权力者，如欧阳濮议，但以逢君；王介甫狼狈处，尤猥下。隐怪方是异端，过不及乃儒之疵者。三种人各有天渊之别。此十章书步步与他分别，渐撇到精密处，方以十二章以后八章，显出"君子之道"，妄既辟而真乃现也。一书之条理，原尔分明不乱。

"舜知"、"回仁"、"夫子论强"三章，乃随破妄处，随示真理，皆只借证，且未及用功实际，终不似"道不远人"诸章之直示归宿。盖阅尽天下之人，阅尽天下之学术，终无有得当于中庸，而其效亦可睹，所以云"中庸其至矣乎"。北溪所云"天下之理无以加"者，此之谓也。

或以隐怪为小人，或以贤知为隐怪，自《章句》之失。而后人徇之，益入于棼迷而不可别白。取《中庸》全书，作一眼炤破，则曲畅旁通矣。

# 第六讲
# 诸子（一）：儒·墨

“诸子”有狭义和广义之分：狭义是特指先秦时期各家学术派别之总称；广义是指凡可自成一家之言的皆可称为诸子。章太炎曾讲：“所谓诸子学者，非专限于周秦，后代诸家，亦得列入。”就是这个意思。后世如宋明理学、佛道二氏，《四库全书》也都收录子部。诸子学以“博明万事”“适辨一理”为特征，构成了中国哲学史的主脉。

关于先秦诸子的分派，司马谈《论六家旨要》分为阴阳、儒、墨、名、法、道德六家，班固《汉书·艺文志》则有“九家十流”之说，除上述六家之外，益之以纵横、杂、农、小说四家。但就当时的影响力而言，则儒、墨、道、法四家最为盛大。

## 一、儒家与相关著作

儒家是由孔子所开创的以仁义礼乐为教的学派，其发展大体经历了三个阶段：一是以孔子、孟子、荀子为代表的先秦儒学，二是以董仲舒、扬雄为代表的汉代儒学，三是以周敦颐、张载、二程、朱熹、陆九渊、王阳明为代表的宋明理学。先秦儒学的主题是“礼乐论”，汉代儒学的主题是“天人论”，宋明理学的主题是“心性论”，这是大致的区分，可以帮助我们把握重点，但不能作固化的理解。儒学在中国历史上之所以长盛不衰，除了因为它自汉代以降一直处于官学地位外，更重要的原因是它能不断实现自我更新，符合社会时代的发展潮流。前章已介绍孔子、孟子的《论语》和《孟子》，本章关于儒家的介绍将从《荀子》开始。

### （一）《荀子》

《荀子》，战国后期赵国荀况撰，是先秦儒家的重要著作。《汉书·艺文志》著录《孙卿子》三十三篇，西汉刘向《荀卿新书叙录》定为三十二篇。《隋书·经籍志》和《旧唐书·经籍志》均沿用《汉书·艺文志》称“孙卿子”，及至唐代杨倞注本传世，始改称《荀子》。

《荀子》今存三十二篇，除《君子》《大略》《宥坐》《子道》《法行》《哀公》《尧问》七篇被认为是门人弟子所记或后人附益外（梁启超《汉书艺文志诸子略考释》），其余均被认为出自荀子之手。其中，《王制》《富国》《王霸》《君道》《臣道》等篇反映了荀子的政治思想和经济思想；《天论》彰显了“天人相分”的天人观；《解蔽》体现了其“虚壹而静”认识论;《性恶》揭示了其“人之性恶，其善者伪也”的人性论等。

荀子虽信崇孔子，但其说倡言性恶，兼法后王，王霸并重，这与孟子之说相去千里，亦为将孔孟之道奉为儒学正宗的统治者所不容。故自汉代以降，其书湮没无闻垂一千年，为其书作注者寥寥，直至唐代，才有杨倞注本传世。此后因宋明儒者尤恶“性恶”之说，自杨倞后注荀书者后继无人。清中叶以后，荀学复兴，才有谢墉、汪中、郝懿行、卢文弨、王念孙、俞樾等人对《荀子》一书做校勘及诠释。

除杨倞注本外，清王先谦《荀子集解》（中华书局1988年版）汇集清代学者的训诂考订成就，内容翔实；梁启雄《荀子简释》（中华书局1983年版）综合诸家校释成果，尤为简明扼要；王天海《荀子校释》（上海古籍出版社2005年版）参校博采杨倞以下至当今学人校释之文上百家，也有较高的参考价值。

### （二）《盐铁论》

《盐铁论》是西汉桓宽根据著名的“盐铁会议”记录整理而成的对话体著作，记述了当时对汉武帝时期的政治、经济、军事、外交、文化的一场大辩论。该书共十卷，分六十篇。

汉武帝时，为了掌握全国经济命脉，采纳桑弘羊的建议，实行盐铁官营、酒类专卖和均输平准等政策。这一举措虽为西汉王朝奠定了坚实的财政基础，但也给农业生产和群众生活带来了不便，损害了一部分人的既得利益，故而引发全国上下强烈反对和普遍不满。公元前81年（汉昭帝始元六年），朝廷召集郡国所举贤良文学六十余人，与以御史大夫为首的桑弘羊就盐铁官营等问题进行辩论，史为“盐铁会议”。至宣帝时，桓宽根据会议记录，又加以整理和增广，撰成此书。全书分三部分：前四十一篇为第一部分，主要内容是盐铁会议上的正式辩论；第四十二篇至五十九篇为第二部分，主要涉及会后双方对匈奴的外交策略、法制等问题的争论要点；第六十篇“杂论”为第三部分，是作者写的后序。该书以讨论经济政策为中心，广泛涉及政治、军事、思想、文化等领域的问题，记载了贤良文学和桑弘羊不同的治国学说，及各自的施政主张，是研究西汉史的重要资料。

《盐铁论》最早刊刻于宋代，但今所不传。1992年中华书局出版的王利器《盐铁论校注》以清张敦仁覆刻涂本为底本，并校以明涂祯本、攖宁斋钞本、倪邦彦本、九行本、张之象《注》本、沈延铨本、胡维新《两京遗编》本、太玄书室本、金蟠《辑注》本、清黄丕烈旧藏乾隆乙卯传录华氏活字本、卢文弨《群书拾补》所引《永乐大典》本，集前人之大成，是目前最好的校注整理本。

## （三）《法言》

《法言》，又称《扬子法言》，是西汉扬雄仿《论语》体例撰写的哲学著作，全文多为简短的答问、解说、反驳及设问自答的内容，其主旨在于捍卫和发扬儒家学说。该书成于汉哀帝元寿元年，共十三卷。

《汉书·扬雄传》记载扬雄自述该书写作目的，乃是因为诸子各逞其智，诋毁圣人，用诡辩之辞迷惑大众。面对这种情况，杨雄认为要用圣人之道的法则予以驳斥，以明辨是非，由是而撰《法言》。《法言》凡十三卷，分别为《学行》《吾子》《修身》《问道》《问神》《问明》《寡见》《五百》《先知》《重黎》《渊骞》《君子》《孝至》，书末列《法言序》。该书在阐扬儒家思想的同时，也对当时流行的天人感应、鬼神图谶等宗教迷信思想进行了批判。

《法言》在后来流传中形成了十三卷本、十卷本的两大版本系统，并分别以清人秦恩复覆宋刻本和纂图互注本为佳。在注释本上，晋代有李轨《扬子法言注》、宋代有司马光《法言集注》、清代有汪荣宝《法言义疏》等。其中，汪荣宝《法言义疏》旁征博引，考证精准，被黄侃称赞“扬子之书，历千载而先生为之疏释，皦然如晦之见明”（《后序》）。《法言义疏》有民国二十三年（1934）刻本，1987年中华书局出版了陈仲夫整理点校的汪荣宝《法言义疏》，收入《新编诸子集成》，颇便读者阅读。

## （四）《中说》

《中说》，又称《文中子》，主要记录了隋代大儒王通的思想言论，由王通门人记录，王通弟王凝整理成书，少子王福畤编为十卷。大约于唐初成书，而后刊行于世。

关于《中说》的命名，近人谢无量说："文中子学说，以执中为要，故其书曰《中说》。"《中说》包括《王道》《天地》《事君》《周公》《问易》《礼乐》《述史》《魏相》《立命》和《关朗》十篇。王通在政治上，倡导"行王道"；在三教关系上，提出"三教可一"；在天人关系上，认为"三才不相离"；在认识论上，主张"穷理尽性"；在工夫论上，强调"推诚主敬"。王通在儒学史上与荀子、扬雄并称，有"河汾道统"之誉，是从两汉经学向宋明理学的重要过渡人物。

宋代阮逸、龚鼎臣都曾为《中说》作注，只有阮注流传于今。阮注版本较多，有《续古逸丛书》本及《四库全书》本、《四部丛刊》本等。2013年中华书局出版张沛《中说校注》以《续古逸丛书》本为底本，以《四部丛刊》本与六子本为主要校本，校勘精良、注释详细，是较好的整理点校本。

### （五）《通书》

《通书》原名《易通》，又称《濂溪通书》《周子通书》，是北宋周敦颐晚年依据《易》理阐发哲学思想之作。《通书》直到周敦颐去世后才由人整理、命名、刊刻，其书共一卷，四十章。

朱熹认为，《通书》和《太极图说》"大抵推一理、二气、五行之分合，以纪纲道体之精微，决道义、文辞、禄利之取舍，以振起俗学之卑陋"（《通书后记》）。不过，与《太极图说》以"太极"为中心建构宇宙论不同，《通书》以"诚"为枢纽沟通天人之际。"诚"既是"既然不动"的宇宙中心，也是"纯粹至善"的道德本体。并且，要达到"诚"的道德境界，必须通过"虚静""无欲"的修养工夫。《通书》为道学的形成奠定了初步的义理框架，对后来程朱理学和陆王心学的发展都曾产生重要影响。

《通书》在宋代的早期流传有春陵本、零陵本、九江本等，朱熹对《通书》校订整理过三次，分别衍生出长沙本、建安本、南康本。其中，南康本流传最广、考订最精，后为世人所传，是现在通行的版本。另外，关于《通书》比较重要的注本有朱熹《通书解》、曹端《通书述解》等。1990年中华书局出版的《周敦颐集》收录有《通书》，是较好的点校整理本。

## （六）《正蒙》

《正蒙》是北宋理学家张载于熙宁三年至九年间撰写的苦心精思之作，取《周易》蒙卦“蒙以正养”之义，旨在正蒙以成圣人之功。《宋史·艺文志》著录为十卷，《张子全书》分作二卷。

张载去世后，其弟子苏炳“辄就其编，会归义例，略效《论语》《孟子》篇次章句以类相从，为十七篇”，包括《太和》《参两》《天道》《神化》《动物》《诚明》《大心》《中正》《至当》《作者》《三十》《有德》《有司》《大易》《乐器》《王禘》《乾称》诸篇，集中论述了张载“太虚即气”的本体论、“气质之性”复归“天地之性”的人性论、“德性所知，不萌于见闻”的认识论、“诚明交进”的工夫论以及“民胞物与”的境界论等。

现存最早的《正蒙》版本见于宋本《诸儒鸣道集》。明清时期有多种注本，较重要的有刘玑《正蒙会稿》，高攀龙、徐必达《正蒙释》，王夫之《张子正蒙注》，李光地《正蒙注》，王植《正蒙初义》等。2012年中华书局出版林乐昌著《正蒙合校集释》，该书汇合《正蒙》南宋、明、清十一个版本加以精校，广辑《正蒙》南宋、明、清十九种旧注加以集释，是当前最为广备的《正蒙》整理点校注释本。

## （七）《近思录》

《近思录》是南宋朱熹和吕祖谦选取北宋理学家周敦颐、程颢、程颐、张载四先生论学语录六百二十二条，分类编辑而成的理学入门要籍。全书共十四卷，成于淳熙二年（1175）。“近思”者，取名《论语》子夏“切问而近思”之意，即强调由近及远，下学上达，循序渐进的为学次第，朱熹表述为“四子，六经之阶梯；《近思录》，四子之阶梯”。

淳熙二年，吕祖谦从浙江到福建与朱熹会晤，两人在寒泉精舍相与读周敦颐、张载、程颢、程颐等著作，感其“广大闳博，若无津涯”，初学者不易把握其要义，于是从《太极图说》《通书》《正蒙》《经学理窟》《二程遗书》《程氏易传》等书中摘取语录六百二十二条，按照道体、论学、致知、存养、克治、家道、出处、治体、治法、政事、教学、警戒、异端、圣贤十四门分类编排，“取其关于大体而切于日用者”，编成《近思录》十四卷。《近思录》突出明体达用的问题意识，涉及太极本体的宇宙论、格致涵养的工夫论、孔颜乐处的境界论等范畴，整合了周、张、二程之学，初步确立了宋代理学的话语体系。

《近思录》在理学史上具有重要地位，宋代以来注解本迭出，版本繁复，其中比较重要的有叶采《近思录集解》、茅星来《近思录集注》、江永《近思录集注》、张伯行《近思录集解》等。现代学者为《近思录》做注解的有陈荣捷《近思录详注集评》、朱高正《近思录通解》、张京华《近思录集释》、程水龙《〈近思录〉集校集注集评》等。其中，2012年上海古籍出版社出版的程水龙《〈近思录〉集校集注集评》选用现存南宋刻本杨伯喦《泳斋近思录衍注》为底本，以元刻本叶采《近思录集解》、明代吴邦模刻本《近思录》、清代吕留良家刻本《近思录》、张习孔《近思录传》，张伯行《近思录集解》，茅星来《近思录集注》、江永《近思录集注》等为校本，并力求完备地汇辑国内外注家的注释、历代述评之语，是当前研究《近思录》较为完备的本子。

### （八）《北溪字义》

《北溪字义》原名《字义详讲》，又称《四书字义》或《四书性理字义》，是陈淳卫护师门、排击异说、疏释和阐述程朱理学思想的重要著作。该书着力于讲解朱熹《四书章句集注》中的重要理学范畴，由其弟子王隽根据讲学语录整理而成，全书共二卷，二十六篇。

陈淳曾两度从学于朱熹，在朱子门人中与黄榦齐名。《宋元学案》评价他：“卫师门甚力，多所发明。”陈淳晚年从《四书》中选取命、性、心、情、才、志、意、仁义礼智信、忠信、忠恕、一贯、诚、敬、恭敬、道、理、德、太极、皇极、中和、中庸、礼乐、经权、义利、鬼神、佛老等二十六门，“荟萃周、程、张子之绪言成语，而折衷于所闻之师说，与夫《章句》《集注》之精意”（施元勋序）。陈淳在此书中，对朱熹学说中的重要概念均给予详细的阐释，每拈一字，皆详论原委，旁引曲证，以畅其说。由于他“决择精确，贯串浃洽”（陈宓序），当时人对此书评价很高，广为刊刻流传，至今仍是研究程朱理学的重要参考资料。

《北溪字义》传本很多，有宋刻本（已佚）、明林同刻本、清顾仲刻本等。1983年中华书局出版的标点整理本《北溪字义》，以明弘治壬子林同刻本为底本，以清康熙甲午顾刻本为主要校本，颇便于读者阅读。

## （九）《传习录》

《传习录》取名《论语》曾子“传不习乎”之意，是徐爱、钱德洪等门人根据王阳明讲学的语录书信汇编而成的著作，收入《王文成公全书》卷首。

现在通行的《传习录》分为上、中、下三卷。其中上卷有一百二十九条语录，为徐爱、陆澄、薛侃等与守仁论学问答，正德十三年由薛侃刻于赣州，又称为“初刻传习录”；中卷为王守仁与人论学的八封书信，嘉靖三年由南大吉在薛本基础上增刻于绍兴，世称“续刻传习录”；下卷有一百四十二条语录，为陈九川、黄以方、黄省曾、钱德洪等与守仁论学问答，嘉靖三十四年以“遗言”之名刻于湖北江陵，经钱德洪删削，为“传习续录”，复刻于安徽宁国的水西精舍，次年再经增删，刻于湖北蕲春的崇正书院。隆庆六年，谢廷杰刻《王文成公全书》，更《传习录》为三卷，又附《朱子晚年定论》于卷末。王阳明哲学的核心命题，如“心即理”的本体论、“知行合一”的认识论、“致良知”的工夫论、“万物一体”的境界论以及后人争议颇大的“四句教”都在《传习录》中有典型的反映，因此它成为研究王阳明思想的最重要的文献材料。

《传习录》在后世广为流传，版本众多。其中，比较重要的注释本有两种：一是陈荣捷《传习录详注集评》（台湾学生书局1983年版，重庆出版社2017年版）。陈氏收录了《传习录》在中国和日本的大量传本和重要注释，具有极高的文献参考价值。二是邓艾民《传习录注疏》（台湾法严出版社2000年版，上海古籍出版社2012年版）。邓氏点校精确、释文凝炼、考据与义理兼具，且多征引《王阳明全集》，有助于理解王阳明的整体思想。

## （十）《明夷待访录》

《明夷待访录》初名《待访录》，是黄宗羲阐发政治理想的代表作。“明夷”取自《周易》卦名，寓意虽然当时境遇惨淡，但黎明就在眼前；“待访”则是希冀后世君主来实现其“为治大法”。该书成于清康熙二年（1663），共一卷。

明亡清兴的历史大变局，促使黄宗羲反思君主专制的弊病。该书分《原君》《原臣》《原法》《置相》《学校》《取士上》《取士下》《建都》《方镇》《田制一》《田制二》《田制三》《兵制一》《兵制二》《兵制三》《财计一》《财计二》《财计三》《胥吏》《奄宦上》《奄宦下》二十一篇。黄宗羲在书中提出了“天下为主君为客”的民本思想、“必使治天下之具出于学校”的议政理论、“工商皆本”的经济主张等。晚清以来，《明夷待访录》多与卢梭《民约论》相提并论，对主张维新变法的知识分子产生了重大影响。如梁启超曾说：“我们当即学生时代，实为刺激青年最有力之兴奋剂。”

《明夷待访录》因内容颇为清廷禁忌，黄宗羲生前并未有刊行。乾隆间，郑性根据家藏黄宗羲原稿，与其子郑大节校订刊行于二老阁，是为最初刻本。刘氏嘉业堂据原版重刻为《二老阁丛书》本。此后陆续收入《指海》《海山仙阁丛书》《小石山房丛书》等，并多有传抄。1985年浙江古籍出版社《黄宗羲全集》（2005年增订再版）第一册收录并整理点校本《明夷待访录》，颇便于读者阅读。

## 二、墨家与相关著作

墨家是先秦时与儒家并为显学的重要学派。墨家创始人是墨子，他基于批判儒学的立场提出了十大主张，即尚贤、尚同、兼爱、非攻、节用、节葬、天志、明鬼、非乐、非命。墨子去世后，墨家一分为三，有相里氏之墨（秦墨）、邓陵氏之墨（楚墨）、相夫氏之墨（齐墨）。秦汉以后，墨家逐渐衰微，成为“绝学”。晚清时期，在孙诒让、章太炎、梁启超、胡适等人的努力下，墨学一度呈现复兴之势。墨家学派流传后世的仅有《墨子》一书，其中《墨经》反映了后期墨家的名辨思想。其他有关墨家的思想与活动，散见于《荀子》《韩非子》《庄子》《吕氏春秋》《淮南子》《抱朴子》等古籍中。

### （一）《墨子间诂》

《墨子间诂》是朴学大师孙诒让覃思十年之功撰写的清代墨学研究的集大成之作，成书于光绪十九年，共十五卷。

在清代中叶以前，《墨子》备受冷落，注释校勘稀少，阙文错简严重。据《续修四库全书总目·子部》记载，孙诒让以毕沅《墨子注》为底本，博采众家，择善而从，吸收吴宽、王念孙、王引之、顾千里、俞樾、戴望等人的校勘成果；后又得张惠言《墨子经说解》、杨葆彝《墨子经说校》以补正。此书审定文例，疏证名物，颇多发明，如章太炎评价："诒让集众说下以己意，神旨炯明，文可讽诵。自墨学废二千岁，儒术孤行，至是较著。"不过，孙诒让用以校勘的版本有限，仅吴宽残钞本、顾千里校《道藏》本、日本宝历间仿刻明茅坤本残帙等，往往沿袭毕沅刻本的讹误。后来王景曦《墨商》、张纯一《墨子间诂笺》、李笠《墨子间诂校补》、刘再庚《续墨子间诂》、陈汉章《墨子间诂批注》、吴毓江《墨子校注》、马宗霍《墨子间诂参正》等书纠谬补缺，于此书多有匡正，一时引发墨学研究之热潮。

孙诒让《墨子间诂》现存稿本有二：一藏于上海图书馆，一藏于瑞安玉海楼。刻本有光绪二十年苏州毛翼庭聚珍本、宣统二年刻本等。2001年中华书局出版了孙启治点校的《墨子间诂》整理本，是当前最好的版本。

## 思考题

1. 概述历代儒家重要著作及其基本思想。

2. 简要分析墨学的兴衰命运及其启示意义。

## 【阅读材料】

### 一、《荀子》

《荀子·解蔽篇第二十一》（节选）[1]

凡人之患，蔽于一曲而暗于大理。治则复经，两疑则惑矣。天下无二道，圣人无两心。今诸侯异政，百家异说，则必或是或非，或治或乱。乱国之君，乱家之人，此其诚心莫不求正而以自为也，妒缪于道而人诱其所迨也。私其所积，唯恐闻其恶也；倚其所私，以观异术，唯恐闻其美也。是以与治虽走而是己不辍也。岂不蔽于一曲而失正求也哉！心不使焉，则白黑在前而目不见，雷鼓在侧而耳不闻，况于使者乎！德道之人，乱国之君非之上，乱家之人非之下，岂不哀哉！

故为蔽：欲为蔽，恶为蔽，始为蔽，终为蔽，远为蔽，近为蔽，博为蔽，浅为蔽，古为蔽，今为蔽。凡万物异则莫不相为蔽，此心术之公患也。昔人君之蔽者，夏桀、殷纣是也。桀蔽于末喜、斯观，而不知关龙逢，以惑其心而乱其行；纣蔽于妲己、飞廉，而不知微子启，以惑其心而乱其行。故群臣去忠而事私，百姓怨非而不用，贤良退处而隐逃，此其所以丧九牧之地而虚宗庙之国也。桀死于亭山，纣县于赤旆，身不先知，人又莫之谏，此蔽塞之祸也。成汤监于夏桀，故主其心而慎治之，是以能长用伊尹而身不失道，此其所以代夏王而受九有也。文王监于殷纣，故主其心而慎治之，是以能长用吕望而身不失道，此其所以代殷王而受九牧也。远方莫不致其珍，故目视备色，耳听备声，口食备味，形居备宫，名受备号，生则天下歌，死则四海哭。夫是之谓至盛。《诗》曰："凤凰秋秋，其翼若干，其声若箫。有凤有凰，乐帝之心。"此不蔽之福也。昔人臣之蔽者，唐鞅、奚齐是也。唐鞅蔽于欲权而逐载子，奚齐蔽于欲国而罪申生，唐鞅戮于宋，奚齐戮于晋。逐贤相而罪孝兄，身为刑戮，然而不知，此蔽塞之祸也。故以贪鄙、背叛、争权而不危辱灭亡者，自古及今，未尝有之也。鲍叔、宁戚、隰朋仁知且不蔽，故能持管仲而名利福禄与管仲齐；召公、吕望仁知且不蔽，故能持周公而名利福禄与周公齐。传曰："知贤之谓明，辅贤之谓能。勉之强之，其福必长。"此之谓也。此不蔽之福也。昔宾孟之蔽者，乱家是也。墨子蔽于用而不知文，宋子蔽于欲而不知得，慎子蔽于法而不知贤，申子蔽于埶而不知知，

1 ［清］王先谦撰，沈啸寰、王星贤点校：《荀子集解》，北京：中华书局，1988年，第386—397页。

惠子蔽于辞而不知实，庄子蔽于天而不知人。故由用谓之道，尽利矣；由欲谓之道，尽嗛矣；由法谓之道，尽数矣；由埶谓之道，尽便矣；由辞谓之道，尽论矣；由天谓之道，尽因矣：此数具者，皆道之一隅也。夫道者，体常而尽变。一隅不足以举之。曲知之人，观于道之一隅而未之能识也，故以为足而饰之，内以自乱，外以惑人，上以蔽下，下以蔽上，此蔽塞之祸也。孔子仁知且不蔽，故学乱术，足以为先王者也。一家得周道，举而用之，不蔽于成积也。故德与周公齐，名与三王并，此不蔽之福也。圣人知心术之患，见蔽塞之祸，故无欲无恶，无始无终，无近无远，无博无浅，无古无今，兼陈万物而中县衡焉。是故众异不得相蔽以乱其伦也。何谓衡？曰：道。故心不可以不知道。心不知道，则不可道而可非道。人孰欲得恣而守其所不可，以禁其所可？以其不可道之心取人，则必合于不道人，而不合于道人。以其不可道之心，与不道人论道人，乱之本也。夫何以知！曰：心知道，然后可道；可道然后守道以禁非道。以其可道之心取人，则合于道人，而不合于不道之人矣。以其可道之心，与道人论非道，治之要也。何患不知？故治之要在于知道。人何以知道？曰：心。心何以知？曰：虚壹而静。心未尝不臧也，然而有所谓虚；心未尝不满也，然而有所谓一；心未尝不动也，然而有所谓静。人生而有知，知而有志。志也者，臧也，然而有所谓虚，不以所已臧害所将受谓之虚。心生而有知，知而有异，异也者，同时兼知之。同时兼知之，两也，然而有所谓一，不以夫一害此一谓之壹。心，卧则梦，偷则自行，使之则谋。故心未尝不动也，然而有所谓静，不以梦剧乱知谓之静。未得道而求道者，谓之虚壹而静。作之，则将须道者之虚则人，将事道者之壹则尽，尽将思道者静则察。知道察，知道行，体道者也。虚壹而静，谓之大清明。万物莫形而不见，莫见而不论，莫论而失位。坐于室而见四海，处于今而论久远，疏观万物而知其情，参稽治乱而通其度，经纬天地而材官万物，制割大理，而宇宙里矣。恢恢广广，孰知其极！睪睪广广，孰知其德！涫涫纷纷，孰知其形！明参日月，大满八极，夫是之谓大人。夫恶有蔽矣哉！

## 二、《盐铁论》

《盐铁论·论儒第十一》[1]

御史曰："文学祖述仲尼，称诵其德，以为自古及今，未之有也。然孔子修道鲁、

---

1 ［汉］桓宽撰集，王利器校注：《盐铁论校注》，北京：中华书局，1992年，第149—151页。

卫之间，教化洙、泗之上，弟子不为变，当世不为治，鲁国之削滋甚。齐宣王褒儒尊学，孟轲、淳于髡之徒，受上大夫之禄，不任职而论国事，盖齐稷下先生千有余人。当此之时，非一公孙弘也。弱燕攻齐，长驱至临淄，愍王遁逃，死于莒而不能救；王建禽于秦，与之俱虏而不能存。若此，儒者之安国尊君，未始有效也。”

文学曰：“无鞭策，虽造父不能调驷马。无势位，既舜、禹不能治万民。孔子曰：‘凤鸟不至，河不出图，吾已矣夫！’故轺车良马，无以驰之；圣德仁义，无所施之。齐威、宣之时，显贤进士，国家富强，威行敌国。及愍王，奋二世之余烈，南举楚、淮，北并巨宋，苞十二国，西摧三晋，却强秦，五国宾从，邹、鲁之君，泗上诸侯皆入臣。矜功不休，百姓不堪。诸儒谏不从，各分散，慎到、捷子亡去，田骈如薛，而孙卿适楚。内无良臣，故诸侯合谋而伐之。王建听流说，信反间，用后胜之计，不与诸侯从亲，以亡国。为秦所禽，不亦宜乎？”

御史曰：“伊尹以割烹事汤，百里以饭牛要穆公，始为苟合，信然与之霸王。如此，何言不从？何道不行？故商君以王道说孝公，不用，即以强国之道，卒以就功。邹子以儒术干世主，不用，即以变化始终之论，卒以显名。故马效千里，不必胡、代；士贵成功，不必文辞。孟轲守旧术，不知世务，故困于梁宋。孔子能方不能圆，故饥于黎丘。今晚世之儒勤德，时有乏匮，言以为非，困此不行。自周室以来，千有余岁，独有文，武、成、康，如言必参一焉，取所不能及而称之，犹躄者能言远不能行也。圣人异涂同归，或行或止，其趣一也。商君虽革法改教，志存于强国利民。邹子之作，变化之术，亦归于仁义。祭仲自贬损以行权，时也。故小枉大直，君子为之。今硁硁然守一道，引尾生之意，即晋文之谲诸侯以尊周室不足道，而管仲蒙耻辱以存亡不足称也。”

文学曰：“伊尹之干汤，知圣主也。百里之归秦，知明君也。二君之能知霸主，其册素形于己，非暗而以冥冥决事也。孔子曰：‘名不正则言不顺，言不顺则事不成。’如何其苟合而以成霸王也？君子执德秉义而行，故造次必于是，颠沛必于是。孟子曰：‘居今之朝，不易其俗，而成千乘之势，不能一朝居也。’宁穷饥居于陋巷，安能变己而从俗化？阖庐杀僚，公子札去而之延陵，终身不入吴国。鲁公杀子赤，叔眄退而隐处，不食其禄。亏义得尊，枉道取容，效死不为也。闻正道不行，释事而退，未闻枉道以求容也。”

御史曰："《论语》：'亲于其身为不善者，君子不入也。'有是言而行不足从也。季氏为无道，逐其君，夺其政，而冉求、仲由臣焉。《礼》：'男女不授受，不交爵。'孔子适卫，因嬖臣弥子瑕以见卫夫人，子路不说。子瑕，佞臣也，夫子因之，非正也。男女不交，孔子见南子，非礼也。礼义由孔氏，且贬道以求容，恶在其释事而退也？"

文学曰："天下不平，庶国不宁，明王之忧也。上无天子，下无方伯，天下烦乱，贤圣之忧也。是以尧忧洪水，伊尹忧民，管仲束缚，孔子周流，忧百姓之祸而欲安其危也。是以负鼎俎、囚拘、匍匐以救之。故追亡者趋，拯溺者濡。今民陷沟壑，虽欲无濡，岂得已哉？"

御史默不对。

## 三、《法言》

《法言·君子卷第十二》[1]

或问："君子言则成文，动则成德，何以也？"曰："以其弸中而彪外也。般之挥斤，羿之激矢。君子不言，言必有中也；不行，行必有称也。"

或问："君子之柔刚。"曰："君子于仁也柔，于义也刚。"

或问："航不浆，冲不荠，有诸？"曰："有之。"或曰："大器固不周于小乎？"曰："斯械也，君子不械。"

或问"孟子知言之要，知德之奥"。曰："非苟知之，亦允蹈之。"或曰："子小诸子，孟子非诸子乎？"曰："诸子者，以其知异于孔子者也。孟子异乎？不异。"

或曰："孙卿非数家之书，侻也；至于子思、孟轲，诡哉！"曰："吾于孙卿与？见同门而异户也，惟圣人为不异。"

牛玄骍白，睟而角，其升诸庙乎？是以君子全其德。

或问"君子似玉"。曰："纯沦温润，柔而坚，玩而廉，队乎其不可形也。"

或曰："仲尼之术，周而不泰，大而不小，用之犹牛鼠也。"曰："仲尼之道，犹四渎也，经营中国，终入大海。它人之道者，西北之流也，纲纪夷貊，或入于沱，或沦于汉。"

---

1 ［汉］扬雄撰，汪荣宝注疏：《法言义疏》，北京：中华书局，1987年，第496—522页。

淮南说之用，不如太史公之用也。太史公，圣人将有取焉；淮南，鲜取焉尔。必也，儒乎！乍出乍人，淮南也；文丽用寡，长卿也；多爱不忍，子长也。仲尼多爱，爱义也；子长多爱，爱奇也。

或曰："甚矣！传书之不果也。"曰："不果则不果矣，又以巫鼓。"

或问："圣人之言，炳若丹青，有诸？"曰："吁！是何言与？丹青初则炳，久则渝。渝乎哉？"

或曰："圣人之道若天，天则有常矣，奚圣人之多变也？"曰："圣人固多变。子游、子夏得其书矣，未得其所以书也；宰我、子贡得其言矣，未得其所以言也；颜渊、闵子骞得其行矣，未得其所以行也。圣人之书、言、行，天也。天其少变乎？"

或曰："圣人自恣与？何言之多端也。"曰："子未睹禹之行水与？一东一北，行之无碍也。君子之行，独无碍乎？如何直往也！水避碍则通于海，君子避碍则通于理。"

君子好人之好，而忘己之好；小人好己之恶，而忘人之好。

或曰："子于天下则谁与？"曰："与夫进者乎！"或曰："贪夫位也，慕夫禄也，何其与？"曰："此贪也，非进也。夫进也者，进于道，慕于德，殷之以仁义。进而进，退而退，日孳孳而不自知倦者也。"或曰："进进则闻命矣，请问退进。"曰："昔乎，颜渊以退为进，天下鲜俪焉。"或曰："若此，则何少于必退也？"曰："必进易俪，必退易俪也。进以礼，退以义，难俪也。"

或曰："人有齐死生，同贫富，等贵贱，何如？"曰："作此者其有惧乎？信死生齐，贫富同，贵贱等，则吾以圣人为嚣嚣。"

通天、地、人曰儒，通天、地而不通人曰伎。

人必先作，然后人名之；先求，然后人与之。人必其自爱也，而后人爱诸；人必其自敬也，而后人敬诸。自爱，仁之至也；自敬，礼之至也。未有不自爱敬而人爱敬之者也。

或问："龙、龟、鸿、鹄不亦寿乎？"曰："寿。"曰："人可寿乎？"曰："物以其性，人以其仁。"

或问："人言仙者，有诸乎？""吁，吾闻虙羲、神农殁，黄帝、尧、舜殂落而死，文王，毕；孔子，鲁城之北。独子爱其死乎？非人之所及也。仙亦无益子之汇矣！"或曰："圣人不师仙，厥术异也。圣人之于天下，耻一物之不知；仙人之于天下，耻一日之不生。”曰：“生乎！生乎！名生而实死也。”或曰：“世无仙，则焉得斯语？”曰：“语乎者，非嚣嚣也与？惟嚣嚣为能使无为有。”或问“仙之实”。曰：“无以为也，有与无，非问也。问也者，忠孝之问也。忠臣孝子，偟乎不偟。”

或问：“寿可益乎？”曰：“德。”曰：“回、牛之行德矣，曷寿之不益也？”曰：“德，故尔。如回之残，牛之贼也，焉得尔？”曰：“残、贼或寿。”曰：“彼妄也，君子不妄。”

有生者必有死，有始者必有终，自然之道也。

君子忠人，况己乎？小人欺己，况人乎？

## 四、《中说》

《中说卷第二·天地篇》（节选）[1]

子曰：“圆者动，方者静。其见天地之心乎？”

子曰：“智者乐，其存物之所为乎？仁者寿，其忘我之所为乎？”

子曰：“义也清而庄，靖也惠而断，威也和而博，收也旷而肃，琼也明而毅，淹也诚而厉，玄龄志而密，徵也直而遂，大雅深而弘，叔达简而正。若逢其时，不减卿相，然礼乐则未备。”

或曰：“董常何人也？”子曰：“其动也权，其静也至。其颜氏之流乎？”

叔恬曰：“山涛为吏部，拔贤进善，时无知者。身殁之后，天子出其奏于朝，然后知群才皆涛所进。如何？”子曰：“密矣。”曰：“仁乎？”子曰：“吾不知也。”

李密见子而论兵。子曰：“礼信仁义，则吾论之；孤虚诈力，吾不与也。”

李伯药见子而论诗。子不答。伯药退谓薛收曰：“吾上陈应、刘，下述沈、谢，分四声八病，刚柔清浊，各有端序，音若埙篪。而夫子不应我，其未达欤？”薛收曰：“吾尝闻夫子之论诗矣：上明三纲，下达五常。于是征存亡，辩得失；故小人歌之以贡其俗，君子赋之以见其志，圣人采之以观其变。今子营营驰骋乎末流，是夫子之所痛也，不答则有由矣。”

子曰：“学者，博诵云乎哉？必也贯乎道。文者，苟作云乎哉？必也济乎义。”

---

1 ［隋］王通撰，张沛校注：《中说校注》，北京：中华书局，2013年，第40—53页。

内史薛公见子于长安，退谓子收曰：“《河图》、《洛书》，尽在是矣。汝往事之，无失也。”

子曰：“士有靡衣鲜食而乐道者，吾未之见也。”

子谓魏徵曰：“汝与凝皆天之直人也。徵也遂，凝也挺，若并行于时，有用舍焉。”

子谓李靖曰：“凝也若容于时，则王法不挠矣。”

李靖问任智如何，子曰：“仁以为己任。小人任智而背仁为贼，君子任智而背仁为乱。”

薛收问：“仲长子光何人也？”子曰：“天人也。”收曰：“何谓天人？”子曰：“眇然小乎！所以属于人；旷哉大乎！独能成其天。”

贾琼问君子之道。子曰：“必先恕乎？”曰：“敢问恕之说。”子曰：“为人子者，以其父之心为心；为人弟者，以其兄之心为心。推而达之于天下，斯可矣。”

子曰：“君子之学进于道，小人之学进于利。”

楚难作，使使召子，子不往。谓使者曰：“为我谢楚公。天下崩乱，非王公血诚不能安。苟非其道，无为祸先。”

李密问王霸之略。子曰：“不以天下易一民之命。”李密出，子谓贾琼曰：“乱天下者必是夫也。幸灾而念祸，爱强而愿胜，神明不与也。”

子居家，虽孩孺必狎；其使人也，虽童仆必敛容。

子曰：“我未见知命者也。”

子曰：“不就利，不违害，不强交，不苟绝，惟有道者能之。”

子躬耕。或问曰：“不亦劳乎？”子曰：“一夫不耕，或受其饥；且庶人之职也，亡职者罪无所逃天地之间，吾得逃乎？”

子艺黍登场，岁不过数石，以供祭祀、冠婚、宾客之酒也，成礼则止。子之室，酒不绝。

薛方士问葬，子曰：“贫者敛手足，富者具棺椁。封域之制无广也，不居良田。古者不以死伤生，不以厚为礼。”

陈叔达问事鬼神之道。子曰：“敬而远之。”问祭。子曰：“何独祭也，亦有祀焉，有祭焉，有享焉。三者不同，古先圣人所以接三才之奥也。达兹三者之说，则无不至矣。”叔达俛其首。

子曰："王猛有君子之德三焉：其事上也密，其接下也温，其临事也断。"或问苏绰。子曰："俊人也。"曰："其道何如?"子曰："行于战国可以强，行于太平则乱矣。"问牛弘。子曰："厚人也。"

**五、《通书》**[1]

《通书·诚上第一》

诚者，圣人之本。"大哉乾元，万物资始"，诚之源也。"乾道变化，各正性命"，诚斯立焉。纯粹至善者也。故曰："一阴一阳之谓道，继之者善也，成之者性也。"元、亨，诚之通；利、贞，诚之复。大哉《易》也，性命之源乎！

《通书·诚下第二》

圣，诚而已矣。诚，五常之本，百行之源也。静无而动有，至正而明达也。五常百行，非诚，非也，邪暗，塞也，故诚则无事矣。至易而行难，果而确，无难焉。故曰："一日克己复礼，天下归仁焉。"

《通书·诚几德第三》

诚，无为；几，善恶。德：爱曰仁，宜曰义，理曰礼，通曰智，守曰信。性焉、安焉之谓圣。复焉、执焉之谓贤。发微不可见，充周不可穷之谓神。

《通书·圣第四》

寂然不动者，诚也；感而遂通者，神也；动而未形、有无之间者，几也 。诚精故明，神应故妙，几微故幽。诚、神、几，曰圣人。

《通书·慎动第五》

动而正，曰道。用而和，曰德。匪仁，匪义，匪礼，匪智，匪信，悉邪矣。邪动，辱也；甚焉，害也。故君子慎动。

1 ［宋］周敦颐著，陈克明点校：《周敦颐集》，北京：中华书局，1990年，第13—30页。

《通书·道第六》

圣人之道，仁义中正而已矣。守之贵，行之利，廓之配天地。岂不易简！岂为难知！不守，不行，不廓尔。

《通书·师第七》

或问曰："曷为天下善?"曰："师。"曰："何谓也?"曰："性者，刚柔、善恶，中而已矣。""不达"。曰："刚善，为义，为直，为断，为严毅，为干固；恶，为猛，为隘，为强梁。柔善，为慈，为顺，为巽；恶，为懦弱，为无断，为邪佞。"惟中也者，和也，中节也，天下之达道也，圣人之事也。故圣人立教，俾人自易其恶，自至其中而止矣。故先觉觉后觉，暗者求于明，而师道立矣。师道立，则善人多；善人多，则朝廷正，而天下治矣。

《通书·幸第八》

人之生，不幸，不闻过；大不幸，无耻。必有耻，则可教，闻过，则可贤。

《通书·思第九》

《洪范》曰："思曰睿，睿作圣。"无思，本也；思通，用也。几动于彼，诚动于此。无思而无不通，为圣人。不思，则不能通微；不睿，则不能无不通。是则无不通。生于通微，通微，生于思。故思者，圣功之本，而吉凶之几也。《易》曰："君子见几而作，不俟终日。"又曰："知几其神乎!"

《通书·志第十》

圣希天，贤希圣，士希贤。伊尹、颜渊，大贤也。伊尹耻其君不为尧、舜，一夫不得其所，若挞于市。颜渊"不迁怒，不贰过"，"三月不违仁"。志伊尹之所志，学颜子之所学。过则圣，及则贤，不及则亦不失于令名。

《通书·顺化第十一》

天以阳生万物，以阴成万物。生，仁也；成，义也。故圣人在上，以仁育万物，以义正万民。天道行而万物顺，圣德修而万民化。大顺大化，不见其迹，莫知其然之谓神。故天下之众，本在一人。道岂远乎哉！术岂多乎哉！

《通书·治第十二》

十室之邑，人人提耳而教，且不及，况天下之广、兆民之众哉！曰，纯其心而已矣。仁、义、礼、智四者，动静、言貌、视听无违之谓纯。心纯则贤才辅。贤才辅则天下治。纯心要矣，用贤急焉。

《通书·礼乐第十三》

礼，理也；乐，和也，阴阳理而后和。君君、臣臣、父父、子子、兄兄、弟弟、夫夫、妇妇，万物各得其理，然后和。故礼先而乐后。

《通书·务实第十四》

实胜，善也；名胜，耻也。故君子进德修业，孳孳不息，务实胜也。德业有未著，则恐恐然畏人知，远耻也。小人则伪而已！故君子日休，小人日忧。

《通书·爱敬第十五》

"有善不及?"曰:"不及，则学焉。"问曰:"有不善?"曰:"不善，则告之不善。"且劝曰:"庶几有改乎，斯为君子。""有善一，不善二，则学其一，而劝其二。"有语曰:"斯人有是之不善，非大恶也?"则曰:"孰无过？焉知其不能改？改，则为君子矣。不改为恶，恶者天恶之。彼岂无畏耶？乌知其不能改!"故君子悉有众善，无弗爱且敬焉。

《通书·动静第十六》

动而无静，静而无动，物也。动而无动，静而无静，神也。动而无动，静而无静，非不动不静也。物则不通，神妙万物。水阴根阳，火阳根阴。五行阴阳，阴阳太极。四时运行，万物终始。混兮辟兮！其无穷兮！

《通书·乐上第十七》

古者圣王制礼法，修教化，三纲正，九畴叙，百姓大和，万物咸若。乃作乐以宣八风之气，以平天下之情。故乐声淡而不伤，和而不淫。入其耳，感其心，莫不淡且和焉。淡则欲心平，和则躁心释。优柔平中，德之盛也；天下化中，治之至也。是谓道配天地，古之极也。后世礼法不修，政刑苛紊，纵欲败度，下民困苦。谓古乐不足听也，代变新声，妖淫愁怨，导欲增悲，不能自止。故有贼君弃父，轻生败伦，不可禁者矣。呜呼！乐者古以平心，今以助欲；古以宣化，今以长怨。不复古礼，不变今乐，而欲至治者远矣！

《通书·乐中第十八》

乐者，本乎政也。政善民安，则天下之心和。故圣人作乐，以宣畅其和心，达于天地，天地之气，感而太和焉。天地和，则万物顺，故神祇格，鸟兽驯。

《通书·乐下第十九》

乐声淡则听心平，乐辞善则歌者慕，故风移而俗易矣。妖声艳辞之化也，亦然。

## 六、《正蒙》

《正蒙·诚明篇第六》[1]

6.1诚明所知乃天德良知，非闻见小知而已。

6.2天人异用，不足以言诚；天人异知，不足以尽明。所谓诚明者，性与天道不见乎小大之别也。

6.3义命合一存乎理，仁智合一存乎圣，动静合一存乎神，阴阳合一存乎道，性与天道合一存乎诚。

6.4天所以长久不已之道，乃所谓诚。仁人孝子所以事天诚身，不过不已于仁孝而已。故君子诚之为贵。

6.5诚有是物，则有终有始；伪实不有，何终始之有！故曰“不诚无物”。

6.6“自明诚”，由穷理而尽性也；“自诚明”，由尽性而穷理也。

6.7性者万物之一源，非有我之得私也。惟大人为能尽其道，是故立必俱立，知必周知，爱必兼爱，成不独成。彼自蔽塞而不知顺吾理者，则亦末如之何矣。

1 林乐昌著:《正蒙合校集释》，北京：中华书局，2012年，第285—369页。

6.8天能谓性，人谋谓能。大人尽性，不以天能为能而以人谋为能，故曰“天地设位，圣人成能”。

6.9尽性然后知生无所得则死无所丧。

6.10未尝无之谓体，体之谓性。

6.11天所性者通极于道，气之昏明不足以蔽之；天所命者通极于性，遇之吉凶不足以戕之；不免乎蔽之戕之者，未之学也。性通乎气之外，命行乎气之内，气无内外，假有形而言尔。故思知人不可不知天，尽其性然后能至于命。

6.12知性知天，则阴阳、鬼神皆吾分内尔。

6.13天性在人，正犹水性之在冰，凝释虽异，为物一也；受光有小大、昏明，其照纳不二也。

6.14天良能本吾良能，顾为有我所丧尔。

6.15上达反天理，下达徇人欲者与！

6.16性其总，合两也；命其受，有则也；不极总之要，则不至受之分，尽性穷理而不可变，乃吾则也。天所自不能已者谓命，物所不能无感者谓性。虽然，圣人犹不以所可忧而同其无忧者，有相之道存乎我也。

6.17湛一，气之本；攻取，气之欲。口腹于饮食，鼻舌于臭味，皆攻取之性也。知德者属厌而已，不以嗜欲累其心，不以小害大、末丧本焉尔。

6.18心能尽性，“人能弘道”也；性不知检其心，“非道弘人”也。

6.19尽其性能尽人物之性，至于命者亦能至人物之命，莫不性诸道，命诸天。我体物未尝遗，物体我知其不遗也。至于命，然后能成己成物，不失其道。

6.20以生为性，既不通昼夜之道，且人与物等，故告子之妄不可不诋。

6.21性于人无不善，系其善反不善反而已，过天地之化，不善反者也；命于人无不正，系其顺与不顺而已，行险以侥幸，不顺命者也。

6.22形而后有气质之性，善反之则天地之性存焉。故气质之性，君子有弗性者焉。

6.23人之刚柔、缓急、有才与不才，气之偏也。天本参和不偏，养其气，反之本而不偏，则尽性而天矣。性未成则善恶混，故亹亹而继善者斯为善矣。恶尽去则善因以成，故舍曰善而曰“成之者性也”。

6.24德不胜气，性命于气；德胜其气，性命于德。穷理尽性，则性天德，命天理，气之不可变者，独死生修夭而已。故论死生则曰“有命”，以言其气也；语富贵则曰“在天”，以言其理也。此大德所以必受命，易简理得而成位乎天地之中也。所谓天理也者，能悦诸心，能通天下之志之理也。能使天下悦且通，则天下必归焉；不归焉者，所乘所遇之不同，如仲尼与继世之君也。“舜禹有天下而不与焉”者，正谓天理驯致，非气禀当然，非志意所与也；必曰“舜禹”云者，余非乘势则求焉者也。

6.25利者为神，滞者为物。是故风雷有象，不速于心，心御见闻，不弘于性。

6.26上智下愚，习与性相远既甚而不可变者也。

6.27纤恶必除，善斯成性矣；察恶未尽，虽善必粗矣。

6.28“不识不知，顺帝之则”，有思虑知识，则丧其天矣。君子所性，与天地同流异行而已焉。

6.29“在帝左右”，察天理而左右也，天理者时义而已。君子教人，举天理以示之而已；其行己也，述天理而时措之也。

6.30和乐，道之端乎！和则可大，乐则可久，天地之性，久大而已矣。

6.31莫非天也，阳明胜则德性用，阴浊胜则物欲行。领恶而全好者，其必由学乎！

6.32不诚不庄，可谓之尽性穷理乎？性之德也未尝伪且慢，故知不免乎伪慢者，未尝知其性也。

6.33勉而后诚庄，非性也；不勉而诚庄，所谓“不言而信，不怒而威”者与！

6.34生直理顺，则吉凶莫非正也；不直其生者，非幸福于回，则免难于苟也。

6.35“屈信相感而利生”，感以诚也；“情伪相感而利害生”，杂以伪也。至诚则顺理而利，伪则不循理而害。顺性命之理，则所谓吉凶，莫非正也；逆理则凶为自取，吉其险幸也。

6.36“莫非命也，顺受其正”，顺性命之理，则得性命之正，灭理穷欲，人为之招也。

### 七、《近思录》[1]

《近思录》原序（朱熹撰）

淳熙乙未之夏，东莱吕伯恭来自东阳，过予寒泉精舍。留止旬日，相与读周子、

1 程水龙撰：《〈近思录〉集校集注集评》，上海：上海古籍出版社，2012年，第1098、1041—1058页。

程子、张子之书，叹其广大闳博，若无津涯，而惧夫初学者不知所入也。因共掇取其关于大体而切于日用者，以为此编。总六百二十二条，分十四卷。盖凡学者所以求端、用力、处己、治人，与夫所以辨异端、观圣贤之大略，皆粗见其梗概。以为穷乡晚进、有志于学而无明师良友以先后之者，诚得此而玩心焉，亦足以得其门而入矣。如此，然后求诸四君子之全书，沉潜反复，优柔厌饫，以致其博而反诸约焉，则其宗庙之美，百官之富，庶乎其有以尽得之。若惮烦劳，安简便，以为取足于此而可，则非今日所以纂集此书之意也。

五月五日，朱熹谨识。

《近思录》原跋（吕祖谦撰）

《近思录》既成，或疑首卷阴阳变化性命之说，大抵非始学者之事。祖谦窃尝与闻次缉之意，后出晚进于义理之本原，虽未容骤语，苟茫然不识其梗概，则亦何所底止。列之篇端，特使之知其名义，有所向望而已。至于余卷所载讲学之方、日用躬行之实，具有科级。循是而进，自卑升高，自近及远，庶几不失纂集之指。若乃厌卑近而骛高远，躐等陵节，流于空虚，迄无所依据，则岂所谓"近思"者耶？览者宜详之。

淳熙三年四月四日，东莱吕祖谦谨书。

《近思录·卷十四》（节选）

1.明道先生曰：尧与舜更无优劣，及至汤、武便别。孟子言"性之"、"反之"，自古无人如此说，只孟子分别出来，便知得尧、舜是生而知之，汤、武是学而能之。文王之德则似尧、舜，禹之德则似汤、武。要之皆是圣人。

2.仲尼，元气也；颜子，春生也；孟子，并秋杀尽见。仲尼无所不包。颜子示"不违如愚"之学于后世，有自然之和气，不言而化者也。孟子则露其材，盖亦时焉而已。仲尼，天地也；颜子，和风庆云也；孟子，泰山岩岩之气象也。观其言，皆可见之矣。仲尼无迹，颜子微有迹，孟子其迹著。孔子尽是明快人，颜子尽岂弟，孟子尽雄辩。

3.曾子传圣人学，其德后来不可测，安知其不至圣人？如言"吾得正而毙"，且休理会文字，只看他气象极好，被他所见处大。后人虽有好言语，只被气象卑，终不类道。

4.传经为难。如圣人之后才百年，传之已差。圣人之学，若非子思、孟子，则几乎息矣。道何尝息，只是人不由之。“道非亡也，幽、厉不由也。”

5.荀卿才高，其过多；扬雄才短，其过少。

6.荀子极偏驳，只一句“性恶”，大本已失。扬子虽少过，然已自不识性，更说甚道。

7.董仲舒曰:“正其义，不谋其利；明其道，不计其功。”此董子所以度越诸子。

8.汉儒如毛苌、董仲舒，最得圣贤之意，然见道不甚分明。下此至于扬雄，规模又窄狭矣。

9.林希谓扬雄为禄隐。扬雄，后人只为见他著书，便须要做他是，怎生做得是？

10.孔明有王佐之心，道则未尽。王者如天地之无私心焉，行一不义而得天下，不为。孔明必求有成而取刘璋。圣人宁无成耳，此不可为也。若刘表子琮，将为曹公所并，取而兴刘氏，可也。

11.诸葛武侯有儒者气象。

## 八、《北溪字义》

《北溪字义・卷上・志》[1]

志者，心之所之。之犹向也，谓心之正面全向那里去。如志于道，是心全向于道；志于学，是心全向于学。一直去求讨要，必得这箇物事，便是志。若中间有作辍或退转底意，便不得谓之志。

志有趋向、期必之意。心趋向那里去，期料要恁地，决然必欲得之，便是志。人若不立志，只泛泛地同流合污，便做成甚人？须是立志，以圣贤自期，便能卓然挺出于流俗之中，不至随波逐浪，为碌碌庸庸之辈。若甘心于自暴自弃，便是不能立志。

立志须是高明正大。人多有好资质，纯粹静淡，甚近道，却甘心为卑陋之归，不肯志于道，只是不能立志。如文帝宽仁恭俭，是其资质尽可与为帝王。然其言曰:“卑

1 ［宋］陈淳著，熊国祯、高流水点校:《北溪字义》，北京：中华书局，1983年，第15—17页。

之无甚高论，令今可行也。”却不能立志。武帝上嘉唐虞，志向高大，然又好名，驳杂无足取。

程子《奏劄》说立志一段最切，是说人君立志。学者立志与人君立志都一般，只是在身、在天下，有小大之不同。

为学紧要处，最是立志之初，所当谨审决定。此正是分路头处。才志于义，便入君子路；才志于利，便入小人路。舜、跖利善正从此而分，尧、桀言行正从此而判。孔子说“从心所欲不踰矩”，紧要正在志学一节上。在圣人，当初成童志学，固无可议。自今观之，学之门户虽多，若此处所志者一差，不能纯乎圣途之适，则后面所谓“立”，所谓“不惑”，所谓“知命”，所谓“从心”，节节都从而差，无复有见效处。惟起头所志者，果能专心一意于圣人之学，则后面许多节目，皆可以次第循序而进。果有“不倦”工夫以终之，则虽“从心”地位至高，亦可得而造到矣。

人常言志趣。趣者，趋也，心之所趋也。趣亦志之属。

孟子曰：士“尚志”。立志要高不要卑。《论语》曰：“博学而笃志。”立志要定不要杂，要坚不要缓。如颜子曰：“舜何人也？予何人也？有为者亦若是。”公明仪曰：“文王，我师也。周公岂欺我哉？”皆以圣人自期，皆是能立志。孟子曰：“舜为法于天下，可传于后世，我犹未免为乡人也，是则可忧也。忧之如何？如舜而已矣。”孟子以舜自期，亦是能立志。

## 九、《传习录》

《传习录序》（徐爱撰）[1]

门人有私录阳明先生之言者，先生闻之，谓之曰：“圣贤教人如医用药，皆因病立方，酌其虚实温凉阴阳内外而时时加减之，要在去病，初无定说。若拘执一方，鲜不杀人矣。今某与诸君不过各就偏蔽，箴切砥砺，但能改化，即吾言已为赘疣。若遂守为成训，他日误己误人，某之罪过，可复追赎乎！？”爱既备录先生之教，同门之友有以是相规者。爱因谓之曰：“如子之言，即又拘执一方，复失先生之意矣。孔子谓子贡尝曰：‘予欲无言。’他日，则曰：‘吾与回言终日。’又何言之不一邪？盖子贡求圣

1 ［明］王阳明撰，邓艾民注：《传习录注疏·传习录序》，上海：上海古籍出版社，2012年，第1—2页。

人于言语之间，故孔子以无言警之，使之实体诸心以求自得。颜子于孔子之言，默识心通，无不在己，故与之言终日，若决江河而之海也。故孔子于子贡之无言不为少，于颜子之终日言不为多，各当其可而已。今备录先生之语，固非先生之所欲。使吾侪常在先生之门，亦何事于此。惟或有时而去侧，同门之友又皆离群索居，当是之时，仪刑既远而规切无闻。如爱之驽劣，非得先生之言，时时对越警发之，其不摧堕靡废者几希矣！吾侪于先生之言，苟徒入耳出口，不体诸身，则爱之录此，实先生之罪人矣。使能得之言意之表，而诚诸践履之实，则斯录也，固先生终日言之之心也，可少乎哉！”录成，因复识此于首篇，以告同志。门人徐爱序。

《传习录上》(节选)[1]

先生于《大学》“格物”诸说，悉以旧本为正，盖先儒所谓“误本”者也。爱始闻而骇，既而疑，已而殚精竭思，参互错综以质于先生，然后知先生之说若水之寒，若火之热，断断乎百世以俟圣人而不惑者也。先生明睿天授，然和乐坦易，不事边幅。人见其少时豪迈不羁，又尝泛滥于词章，出入二氏之学，骤闻是说，皆目以为立异好奇，漫不省究。不知先生居夷三载，处困养静，精一之功，固已超入圣域，粹然大中至正之归矣。

爱朝夕炙门下，但见先生之道，即之若易而仰之愈高，见之若粗而探之愈精，就之若近而造之愈益无穷，十余年来，竟未能窥其藩篱。世之君子，或与先生仅交一面，或犹未闻其謦咳，或先怀忽易愤激之心，而遽欲于立谈之间，传闻之说，臆断悬度，如之何其可得也！从游之士，闻先生之教，往往得一而遗二，见其牝牡骊黄而弃其所谓千里者。故爱备录平日之所闻，私以示夫同志，相与考而正之，庶无负先生之教云。门人徐爱书。

1.爱问：“‘在亲民’，朱子谓当作‘新民’，后章‘作新民’之文似亦有据。先生以为宜从旧本作‘亲民’，亦有所据否?”

先生曰：“‘作新民’之‘新’，是自新之民，与‘在新民’之‘新’不同，此岂足为据！‘作’字却与‘亲’字相对，然非‘新’字义。下面‘治国平天下’处，皆于‘新’字无发明。如云‘君子贤其贤而亲其亲，小人乐其乐而利其利’、‘如保赤

1 《传习录注疏》，第5—9页。

子'、'民之所好好之，民之所恶恶之，此之谓民之父母'之类，皆是'亲'字意。'亲民'犹孟子'亲亲仁民'之谓，'亲之'即'仁之'也。'百姓不亲'，舜使契为司徒，'敬敷五教'，所以亲之也。《尧典》'克明峻德'，便是'明明德'，'以亲九族'至'平章'、'协和'，便是'亲民'，便是'明明德于天下'。又如孔子言'修己以安百姓'，'修己'便是'明明德'，'安百姓'便是'亲民'。说'亲民'便是兼教养意，说'新民'便觉偏了。"

2.爱问："'知止而后有定'，朱子以为'事事物物皆有定理'，似与先生之说相戾。"

先生曰："于事事物物上求至善，却是义外也。至善是心之本体，只是'明明德'到'至精至一'处便是。然亦未尝离却事物，本注所谓'尽夫天理之极而无一毫人欲之私'者得之。"

3.爱问："至善只求诸心，恐于天下事理有不能尽。"

先生曰："心即理也。天下又有心外之事，心外之理乎？"

爱曰："如事父之孝，事君之忠，交友之信，治民之仁，其间有许多理在，恐亦不可不察。"

先生叹曰："此说之蔽久矣，岂一语所能悟；今姑就所问者言之。且如事父不成，去父上求个孝的理；事君不成，去君上求个忠的理；交友、治民不成，去友上、民上求个信与仁的理，都只在此心。心即理也，此心无私欲之蔽，即是天理，不须外面添一分。以此纯乎天理之心，发之事父便是孝，发之事君便是忠，发之交友、治民便是信与仁。只在此心去人欲、存天理上用功便是。"

爱曰："闻先生如此说，爱已觉有省悟处。但旧说缠于胸中，尚有未脱然者。如事父一事，其间温凊定省之类，有许多节目，不亦须讲求否？"

先生曰："如何不讲求？只是有个头脑，只是就此心去人欲、存天理上讲求。就如讲求冬温，也只是要尽此心之孝，恐怕有一毫人欲间杂；讲求夏凊，也只是要尽此心之孝，恐怕有一毫人欲间杂，只是讲求得此心。此心若无人欲，纯是天理，是个诚于孝亲的心，冬时自然思量父母的寒，便自要去求个温的道理，夏时思量父母的热，便自要去求个凊的道理，这都是那诚孝的心发出来的条件。却是须有这诚孝的心，然后有这条件发出来。譬之树木，这诚孝的心便是根，许多条件便是枝叶，须先有根，然后有枝叶；不是先寻了枝叶，然后去种根。《礼记》言：‘孝子之有深爱者，必有和气，有和气者，必有愉色，有愉色者，必有婉容。’须是有个深爱做根，便自然如此。”

## 十、《明夷待访录》

《明夷待访录·原君》[1]

有生之初，人各自私也，人各自利也，天下有公利而莫或兴之，有公害而莫或除之。有人者出，不以一己之利为利，而使天下受其利；不以一己之害为害，而使天下释其害。此其人之勤劳必千万于天下之人。夫以千万倍之勤劳而己又不享其利，必非天下之人情所欲居也。故古之人君，量而不欲入者，许由、务光是也；入而又去之者，尧、舜是也；初不欲入而不得去者，禹是也。岂古之人有所异哉？好逸恶劳，亦犹夫人之情也。

后之为人君者不然，以为天下利害之权皆出于我，我以天下之利尽归于己，以天下之害尽归于人，亦无不可。使天下之人不敢自私，不敢自利，以我之大私为天下之公。始而惭焉，久而安焉，视天下为莫大之产业，传之子孙，受享无穷。汉高帝所谓“某业所就，孰与仲多”者，其逐利之情不觉溢之于辞矣。此无他，古者以天下为主，君为客，凡君之所毕世而经营者，为天下也。今也以君为主，天下为客，凡天下之无地而得安宁者，为君也。是以其未得之也，屠毒天下之肝脑，离散天下之子女，以博我一人之产业，曾不惨然！曰：“我固为子孙创业也。”其既得之也，敲剥天下之骨髓，离散天下之子女，以奉我一人之淫乐，视为当然，曰：“此我产业之花息也。”然则为天下之大害者，君而已矣。向使无君，人各得自私也，人各得自利也。呜呼！岂设君之道固如是乎？

古者天下之人爱戴其君，比之如父，拟之如天，诚不为过也。今也，天下之人怨恶其君，视之如寇仇，名之为独夫，固其所也。而小儒规规焉以君臣之义无所逃于天地之间，至桀、纣之暴，犹谓汤、武不当诛之，而妄传伯夷、叔齐无稽之事。乃兆人万姓崩溃之血肉，曾不异夫腐鼠？岂天地之大，于兆人万姓之中，独私其一人一姓乎？是故武王，圣人也；孟子之言，圣人之言也。后世之君，欲以如父如天之空名禁

1 ［清］黄宗羲著：《黄宗羲全集》第一册，杭州：浙江古籍出版社，1985年，第2—3页。

人之窥伺者，皆不便于其言，至废孟子而不立，非导源于小儒乎？

虽然，使后之为君者果能保此产业，传之无穷，亦无怪乎其私之也。既以产业视之，人之欲得产业，谁不如我？摄缄縢，固扃鐍，一人之智力不能胜天下欲得之者之众，远者数世，近者及身，其血肉之崩溃在其子孙矣。昔人愿世世无生帝王家，而毅宗之语公主，亦曰："若何为生我家！"痛哉斯言！回思创业时，其欲得天下之心，有不废然摧沮者乎？是故明乎为君之职分，则唐、虞之世，人人能让，许由、务光非绝尘也；不明乎为君之职分，则市井之间，人人可欲，许由、务光所以旷后世而不闻也。然君之职分难明，以俄顷淫乐不易无穷之悲，虽愚者亦明之矣。

## 十一、《墨子间诂》

《墨子间诂卷四·兼爱上第十四》[1]

**圣人以治天下为事者也，必知乱之所自起，**句。**焉能治之；**王引之云："言知乱之所自起，乃能治之也。"顾云："三'焉'字皆下属。"案：王、顾读是也。焉训乃，说详《亲士》篇。**不知乱之所自起，则不能治。譬之如医之攻人之疾者然，**《小尔雅·广诂》云："攻，治也。"**必知疾之所自起，**句。**焉能攻之；不知疾之所自起，则弗能攻。治乱者何独不然？必知乱之所自起，**句。**焉能治之；不知乱之所自起，则弗能治。**

**圣人以治天下为事者也，不可不察乱之所自起。当察乱何自起？**当读为尝，同声段借字。《荀子·君子》篇"先祖当贤"，杨注云："当，或为尝。"《孟子·万章》篇"是时孔子当厄"，《说苑·至公》篇引"当厄"作"尝厄"，是其证。尝，试也。下篇云"姑尝本原若众害之所自生"，语意与此同。**起不相爱。臣子之不孝君父，所谓乱也。子自爱不爱父，故亏父而自利；**故，《意林》引作"欲"，下同。**弟自爱不爱兄，故亏兄而自利；臣自爱不爱君，**"不"下旧衍"自"字，今依《道藏》本删。上下文凡言"不爱"者，"不"下皆无"自"字。**故亏君而自利，此所谓乱也。虽父之不慈子，兄之不慈弟，君之不慈臣，此亦天下之所谓乱也。父自爱也不爱子，故亏子而自利；兄自爱也不爱弟，故亏弟而自利；君自爱也不爱臣，故亏臣而自利。是何也？皆**

---

1 ［清］孙诒让撰，孙启治点校：《墨子间诂》，北京：中华书局，2001年，第98—100页。

**起不相爱。虽至天下之为盗贼者亦然，盗爱其室，不爱其异室，**王云："下句不当有'其'字，盖涉上下文而衍。下文'不爱异家'、'不爱异国'，皆无'其'字，是其证。《意林》引无'其'字。"**故窃异室以利其室；贼爱其身，不爱人，故贼人以利其身。**俞云："两'人'字下并夺'身'字，本作'贼爱其身，不爱人身，故贼人身以利其身'，方与上句一律。下文云'视人身若其身，谁贼'，亦以'人身'、'其身'对言。中篇云'今人独知爱其身，不爱人之身，是以不惮举其身以贼人之身'，并可证'人'下当有'身'字也。"**此何也？皆起不相爱。虽至大夫之相乱家、诸侯之相攻国者，亦然。大夫各爱其家，**旧本无"其"字。毕云："一本云'爱其家'。"诒让案：以下文校之，有者是也，今据增。**不爱异家，故乱异家以利其家；**旧本无"其"字。毕云："一本云'利其家'。"诒让案：以下文校之，亦当有"其"字，今据增。**诸侯各爱其国，不爱异国，故攻异国以利其国，天下之乱物具此而已矣。**物亦事也，言天下之乱事毕尽于此。**察此何自起？皆起不相爱。**

**若使天下兼相爱，爱人若爱其身，**句首"爱"字旧本脱，今依卢校补。**犹有不孝者乎？视父兄与君若其身，**旧本脱"犹有"以下十四字，王据下文校补"犹有不孝者乎？视父若其身"十一字。今案当于"父"下更补"兄与君"三字，盖墨子此文以"无不孝"晐"无不忠不弟"，犹下文以"无不慈"晐"无不惠不和"也。上文亦云"臣子之不孝君父，所谓乱也"，可证。王因下云"不孝"，故但补"父"而不及"兄与君"，则与下"无不慈"之兼子弟臣言者，不相对矣。**恶施不孝？犹有不慈者乎？视弟子与臣若其身，恶施不慈？故不孝不慈亡有。**王云："旧本脱'故'、'不'、'慈'、'有'四字，毕据下文补'有'字。今以上下文考之，当作'故不孝不慈亾有'。'不孝不慈亾有'，总承上文而言。下文曰'故盗贼亾有'、'故大夫之相乱家、诸侯之相攻国者亡有'，与此文同一例，今补。"**犹有盗贼乎？故视人之室若其室，**"故"字疑衍。**谁窃？视人身若其身，谁贼？故盗贼亡有。**毕云："二字旧倒，非，下同。"**犹有大夫之相乱家、诸侯之相攻国者乎？视人家若其家，谁乱？视人国若其国，谁攻？故大夫之相乱家、诸侯之相攻国者亡有。若使天下兼相爱，国与国不相攻，家与家不相乱，盗贼无有，君臣父子皆能孝慈，若此则天下治。故圣人以治天下为事者，恶得不禁恶而劝爱？故天下兼相爱则治，交相恶则乱。**旧本脱"交"字，王据下二篇补。**故子墨子曰：不可以不劝爱人者，此也。**

# 第七讲
# 诸子（二）：道·法

除儒家学派以外，先秦时期还流传了庄子学派和黄老学派。西周学术与政治、宗教关系密切，此时学术集中于贵族，即所谓“王官之学”，而“王官之学”则是以六艺为体系的一套学问系统，但随着礼崩乐坏的发生，孔子开始在民间传播本来属于贵族阶层的学问。而王官之学的民间化，是诸子学得以兴起的重要原因。

# 一、道家与相关著作

诸子有批判《六经》的观念，但从他们的著作来看，其中不乏救弊治世的学术旨趣，甚至有些观点更与王官之学相合无间。事实上，汉初、唐朝，庄子学派和黄老学派亦更是官方学术的主流。一如孔子具有强烈的入世精神。究其原因，诸子学承接的是孔子传承下来的人文精神。伴随着入世精神，诸子学到了战国后期，道家发展出两种道家学派：一是位居南方以庄子为代表的庄子学派；一则是位居于北方的稷下黄老学派。两派思想皆有所擅长，在发挥老子思想的同时，发展极具特色的治国策略。

庄子学派着重于道论于之境界的阐发以及外王的落实；黄老学派则更为注重外王的问题，因为黄老学派处于齐国稷下学宫，而稷下学者在发挥《老子》的同时，亦同于荀子，有吸收各家之长的学术性格，将礼法思想吸收于其思想底下。所以我们有时会并称道家与法家的学问，即出自黄老学派的思想。值得注意的是，因为先秦诸子的著作佚失情况严重，没有专业学者整理，原本几乎不可读，以下诸子学著作的探讨，主要由经专业学者整理后的版本引出。

## （一）《老子校释》

《老子校释》，八十一章（其中《道经》三七章，《德经》四四章），朱谦之撰。《老子》，或称《道德经》，相传为曾任职为周守藏室之史——李耳的著作。李耳字伯阳，谥号为老聃，学者普遍都尊称他为老子。老子思想的影响力绝不亚于孔子，据《史记》的记载，孔子更曾“问礼于老子”。礼在儒家思想中的重要性，不言而喻，可见老子学识之广泛。孔子的思想在何种程度受老子的影响，我们无从得知，但如荀子的“虚壹而静”的思想即缘于《老子》“归根复命”的理念；而受荀子性恶思想影响的韩非，虽为法家思想集大成者，也有《解老》《喻老》两篇对老子思想的诠释。又如汉初则视《老子》为重要典籍，而魏晋时代的儒家学者更将《老子》作为学术的主要文献，可见《老子》在中国学术思想史的影响力。《老子》的影响，例子不胜枚举。朱谦之的《老子校释》由中华书局于1984年刊行。

### （二）《老子指归》

《老子指归》，十一卷，严遵撰。严遵本姓庄，字君平，西汉蜀郡成都人。《华阳国志》叙述严遵“雅性澹泊，学业加妙，专精大《易》，耽于《老》《庄》。常卜筮于市，日阅得百钱，则闭肆下帘，授《老》《庄》，著《指归》，为道书之宗”。可见，严遵承继的是老庄思想，以及其著作《老子指归》，亦为汉代道家的代表。此书的思想特点是一套独具特色的天地起源论，如其所谓：“天地所由，物类所以，道为之元，德为之始，神明为宗，太和为祖。道有深微，德有厚薄，神有清浊，和有高下。清者为天，浊者为地。”又以《庄子》深化了《老子》的宇宙论、自然观以及政治思想，赋予《老子》新的诠释，对扬雄与王充的思想有所启发，也影响了魏晋时代何晏与王弼的玄学思想。从史料学的角度，《老子指归》在中国哲学的发展史中具承前启后的关系。《老子指归》有中华书局1994年本。

### （三）《庄子集解》

《庄子集解》，八卷，分为内篇二卷，外篇四卷及杂篇二卷，王先谦撰。庄子，姓庄，名周，梁国蒙县人。当时的学者受儒墨的影响而崇尚“游说”，亦步亦趋地向君王陈述自己的治国理念和政教主张，希望得君行道，如《孟子》即是显例。但庄子优游自得，“齐楚尝聘以为相，不应”而“以依老氏之旨，著书十余万言，以逍遥自然无为齐物而已”。庄周逍遥无为等思想，影响极为深远。秦汉以后，多数人认为庄子著有《庄子》一书，但其中认为是庄子的著作，即“内”“外”“杂”三篇中的内篇，而如今对庄子思想的研究，也主要集中在内篇。《庄子》内篇一共有七篇，依其次序分别为:《逍遥游》《齐物论》《养生主》《人间世》《德充符》《大宗师》以及《应帝王》。“逍遥”为庄子理想生命境界的代称。庄子认为逍遥必须“无待”，即放弃对于世间价值的盲从与执着。不过，“无待”也是成为圣人的第一步，人们以为“惠施用世，庄子逃世，以庄言为无用，不知庄之游于无穷，所谓‘大知’‘小知’之异也”。实际上，庄子同于孔子，对社会国家有着深忧之情、理想抱负，宋儒常言道的“内圣外王”就是庄子之语。内圣，即是指心内含有道，外王为理想社会的推行，由内圣到外王即理想社会借由圣人有德，将道自然施行于世来完成。《庄子集解》有中华书局1987年本。

### （四）《庄子通》

《庄子通》，一卷，王夫之撰。王夫之（字而农，1619—1692），学者尊称他为船山先生，与顾炎武、黄宗羲二人并称为明清之际三大思想家。《庄子通》一书十分奇特，因为王夫之之所以研究《庄子》，目的是借由对《庄子》思想本义的揭明，使宋明以来受老庄思想影响的儒学可以跳脱空疏而转向躬行实用；此举为研究诸子学展现了一条考证主义的路径，对后世学术影响深远。王夫之除著有《庄子通》以外，在他的其他一些著作里，也还有许多散见的对庄子思想的评论。《庄子通》有中华书局2009年的点校本刊行。

## 二、法家与相关著作

法家思想源自春秋，完成于战国。以今日所保留下来的文献为根据，一般所谓法家，以管仲、商鞅、申不害、慎到以及韩非五人为代表。值得注意的是，管仲除法家的身份，也被视作黄老道家学派的代表人物，有承前启后之功。商鞅强调以法来治理国家，申不害重为君者之于臣者的统御之术，慎到主张对“势”的重视，而韩非则融合了“法”“术”“势”等概念至治理国家的问题中，为集法家人物思想之大成者。总言之，涉及对上述概念的阐发，即可被视为法家，如法家言性，不是由道德的可能性来思考人性本质的问题，而是根据观察现象，即对于人行为的观察，而得出关于人性的理解，并由观察结果来制定有效的法律。

## （一）《管子校注》

《管子校注》，二十六卷，黎翔凤撰。管子，名夷吾，字仲，齐国的政治家、思想家。管子没有著作，而几乎所有学者都认为《管子》是管子学派的研究总集，但正如章学诚指出："春秋之时，管子尝有书矣。然载一时之典章政教，则犹周公之有官礼也。记管子之言行，则习管氏法者所缀辑，而非管子所著述。或谓管子之书，不当称桓公之谥，阎氏若璩又谓后人所加，非管子之本文，不知古人并无亲自著书之事，皆是后人缀辑。"有学者认为《管子》是伪作，清朝著名的考据学者阎若璩以为是"后人所加"，但章学诚则认为"古人并无亲自著书之事"。无论《管子》是伪书与否，我们知道孔子曾经说道："微管仲，吾其被发左衽。"如果没有管仲，恐怕我们都要披头散发、穿左衽的衣服了！其中"被发左衽"是野蛮人的形象特征。可见管子的思想是值得我们重视的，因为它反映了文明的起源。《管子》主要以法家和道家思想为主，兼有儒家、兵家、纵横家、农家、阴阳家的思想，更涉及天文、伦理、地理、教育等问题，为先秦时独成一家之言的最大的一部杂家著作。一般认为，该书内容博大整饬，基本上反映了管仲的治国思想，为研究先秦特别是春秋时期社会政治、经济、军事、法律、文化等方面的史料。这些内容，刘向曾指出："务富国安民，道约言要，可以晓合经义。"其重要性可见一斑。《管子校注》有中华书局2004年本。

## （二）《韩非子集解》

《韩非子集解》，二十卷，清王先慎撰。韩非，韩之诸公子，喜刑名法术之学，而归其本于黄老，是先秦法家思想的集大成者。他总结了商鞅、申不害、慎到三家的思想，提出了一套"法""术""势"相结合的法制理论。这种法制理论以"术"为中心，《韩非子·难三篇》云："术者藏之于胸中，以偶众端而潜御群臣者也。"认为法固然有其强制力，但不足以治国，为君者必须要能够配合术，即对权力的运用。在上位者借由对权力的运用，则能够防人心，人人因此不敢违逆而顺服上位者。王先慎利用了《太平御览》《艺文类聚》等类书和《老子》《荀子》《战国策》《史记》等著作的有关资料，吸取了大量前人研究成果，具有极高的史料学价值。今通行的点校版本由中华书局于1998年出版。

## （三）《商君书锥指》

《商君书锥指》，五卷，蒋礼鸿撰。《商君书》也称《商子》，是战国法家代表人物商鞅及其后学的著作汇编。蒋礼鸿《商君书锥指叙》云："其书即非商君自撰，要为近古，不失商君之意与其时事者也。"所谓"时事者"，即侧重记载了法家革新变法、重农抑商、重农重战、重刑少赏、重本抑末、反对儒术等言论，是阐述法家思想理论、政治主张的重要著作。就此而言，已极具史料学的价值。另外，商鞅学派非常擅长总结思想的要点，更认为"圣人非能通知万物之要也。故其治国，举要以致万物"，已具现代学术的知识形态。蒋礼鸿《商君书锥指》考校了数十种校本，博采众长，择善而从，是极佳的校释本，中华书局1986年刊行。

## （四）《慎子集校集注》

《慎子集校集注》，一册，许富宏撰。慎到（约公元前390—前315），《吕氏春秋·慎势篇》高诱注："慎子，名到，作法书四十一篇，在申不害、韩非前，申、韩称之。"可见慎到是法家的创始人物。近年来，随着先秦哲学研究之不断深入，以及大量出土文献的涌现，人们越来越关注先秦时期稷下诸子的学术与思想，慎到即为其中的杰出代表之一。而且慎到之学，与道家关系最密，他的法治理论不只是从维护君权考虑，还是建立在对广大老百姓社会权力认识的基础上。他所谓"公"，主要指广大人民；所谓"私"，也包括天子、君王在内。他主张"明君动事分功必由慧，定赏分财必由法"，重视社会现实与事物的发展规律，对汉初无为而治、休养生息的政策产生了直接影响。《慎子集校集注》有中华书局2013年本。

## 思考题

1. 儒家的思想为何可以兼取道家的思想，道家的思想却不能兼取儒家的思想？

2. 为什么道家的思想并不与法家的思想相悖？

## 【阅读材料】

### 一、《老子校释》相关材料

《老子校释·序文》(朱谦之撰)(节选)[1]

今案老子《道德经》旧本，流传最广者，有河上公、王弼二种。河上本近民间系统，文句简古，其流派为景龙碑本、遂州碑本与敦煌本，多古字，亦杂俗俚。王本属文人系统，文笔晓畅，其流派为苏辙、陆希声、吴澄诸本，多善属文，而参错己见，与古老子相远。自开元御注本出，因时世俗尚，依违于河上、王弼二本之间。

……傅奕校定老子古本，字句独较他本为繁，毕沅据之作《道德经考异》，劳健则参之以范应元本作《古本考》，实则文辞蔓衍，较王本为尤甚。刘师培《老子校补》，疑今传本亦或为后人所改。

……严可均谓"世间真旧本，必以景龙碑为最。其异同数百事，文谊简古，远胜今本者甚多"。钱、严二氏之说，余意皆然之，故作《老子校释》，即取景龙碑本为底本，以与敦煌本、遂州碑本、旧抄卷子本、御注本、严遵本、河上本、王弼本、傅奕本、范应元本互相参校，并加考订。浅学如余，非敢有越前修诸子，盖惟衷取群解，略发指趣，亦欲以此去伪存真，竭其棉薄，以复五千言古本与乎声韵文句之真，并借以窥见古代哲学诗之真面目焉。此则余之新本校释之所为作也。

释"道，可道，非常道；名，可名，非常名"[2]

俞正燮曰：老子此二语，"道""名"，与他语"道""名"异；此言"道"者言词也，"名"者文字也。《文子·精诚》云："名可名，非常名；著于竹帛，镂于金石，皆其粗也。"《上义》云："诵先王之书，不若闻其言；闻其言，不若得其所以言。故名可名，非常名也。"《上礼》云："先王之法度有变易，故曰'名可名，非常名'也。"《淮南·本经训》云："至人钳口寝说，天下莫知贵其不言也。故道可道，非常道；名可名，非常名。著于竹帛，镂于金石，可传于人者，其粗也。晚世学者博学多闻，而不免于惑。"《缪称训》云："道之有篇章形埒者，非其至者也。"《道应训》云："桓公

1 朱谦之撰：《老子校释·序文》，北京：中华书局，1984年，第1—5页。

2 《老子校释》，第3—4页。

读书于堂，轮扁曰：'独其糟粕在耳。'故老子曰：'道可道，非常道；名可名，非常名。'"皆以老子"道"为言词，"名"为文字。

谦之案：俞说是也。老子著五千之文，于此首发其立言之旨趣。盖"道"者，变化之总名。与时迁移，应物变化，虽有变易，而有不易者在，此之谓常。自昔解老者流，以道为不可言。高诱注《淮南·泛论训》曰："常道，言深隐幽冥，不可道也。"伪《关尹子》推而广之，谓"不可言即道"。实则《老子》一书，无之以为用，有之以为利，非不可言说也。曰"美言"，曰"言有君"，曰"正言若反"，曰"吾言甚易知，甚易行"，皆言也，皆可道可名也。自解老者偏于一面，以"常"为不变不易之谓，可道可名则有变有易，不可道不可名则无变无易（林希逸），于是可言之道，为不可言矣；可名之名，为不可名矣。不知老聃所谓道，乃变动不居，周流六虚，既无永久不变之道，亦无永久不变之名。故以此处世，则无常心，"以百姓之心为心"（四十九章）。以此应物，则"建之以常无有"（《庄子·天下篇》），言能常无、常有，不主故常也。不主故常，故曰非常。常有常无，故曰"复命曰常"（十六章），"知和曰常"（五十五章），常即非常也。夫旦明夜暗，死往生来，安时处顺，与时俱往，庄子所云："死生命也，其有夜旦之'常'，天也。"天地之道，恒久而不已，四时变化，而能久成。若不可变、不可易，则安有所谓常者？故曰"道可道，非常道"也；"名可名，非常名"也。

《老子校释·老子韵例》（节选）[1]

昔孔广森作《诗声分例》，其言曰："今之诗主乎文，古诗主歌。歌有疾徐之节，清浊之和，或长言之，咏叹之，累数句而无以韵为；或繁音促节，至于句有韵，字有韵，而莫厌其多。"余以为《道德》五千言，古之哲学诗也。既曰诗，即必可以歌，可以诵；其疾徐之节，清浊之和，虽不必尽同于三百篇，而或韵或否，则固有合于诗之例焉为无疑。然在宋代吴棫韵补，已叹"老子《道德经》，周柱下史老聃所作，多韵语，今往往失其读"，然则发凡起例，其可少乎？作《老子韵例》。

……五千言与《易》韵同，与《骚》韵亦同。知声音之道，与时转移，而如

1 《老子校释》，第313—332页。

《易》如《骚》，以时考之，皆与老子相去不远。五千言者盖与《易经》同为中国古代之二大哲学诗，老子为楚人，故又与楚声合。尚论世次，屈在老后。经文中“兮”字数见，与《骚》韵殆无二致，五千言其楚声之元祖乎！老子古韵之研究，宋吴棫已开其端，清顾炎武、江慎修以后，其卓然成家者，以江晋三之老子韵读，姚文田之古音谐，邓廷桢之双砚斋笔记为最著。邓书惟于虞、侯二部之界限，分隶诸部之入声，有所发明；而于古韵之综合研究，未遑及焉。江晋三以廿一部谐声表，姚文田以古韵廿八部，于五千言之中，句求字索，使韵理日明，虽不无遗漏之处，而乖舛则甚少。

## 二、《老子指归》相关材料

《君平说二经目》[1]

《庄子》曰：昔者老子之作也。变化所由，道德为母，效经列首，天地为象。《上经》配天，《下经》配地。阴道八，阳道九，以阴行阳，故七十有二首。以阳行阴，故分为上、下。以五行八，故《上经》四十而更始。以四行八，故《下经》三十有二而终矣。阳道奇，阴道偶，故《上经》先而《下经》后。阳道大，阴道小，故《上经》众而《下经》寡。阳道左，阴道右，故《上经》覆来，《下经》反往。反覆相过，沦为一形。冥冥混沌，道为中主。重符列验，以见端绪。《下经》为门，《上经》为户。智者见其经效，则通乎天地之数、阴阳之纪、夫妇之配、父子之亲、君臣之仪，万物敷矣。

《为学日益篇》[2]

释“为学日益，为道日损。损之又损之，至于无为而无以为。将欲取天下者，常以无事；及其有事，不足以取天下”：

道德之化，变动虚玄。荡荡默默，泛泛无形，潢漭慌忽，浑沌无端。视之不见，听之不闻，开导禀授，无所不存。功成遂事，无所不然。无为之为，万物之根。由此观之，不知之知，知之祖也；不教之教，教之宗也；无为之为，为之始也；无事之

1 ［汉］严遵著，王德有点校：《老子指归》，北京：中华书局，1994年，第1页。

2 《老子指归》，第36—38页。

事，事之元也。凡此数者，神明所因，天地所归，玄圣所道，处士所传也。逮至仁义浅薄，性命不真。不睹大道，动顺其心。陷溺知故，渐渍爱恩。情意多欲，神与物连。深谋逆耳，大论迕心。非道崇知，上功贵名。是以，作术治数，集辞著文，载之篇籍，以教万民。

纲纪天地，经纬阴阳，剖判人事，离散祖宗。淳朴变化，设伪万方，转移风俗，倾正败常。改正易服，万事尽彰，钟鼓琴瑟，间以竽笙，升降进退，饰象趋翔。礼仪三百，威仪三千，分外并争，兴事儛文。以辩相诎，以巧相胜，毫举毛起，益以无穷。是以天下背本去根，向末归文，博学深问，家知户贤。甚者拟圣，以立君臣，同意者，无能而官；异心者，功大而亡。

是以，天下骚骚，不遑其亲；追刁纤纤，务顺其君。故和五味以养其口，肥香甘脆，不顾群生；变五色以养其目，玄黄纤妙，不计民贫；调五音以养其耳，极钟律之巧，不忧世淫；高台榭，广宫室，以养其意，不惧民穷；驰骋田猎以养其志，多获其上，不顺天心。凡此数者，非以为善务也，以悦其君也。天下相放，养伪饰奸。消灭和睦，长暴之原。浸以为俗，巧利为贤。损民大命，以增民劳。伤人美性，以益民烦。当此之时，豁谷异君，四海各王，尊名贵势，强大为右。忿争相逾，力正任武，强者拘弱，众者制寡。以乱代治，以非图是。臣弑其君，子弑其父。争之愈大，莫之能守，求者甚众，得之者寡。道路悲忧，尽言军旅，訩訩謷謷，至相烹煮。夫何故哉？饰文益事，务以相序也。是以圣人，释仁去义，归于大道，绝智废教，求之于己。所言日微，所为日寡，消而灭之，日夜不止。包以大冥，使民无耻。灭文丧事，天下自已。损之损之，使知不起。遁名亡身，保我精神。秉道德之要，因存亡之机。不为事主，不为知师。寂若无人，至于无为。天地自作，群美相随，万物自象，百蛮自和。万民蚩疑，不知所之，随明出入，托于四时。优游精神，不外心志。意中空虚，如木之浮，如壤之休，不识仁义，不达礼仪。心不知欲，志不知为。行步蹎蹎，瞻视颠颠，语言默默，意气玄玄。外似禽兽，中独异焉。寂而不为，若无君臣，不为而治，敦厚忠悫，至于大安。神休精息，性命自全，万物相袭，与道德邻。夫何故哉？主无教令而民无闻也。

是以将取天下，常于无事，不言为术，无为为教。无欲为宝，不知为要，能行以道，无不开导。释虚反实，以极为事。上知天高，下知地厚。明阴阳之分，知万物之数。昼见星于天，夜见鱼于川。耳比八风之调，目领群兽之毛。此思虑之极也，无益于存。力什乌获，势百孟贲，勇千夏育，威执三军。进若光景，退若浮云，击如雷霆，不动若阴。此强之极，无益于胜。使日下之民皆执礼易，通诗书，明律比，知诏令。家一吏，里一令，乡一仓，亭一库。明察折中，强武求盗。天下重足而立，侧目而视。父子不相隐，兄弟不相容。此事之极，无益于治。是故，以知知，与天相离；以为为，与天相奇；以事事，失天之意。为国日益，百残尽备，为而不成，求而不得，天下相驱，归之于乱。

## 三、《庄子》相关阅读材料

《庄子集解·序》(王先谦撰)[1]

夫古之作者，岂必依林草，群鸟鱼哉！余观庄生甘曳尾之辱，却为牺之聘，可谓尘埃富贵者也。然而贷粟有请，内交于监河；系履而行，通谒于梁魏；说剑赵王之殿，意犹存乎捄世。遭惠施三日大索，其心迹不能见谅于同声之友，况余子乎！吾以是知庄生非果能回避以全其道者也。

且其说曰："天下有道，圣人成焉；天下无道，圣人生焉。"又曰："周将处乎材不材之间。"夫其不材，以尊生也；而其材者，特藉空文以自见。老子云："美言不信。"生言美矣，其不信又已自道之。故以橛饰鞭筴为伯乐罪，而撽髑髅未尝不用马捶；其死棺椁天地，而以墨子薄葬为大觳；心追容成、大庭结绳无文字之世，而恒假至论以修心。此岂欲后之人行其言者哉？嫉时焉耳。

是故君德天杀，轻用民死，刺暴主也；俗好道谀，严于亲而尊于君，愤浊世也。登无道之廷，口尧而心桀；出无道之野，貌夷而行跖。则又奚取夫空名之仁义，与无定之是非？其志已伤，其词过激。设易天下为有道，生殆将不出于此。后世浮慕之以成俗，此读生书者之咎，咎岂在书哉！

余治此有年，领其要，得二语焉，曰："喜怒哀乐，不入于胸次。"窃尝持此以为卫生之经，而果有益也。噫！是则吾师也夫！旧注备矣，辄芟取众长，间下己意，辑为八卷，命之曰集解。世有达者，冀共明之。

---

1 ［清］王先谦撰，沈啸寰点校：《庄子集解》，北京：中华书局，1987年，第1—2页。

《人间世》（节选）[1]

人间世，谓当世也。事暴君，处污世，出与人接，无争其名，而晦其德，此善全之道。末引接舆歌云："来世不可待也，往世不可追也。"此漆园所以寄慨，而以人间世名其篇也。

颜回见仲尼请行。曰："奚之？"曰："将之卫。"曰："奚为焉？"曰："回闻卫君，其年壮，其行独，轻用其国，而不见其过，轻用民死，死者以国量乎泽，若蕉，民其无如矣。回尝闻之夫子曰：'治国去之，乱国就之，医门多疾。'愿以所闻思其则，庶几其国有瘳乎！"仲尼曰："嘻！若殆往而刑耳！夫道不欲杂，杂则多，多则扰，扰则忧，忧而不救。古之至人，先存诸己，而后存诸人。所存于己者未定，何暇至于暴人之所行！且若亦知夫德之所荡，而知之所为出乎哉？德荡乎名，知出乎争。名也者，相轧也；知也者，争之器也。二者凶器，非所以尽行也。且德厚信矼，未达人气；名闻不争，未达人心。而强以仁义绳墨之言术暴人之前者，是以人恶有其美也，命之曰灾人。灾人者，人必反灾之，若殆为人灾夫！且苟为悦贤而恶不肖，恶用而求有以异？若唯无诏，王公必将乘人而斗其捷。而目将荧之，而色将平之，口将营之，容将形之，心且成之。是以火救火，以水救水，名之曰益多，顺始无穷。若殆以不信厚言，必死于暴人之前矣。且昔者桀杀关龙逢，纣杀王子比干，是皆修其身以下伛拊人之民，以下拂其上者也，故其君因其修以挤之。是好名者也。昔者尧攻丛枝、胥敖，禹攻有扈，国为虚厉，身为刑戮，其用兵不止，其求实无已。是皆求名、实者也，而独不闻之乎？名、实者，圣人之所不能胜也，而况若乎！虽然，若必有以也，尝以语我来！"颜回曰："端而虚，勉而一，则可乎？"曰："恶！恶可？夫以阳为充孔扬，采色不定，常人之所不违，因案人之所感，以求容与其心。名之曰日渐之德不成，而况大德乎！将执而不化，外合而内不訾，其庸讵可乎！""然则我内直而外曲，成而上比。内直者，与天为徒。与天为徒者，知天子之与己皆天之所子，而独以己言蕲乎而人善之，蕲乎而人不善之邪？若然者，人谓之童子，是之谓与天为徒。外曲者，与人之为徒也。擎、跽、曲拳，人臣之礼也，人皆为之，吾敢不为邪！为人之所为者，人亦无疵焉，是之谓与人为徒。成而上比者，与古为徒。其言虽教，谪之实也。古之有

---

1 《庄子集解》，第32—45页。

也，非吾有也。若然者，虽直不为病，是之谓与古为徒。若是，则可乎?”仲尼曰：“恶！恶可？大多政，法而不谍，虽固，亦无罪。虽然，止是耳矣，夫胡可以及化！犹师心者也。”

颜回曰：“吾无以进矣，敢问其方。”仲尼曰：“斋，吾将语若！有而为之，其易邪？易之者，皞天不宜。”颜回曰：“回之家贫，唯不饮酒、不茹荤者数月矣。若此，则可以为斋乎?”曰：“是祭祀之斋，非心斋也。”回曰：“敢问心斋。”仲尼曰：“若一志，无听之以耳而听之以心，无听之以心而听之以气。听止于耳，心止于符。气也者，虚而待物者也。唯道集虚。虚者，心斋也。”颜回曰：“回之未始得使，实自回也；得使之也，未始有回也。可谓虚乎?”夫子曰：“尽矣。吾语若！若能入游其樊而无感其名，入则鸣，不入则止。无门无毒，一宅而寓于不得已，则几矣。绝迹易，无行地难。为人使，易以伪；为天使，难以伪。闻以有翼飞者矣，未闻以无翼飞者也；闻以有知知者矣，未闻以无知知者也。瞻彼阕者，虚室生白，吉祥止止。夫且不止，是之谓坐驰。夫徇耳目内通而外于心知，鬼神将来舍，而况人乎！是万物之化也，禹、舜之所纽也，伏戏、几蘧之所行终，而况散焉者乎!”

叶公子高将使于齐，问于仲尼曰：“王使诸梁也甚重，齐之待使者，盖将甚敬而不急。匹夫犹未可动，而况诸侯乎！吾甚栗之。子常语诸梁也，曰：‘凡事若小若大，寡不道以懽成。事若不成，则必有人道之患；事若成，则必有阴阳之患。若成若不成而后无患者，唯有德者能之。’吾食也，执粗而不臧，爨无欲清之人。今吾朝受命而夕饮冰，我其内热与！吾未至乎事之情，而既有阴阳之患矣；事若不成，必有人道之患。是两也，为人臣者不足以任之，子其有以语我来!”仲尼曰：“天下有大戒二：其一，命也；其一，义也。子之爱亲，命也，不可解于心；臣之事君，义也，无适而非君也，无所逃于天地之间。是之谓大戒。是以夫事其亲者，不择地而安之，孝之至也；夫事其君者，不择事而安之，忠之盛也；自事其心者，哀乐不易施乎前，知其不可奈何而安之若命，德之至也。为人臣子者，固有所不得已，行事之情而忘其身，何暇至于悦生而恶死！夫子其行可矣！丘请复以所闻：凡交，近则必相靡以信，远则必忠之以言，言必或传之。夫传两喜两怒之言，天下之难者也。夫两喜必多溢美之言，两怒必多溢恶之言。凡溢之类妄，妄则其信之也莫，莫则传言者殃。故法言曰：‘传其常情，无传其溢言，则几乎全。’且以巧斗力者，始乎阳，常卒乎阴，大至则多奇巧；

以礼饮酒者，始乎治，常卒乎乱，大至则多奇乐。凡事亦然。始乎谅，常卒乎鄙；其作始也简，其将毕也必巨。夫言者，风波也；行者，实丧也。风波易以动，实丧易以危。故忿设无由，巧言偏辞。兽死不择音，气息茀然，于是并生心厉。克核大至，则必有不肖之心应之，而不知其然也。苟为不知其然也，孰知其所终！故法言曰：'无迁令，无劝成。'过度，益也。迁令、劝成殆事，美成在久，恶成不及改，可不慎与！且夫乘物以游心，托不得已以养中，至矣。何作为报也！莫若为致命。此其难者。"……

孔子适楚，楚狂接舆游其门曰："凤兮凤兮，何如德之衰也！来世不可待，往世不可追也。天下有道，圣人成焉；天下无道，圣人生焉。方今之时，仅免刑焉。福轻乎羽，莫之知载；祸重乎地，莫之知避。已乎已乎，临人以德！殆乎殆乎，画地而趋！迷阳迷阳，无伤吾行！吾行却曲，无伤吾足！"山木自寇也，膏火自煎也。桂可食，故伐之；漆可用，故割之。人皆知有用之用，而莫知无用之用也。

### 四、《庄子通》相关材料

《天地》[1]

为万物之所取定者，"大小、长短、修远"，各有成数。无他，已所见者止于有形，因而存之；得之而喜，失之而怒，徇其成形，而不顾天下之然与不然，此古今之大病也。无形者，非无形也，特己不见也。知无形之有形，无状之有状，则"大小、长短、修远"，已不能定，而况于万物乎？无形之且有形矣，无状之且有状矣。静而有动，动留而生物，物生于俄顷之间，而其先皆有故也，一留而形成矣。知此，则能弗守其静，以听其动乎！静不倚则动不匮，其动必正，其留必成，其生必顺。天地之生物，与圣人之起事，一而已矣。心虽刳也，刳其取定之心，而必有存焉者存，"见晓"，"闻和"，"官天地"，"府万物"，而人莫之测。非莫测也，天下测之于"大小、长短、修远"，于其无形之皆形、无状之皆状、如量而各正其性命者，莫之测也。

《天道》[2]

虚则无不可实也，静则无不可动也。无不可实，无不可动，天人之合也。"运而

1 ［清］王夫之著，王孝鱼点校：《庄子通》，北京：中华书局，2009年，第57—58页。

2 《庄子通》，第58页。

无所积”，则谓之虚；古今逝矣，而不积其糟粕之谓也。“万物无足以铙心”，则谓之静；以形名从其喜怒之谓也。虚静者，状其居德之名，非逃实以之虚，屏动以之静也。逃虚屏动，己愈逃，物愈积，“胶胶扰扰”，日铙其心。悱懑而欲逃之于死，死且为累，遗其虚静之糟粕以累后世。故黄老之下，流为刑名，以累无穷。况有生之日，屏营终日，与喧相竞，而菀积其悒快乎？虚静之中，天地推焉，万物通焉，乐莫大焉。善体斯者，必不罴罴然建虚静为鹄，而铙心以赴之，明矣。

《天运》[1]

化之机，微矣！化之神，大矣！神大，故天地、日月、云雨、风雷，动而愈出。机微，故求其所以然者，未有能测之者也。从其微而观之，则疑无化之者。无化之者，则“中无主”而奚止也！从其大而观之，则疑有操纵之者为其大司。有司操纵之权者，则“外无正”而不足以行。天下之用心用物者，不出两端：或师其成心，或随物而移意，交堕于“大小、长短、修远”之中，而莫之能脱。夫两者不可据，而舍是以他求，则愈迷。是以酌中外之安，以体微而用大者，以中裁外，外乃不淫；虚中受外，外乃不窒。治心治物者，虽欲不如是而奚可！

## 五、《管子》相关材料

《杨忱管子序》（杨忱撰）[2]

《序》曰：《春秋》尊王不尊霸，与中国不与夷狄，始于平王避夷难也。是王室迁而微也，见于《周书·文侯之命》。微王也，是王者失赏也。《费誓》善其备夷，是诸侯之正也。《秦誓》专征伐，是诸侯之失礼也。《书》、《春秋》合体而异世也。《书》以《文侯之命》终其治也。《春秋》以平王东迁始其微也。自东迁六十五年，《春秋》无晋，以其亡护乱也。及其灭中国之国，而后见其行事，讥失赏也。周之微也，幸不夷其宗稷，齐桓之功也。其中国无与加其盛也，其夷狄无与抗其力也。见于卫《诗》，美其存中国也。《春秋》无与辞，何异也？存一国之风，无其人，则卫夷矣。全王道之正，与之霸，是诸侯可专征伐也。夫晋之为霸也，异齐远矣。桓正，文谲。夫桓之

1 《庄子通》，第58页。

2 黎翔凤撰，梁运华整理：《管子校注·杨忱管子序》，北京：中华书局，2004年，第1—2页。

为正，抑夷狄，存中国。文之为谲，陵中国，微王室。晋之风也，无美其美，无功其功，外无他焉，虽国人不与也。然而桓之正，非王道之正也，以文谲而桓正也。桓之功，非王道之功也，以攘狄而存周也。无桓周灭，有周桓贼。桓卒齐衰，楚人灭周。周之不幸，桓之早死也。故曰：周之存，桓之功也。桓之不幸，管仲之早死也。故曰：桓之功，管仲之力也。自是楚灭诸国而炽矣。今得其著书，然后知攘狄之功皆远略也。儒讥霸信刑赏，岂王者诋民哉；霸严政令，岂王者怠忽哉；霸乡方略，岂王者不先谋哉；霸审劳佚，岂王者暴师哉；霸谨畜积，岂王者使民不足哉！亦时夷狄内聘，大者畏威，小者怀仁，功亦至矣。不幸名之不正，然奈衰世何！孔子曰："微管仲，吾其被发左衽。"此其据也。

《刘向叙录》（刘向撰）[1]

护左都水使者光禄大夫臣向言：所校雠中《管子》书三百八十九篇，太中大夫卜圭书二十七篇，臣富参书四十一篇，射声校尉立书十一篇，太史书九十六篇，凡中外书五百六十四，以校除复重四百八十四篇，定著八十六篇，杀青而书可缮写也。管子者，颍上人也，名夷吾，号仲父。少时尝与鲍叔牙游，鲍叔知其贤。管子贫困，常欺叔牙，叔牙终善之。鲍叔事齐公子小白，管子事公子纠。及小白立为桓公，子纠死，管仲囚，鲍叔荐管仲。管仲既任政于齐，齐桓公以霸，九合诸侯，一匡天下，管仲之谋也。故管仲曰："吾始困时，与鲍叔分财，多自予，鲍叔不以我为贪，知吾贫也。尝为鲍叔谋事而更穷困，鲍叔不以我为愚，知吾有利有不利也。公子纠败，召忽死之，吾幽囚受辱，鲍叔不以我为无耻，知吾不羞小节，而耻功名不显于天下也。生我者父母，知我者鲍叔。"鲍叔既进管仲，而已下之，子孙世禄于齐，有封邑者十余世，常为名大夫。管子既相，以区区之齐在海滨，通货积财，富国强兵，与俗同好丑。故其书称曰："仓廪实而知礼节，衣食足而知荣辱，上服度则六亲固。""四维不张，国乃灭亡。"下令犹流水之原，令顺人心，故论卑而易行。俗所欲，因予之；俗所否，因去之。其为政也，善因祸为福，转败为功，贵轻重，慎权衡。桓公怒少姬，南袭蔡，管仲因伐楚，责包茅不入贡于周室。桓公北征山戎，管仲因而令燕修召公之政。柯之

1 《管子校注》，第4页。

会，桓公背曹沫之盟，管仲因而信之，诸侯归之。管仲聘于周，不敢受上卿之命，以让高、国。是时诸侯为管仲城谷，以为之乘邑，春秋书之，褒贤也。管仲富拟公室，有三归反坫，齐人不以为侈。管子卒，齐国遵其政，常强于诸侯。孔子曰："微管仲，吾其被发左衽矣。"太史公曰："余读管氏牧民、山高、乘马、轻重九府，详哉言之也。"又曰："'将顺其美，匡救其恶，故上下能相亲爱'，岂管仲之谓乎？"九府书民闲无有。山高一名形势。凡管子书，务富国安民，道约言要，可以晓合经义。

《管子校注·卷第十三·心术上第三十六》（节选）[1]

心之在体，君之位也。九窍之有职，官之分也。心处其道，九窍循理。嗜欲充益，目不见色，耳不闻声。故曰：上离其道，下失其事。毋代马走，使尽其力。毋代鸟飞，使弊其羽翼。毋先物动，以观其则。动则失位，静乃自得。道不远而难极也，与人并处而难得也。虚其欲，神将入舍。扫除不絜，神乃留处。人皆欲智，而莫索其所以智乎？智乎智乎，投之海外无自夺，求之者不得处之者夫。正人无求之也，故能虚无。虚无无形谓之道。化育万物谓之德。君臣父子人闲之事谓之义。登降揖让，贵贱有等，亲疏之体谓之礼。简物小未一道，杀僇禁诛谓之法。大道可安而不可说。直人之言，不义不顾。不出于口，不见于色，四海之人，又孰知其则？

天曰虚，地曰静，乃不伐。絜其宫，开其门，去私毋言，神明若存。纷乎其若乱，静之而自治。强不能徧立，智不能尽谋。物固有形，形固有名，名当谓之圣人。故必知不言无为之事，然后知道之纪。殊形异执，不与万物异理，故可以为天下始。人之可杀，以其恶死也。其可不利，以其好利也。是以君子不怵乎好，不迫乎恶。恬愉无为，去智与故。其应也，非所设也。其动也，非所取也。过在自用，罪在变化。是故有道之君，其处也若无知，其应物也若偶之，静因之道也。

……四海之人，孰知其则？言深囿也。天之道虚，地之道静。虚则不屈，静则不变，不变则无过，故曰不伐。洁其宫，阙其门。宫者，谓心也。心也者，智之舍也，故曰宫。洁之者，去好过也。门者，谓耳目也。耳目者，所以闻见也。物固有形，形固有名，此言不得过实，实不得延名。姑形以形，以形务名，督言正名，故曰圣人。

1 《管子校注》，第758—776页。

不言之言，应也。应也者，以其为之人者也。执其名，务其应，所以成之，应之道也。无为之道，因也。因也者，无益无损也。以其形，因为之名，此因之术也。

名者，圣人之所以纪万物也。人者，立于强，务于善，未于能，动于故者也。圣人无之，无之则与物异矣。异则虚，虚者，万物之始也，故曰：可以为天下始。人迫于恶则失其所好，怵于好则忘其所恶，非道也。故曰：不怵乎好，不迫乎恶。恶不失其理，欲不过其情，故曰：君子恬愉无为。去智与故，言虚素也。其应，非所设也。其动，非所取也。此言因也。因也者，舍己而以物为法者也。感而后应，非所设也。缘理而动，非所取也。过在自用，罪在变化。自用则不虚，不虚则仵于物矣。变化则为生，为生则乱矣。故道贵因。因者，因其能者，言所用也。君子之处也，若无知，言至虚也。其应物也，若偶之，言时适也。若影之象形，响之应声也。故物至则应，过则舍矣。舍矣者，言复所于虚也。

## 六、《韩非子集解》相关材料

《韩非子集解·序》（王先慎撰）[1]

韩非处弱韩危极之时，以宗属疏远，不得进用。目击游说纵横之徒，颠倒人主以取利，而奸猾贼民，恣为暴乱，莫可救止，因痛嫉夫操国柄者，不能伸其自有之权力，斩割禁断，肃朝野而谋治安。其身与国为体，又烛弊深切，无繇见之行事，为书以著明之。故其情迫，其言核，不与战国文学诸子等。迄今览其遗文，推迹当日国势，苟不先以非之言，殆亦无可为治者。仁惠者，临民之要道，然非以待奸暴也。孟子导时王以仁义，而恶言利，今非之言曰："世之学术者说人主，不曰乘威严以困奸衺，而皆曰仁义惠爱。世主亦美仁义之名，而不察其实。"盖世主所美，非孟子所谓仁义；说士所言，非仁义即利耳。至劝人主用威，唯非宗属乃敢言之。非论说固有偏激，然其云明法严刑，救群生之乱，去天下之祸，使强不陵弱，众不暴寡，耆老得遂，幼孤得长，此则重典之用而张弛之宜，与孟子所称及闲暇明政刑，用意岂异也！既不能行之于韩，而秦法暗与之同，遂以鉏群雄，有天下。而董子迺曰，秦行韩非之说。考非奉使时，秦政立势成，非往即见杀，何谓行其说哉！书都二十卷，旧注罕所

1 ［清］王先慎撰，钟哲点校：《韩非子集解·序》，北京：中华书局，1998年，第2页。

挥发。从弟先慎为之集解，订补阙讹，推究义蕴，然后是书厘然可诵。《主道》以下，盖非平日所为书；《初见秦》诸篇，则后来附入者。非劝秦不举韩，为宗社图存，画至无俚，君子于此：尤悲其志焉！

《韩非子序》[1]

〇先慎曰：此全抄《史记》。

韩非者，韩之诸公子也。喜刑名法术之学，而归其本于黄老。其为人吃口，不能道说，善著书。与李斯俱事荀卿，李斯自以为不如。非见韩之削弱，数以书干韩王，韩王不能用。于是韩非病治国不务求人任贤，反举浮淫之蠹，而加之功实之上。以为儒者用文乱法，而侠者以武犯禁。宽则宠名誉之人，急则用介胄之士。所用非所养，所养非所用。廉直不容于邪枉臣，观往者得失之变，故作《孤愤》、《五蠹》、《内外储》、《说难》五十五篇十余万言。人或传其书至秦，秦王见《孤愤》、《五蠹》之书，曰："嗟乎！寡人得见此人与游，死不恨矣！"李斯曰："此韩非之所著书。"秦因急攻韩。韩始不用，及急，乃遣韩非使秦。秦王悦之，未任用。李斯害之。秦王曰："非，韩之诸公子也，今欲并诸侯，非终为韩不为秦，此人情也。今王不用，久留而归之，此自遗患也，不如过法诛之。"秦王以为然，下吏治非。李斯使人遗药，令早自杀。韩非欲自陈，不见。秦王后悔，使人赦之，非已死矣。

《韩非子集解·卷第六·解老第二十》(节选)[2]

德者，内也；得者，外也。上德不德，言其神不淫于外也。神不淫于外则身全，身全之谓得。得者，得身也。凡德者，以无为集，以无欲成，以不思安，以不用固。为之欲之，则德无舍；德无舍则不全。用之思之则不固，不固则无功，无功则生有德。德则无德，不德则有德。故曰："上德不德，是以有德。"

所以贵无为无思为虚者，谓其意无所制也。夫无术者，故以无为无思为虚也。夫故以无为无思为虚者，其意常不忘虚，是制于为虚也。虚者，谓其意所无制也。今制于为虚，是不虚也。虚者之无为也，不以无为为有常，不以无为为有常则虚，虚则德

1 《韩非子集解》，第16—17页。

2 《韩非子集解》，第130—136页。

盛，德盛之谓上德。故曰："上德无为而无不为也。"

仁者，谓其中心欣然爱人也。其喜人之有福而恶人之有祸也，生心之所不能已也，非求其报也。故曰："上仁为之而无以为也。"

义者，君臣上下之事，父子贵贱之差也，知交朋友之接也，亲疏内外之分也。臣事君宜，下怀上宜，子事父宜，贱敬贵宜，知交友朋之相助也宜，亲者内而疏者外宜。义者，谓其宜也，宜而为之，故曰："上义为之而有以为也。"

礼者，所以貌情也，群义之文章也，君臣父子之交也，贵贱贤不肖之所以别也。中心怀而不谕，故疾趋卑拜以明之；实心爱而不知，故好言繁辞以信之。礼者，外饰之所以谕内也。故曰："礼以貌情也。"凡人之为外物动也，不知其为身之礼也。众人之为礼也，以尊他人也，故时劝时衰。君子之为礼，以为其身；以为其身，故神之为上礼；上礼神而众人贰，故不能相应；不能相应，故曰："上礼为之而莫之应。"众人虽贰，圣人之复恭敬尽手足之礼也不衰，故曰："攘臂而仍之。"道有积而德有功，德者道之功。功有实而实有光，仁者德之光。光有泽而泽有事，义者仁之事也。事有礼而礼有文，礼者义之文也。故曰："失道而后失德，失德而后失仁，失仁而后失义，失义而后失礼。"

……先物行先理动之谓前识，前识者，无缘而忘意度也。何以论之？詹何坐，弟子侍，有牛鸣于门外。弟子曰："是黑牛也而白在其题。"詹何曰："然，是黑牛也，而白在其角。"使人视之，果黑牛而以布裹其角。以詹子之术，婴众人之心，华焉殆矣！故曰："道之华也。"尝试释詹子之察，而使五尺之愚童子视之，亦知其黑牛而以布裹其角也。故以詹子之察，苦心伤神而后与五尺之愚童子同功，是以曰："愚之首也。"故曰："前识者，道之华也，而愚之首也。"所谓大丈夫者，谓其智之大也。所谓处其厚不处其薄者，行情实而去礼貌也。所谓处其实不处其华者，必缘理不径绝也。所谓去彼取此者，去貌径绝而取缘理好情实也。故曰："去彼取此。"

人有祸则心畏恐，心畏恐则行端直，行端直则思虑熟，思虑熟则得事理。行端直则无祸害，无祸害则尽天年；得事理则必成功。尽天年则全而寿；必成功则富与贵；全寿富贵之谓福。而福本于有祸，故曰："祸兮福之所倚。"以成其功也。人有福则富贵至，富贵至则衣食美，衣食美则骄心生，骄心生则行邪僻而动弃理。行邪僻则身死夭，动弃理则无成功。夫内有死夭之难，而外无成功之名者，大祸也。而祸本生于有福，故曰："福兮祸之所伏。"

## 七、《商君书锥指》相关材料

《商君书锥指·叙》(蒋礼鸿撰)[1]

《史记》称商君说秦孝公以帝王霸之道不用，最后说以强国之术，乃见悦取。而商君曰:“然亦难以比德于殷、周矣。”夫谓以帝王进说，此传者矫妄之辞，太史公采入《列传》，失审谛矣。若夫殷、周难比，语或有之，而非商君主行王道之谓也。古之立说欲以易天下者，术必有所因，而说辄有所借，荀卿子所谓持之有故是也。商君者，盖尝学殷道，而变本加厉，以严罚一其民者也。《书》称“殷罚有伦”，“罚蔽殷彝”；荀卿言刑名从商。

刑罚之起虽自远古，要其有伦有彝，则始殷时。李斯上二世书、刘向《说苑》并云商君之法刑弃灰于道者，而韩非书以此为殷法。非说为后人所不信，然观《礼·表记》称殷人先罚而后赏，其民之弊，荡而不静，胜而无耻，则殷罚固重，韩非之说不尽为诬，而商君之严刑当即滥觞于殷法也。商君之说，唯在尚力，为其无所托而不见尊信，则榻汤、武以为号。故曰:“民愚则知可以王，世知则力可以王。汤、武致强而征，诸侯服其力也。”“今世巧而民淫，方效汤、武之时。”《赏刑篇》又极道汤、武，固以为不如是则不足动人听也。所云难以比德殷、周，特恐刑不极其峻，不足以壹民，兵不极其强，不足以兼并，初非欲施仁恩教化，似儒者之所谓也。或者乃据此以谓商君与儒同道，盖亦左矣。商君之说存于今者，有书二十四篇。然非出自撰，又颇有讹脱。《四库提要》摘其不当开卷第一篇即称孝公之谥，谓是法家者流掇拾鞅余论以成是编，允矣。

今观其书，《徕民》一篇，时势多非商君时事，《史记》亦未言商君尝徕三晋之民。且篇中所言与全书重爵禄不轻施予之旨显然背戾，在廿四篇中最为不伦；唯其言制土分民之律与《算地篇》同，斯乃习闻商君遗说者为秦画策，本其《农战》之说而变通之，撰《商君书》者因录其议，未为别白言之尔。徕三晋之民，非商君意也。至于余篇，从多脱讹，犹复属辞质直而一律，宗旨贯通而不杂，出诸一手，断可云然。又《赏刑篇》言汤封赞茅，与《汉书·地理志》合;《境内篇》言秦官爵，与《汉书·百官公卿表》大同；淮南王、太史公书称引《开塞》《耕战》；则其书必汉以前人

1 蒋礼鸿撰:《商君书锥指·叙》，北京：中华书局，1986年，第1—4页。

所造，非后之浅陋者所能伪为，又亦可知。然则其书即非商君自撰，要为近古，不失商君之意与其时事者也。而传远论略，论之者或不免于失允，今略为疏之。

一曰：秦方兴时，朝廷官爵岂有以货财取者？而卖权者以求富，下官者以冀迁，岂孝公前事邪？案：《韩非子·奸劫弑臣篇》曰："古秦之俗，君臣废法而服私，是以国乱兵弱而主卑。商君说秦孝公以变法易俗而明公道，赏告奸，困末作，而利本事。当此之时，秦民习故俗之有罪可以得免，无功可以得尊显也，故轻犯新法。"据韩非之说，则卖官冀迁，孝公前非不可有。韩非纵有夸饰，当亦不能尽诬。此之所议，无乃不考乎？

二曰：《弱民篇》袭《荀子》，《靳令篇》同《韩非》。又曰：《商君书》所以与《韩非》雷同，由于后人集述，误入韩文。案：之二言者，皆谓《商君书》抄袭他家，此似是而非者也。《靳令篇》言以五里断者王，以十里断者强，宿治者削，与《去强》《说民》二篇同，而《韩非》他篇无之，明为商君之说而韩采之，非商之剿韩也。《弱民篇》末所言楚事，与上文语意全不衔接，是乃《商君书》简策有脱，后人妄以《荀子》之简补之，岂造是书者之袭成文哉？

三曰：书中主张亦不一致。若《垦令篇》曰："令军士无有女子。"此不主张军队中有女子矣。乃《兵守篇》曰："三军：壮男为一军，壮女为一军，男女之老弱者为一军。"此显与《垦令篇》之言牴牾。案：无女子者，盖谓壮男之军无得有女子。今以辞害意，故谓牴牾耳。《兵守篇》曰："慎使三军无相过。壮男过壮女之军，则男贵女而奸民有从谋而国亡，喜与其恐有蚤闻，勇民不战。壮男壮女过老弱之军，则老使壮悲，弱使强怜。悲怜在心，则勇民更虑而怯民不战。故曰：'慎使三军无相过。'此盛力之道。"然则军中虽有女子，而壮男壮女乃不相通；男女杂处者，唯老弱者耳。此即妇人在军兵气不扬之意。如知此意，则于《垦令篇》所说何为不可通乎？况《垦令》之文未甚可晓，军市之与军中，果其有间与否，犹不可确知邪？

四曰：俞樾《诸子平议》谓商君言及年月日时，亦足为时代过晚之证。案：俞氏本《日知录》，谓汉以下历法渐密，于是以一日分为十二时，古无其说。今若谓《商君书》言时即十二时，则其书当出汉后矣。是甚不然。《仪礼·既夕》记："觧侯时而酌。"注："时，朝夕也。"《周礼·阍人》："以时启闭。"注："时，漏尽。"又《庄子》言见卵而求时夜，亦谓司晨夜之时耳。凡此言时，并可粗略言之，岂此书言时必为十二时哉？夫顾氏第谓古无十二时，不谓古不言时也。且俞氏已曰："意所谓时，尚是鸡鸣平旦之属，而非今之所谓十二时。《管子·立政篇》：'乃发使者致令以布宪之日，早宴之时。'"则疑不当言时者，又不足论也。予以梼昧，从学日浅，校《商君书》于重驰纰缪之余，所能发正者盖亦尟矣。他日钱子厚先生尝观其稿，以为读《商君书》如断港绝航，难可通达，而许予所得为稍多，予滋媿焉。荀卿有言曰："以锥餐壶，以指测河，不可以得之。"遂命以"锥指"而叙之尔。

《商君书锥指卷四·赏刑第十七》[1]

圣人之为国也，一赏，一刑，一教。一赏则兵无敌，一刑则令行，一教则下听上。夫明赏不费，明刑不戮，明教不变；而民知于民务，国无异俗。明赏之犹，至于无赏也。明刑之犹，至于无刑也。明教之犹，至于无教也。

所谓一赏者，利禄官爵抟出于兵，无有异施也。夫固知愚、贵贱、勇怯、贤不肖皆尽其胸臆之知，竭其股肱之力，出死而为上用也。天下豪杰贤良从之如流水，是故兵无敌而令行于天下，万乘之国不敢苏其兵中原，千乘之国不敢捍城。万乘之国若有苏其兵中原者，战将覆其军；千乘之国若有捍城者，攻将凌其城。战必覆人之军，攻必凌人之城，尽城而有之，尽宾而致，虽厚庆赏，何费匮之有矣？昔汤封于赞茅，文王封于岐周，方百里。汤与桀战于鸣条之野，武王与纣战于牧野之中，大破九军，卒裂土封诸侯，士卒坐陈者里有书社，车休息不乘，从马华山之阳，从牛于农泽，从之老而不收。此汤、武之赏也。故曰：赞茅、岐周之粟，以赏天下之人，不人得一升；以其钱赏天下之人，不人得一钱。故曰：百里之君而封侯，其臣大其旧，自士卒坐陈者里有书社，赏之所加宽于牛马者，何也？善因天下之货，以赏天下之人。故曰：明赏不费。汤、武既破桀、纣，海内无害，天下大定，筑五库，藏五兵，偃武事，行文教，倒载干戈，播笏作为乐，以申其德。当此时也，禄赏不行而民整齐。故曰：明赏之犹，至于无赏也。

所谓一刑者，刑无等级，自卿相、将军以至大夫、庶人，有不从王令，犯国禁，乱上制者，罪死不赦。有功于前，有败于后，不为损刑；有善于前，有过于后，不为

1 《商君书锥指》，第96—106页。

亏法。忠臣孝子有过，必以其数断。守法守职之吏有不行王法者，罪死不赦，刑及三族。周官之人知而讦之上者，自免于罪，无贵贱尸袭其官长之官爵田禄。故曰：重刑连其罪，则民不敢试。民不敢试，故无刑也。夫先王之禁，刺杀断人之足，黥人之面，非求伤民也，以禁奸止过也。故禁奸止过莫若重刑。刑重而必得，则民不敢试，故国无刑民。国无刑民，故曰明刑不戮。晋文公将欲明刑以亲百姓，于是合诸侯大夫于侍千宫。颠颉后至，请其罪。君曰："用事焉。"吏遂断颠颉之脊以殉。晋国之士稽焉皆惧，曰："颠颉之有宠也，断以殉，而况于我乎？"举兵伐曹五鹿，及反郑之埤，东征之亩，胜荆人于城濮，三军之士，止之如斩足，行之如流水；三军之士无敢犯禁者。故一假道重轻于颠颉之脊而晋国治。昔者周公旦杀管叔，流霍叔，曰："犯禁者也。"天下众皆曰："亲昆弟有过不违，而况疏远乎？"故天下知用刀锯于周庭，而海内治。故曰：明刑之犹，至于无刑也。

所谓一教者，博闻、辩慧、信廉、礼乐、修行、群党、任誉、清浊不可以富贵，不可以评刑，不可独立私议以陈其上，坚者被，锐者挫，虽曰圣知、巧佞、厚朴，则不能以非功罔上利然。富贵之门，要存战而已矣。彼能战者践富贵之门，强梗焉，有常刑而不赦。是父兄、昆弟、知识、婚姻、合同者皆曰："务之所加，存战而已矣。"夫故当壮者务于战，老弱者务于守；死者不悔，生者务劝。此臣之所谓一教也。民之欲富贵也共阖棺而后止。而富贵之门必出于兵，是故民闻战而相贺也，起居饮食所歌谣者战也。此臣之所谓"明教之犹，至于无教"也。此臣所谓参教也。

圣人非能通知万物之要也。故其治国，举要以致万物，故寡教而多功。圣人治国也，易知而难行也。是故圣人不必加，凡主不必废，杀人不为暴，赏人不为仁者，国法明也。圣人以功授官予爵，故贤者不忧，圣人不宥过，不赦刑，故奸无起。圣人治国也，审一而已矣。

## 八、《慎子集校集注》相关材料

《慎子后序》（钱基博撰）（节选）[1]

法者，宪令著于官府，刑罚必于民心，赏存乎慎法而罚加乎奸令者世。故法莫

1 ［战国］慎到著，许富宏校注：《慎子集校集注》，北京：中华书局，2013年，第155—157页。

如显，而术不欲见。申不害言术，公孙鞅为法，而以吾观于慎子，则法而兼术者焉。《史记·孟子荀卿列传》曰“慎到学黄老道德之术”，而《荀子·非十二子篇》则称慎到尚法而无法。以其法家故尚法，以其法家而学黄老道德之术，故尚法而无法。法者，一成而不可易，有成势，有常形。术者，因循乃见妙用，无成势，无常形。今读《慎子》书，曰：“古者，立天子而贵之者，非以利一人也。曰：天下无一贵，则理无由通，通理以为天下也。故立天子以为天下，非立天下以为天子也；立国君以为国，非立国以为君也。”“君人者，舍法而以身治，则诛赏予夺从君心出。然则受赏者虽当，望多无穷；受罚者虽当，望轻无已。君舍法而以心裁轻重，则同功殊赏、同罪殊罚矣。怨之所由生也。”

“法虽不善，犹愈于无法，所以一人心矣。夫投钩以分财，投策以分马，非钩策为均也。使得美者，不知所以德；得恶者，不知所以怨。此所以塞怨望也。”其大要归本，国之能治，独裁于君，君之任治，必齐以法。此法家之治也。《慎子》又曰：“天道，因则大，化则细。因也者，因民之能也，因人之情也。人莫不自为也，化而使之为我，则莫可得而用。故用人之自为，不用人之为我，则莫不可得而用矣。此之谓因。”“民杂处而各有所能，所能者不同，此亦民之情也。大君者，太上也，兼畜下者也。下之所能不同，而皆上之用也。是以大君因民之能为资，尽包而畜之，无能去取焉。故不设一方以求于人。所求者，无不足也，则易为下矣。易为下，则莫不容。莫不容，故多下。多下之谓太上。”“君臣之道：臣事事，而君无事；君逸乐，而臣任劳；臣尽智力以善其事，而君无与焉。”“人君自任而务为善以先下，则是代下负任蒙劳也，臣反逸矣。”“皆私其所知以自覆掩。有过则臣反责君，逆乱之道也。”“人君苟任臣而勿自躬，则臣皆事事矣。”此黄老道德之术，而老子所云无为而无不为，取天下常以无事（王弼注：“动常，因也。”）。庄子所称上必无为而用天下，下必有为，为天下用。韩非主道，所谓有行而不以贤、观臣下之所因者也。《汉书·艺文志》著录《慎子》书以入法家，诚窃以为知其一而未知其二。何者？《慎子》法而兼术，法者可正名，术者莫能名，《慎子》则以莫能名之术而神明乎可。正名之法，因任而资能，循名而责实，藏之胸中，以偶万端而潜御群臣，岂非邓析所谓无形有形之本，无声有声之母？循名责实，按实定名，参以相平，转而相成，故得之形名者欤？《志》录《邓析》以弁名家之首，故《慎子》亦以改隶名家焉。

《慎子之学》（王叔岷撰）（节选）[1]

最早论慎子之学者为庄子，合彭蒙、田骈论之。《天下篇》云：彭蒙、田骈、慎到……齐万物以为首。曰："天能覆之而不能载之，地能载之而不能覆之，大道能包之而不能辩之。知万物皆有所可，有所不可。故曰选则不徧，教则不至，道则无遗者矣。"是故慎到弃知去己，而缘不得已，泠汰万物，以为道理。曰："知不知，将薄知，而后（复）邻伤之者也。"謑髁无任，而笑天下之尚贤也。纵脱无行，而非天下之大圣［也］。椎拍輐断，与物宛转，舍是与非，苟可以免。不师知虑，不知前后，魏然而已矣。推而后行，曳而后往，若飘风之還，若磨石之隧，全而无非，动静无过，未尝有罪，是何故？夫无知之物，无建己之患，无用知之累，动静不离于理，是以终身无誉。故曰："至于若无知之物而已，无用贤圣，夫块不失道。"

……常反人，不聚观，而不免于鲩断。其所谓道非道，而所言之韪不免于非所论慎到之学，颇与老、庄近似，如齐万物；弃知去己，而缘不得已；笑天下之尚贤，无用贤圣；推而后行，曳而后往；块不失道诸义。仅"椎拍輐断，与物宛转"二语，与法家之旨相符，意即"笞挞行刑，随事而定"（上句本成玄英疏），郭象注："法家虽妙，犹有椎拍。"就法家而言，是也。下文所谓"常反人，不聚观，不免于鲩断"，意谓"常反人情，不取悦于人，不免于行刑"（"聚观"借为"取欢"，犹取悦。"鲩断"犹上文"輐断"）。此评论法家之弊。《天下篇》固是庄子学派所著，论慎到之学，与道家关系最密，与法家亦略有关。司马迁谓慎到"学黄、老道德之术"，则仅着眼于道家矣。慎到乃法家重势派之代表人物，其思想与道、儒、名三家皆有关。

1 《慎子集校集注》，第236—237页。

# 第八讲
# 诸子（三）：杂家

在中国传统学术的知识架构里，《六经》是知识的原初。但因为获得知识的条件随着孔子使王官之学的民间化而得到了初步的解放，个体获得知识成为了具有普遍性的可能，所以有了诸子学的出现。前文主要以单独的方式介绍了儒、墨、道、法四家，这主要是受现代学术对专业的界定影响。值得注意的是，古人认为，例如编纂《诸子略》的作者就明确指出诸子各家虽“各推所长，穷知究虑”，但“合其要归，亦《六经》之支与流裔”。因此所谓“诸子学”，大体而言只不过是《六经》的“支与流裔”，换言之，研究诸子学要明白《六经》是如何作为知识的原初。这一思路，极为重要，不可忽视。

# 一、杂家与相关著作

清朝“通儒”的观念，便是渐进上述思路而形成的。清朝晚期的大儒章太炎，撰有《国故论衡》一书，而这部书虽然被称为“杂家”的著作，却从杂家著作的思路初步形成了现代学术著作的体系，由中国学术的内在而为中国学术的哲学化打开了通道。因此，我们不妨从杂家（杂家是兼采各家之学的综合学派）的著作出发，以“合其要归”的角度，一并观看诸子学派除上数四家之外，其他的一些重要的内容。

## （一）《吕氏春秋集释》

《吕氏春秋集释》，二十六卷，许维遹集释。《吕氏春秋》，又称《吕览》，分“十二纪”“八览”“六论”三部分，由秦国的丞相吕不韦及其三千门人集体编纂而成，是战国末期的一部政治理论散文汇编。此书内容涉及宽广，以黄老思想为主，兼采儒、道、墨、法、兵家、农家、纵横家、阴阳家等各家的思想，是杂家著作的代表之作。东汉高诱指出：“此书所尚，以道德为标的；以无为为纲纪；以公方为检标，与孟轲、孙卿、淮南扬雄相表里也。”“道德”与“无为”是道家的标准观念，所以《吕氏春秋》具有非常浓厚的黄老之治的学术色彩。这是《吕览》对两汉的思想具深远影响的原因之一，因为汉朝虽然立有五经博士，但在重儒的形式背后却在思想上与先秦时代的儒家精神始终有意保持距离，如汉代儒学气化宇宙论的观点，便缘于对《吕氏春秋》的承继与发挥。

## （二）《淮南子集释》

《淮南子集释》，二十一卷，何宁撰。《淮南子》，或称《鸿烈》，二十一篇，为刘安召集宾客共同撰著的作品，后由刘向、刘歆父子校订的一部著作。刘安（公元前179—前122），是汉高祖刘邦的少子淮南厉王刘长之子。据《汉书·淮南王传》的记载，刘安好读书鼓琴，善为文辞，不喜弋猎狗马驰骋，曾招致宾客方术之士数千人，作《内书》二十一篇，《外书》甚众。《汉书·淮南王传》所指的《内书》，即《淮南子》。《淮南子》与《吕氏春秋》类似，兼有各家思想。《淮南子》以"鸿烈"为书名，更是强调了它对自己兼融各家思想转出的自信。一般认为，《淮南子》思想接近道家，却又糅合儒法阴阳等家，为杂家著作，继承并发展了一些儒家的思想，"博大而元本道德"。《主术训》就指出："国之所以存者，仁义是也。"可见《淮南子》以孔孟的学说为治国的理念。又如《修务训》更强调："夫圣人者，不耻身之贱，而愧道之不行，不忧命之短，而忧百姓之穷。"这或让人想起范仲淹的至理名言："先天下之忧而忧，后天下之乐而乐。"从史料学的角度，《淮南子》也保存了许多自然科学历史文献，这些文献大多具有极高学术价值。

## （三）《论衡校释》

《论衡校释》，八十五篇，黄晖撰。《论衡》是一部包罗万象的学术著作，也是中国哲学史上一部划时代的著作，对诸家学说都有批判之处，特别是对汉代的经学进行了论难，极力反对汉代学者将经学变成一种近为神秘主义的谶纬学说。著书立言，若刘向之《说苑》《新序》，桓谭之《新论》，荀悦之《申鉴》，以至徐翰之《中论》，这些著作虽然都可以说不愧圣人之道，却在思想上"无甚创见"。而抱革新的思想，辨照是非，蔡元培认为只有王充一人。从学术思想史而言，当时的学者已经厌倦天人感应五行灾异之说，而这些学说亦使得学术界披上迷信的面纱。

## （四）《国故论衡疏证》

《国故论衡疏证》，二十七篇，章太炎撰，庞俊、郭诚永疏证。《国故论衡》是中国近现代古典学者章太炎的著作，这部著作无论在何种意义上说均对中国现代学术史的发展有着极其重要的影响。《国故论衡》是一部有关诸子学和文学哲学思想的概论性著作，二十七篇分上中下三卷，为研究诸子学者不得不读之书。上卷论中国传统语言文字声韵，讨论声韵与文字的关系，声韵学亦是清学超越宋学的原因之一；中卷论文学，提出文学界说，即从历史的眼光看待文学的发展；下卷论诸子学说，在哲学方面突破传统子学模式，通论诸子哲学的流变，对道家推崇备至，认为儒、法皆源于道家，开近代哲学史研究之先河。

## 二、名家与相关著作

名家不同于其他诸子学派，名家完全致力于探讨语言是如何作为思辨的工具而使用等问题；对这些问题——如“名”（概念）和“实”（实在）的逻辑关系问题——的探讨不仅在诸子百家之学中，甚至与西方的逻辑学、印度的因明学比较，也是独树一帜的存在；事实上名家的学术活动，不仅极大地促进了中国古代逻辑学的发展，也实际加速了诸子学的形成。正如《庄子·天下》记载：“天下之辩者相与乐之。”谭戒甫明确指出：“辩学即名学也。今人或谓逻辑为名学，以为百家治学之方；考周秦诸子莫不言名。”换言之，通达诸子学，探讨逻辑学也是一个非常重要的路径；而我们也知道，哲学思想的萌芽也主要是由辩论中转出。汉儒漠视诸子，这一条学术路径也因此消逝了很长的时间，直至西学的传入，而晚清诸子学的重新崛起，情况才有些许的改变，“自后长夜漫漫，幽室久闷；逮至有清中叶以还，纵有二三聪睿之士，仍等诸蒙瞽索涂，终未窥见大业之所在也”。

名家的代表人物主要有惠施和公孙龙，而墨家思想从前文的讨论中，我们已知它自成一派。惠施是战国中期宋国（今河南省商丘市）人。他是辩者“合同异”派的主要代表人物。《汉书·艺文志》曾著录《惠子》一篇，但已经佚失了。现在我们仅能根据《庄子》《荀子》等书中的一些记载，对惠施有一个大概的了解。《庄子》书中庄子与惠施的辩论前文已经提及，《荀子·正名》说公孙龙白马非马之论是“此惑于用名以乱实者也”。《庄子·天下》说公孙龙是“饰人之心，易人之意，能胜人之口，不能服人之心”。公孙龙在庄子与荀子眼里是擅长说辩。以下，我们主要介绍一些近现代学者对公孙龙著作的整理与思想研究。

### （一）《公孙龙子悬解》

《公孙龙子悬解》，六篇，王琯撰。《公孙龙子》是先秦时期名家的主要代表作，原有十四篇，后多散佚。公孙龙，战国时期赵人，其前后长短年寿及生卒岁纪，均无明文可考，大概与惠施同时，同为名家代表人物。他们探讨了概念之间相等和包含的关系、现实世界和主观概念的关系以及物体之间属性的关系等问题。他们对这些问题的探讨初读诡异，实不诡异，因为学术辩难是推动学术发展的一个极为重要的诱因，正如王琯强调“固勿庸讳避也”，认为当时儒墨宗风振靡天下，而公孙龙子掉臂其间，“祖述辩经，以正别名显于世。疾名实之散乱，因资材之所长，假物取譬，为守白之论”，虽造成与儒墨的对峙，却也推动了学术思想的平衡与发展，“其学术价值概可肊见”。公孙龙有《公孙龙子》一书，据《汉书・艺文志》的记载，全书原有十四篇，后来多数散失。今本只剩下了六篇。近人王琯吸取前人研究成果，铸成此书，为我们研读《公孙龙子》，提供了足资参考的研究资料。

### （二）《公孙龙子形名发微》

《公孙龙子形名发微》，十篇，谭戒甫撰。所谓发微，是指对某一事理的精蕴或某一事物的原委的探索。谭戒甫认为，先秦诸子论名之义有三，即一“正名”，二“名本”，三“形名”。形名又称刑名。《荀子・正名》记载，“后王之成名：刑名从商，爵名从周，文名从礼，散名之加于万物者，则从诸夏之成俗曲期，远方异俗之乡，则因之而为通”。可见形名之学与礼乐有关。形名学是战国诸子百家中的一个重要派别，他们的理论在当时曾掀起过相当大的波浪，因为形名之学是由于社会变革导致政治伦理秩序的混乱而兴起。孔子也曾经强调“必也正名乎！名不正则言不顺，言不顺则事不成”。儒家论礼，不仅只强调内在，这可以在形名学中找到其思想的依据。《公孙龙子形名发微》以名家代表人物公孙龙所著文章为中心，同时搜集同派学说和作品，相互参证，从而展现了形名学派的发展过程及其与名家对立观点的辩驳。作者结合多年研究墨家、名家的心得，论证了“名实”和“形名”的不同之处，对研究形名学有重要参考价值。

### （三）《墨辩发微》

《墨辩发微》，十七篇，谭戒甫撰。《墨辩发微》是一部专门研究《墨子》书中“上经”“下经”“经说上”“经说下”和“大取”“小取”等六篇辩学的论著。《墨子》书中所含门类很多，如辩学、哲学、光学、力学、数理学、几何学、经济学、政法学、教育学、伦理学等，而这六篇素来被人们认为是《墨子》一书中始终最难于读懂的。作者积四十余年的研究精力，为其专习文字音韵、先秦诸子、经史要籍、旁门杂术，远及国外各种学艺著作，终于撰成此书，极具参考价值。

## 思考题

1. 诸子学出现的历史条件是什么?

2. 诸子学跟王官之学有何本质上的不同?

## 【阅读材料】

### 一、《吕氏春秋集释》相关材料

《吕氏春秋集释序》（冯友兰撰）（节选）[1]

《吕氏春秋》为我国最早之有形式系统之私人著述。盖自先秦贵族政治崩坏以后，虽百家并起，各有述作，然皆仅具篇章，未有如后世所有之整书也。若世所传之《墨子》《庄子》等整书，乃秦以后人所结集，非其本如此也。即此等整书，就形式系统上言，亦不过差优于后世人之文集。独《吕氏春秋》乃依预定计划写成，有《十二纪》《八览》《六论》，纲具目张，条分理顺，此在当时，盖为创举，所以书成之后，文信侯布之国门，以自矜夸也。惟其书成于众手，各记所闻，形式上虽具系统，思想上不成一家。然此书不名曰"吕子"，而名曰《吕氏春秋》，盖文信侯本自以其书为史也。《史记》谓吕不韦以其书"为备天地万物古今之事，号曰《吕氏春秋》"，亦以为吕不韦以其书为史耳。《史记·十二诸侯年表叙》以《吕氏春秋》与《左氏春秋》《虞氏春秋》并列，是史公亦以此书为史也。

《吕氏春秋序》（高诱撰）（节选）[2]

庄襄王立三年而薨，太子正立，是为秦始皇帝，尊不韦为相国，号称仲父。不韦乃集儒书，使著其所闻，为《十二纪》《八览》《六论》，合十余万言，备天地万物古今之事，名为《吕氏春秋》。暴之咸阳市门，悬千金其上，有能增损一字者与千金。时人无能增损者。诱以为时人非不能也，盖惮相国畏其势耳。〇梁玉绳曰："《论衡·自纪》云：'吕氏悬于市门，观读之者惶恐畏忌，虽乖不合，焉敢谴一字。'诱盖本此。"然此书所尚，以道德为标的，〇维遹案：《御览》引"标"作"准"。以无为为纲纪，以忠义为品式，以公方为检格，与孟轲、孙卿、淮南、扬雄相表里也，是以著在录、略。诱正《孟子》章句，作《淮南》《孝经》解毕讫，家有此书，寻绎案省，大出诸子之右，既有脱误，小儒又以私意改定，犹虑传义失其本真，少能详之，故复

1 ［秦］吕不韦编，许维遹集释，梁运华整理：《吕氏春秋集释·吕氏春秋集释序》，北京：中华书局，2009年，第1页。

2 《吕氏春秋集释·吕氏春秋序》，第2—3页。

依先师旧训，辄乃为之解焉，以述古儒之旨，凡十七万三千五十四言。若有纰缪不经，后之君子断而裁之，比其义焉。

《有始览第一》[1]

一曰：天地有始，天微以成，地塞以形。天地合和，生之大经也。以寒暑日月昼夜知之，以殊形殊能异宜说之。夫物合而成，离而生。知合知成，知离知生，则天地平矣。平也者，皆当察其情，处其形。

天有九野，地有九州，土有九山，山有九塞，泽有九薮，风有八等，水有六川。何谓九野？中央曰钧天，其星角、亢、氐。东方曰苍天，其星房、心、尾。东北曰变天，其星箕、斗、牵牛。北方曰玄天，其星婺女、虚、危、营室。西北曰幽天，其星东壁、奎、娄。西方曰颢天，其星胃、昴、毕。西南曰朱天，其星觜巂、参、东井。南方曰炎天，其星舆鬼、柳、七星。东南曰阳天，其星张、翼、轸。何谓九州？河、汉之间为豫州，周也。两河之间为冀州，晋也。河、济之间为兖州，卫也。东方为青州，齐也。泗上为徐州，鲁也。东南为扬州，越也。南方为荆州，楚也。西方为雍州，秦也。北方为幽州，燕也。何谓九山？会稽，太山，王屋，首山，太华，岐山，太行，羊肠，孟门。何谓九塞？大汾，冥阨，荆阮，方城，殽，井陉，令疵，句注，居庸。何谓九薮？吴之具区，楚之云梦，秦之阳华，晋之大陆，梁之圃田，宋之孟诸，齐之海隅，赵之巨鹿，燕之大昭。何谓八风？东北曰炎风，东方曰滔风，东南曰熏风，南方曰巨风，西南曰凄风，西方曰飂风，西北曰厉风，北方曰寒风。何谓六川？河水，赤水，辽水，黑水，江水，淮水。凡四海之内，东西二万八千里，南北二万六千里，水道八千里，受水者亦八千里，通谷六，名川六百，陆注三千，小水万数。凡四极之内，东西五亿有九万七千里，南北亦五亿有九万七千里。极星与天俱游，而天极不移。冬至日行远道，周行四极，命曰玄明。夏至日行近道，乃参于上。当枢之下无昼夜。白民之南，建木之下，日中无影，呼而无响，盖天地之中也。天地万物，一人之身也，此之谓大同。众耳目鼻口也，众五谷寒暑也，此之谓众异，则万物备也。天斟万物，圣人览焉，以观其类。解在乎天地之所以形，雷电之所以生，阴阳材物之

1 《吕氏春秋集释》，第276—284页。

精，人民禽兽之所安平。

## 二、《淮南子集释》相关阅读材料

《主术训》（节选）[1]

人主之术，处无为之事，而行不言之教：清静而不动，一度而不摇，因循而任下，责成而不劳。是故心知规而师傅谕导，口能言而行人称辞，足能行而相者先导，耳能听而执正进谏。是故虑无失策，谋无过事，言为文章，行为仪表于天下，进退应时，动静循理，不为丑美好憎，不为赏罚喜怒，名各自名，类各自类，事犹自然，莫出于己。故古之王者，冕而前旒，所以蔽明也；黈纩塞耳，所以掩聪；天子外屏，所以自障。故所理者远，则所在者迩；所治者大，则所守者小。夫目妄视则淫，耳妄听则惑，口妄言则乱。夫三关者，不可不慎守也。若欲规之，乃是离之；若欲饰之，乃是贼之。天气为魂，地气为魄，反之玄房，各处其宅。守而勿失，上通太一，太一之精，通于天道。天道玄默，无容无则，大不可极，深不可测，尚与人化，知不能得。

……凡人之性，莫贵于仁，莫急于智，仁以为质，智以行之，两者为本，而加之以勇力、辩慧，捷疾、劬录，巧敏、迟利，聪明审察，尽众益也。身材未修，伎艺曲备，而无仁智以为表干，而加之以众美，则益其损。故不仁而有勇力果敢，则狂而操利剑；不智而辩慧怀给，则弃骥而不式。虽有材能，其施之不当，其处之不宜，适足以辅伪饰非，伎艺之众，不如其寡也。故有野心者，不可借便势；有愚质者，不可与利器。鱼得水而游焉则乐，唐决水涸，则为蝼蚁所食。有掌修其隄防，补其缺漏，则鱼得而利之。国有以存，人有以生。国之所以存者，仁义是也；人之所以生者，行善是也。国无义，虽大必亡；人无善志，虽勇必伤。治国上使不得与焉，孝于父母，弟于兄嫂，信于朋友，不得上令而可得为也。释己之所得为，而责于其所不得制，悖矣。

## 三、《论衡校释》相关材料

《问孔篇》（节选）[2]

世儒学者，好信师而是古，以为贤圣所言皆无非，专精讲习，不知难问。夫贤圣

---

1 ［汉］刘安编，何宁撰：《淮南子集释》，北京：中华书局，1998年，第605—704页。

2 ［汉］王充著，黄晖撰：《论衡校释》，北京：中华书局，1990年，第395—401页。

下笔造文，用意详审，尚未可谓尽得实，况仓卒吐言，安能皆是？不能皆是，时人不知难；或是，而意沉难见，时人不知问。案贤圣之言，上下多相违；其文，前后多相伐者，世之学者，不能知也。

论者皆云："孔门之徒，七十子之才，胜今之儒。"此言妄也。彼见孔子为师，圣人传道，必授异才，故谓之殊。夫古人之才，今人之才也，今谓之英杰，古以为圣、神，故谓七十子历世希有。使当今有孔子之师，则斯世学者，皆颜、闵之徒也；使无孔子，则七十子之徒，今之儒生也。何以验之？以学于孔子，不能极问也。圣人之言，不能尽解；说道陈义，不能辄形。不能辄形，宜问以发之；不能尽解，宜难以极之。皋陶陈道帝舜之前，浅略未极，禹问难之，浅言复深，略指复分。盖起问难此说，激而深切，触而著明也。

……孟懿子问孝，子曰："毋违。"樊迟御，子告之曰："孟孙问孝于我，我对曰：'毋违。'"樊迟曰："何谓也？"子曰："生，事之以礼；死，葬之以礼。"

问曰：孔子之言"毋违"，毋违［者］礼也。孝子亦当先意承志，不当违亲之欲。孔子言"毋违"，不言"违礼"，懿子听孔子之言，独不为嫌于毋违志乎？樊迟问何谓，孔子乃言"生，事之以礼；死，葬之以礼，祭之以礼"。使樊迟不问，毋违之说，遂不可知也。懿子之才，不过樊迟，故《论语》篇中，不见言行，樊迟不晓，懿子必能晓哉？

孟武伯问孝，子曰："父母，唯其疾之忧。"武伯善忧父母，故曰"唯其疾之忧"。武伯忧亲，懿子违礼。攻其短，答武伯云"父母，唯其疾之忧"，对懿子亦宜言"唯水火之变乃违礼"。周公告小才勑，大材略。［子游之］〔樊迟〕，大材也，孔子告之勑；懿子，小才也，告之反略，违周公之志。攻懿子之短，失道理之宜，弟子不难，何哉！

如以懿子权尊，不敢极言，则其对武伯，亦宜但言"毋忧"而已。俱孟氏子也，权尊钧同，勑武伯而略懿子，未晓其故也。使孔子对懿子极言毋违礼，何害之有？专鲁莫过季氏，讥八佾之舞庭，刺太山之旅祭，不惧季氏增邑不隐讳之害，独畏答懿子极言之罪，何哉？且问孝者非一，皆有御者，对懿子言，不但心服臆肯，故告樊迟。

孔子曰："富与贵，是人之所欲也，不以其道得之，不居也；贫与贱，是人之所恶也，不以其道得之，不去也。"此言人当由道义得，不当苟取也；当守节安贫，不当妄去也。

夫言不以其道得富贵，不居，可也；不以其道得贫贱，如何？富贵顾可去，去贫贱何之？去贫贱，得富贵也；不得富贵，不去贫贱。如谓得富贵不以其道，则不去贫贱邪？则所得富贵，不得贫贱也。贫贱何故当言“得之”？顾当言“贫与贱，是人之所恶也，不以其道去之，则不去也”。当言“去”，不当言“得”。“得”者，施于得之也。今去之，安得言“得”乎？独富贵当言“得”耳。何者？得富贵，乃去贫贱也。

是则以道“去”贫贱如何？脩身行道，仕得爵禄富贵，得爵禄富贵，则去贫贱矣。不以其道“去”贫贱如何？毒苦贫贱，起为姧盗，积聚货财，擅相官秩，是为不以其道。

## 四、《国故论衡疏证》相关材料

《原儒》[1]

儒有三科，关达、类、私之名。达名为儒：儒者，术士也。太史公《儒林列传》曰“秦之季世阬术士”，而世谓之“阬儒”；司马相如言“列僊之儒居山泽间，形容甚臞”；赵太子悝亦语庄子曰：“夫子必儒服而见王，事必大逆。”此虽道家方士言儒也。《盐铁论》曰：“齐宣王褒儒尊学，孟轲、淳于髡之徒受上大夫之禄，不任职而论国事。盖齐稷下先生千有余人，湣王矜功不休，诸儒谏不从，各分散。慎到、捷子亡去，田骈如薛而孙卿适楚。”王充《儒增》《道虚》《谈天》《说日》《是应》举儒书所称者，有鲁般刻鸢；由基中杨；李广射寝石，矢没羽；荆轲以匕首擿秦王，中铜柱入尺；女娲销石；共工触柱；觟觽治狱；屈轶指佞；黄帝骑龙；淮南王犬吠天上，鸡鸣云中；日中有三足乌，月中有兔蟾蜍。是诸名籍，道、墨、刑法、阴阳、神仙之伦，旁有杂家所记，列传所录，一谓之儒，明其皆公族。儒之名盖出于需。需者，云上于天，而儒者亦知天文，识旱潦。何以明之？鸟知天将雨者曰鷸，舞旱暵者以为衣冠。鷸冠者，亦曰术氏冠，又曰圜冠。庄周言“儒者冠圜冠者知天时，履句屦者知地形，缓佩玦者事至而断”。明灵星舞子，吁嗟以求雨者谓之儒。故曾皙之狂而志舞雩，原宪之狷而服华冠，皆以忿世为巫，辟易放志于鬼道。古之儒知天文占候，谓其多技，故号遍施于九能，诸有术者悉晐之矣。

1 章太炎撰，庞俊、郭诚永疏证：《国故论衡疏证》，北京：中华书局，2008年，第481—495页。

类名为儒:儒者,知礼、乐、射、御、书、数。《天官》曰:“儒,以道得民。”说曰:“儒,诸侯保氏,有六艺以教民者。”《地官》曰:“联师儒。”说曰:“师儒,乡里教以道艺者。”此则躬备德行为师,效其材艺为儒。养由基射白蝯应矢而下,尹儒学御三年受秋驾,吕氏曰:“皆六艺之人也。”明二子皆儒者,儒者则足以为桢干矣。

私名为儒:《七略》曰:“儒家者流,盖出于司徒之官,助人君顺阴阳、明教化者也。游文于六经之中,留意于仁义之际,祖述尧、舜,宪章文、武,宗师仲尼,以重其言,于道为最高。”周之衰,保氏失其守,史籀之书、商高之算、蜂门之射、范氏之御,皆不自儒者传。故孔子曰:“吾犹及史之阙文也,有马者借人乘之,今亡矣夫。”盖名、契乱,执辔调御之术亦浸不正。自诡鄙事,言“君子不多能”,为当世名士显人隐讳。及儒行称十五儒,《七略》疏《晏子》以下二十五家,皆粗明德行政教之趣而已,未及六艺也。其科于周官为师,儒绝而师假摄其名。然自孟子、孙卿多自拟以天子三公,智效一官,德征一国,则劣矣。而末流亦弥以哗世取宠。及郦生、陆贾、平原君之徒,餔歠不德,廉行亦败,乃不如刀笔吏。是三科者,皆不见五经家。往者商瞿、伏胜、谷梁赤、公羊高、浮丘伯、高堂生诸老,《七略》格之,名不登于儒籍。儒者游文,而五经家专致,五经家骨鲠守节过儒者,其辩智弗如,此其所以为异。自太史公始以儒林题齐、鲁诸生,徒以润色孔氏遗业。又尚习礼乐弦歌之音,乡饮大射,事不违艺,故比而次之。及汉有董仲舒、夏侯始昌、京房、翼奉之流,多推五胜,又占天官风角,与鹖冠同流,草窃三科之间,往往相乱。晚有古文家出,实事求是,征于文不征于献。诸在口说,虽游、夏犹黜之。斯盖史官支流,与儒家益绝矣。冒之达名,道、墨、名、法、阴阳、小说、诗赋、经方、本草、蓍龟、形法,此皆术士,何遽不言儒?局之类名,蹴鞠、弋道近射,历谱近数,调律近乐,犹虎门之儒所有事也。

今独以传经为儒,以私名则异,以达名、类名则偏。要之题号由古今异,儒犹道矣。儒之名于古通为术士,于今专为师氏之守。道之名于古通为德行道艺,于今专为老聃之徒。道家之名不以题方技者,嫌与老氏掍也。传经者复称儒,即与私名之儒殽乱。孔子曰:“今世命儒亡常,以儒相诟病。”谓自师氏之守以外,皆宜去儒名便,非独经师也。以三科悉称儒,名实不足以相检,则儒常相伐。故有理情性,陈王道,而不丽保氏,身不跨马,射不穿札;即与驳者,则以呰窳诟之,以多艺匡之。是以类名宰私名也。有审方圆，正书名，而不经品庶，不念烝民疾疢；即与驳者，则以他技诟之，以致远匡之。是以私名宰类名也。有综九流，齑万物，而不一孔父，不蹩躠为仁义；即与驳者，则以他技诟之，以致远匡之。是以私名宰类名也。有综九流，齑万物，而不一孔父，不蹩躠为仁义；即与驳者，则以左道诟之，以尊师匡之。是以私名宰达名也。今令术士、艺人闳眇之学，皆弃捐儒名，辟师氏贤者路，名喻则争自息。不然，儒家称师，艺人称儒，其余各名其家，泛言曰学者，旁及诗赋而泛言曰文学，亦可以无相鏖矣。礼、乐世变易；射、御于今麤粗，无参连、白矢、交衢、和鸾之技；独书、数仍世益精博，凡为学者，未有能舍是者也。三科虽殊，要之以书、数为本。

《论式》(节选)[1]

编竹以为简，有行列鰓理，故曰仑。仑者，思也。《大雅》曰："于论鼓钟。"论官有司士之格，论囚有理官之法，莫不比方。其在文辞，《论语》而下，庄周有《齐物》，公孙龙有《坚白》《白马》，孙卿有《礼》《乐》，吕氏有《开春》以下六篇。前世著论在诸子，未有率尔持辩者也。九流之言，拟仪以成变化者，皆论之侪。《别录》署《礼记》亦有《通论》，不专以题名为质。其辞精微简练，本之名家，与纵横异轨。由汉以降，贾谊有《过秦》，在儒家；东方朔设非有先生之论，《朔书》二十篇，则于杂家著录；及王褒为《四子讲德》，始别为辞人矣。晚周之论，内发膏肓，外见文采，其语不可增损。汉世之论，自贾谊已繁穰，其次渐与辞赋同流，千言之论，略其意不过百名。扬子为《法言》稍有裁制，以规《论语》，然儒术已勿能拟孟子、孙卿，而复忿疾名法。或问："公孙龙诡辞数万以为法，法与？"曰："断木为棋，捖革为鞠，亦皆有法焉。不合乎君子之道者，君子不法也。"或曰："刑名非道邪，何自然也？"曰："何必刑名，围棋击剑，反目眩形，亦皆自然也。由其大者作正道，由其小者作奸道。"今以扬子所云云者，上拟龙、非，则跛鳖之与骐骥也。汉世独有石渠议奏，文质相称，语无旁溢，犹可为上宗。后汉诸子渐兴，讫魏初几百种。然其深达理要者，辨事不过《论衡》，议政不过《昌言》，方人不过《人物志》，此三家差可以攀晚周。其余虽娴雅，悉腐谈也。自《新语》《法言》《申鉴》《中论》，为辞不同，皆以

1 《国故论衡疏证》，第387—405页。

庸言为故，岂夫可与酬酢，可与右神者乎？当魏之末世，晋之盛德，钟会、袁准、傅玄皆有家言，时时见他书援引，视荀悦、徐干则胜。此其故何也？老庄刑名之学逮魏复作，故其言不牵章句，单篇持论，亦优汉世。然则王弼《易例》、鲁胜《墨序》、裴頠《崇有》，性与天道，布在文章，贾、董卑卑，于是谢不敏焉。经术已不行于王路，丧祭尚在，冠昏朝觐犹弗能替旧常，故议礼之文亦独至。陈寿、贺循、孙毓、范宣、范汪、蔡谟、徐野人、雷次宗者，盖二戴、闻人所不能上。施于政事，张裴《晋律》之序，裴秀地域之图，其辞往往陵轹二汉。由其法守，朝信道矣，工信度矣。及齐梁犹有继迹者，而严整差弗逮。夫持论之难，不在出入风议，臧否人群，独持理议礼为剧。出入风议，臧否人群，文士所优为也。持理议礼，非擅其学莫能至。自唐以降，缀文者在彼不在此。观其流势，洋洋纚纚，即实不过数语。又其持论不本名家，外方陷敌，内则亦以自偾，惟刘秩、沈既济、杜佑，差无盈辞。持理者，独刘、柳论天为胜，其余并广居自恣之言也。宋又愈不及唐，济以哗譊。近世或欲上法六代，然上不窥六代学术之本，惟欲厉其末流。江统《徙戎》，陆机《辩亡》，干宝《晋纪》，以为骏极不可上矣。自余能事，尽于送往事居，不失倨侮。以甄名理，则僻违而无类；以议典宪，则支离而不驯。余以为持诵《文选》，不如取《三国志》《晋书》《宋书》《弘明集》《通典》观之，纵不能上窥九流，犹胜于滑泽者。

尝与人书道其利病曰：文生于名，名生于形。形之所限者分，名之所稽者理。分理明察，谓之知文。小学既废，则单篇摦落；玄言日微，故俪语华靡。不竱其本，以之肇末，人自以为杨刘，家相誉以潘陆，何品藻之容易乎？仆以下姿，智小谋大，谓文学之业穷于天监。简文变古，志在《桑中》，徐、庾承其流化。平典之风，于兹沫矣。燕、许有作，方欲上攀秦汉。逮及韩、吕、柳、权、独孤、皇甫诸家。劣能自振，议事确质不能如两京，辩智宣朗不能如魏晋。晚唐变以谲诡，两宋济以浮夸，斯皆不足邵也。将取千年朽蠹之余，反之正则，虽容甫、申耆，犹曰采浮华，弃忠信尔。皋文、涤生，尚有谖言，虑非修辞立诚之道。夫忽略名实，则不足以说典礼；浮辞未翦，则不足以穷远致。言能经国，诎于笾豆有司之守；德音孔胶，不达形骸智虑之表。故篇章无计薄之用，文辩非穷理之器。彼二短者，仆自以为绝焉，所以块居独处，不欲奇群彦之数也。如向者一二耆秀，皆浮华交会之材，哗世取宠之士，嘘枯吹生之文，非所谓文质彬彬者也。故曰：亡而为有，虚而为盈，约而为泰，难乎有恒矣。或言今世慕古人文辞者，多论其世，唐宋不如六代，六代不如秦汉。今谓持论以魏晋为法，上遗秦汉，敢问所安。曰：夫言亦各有所当矣。秦世先有韩非、黄公之伦，持论信善，及始皇并六国，其道已隘。自尔及汉，记事韵文，后世莫与比隆，然非所及于持论也。汉初，儒者与纵横相依，逆取则饰游谈，顺守则主常论；游谈恣肆而无法程，常论宽缓而无攻守。道家独主清静，求如《韩非·解老》已不可得。《淮南鸿烈》又杂神仙辞赋之言。其后经师渐与阴阳家并，而议论益多牵制矣。汉论著者莫如《盐铁》，然观其驳议，御史大夫、丞相史言此，而文学贤良言彼，不相剀切；有时牵引小事，攻劫无已，则论已离其宗。或有却击如骂，侮弄如嘲，故发言终日，而不得所凝止。其文虽博丽哉，以持论则不中矣。董仲舒《深察名号篇》，略本孙卿，为已条秩，然多傅以疑似之言。惜乎刘歆《七略》，其六录于《汉志》，而《辑略》俄空焉。不然，歆之谨审权量，斯有伦有脊者也。今汉籍见存者，独有王充，不循俗迹，恨其文体散杂，非可讽诵。其次独有《昌言》而已。魏晋之文，大体皆埤于汉，独持论仿佛晚周。气体虽异，要其守己有度，伐人有序，和理在中，孚尹旁达，可以为百世师矣。然今世能者，多言规摹晋宋，惟汪中说《周官·明堂篇》，类似礼家，阮元已不相逮。至于甄辨性道，极论空有，概乎其未有闻焉。典礼之学近世有余，名言之言近世最短。以其短者施之论辨，徒为缴绕，无所取材。谦让不宣，固其慎也。长者亦不能自发舒，若凌廷堪《礼经释例》，可谓条理始终者，及为俪辞，文体卑近，无以自宣其学。斯岂非崇信文集，异视史书之过哉？然今法六代者，下视唐宋；慕唐宋者，亦以六代为靡。夫李翱、韩愈局促儒言之间，未能自遂。权德舆、吕温及宋司马光辈略能推论成败而已，欧阳修、曾巩好为大言，汗漫无以应敌，斯持论最短者也。若乃苏轼父子，则佞人之戋戋者。凡立论欲其本名家，不欲其本纵横，儒言不胜，而取给于气矜，游豮怒特，蹂稼践蔬。卒之数篇之中，自为错牾，古之人无有也。法晋宋者知其病征，宜思有以相过，而专务温藉，词无芒刺。甲者讥乙，则曰郑声；乙者讥甲，又云常语。持论既莫之胜，何怪人之多言乎？夫雅而不核，近于诵数，汉人之短也。廉而不节，近于疆钳，肆而不制，近于流荡，清而不根，近于草野，唐宋之过也。有其利无有病者，莫若魏晋。然则依放典礼，辩其然非，非涉猎书记所能也。循实责虚，本隐之显，非徒窜句游心于有无同异之间也。效唐宋之持论者，利其齿牙；效汉之持论者，多其记诵，斯已给矣。效魏晋之持论者，上不徒守文，下不可御人以口，必先豫之以学。

## 五、《公孙龙子悬解》相关材料

《公孙龙子悬解自序》（王琯撰）[1]

公孙龙书，与儒道殊恉。并世庄荀，已相排笮。汉初尚黄老，格而弗宣。武帝表章《六经》，学术一尊，益在摈挤之列。学者承流，龂龂弗已。魏晋之间，始稍稍振矣，然终不畅。自唐迄宋，注释数家，其书多佚，莫觏厥恉。今流传之谢希深注，谓为未窥窔奥可也。清代子学勃兴，治此者尟。挽季俞荫甫孙仲容两家始刊挩误，多所諟正。近人胡适之益以新知，撢简其谊。梁任公章行严摘发异同，间获新解。千载榛莽，迺渐通涂径焉。嗟乎！以公孙氏之骀荡幼眇，蒙世诟病，遗简残编，旁皇异代，既摈于道，复弃于儒，微言大义，闷之数千百年仅乃得出，学统之籍人，固若斯其极耶！

余承诸君子绪余，取原书董理之，仍以群说纷投，意或未安，片鳞只爪，莫竟全功。乃一一为之疏解，其是者因之，非者正之，整纷剔蠹，析疑宣蕴，冥思探讨，创解尤多，私心所企。但如公孙论旨之真，而不敢出入。然此岂易言者！诸君子杀青之初，未必不同此念。偶有弗照，旋踵立觉。以余学植，安敢望诸君子，引镜自鉴，纰缪且将倍蓰；是不待他人痛绳之后，已欿然于心矣。惟书草创于去夏之交，兀兀寒暑，躬自校录，今一年矣。其间风云数变，海内鞅掌，假名而乱实者，且比比是。执此大象，用照时晦，有待公孙之正吾名而端吾的者，昭然若提撕而告语也。意作论者重有忧患之思乎？远睹千万祀后，必有抢攘胶漆如今日者，爬而梳之，使通其趣。呜呼！果由此而本书之谊得显，药时疢于万一，则所以报公孙造论之微意也夫。

《公孙龙子事辑》[2]

《庄子·徐无鬼篇》谓惠施曰："儒墨杨秉四，与夫子为五。"秉，即公孙龙也。当时儒墨宗风，振靡天下，公孙掉臂其间，造成对峙之局，其学术价值概可肊见。司马迁《史记》攟采极博，于此一代大师不为立传，非有所疎漏也。其《孟荀列传》曰：

1 ［战国］公孙龙著，王琯撰：《公孙龙子悬解·自序》，北京：中华书局，1992年，第1—2页。

2 《公孙龙子悬解》，第2—8页。

“赵有公孙龙为坚白同异之辩，剧子之言；魏有李悝，尽地力之教；楚有尸子、长卢，阿之吁子焉。自如孟子至于吁子，世多有其书，故不论其传云。”是史公之意，以公孙著述流传已久，诵书知人，固无劳别传也。世代緜远，旧闻散佚，今所著书已譌阙不完，综厥生平，率难征讨。但就群籍记载，知其曾劝燕昭王偃兵，有“大王欲攻齐，卒破齐以为功”数语，可证陈谏之时，已在破齐之后。（按：胡适之《中国哲学史大纲》，以谏燕昭王在破齐以前，似为未审。）其破齐为昭王二十八年，即周赧王三十一年，距昭王殁时只有五年，当在此五年间也。又尝客平原君家。邯郸存赵之役，曾进规言。时为赵孝成王九年，即周赧王五十八年。今考赧王在位共为五十九年，公孙所处时代当与略相终始；其前后长短年寿及生卒岁纪，均不可考矣。大抵姬嬴名硕，若老墨孟荀庄杨诸子出处之际，故书雅记率多不备，更非独公孙然也。谨甄讨典册，其叙及公孙言行者，略师理初俞氏之传易安、仲容孙氏之传墨子，汇其先后，为《事辑》一首，藉裨史迁之阙，而资学者以借镜。同时他宗论述有关实录者，虽属讦辞，亦间附及，学术辩难，固勿庸讳避也。

公孙龙，字子秉，赵人。祖述辩经，以正别名显于世。疾名实之散乱，因资材之所长，假物取譬，为守白之论。

尝度关。关司禁曰：“马不得过。”龙曰：“我马白，非马。”遂过。

适燕，说昭王以偃兵。昭王曰：“甚善，寡人愿与客计之。”龙曰：“窃意大王之弗为也。”王曰：“何故？”曰：“日者大王欲破齐，诸天下之士，其欲破齐者，大王尽养之；知齐之险阻要塞君臣之际者，大王尽养之；虽知而弗欲破者，大王犹若弗养。其卒果破齐以为功。今大王曰：‘我甚取偃兵。’诸侯之士在大王之本朝者，尽善用兵者也，臣是以知大王之弗为也。”王无以应。

适赵，与其徒毛公綦毋子等游平原君赵胜家。虞卿欲以信陵君之存邯郸为平原君请封。龙闻之，夜驾见平原君曰：“龙闻虞卿欲以信陵君之存邯郸为君请封，有之乎？”平原君曰：“然。”龙曰：“此甚不可。且王举君而相赵者，非以君之智能为赵国无有也。割东武城为君封者，非以君为有功也，而以国人无勋，乃以君为亲戚故也。君受相印不辞无能、割地不言无功者，亦自以为亲戚故也。今信陵君存邯郸而请封，是亲戚受城而国人计功也。此甚不可。且虞卿操其两权，事成，操右券以责；事不成，以虚名德君。君必勿听也。”平原君遂不听虞卿，厚待龙。

空雒之遇，秦赵相与约曰："自今以来，秦之所欲为，赵助之；赵之所欲为，秦助之。"居无几何，秦兴兵攻魏，赵欲救之。秦王不悦，使人让赵王曰："约曰：'秦之所欲为，赵助之；赵之所欲为，秦助之。'今秦欲攻魏，而赵因欲救之，此非约也。"赵王以告平原君，平原君以告龙。龙曰："亦可以发使而让秦王曰：'赵欲救之，今秦王独不助赵，此非约也。'"

赵惠王谓龙曰："寡人事偃兵十余年矣，而不成；兵不可偃乎?"对曰："偃兵之意，兼爱天下之心也。兼爱天下，不可以虚名为也，必有其实。今蔺、离石入秦，而王缟素布总；东攻齐得城，而王加膳置酒；秦得地，而王布总；齐亡地而王加膳；此非兼爱之心也，此偃兵之所以不成也。今有人于此，无礼漫易而求敬，阿党不公而求令，烦号数变而求静，暴戾贪得而求定，虽黄帝犹若困。"

尝与孔穿会平原君家。穿曰："素闻先生高谊，愿为弟子久，但不取先生以白马为非马耳。请去此术，则穿请为弟子。"龙曰："先生之言悖。龙之所以为名者，乃以白马之论尔；今使龙去之，则无以教焉。且欲师之者，以智与学不如也。今使龙去之，此先教而后师之也；先教而后师之者，悖。且白马非马，乃仲尼之所取。龙闻楚王张繁弱之弓，载忘归之矢，以射蛟兕于云梦之圃，而丧其弓。左右请求之。王曰：'止。楚王遗弓，楚人得之，又何求乎?'仲尼闻之曰：'楚王仁义而未遂也。亦曰人亡弓人得之而已，何必楚?'若此，仲尼异楚人于所谓人。夫是仲尼异楚人于所谓人，而非龙异白马于所谓马，悖。先王修儒术，而非仲尼之所取；欲学，而使龙去所教，则虽百龙，固不能当前矣。"孔穿无以应焉。

又尝深辩至于藏三牙。龙言藏之三牙甚辩。孔穿不应。少选，辞而出。明日，孔穿朝。平原君谓孔穿曰："昔者公孙龙之言甚辩。"孔穿曰："然。几能令藏三牙矣。虽然，难。愿得有问于君：谓藏三牙甚难，而实非也；谓藏两牙甚易，而实是也；不知君将从易而是者乎?将从难而非者乎?"平原君不应。明日谓龙曰："公无与孔穿辩。"

驺衍适赵，平原君见龙及綦毋子等，论白马非马之辩，以问驺子。驺子曰："不可。彼天下之辩有五胜三至，而辞正为下。辩者，别殊类使不相害，序异端使不相乱，抒音通指，明其所谓，使人与知焉，不务相迷也。故胜者不失其所守，不胜者得其所求。若是，故辩可为也。及至烦文以相假，饰辞以相惇，巧譬以相移，引人声使不得及其意。如此，害大道。夫缴纷争言而竞后息，不能无害君子。"坐皆称善。

中山公子牟者，魏国之贤公子也。好与贤人游，悦公孙龙。乐正子舆之徒笑之。公子牟曰："子何笑牟之悦公孙龙也？"子舆曰："公孙龙之为人，行无师，学无友，佞给而不中，漫衍而无家，好怪而妄言。欲惑人之心、屈人之口，与韩檀等肄之。"公子牟变容曰："何子状公孙龙之过欤？请问其实。"子舆曰："吾笑龙之诒孔穿：言'善射者能令后镞中前括，发发相及，矢矢相属；前矢造准而无绝落；后矢之括犹衔弦，视之若一焉'。孔穿骇之。龙曰：'此未其妙者。逢蒙之弟子曰鸿超，怒其妻而怖之。引乌号之弓，綦卫之箭，射其目。矢来注眸子而眶不睫，矢坠地而尘不扬。'是岂智者之言欤？"公子牟曰："智者之言，固非愚者之所晓。后镞中前括，钧后于前。矢注眸子而眶不睫，尽矢之势。子何疑焉？"乐正子舆曰："子，龙之徒，焉得不饰其阙？吾又言其尤者。龙诳魏王曰：'有意不心。有指不至。有物不尽。有影不移。发引千钧。白马非马。孤犊未尝有母。'其负类反伦，不可胜言也。"公子牟曰："子不谕至言而以为尤也，尤其在子矣。夫无意则心同。无指则皆至。尽物者常有。影不移者，说在改也。发引千钧，势至等也。白马非马，形名离也。孤犊未尝有母，非孤犊也。"乐正子舆曰："子以公孙龙之鸣皆条也。设令发于余窍，子亦将承之。"公子牟默然良久，告退，曰："请待余日，更谒子论。"

尝与辩者桓团之徒以二十一事相訾应。著书十四篇，名《公孙龙子》。持论雄赡，读之初觉诡异，而实不诡异也。

## 六、《公孙龙子形名发微》相关资料

《公孙龙子形名发微·原序》（谭戒甫撰）[1]

《形名发微》十篇既竟，作而叹曰：周秦之间，诸子蜂起，游文腾说，波谲云诡，其飞曜于当时而能扬声于后世者，殆亦希矣。然未有若形名之家，不独指意沦堙，响沈光绝，即其所揭橥之号，亦不能终保；而乃易之以乱名，群相怪咋，几二千年而不止。呜呼！岂有它故异物哉？盖历代以来，功令所限，其学不周于常人之用，而渐即于衰替焉耳。虽然，书缺有间，独赖《公孙龙子》五篇之存，其所表见皆不虚，而其佚又时时见于他说，非好学沈思，心知其意，固难为胺见謏闻道也。夫名家之学，体

1 ［战国］公孙龙著，谭戒甫撰：《公孙龙子形名发微》，北京：中华书局，1963年，第171页。

大思精，墨徒传之，《经说》具在。今公孙《白马》《通变》《坚白》，皆作答问，自画为守，畺域宛然，疑当世二家对扬之辞，后学编掇者也。不佞初治形名，由名学起，前后将近十年，孤陋肤浅，苦悟而寸进；积贯所得，仅成斯编。惟冀并世哲人，其有穷原竟委，复益发挥而光大之者，则不佞此作，直先驱之敝彗而已。

《名通》（节选）[1]

《晋书·隐逸传》载鲁胜《墨辩注叙》有曰："名者，所以别同异，明是非，道义之门，政化之准绳也。孔子曰：'必也正名！名不正则事不成。'墨子著书，作《辩经》以立名本。惠施公孙龙祖述其学，以正刑名。显于世。"予尝反覆咀诵，知鲁胜分"名"为三，即一"正名"，二"名本"，三"形名"是已。试推衍鲁胜之意，将谓"名"之发生甚古，所谓别同异，明是非，类多关于道义政化。如孔子言"正名"，意在为政，初非专乎名之擘求也。及乎墨翟，知"名"枢要，更习"辩"事，刱通涂径，以立"名本"。名本者，犹言名家正宗也。其后三墨之徒，各本所学，推演精进，复益光大。今《经说》《大小取》六篇，即墨子及三墨之遗书，而惠施亦踵习其业，皆即"名家"之所有事也。抑墨子之前，尚有异军突起，为名墨以外别传之学，谓之"形名"；邓析好之，不能深考。及战国稍晚，公孙龙辈祖述其说，立言断辞，大氐与名家相左，若相仿傚，实则背傿，承其风者亦往往而有。此其辜较也。虽然，鲁胜生于晋世，上距战国，历年可谓至久；而其持说条理若是，意必有所受之。今既不明，请征诸史。

古史论名家要指者，首推《史记·太史公自序》，曰："名家苛察缴绕，使人不得反其意，专决于名而失人情，故曰使人善检而失真。若夫控名责实，参伍不失，此不可不察也。"其次《汉书·艺文志》云："名家者流，盖出于礼官。古者名位不同，礼亦异数。孔子曰：'必也正名乎！名不正则言不顺，言不顺则事不成。'此其所长也。及謷者为之，则苟钩鈲析辞而已。"今综二说，可得而言。《汉志》谓"名家者流，盖出于礼官。古者名位不同，礼亦异数。孔子曰：'必也正名乎！名不正则言不顺，言不顺则事不成。'此其所长也"。非即胜之所谓"正名"者邪？《史序》云："若夫控名责

1 《公孙龙子形名发微》，第92—96页。

实，参伍不失，此不可不察也。”斯盖《汉志》“名家者流”之所有事，非即胜之所谓“名本”者邪?《史序》云:“名家苛察缴绕，使人不得反其意，专决于名而失人情，故曰使人善检而失真。”《汉志》云:“及警者为之，则苟钩鈲析辞而已。”非即胜之所谓“形名”者邪？由是以观，“名”为通称:“正名”之用，在于政化;“名本”者，名家正宗也;“形名”一端，虽名号未专，而理谊已具。试持此说以读《史序》《汉志》，后先相揆，若合符节，乃知胜说之有所本矣。今请试观《隋书·经籍志》论“名”，当益显白。曰:“名者，所以正百物，叙尊卑，列贵贱，各控名而责实，无相僭滥者也。《春秋传》曰:‘古者名位不同，节文异数。’孔子曰:‘名不正则言不顺，言不顺则事不成。’《周官·宗伯》‘以九仪之命，正邦国之位，辨其名物’之类是也。拘者为之，则苛察缴绕，滞于析辞而失大体。”此其为说，当亦远宗《史序》《汉志》，而与鲁胜之言暗合者也。盖《史》《汉》互有龋差，文不甚具，而《隋志》较为独详。如云“《春秋传》曰:‘古者名位不同，节文异数。’孔子曰:‘名不正则言不顺，言不顺则事不成。’《周官·宗伯》‘以九仪之命，正邦国之位，辨其名物’之类”等语，即“正名”言之也。“名者所以正百物，叙尊卑，列贵贱，各控名而责实，无相僭滥”等语，即“名本”言之也。“拘者为之，则苛察缴绕，滞于析辞而失大体”等语，即“形名”言之也。三者备列无缺，或胜《序》有以启迪之乎？间尝论之：谈迁父子，去古未远，简籍尚多，得知大略，故能开拓于前。班《志》所论，本诸刘《略》。向歆父子，以宗亲典校秘书，用能网罗旧闻，范围百氏；所成《别录·七略》，体大思精，使后之学者得知古之学术源流，其功不小。鲁胜承两汉之英华，具渊闳之思致，《墨辩注》外，又采诸众杂集为《形名》二篇及《正天论》，知其精于名辩，邃于星历，故能造诣深纯，继往开来也。今请引申前说，论之于左。

《汉志》“名家出于礼官”之说，盖远溯古始言之也。《记》曰:“黄帝正名百物。”皇侃曰:“礼名起于黄帝。”为此说者，时代荒邈，载籍难稽；无征不信，未遑详辨。然《礼运》曰:“夫礼之初始诸饮食。”意生民之始，饮食最重，不有物以节之，则强暴争夺，生事必危。有智者出，率其群徒，矫之以情，纠之就范，而礼起焉。即如礼字从豊，豊字从豆；豆者食肉之器，豊者行礼之器。可知礼器始自饮食，礼事昉诸给求，礼名昭于报祭。循序以进，其来也渐，夏、殷、周三，各有因革；故《春秋传》曰:“名位不同，礼亦异数。”盖凡礼官所职，不可不有资于正名之事。及积久贯习，世业专掌，乃以家称。则名家之起，其最初出诸礼官，谅不诬矣。

惟西周以前，正名之举，书缺有间，荐绅先生难言之。施及春秋，礼名佚缺，生民无所遵守；故孔子答子路为政于卫，正名为先，以谓“名不正则言不顺，言不顺则事不成，事不成则礼乐不兴，礼乐不兴则刑罚不中，刑罚不中则民无所措手足”。盖正名之关于国家政化如此其重且大也。因又叹曰：“觚，不觚。觚哉！觚哉！”为伤名之不正，乃惧而修《春秋》以道名分。如《谷梁》僖十九年《传》曰：“‘梁亡’，‘郑弃其师’，我无加损焉，正名而已矣。”杨士勋《疏》谓“仲尼修《春秋》，亦有因史成文以示恶者”，是也。故孔子侍坐于季孙，季孙之宰通曰：“君使人假马，其与之乎？”孔子曰：“吾闻君取于臣谓之取，不曰假。”季孙悟，告宰通曰：“今以往，君有取谓之取，无曰假。”孔子正假马之言，而君臣之义定矣。是以《春秋》书“陨石于宋，五。六鹢退飞，过宋都”。董仲舒曰：“《春秋》辨物之理以正其名，名物如其真，不失秋毫之末。故名賈石则后其五，言退鹢则先其六。圣人之谨于正名如此！”迨后战国中世，私淑孔子者厥为孟子。孟子自谓知言，故其书七篇中类多辩正时君及时人之语。如梁惠王以利国为问，则对以仁义；齐宣王好乐、好勇、好货、好色，则对以与民同之：皆能明其所以然也。又如秦楚搆兵，宋牼将见其王说而罢之；孟子请闻其指，牼谓将言其不利。孟子曰：“先生之志则大矣；先生之号则不可。先生以利说秦楚之王，王悦于利以罢三军之师，是士乐罢而悦于利也。以仁义说王，王悦于仁义而罢之，是士乐罢而悦于仁义也。是君臣父子兄弟去利怀仁义以相接也；然而不王者未之有也。何必曰利？”盖其时百家之说并作，各奔于私，而杨墨为甚，故孟子急以言距之曰：“杨氏为我，是无君也；墨氏兼爱，是无父也。无父无君，是禽兽也。”言虽过激，而其督名正辞，以明圣王之道，固非常人所可及矣。战国之季，效法孔子者复有荀卿。盖卿之时尤多抗言竞辩，非先自立不足以御人，故于称名取类，尤擅卓见。尝作《正论》以驳当时不合议论之言；又作《正名》以纠当时妄持名理之见。而《正名》一篇，更为精思独创。如云：“若有王者起，必将有循于旧名，有作于新名。”循旧名者，则谓“刑名从商，爵名从周，文名从礼，散名从诸夏成俗”。作新名者，则谓“所为有名，与所缘以同异，及制名之枢要”。凡此皆正名之大端，后王不可不察者也。又有“用名乱名，用实乱名，用名乱实”之三惑，所谓离正道而擅作者，明君则知其分而能禁之矣。以上儒家之正名也。

## 七、《墨辩发微》相关资料

《墨辩正名》[1]

春秋各国，交际频繁，行人奉使，折冲樽俎，大抵以《诗》三百篇为辞令之书，过或不及，群相讥议，如晋平公谓“歌《诗》必类”，赵文子谓“《诗》以言志”，而齐卢蒲癸亦有“赋《诗》断章，余取所求”之语；盖随机引用，恰如志义，乃能致命而不辱，则以一时风气使然。故孔子曰：“不学《诗》，无以言。”又曰：“诵《诗》三百，使于四方，不能专对，虽多亦奚以为?”是以孔门七十子中，宰我子贡长于言语，善为说辞，亦时代所需也。此已当春秋战国之交，社会一切剧变，阶级矛盾加深，交际间渐由《诗》而转为辩；谈说之士，已有“辩者”之目，《庄子》谓孔子曾举辩者之言以问老子。可以知其概矣。墨子之生，尚及孔子，时变日急，求善者寡，不强说人，人莫之知；故上自王公大人，次至匹夫徒步之士，莫不行说之以义。盖墨子雅善言谈，制器尚匠，宜究名理，因构范畴，同归知要，数逆精微，遂开华夏二千年前独到之辩学；但未尝揭“辩”之名以总名其书也，其以“墨辩”名其书者则自鲁胜始。

《晋书·鲁胜传》谓胜所著书，“惟注《墨辩》存”。又其所载“《墨辩注叙》”，谓“《墨辩》有《上下经》，《经》各有《说》，凡四篇”。则是胜以《经上》《经下》《经说上》《经说下》四篇为《墨辩》矣。虽然，胜仅注《经说》四篇名为《墨辩》，固已揭其指要矣；及读《墨子》全书，其畸零散见不计外，若《大取》《小取》二篇何莫非墨辩耶？盖《小取》专论辩，《大取》言辩亦多，是墨辩之称，宜赅上下《经》《说》四篇及《大小取》二篇，实共六篇，非止四篇而已。尝考墨子固甚娴辩事，凡所讲论，无在不可见辩之精神，如《尚贤》等数十篇，其中亦多由论式结撰而成，后乃化为散文也。至《经说》中所举“辩”之界说，如《上经》第七十四条云：“辩，争彼也。辩胜，当也。”又云：“或谓之牛，或谓之非牛。是争彼也。是不俱胜；不俱胜，必或不当。不当，若犬。”如《下经》第三十五条云：“谓、辩无胜：必不当；说在不辩。”又云：“所谓：非同也；则异也。同：则或谓之狗；其或谓之犬也。异：则或谓之牛；牛或谓之马也。俱无胜是不辩也。辩也者：或谓之是，或谓之非。当者胜也。”此二条各函论式二，其言至为精辟。盖墨子以墨学为体，名学为用，善启其端；三墨

1　谭戒甫撰：《墨辩发微》，北京：中华书局，1964年，第1—6页。

继之，日益发舒，终于体用圆融，创成完美之辩学，无论四篇、六篇，总曰《墨辩》，鲁氏可谓千古卓识矣。

或曰：《庄子·天下篇》称墨者“俱诵《墨经》”，今《经上下》《经说上下》皆以《经》名，若以“墨经”名其书，可谓名正。《大小取》文义与《经说》相通者多，《经》名既可以摄《说》，宜亦可以摄《大小取》。则子即称六篇为《墨经》，有何不可？曰：否。《墨经》之名，后当专论，今且只就《墨子》经、辩之差分言之。盖古人为学，大率可别二途，即道、术是。道为体而术为用；道为术之究竟，术为道之津梁，不可混而一之也。墨家之学，以“辩”为术，以“经”为道。经则极天人之际，穷事物之微；辩则建“四物”之式，探“三辩”之理。指奏无数，仪态多方，神而明之，不可偻计。故《墨经》为墨家之道之所在，《墨辩》为墨家之术之所在。经也、辩也，各有志功，冠以“墨”名以著所出，皆不易之义也。昔汪中《述学》谓《经上》至小取六篇，当时谓之《墨经》，余不谓然。

或曰：鲁胜《叙》云：“墨子著书，作《辩经》以立名本。”其谓《辩经》者，意即《墨辩》与《墨经》二者之合称。按子前说，若用《辩经》二字，可谓言顺而名正。今子不用彼《辩经》之名以求其通，而乃袭此《墨辩》之名以安一曲，何耶？曰：否、否。鲁胜所以云《辩经》者，尊之之词也。尊辩为经，正犹儒家尊《诗》《书》《易》《礼》为经同，初非辩之与经合而言之也。且胜谓“《墨辩》有《上下经》，《经》各有《说》”。则辩名可以摄《经》名及《说》名，是辩名义广，辩、经合名反觉义狭；用广义胜，用狭义劣矣。且余之作此书也，实有意乎墨家辩学也，而其道之载于《经》《说》者，但视为附见之物，亦条举而分释之耳。间尝论之：吾华夏与印度希腊同为世界文明古国，而印度有因明学，希腊有逻辑学，皆二千年来发扬精进，久已辉映后先。墨辩者，吾华夏固有之学也，宜可与因明、逻辑鼎足而三；竟乃千载尘封，无人肯发其覆，坐视近世一切学术，致让欧美独步于前。吾侪后学，处此东西文化沟通之会，犹不竭其心思耳目之力，以启其钥而籀其绪，公诸天下，追踪希印而日益光大之，其委弃祖先遗业孰有大于此者！今兹之作，意在斯乎，意在斯乎。

或曰：墨子生平所讨究者，尚贤、上同、兼爱、非攻、节用、节葬、天志、明鬼、非乐、非命之十事；而《上下经说》《大小取》六篇所论，亦不过为佐证之资，则吾人今日所急宜研求者，究在彼不在此也。何子将轻视墨子之要道，反而取重于辩术，不亦蹈买椟还珠之论乎？曰：墨子驾说，为类至繁。尚贤十事，理致原属通义，上说下教，言盈天下，亦足见其易知而简能。惟名辩一科，深沈博洽，每为常人所不易憭，即墨子当日亦未臻极成；迨传之相里祖夫邓陵三墨，始得修整，晚年结集，删存为《经》。徒属虽云俱诵，盖亦未尝分三：一则惧其纷杂更难董理，二则虑其繁多易滋纷杂，故至晚世删存为《经》者，实已非常重视之矣。然汉代排斥诸子，名辩尤在摈弃之列；虽鲁胜崛起于晋世，亦无救于复兴之机。自后长夜漫漫，幽室久闷；逮至有清中叶以还，纵有二三聪睿之士，仍等诸蒙瞽索涂，终未窥见大业之所在也。降及近数十年，治墨学者蜂起，尚贤诸说，久已充塞于著作之林矣。虽然。荀卿有云："五帝之中无传政；非无善政也，久故也。"墨子至今已二千余年，其各类创说在当时固有相当之值，而在今日以殊久之故，苟以之施诸国家，不必尽皆善政也。且兼爱、非攻、节用、非命诸端，今人所认为无可非议、行之有益者，亦已讨究无余矣。而惟其当日之辩学，尚无明澈之解悟，条贯之研寻，超越之整理，美善之纂辑，长此以往，恐遂陵夷；余故宁取人之所轻以为吾之所重，虽所得有限，龂龂于此而终不舍也。

或曰：辩学即名学也。今人或谓逻辑为名学，以为百家治学之方；考周秦诸子莫不言名，是名学非墨家所宜独擅也。子以为何如？曰：希腊逻辑，明末由葡萄牙人傅汎际仁和县人李之藻合译《名理探》十卷，始传东土。然三百年来，欧美硕学，日求精进，我国士子竟不顾念，所受影响不大。施及清季，侯官严复始译穆勒书，颜曰《名学》，因一时震于科学之权威，学人渐有问津于此者。吾尝持以与墨辩之为名学者相校，诚可相通；盖逻辑为治诸学之阶梯，而墨辩正亦如是。所以墨家辩学，在当日墨子及其门徒固尝获其大用矣；然因墨辩获其大用，遂谓诸子之言名者亦必遂其同等之用，则又大误。不知墨辩言名，与诸子之偶一谈名者有别。苟有人焉，持墨辩论式以适用于诸子而供其学之研求，犹之可也；若以他子所谈之名而谓即同于墨家之辩学，则不可也。盖诸子谈名，既乏专精之术语，又无缜密之组织；虽《荀子·正名篇》独为例外，亦无论式以资驱策，遂觉疏略，相逊綦远。至他子纵有偶合之处，终亦似是而非，不为典要。惟兹墨辩，经余多年寻绎以后，理致虽未大成，规模可谓粗具，而其用自可与逻辑并驾齐驱。其尤幸者，彼与因明竟沆瀣一气，术式符同者几达十之七八，抑维印度，论师立量，宗计繁重，对扬事专，所谓"道不同不相为谋"，因而其术亦不能不有所制约，此其异也。逻辑之别，推理终患烦琐，分段复嫌简单，其与因明、墨辩通者不过四五而已。凡此所陈，并非臆造，以后各篇，常能凭证。尚冀国内绩学之士，将此宝藏悉为开发，取以褆诸世人之前，其有功于学术之进展，当无涯涘矣。

《墨辩轨范》（节选）[1]

夫辩者，将以明是非之分，审治乱之纪，明同异之处，察名实之理；处利害，决嫌疑：焉（乃）摹略万物之然，论求群言之比；以名举实，以辞抒意，以说出故；以类取，以类予：有诸已不非诸人，无诸已不求诸人。

右第一章　总论"辩"

辩为学而亦为术，学与术又各有其体与用也。

……

第一目　明是非之分

《淮南书》曰："至是之是无非，至非之非无是，此真是非也。若夫是于此而非于彼，非于此而是于彼者，此之谓一是一非也。"夫是非封界，原有定轨，世人妄执，辄起纷争。《庄子》所谓"彼亦一是非，此亦一是非；是亦一无穷，非亦一无穷也"。故曰"言恶乎隐而有是非"。意谓是非之有，于言无所依据也。但墨家不然，谓是非所依据者惟辩。故曰："辩也者，或谓之是，或谓之非，当者胜也。"然何由而当？曰："辩胜，当也。"复何由而能辩胜邪？墨家于此，因立轨范以明之，《小取篇》是也。又有求之之法，《大取》云："于事为之中而权轻重之谓求。求，为之非也。"如谓："杀一人以存天下，非杀一人以利天下也；杀己以存天下，是杀己以利天下。""为暴人语天志，为是也；而惟为暴人歌天志，为非也。""暴人谓'我为天志'：以人非为是也。"又如："一人指，非一人也；是一人之指，乃是一人也。"其于是非之际，求之甚明如此！

第二目　审治乱之纪

墨家以辩为可以审治乱之纪，故谓计其所以治乱者为智者之事。如论尚同云："知

1 《墨辩发微》，第410—413页。

者之事，必计国家百姓之所以治者而为之，必计国家百姓之所以乱者而辟之。然计国家百姓之所以治者何也？上之为政，得下之情则治，不得下之情则乱。何以知其然也？上之为政，得下之情，则是明于民之善非也。若苟明于民之善非也，则得善人而赏之，得暴人而罚之也。善人赏而暴人罚，则国必治。上之为政也，不得下之情，则是不明于民之善非也。若苟不明于民之善非，则是不得善人而赏之，不得暴人而罚之。善人不赏而暴人不罚，为政若此，国众必乱。故赏罚不得下之情，不可而不察者也。然计得下之情，将奈何可？故子墨子曰：'唯能以尚同一义为政，然后可矣。'”又论兼爱云：“圣人以治天下为事者也，必知乱之所自起，焉能治之；不知乱之所自起，则不能治。当察乱何自起？起不相爱。若使天下兼相爱，则天下治。故天下兼相爱则治，交相恶则乱。”由是观之，以尚同言，得下情则治，不得下情则乱；以兼爱言，兼相爱则治，交相恶则乱：所谓治乱之纪也，辩则能审乎此。

# 第九讲 史籍

史籍是专门记载历史的古籍总称。“史籍”一词较早出现在三国时期曹植《求自试表》中：“每览史籍，观古忠臣义士，出一朝之命，以殉国家之难，身虽屠裂，而功铭著于景钟，名称垂于竹帛，未尝不拊心而叹息也。”《四库全书总目提要》史部总叙认为，就史书应该遵循的规律而言，在描述事件的时候应该尽可能简略，而在求证考据的时候则应该尽可能详尽。《四库全书总目提要》将史部古籍分为十五类，现结合课程内容需求，仅取其中五种类别：正史类、编年类、纪事本末类、别史类及杂史类。

正史指官修的史书，以帝王传记为纲领并且由宫廷史官记录以有别于民间野史，主要为纪传体例的《二十四史》。“正史”一词始见于南朝梁代阮孝绪《正史削繁》。《隋书·经籍志》也有“今依其世代，聚而编之，以备正史”的记载。正史一类，至宋朝有十七史，明朝出刊监本又纳入宋、辽、金、元四史合为“二十一史”；清朝继而纳入《明史》，又诏增《旧唐书》，后又裁定《旧五代史》，最终形成了今天的“二十四史”。

编年体是以年系事，按年月陈述史事的一种形式。《隋书·经籍志》史部分类中，编年体被记载为“古史”类。而从《旧唐书·经籍志》和《新唐书·艺文志》开始，将“古史”类改为“编年”类，之后历代沿袭了这种用法。在史部诸史中，编年体向来占据重要一席，几乎与纪传体正史并驾齐驱。

纪事本末体作为一种史书编纂形式，在史学史上具有与编年、纪传鼎足而三的重要地位。与纪传体以人为主，编年体以时为主不同的是，纪事本末体以事为主。其主要特点为：以事件为中心，对纪传体或编年体史书中的大量史实，进行通盘的权衡、比较，最后只择取在历史上有重大影响和意义的事件，以反映历史的概貌。

别史，是中国传统史籍分类体系之下的一个类别。在宋代，由于正史内涵的狭隘化，部分纪传体史书沦落至杂史类中。至清朝开始修纂《四库全书》之时，重新设定"别史"一类，列在"纪事本末类"之后，以处上不至于正史，下不至于杂史者。因其内涵宽泛，故成为正史、编年、纪事本末类史书的补充门类。

杂史，史书类别名称。虽自先秦两汉以来，代代有编纂流传，但至《隋书·经籍志》才正式在史部立类，此后不少史志与官私书目多列于杂史一门。杂史类主要特征有：一是私家所修，各记闻见，在编纂的指导思想和体例格式方面较少受到封建正宗史学的束缚；二是兼包众体，既广记闻见，多体杂糅，破例为书，但又载籍烦琐，难于调析；三是虽然在内容记事方面偏、杂、短、碎，但其所记之事，大抵"事系庙堂，语关军国"。

# 一、正史类举例

## (一)《史记》

《史记》是西汉著名史学家司马迁撰写的一部纪传体史书，是中国历史上第一部纪传体通史。其作为“二十四史”之首，与后来的《汉书》《后汉书》和《三国志》合称为“前四史”。全书记载了上至上古黄帝时代，下至汉武帝时期共三千多年的历史。《史记》共一百三十篇，其中本纪十二篇、世家三十篇、列传七十篇、书八篇、表十篇。因其首创纪传体例的史书写法以及在人物刻画、叙事艺术等方面具有较高的文学价值，故《史记》在史学和文学两方面均有很高的地位。

现存《史记》旧注有三家：裴骃的《史记集解》、司马贞的《史记索隐》和张守节的《史记正义》。三家注原先都各自单行，与《史记》卷数不相符合。《隋书·经籍志》和《旧唐书·经籍志》著录《史记集解》八十卷，《新唐书·艺文志》著录《史记索隐》和《史记正义》各三十卷。单刻的《史记集解》八十卷本早已失传，现有把集解散列在正文下的《史记集解》一百三十卷本。而《史记正义》旧本失传，卷帙次第无可考。唯独《史记索隐》有明末毛氏汲古阁复本，卷数仍旧。

《四库全书总目提要》称，把上述三家注均散列在正文下并合为一编，始于北宋，但旧本都已失传。现存最早的本子有南宋黄善夫刻本，此本经商务印书馆影印，收入“百衲本”《二十四史》中。此外有明嘉靖、万历间南北监刻的“二十一史”本，有毛氏汲古阁刻的“十七史”本和清乾隆时候武英殿刻的“二十四史”本。其中武英殿本最为通行，有各种翻刻或影印的本子。清朝同治年间，金陵书局刊行《史记集解索隐正义》合刻本一百三十卷。此书在考订时参考了众多旧刻古本、时本，择善而从，是清朝后期较好的本子。

### （二）《汉书》

《汉书》，又称《前汉书》，是由东汉时期史学家班固编撰的中国第一部纪传体断代史，也是“二十四史”之一。《汉书》全书主要记述了上起西汉高祖元年（公元前206），下至新朝王莽地皇四年（23）共二百三十年的史事。书中采用了大量的诏令、诗赋、奏议、天文历法等原始史料，因而具有极高的史学价值。

《汉书》在体例上完全沿袭《史记》，所不同的是《史记》的“本纪”在《汉书》中称为“纪”；《史记》有“世家”而《汉书》将其并入“传”；《史记》记载典章制度的部分叫作“书”，《汉书》改称为“志”。《汉书》包括纪十二篇，表八篇，志十篇，传七十篇，共一百篇，后人将其划分为一百二十卷。其中《汉书》的八篇表由班固之妹班昭补写而成，《天文志》由班固同郡人马续补写而成。

班固在《叙传》里说“为春秋考纪、表、志、传，凡百篇”，因此《汉书》的自定本是一百卷。而《隋书·经籍志》和《旧唐书·经籍志》著录都作一百一十五卷。《四库全书总目提要》仅云“皆以卷帙太重，故析为子卷”，并没有说明被析出的子卷到底是哪几卷。《汉书》经过细分，纪有十三卷，表有十卷，志有十八卷，列传有七十九卷，这才是今天这部一百二十卷本《汉书》的面貌。

现在比较通行的版本为北宋景佑本（商务印书馆影印的“百衲本”）、明末毛氏汲古阁本、清乾隆武英殿本和同治金陵书局本四种本子。这几种本子比较互有短长，而王先谦的《汉书补注》本则在注中备录上述诸家的意见，对以前各本的得失已经有所论证，所以其是比较好的版本。

### （三）《隋书》

《隋书》，是唐代魏徵主编的纪传体史书，“二十四史”之一。《隋书》的成书经历比较曲折：唐武德四年（621），令狐德棻建议修梁、陈、北齐、北周、隋等各朝史。朝廷虽令史臣着手编修，但数年未见成果。贞观三年（629）朝廷决定重修五代史，由魏徵“总知其务”，同时主编《隋书》。此书主张以史为鉴，保存了大量南北朝以前的典章制度，具备较高的修史水准。且此书虽然成于众手，但因为参与其中的编者均是学有所长的专家，因此《隋书》在“二十四史”中也是具有很高地位的一部史书。

《隋书》全书共八十五卷，包括帝纪五卷，列传五十卷，志三十卷。《隋书》“十志”中记载了南北朝和隋朝的典章制度。比如《食货志》记载了自东晋以来的等级制度、课役制度以及货币制度。《刑法志》记载了梁以来律书的编定和皇家立法毁法的情况。《经籍志》是继《汉书·艺文志》之后的又一部古代文献总录，除著录当时的著作以外，还附载了一些已经亡佚的书，它所采用的图书分类法一直沿用到清代。

《隋书》最早的本子是宋朝天圣二年刻本，已经失传。如今多被校勘使用的本子主要有以下几种：一、宋刻递修本，现存六十五卷。二、元大德饶州路刻本，简称“元十行本”（商务印书馆“百衲本”即据此影印）。三、元至顺瑞州路刻明修本，简称“元九行本”。四、明南京和北京国子监本。五、明汲古阁本。六、清武英殿本。

### （四）《新唐书》

《新唐书》是北宋学者宋祁、欧阳修、范镇、吕夏卿等合撰的一部纪传体史书，属“二十四史”之一。全书记载了自唐高祖李渊至唐哀帝李柷三百多年间的历史。《新唐书》的编撰，约开始于北宋庆历四年（1044），到嘉祐五年（1060）完成，前后历时约十七年。

《新唐书》包括本纪十卷，志五十卷，表十五卷，列传一百五十卷，共二百二十五卷。《新唐书》增加了以往史书所没有的《仪卫志》《选举志》和《兵志》。《选举志》和《兵志》虽然叙述不够系统，但对于了解唐朝科举制和兵制演变有一定帮助。《食货志》增为五卷，比较有系统、有条理地保存了大量社会经济史资料。《天文志》和《历志》记载了唐代流行的七种历法，并保存了在历法史上占有重要地位的《大衍历》的历议。《艺文志》书目增加很多，开元以后的著作补充不少，其中收录的有一些是《旧唐书》中找不到的。

《新唐书》流传的主要版本有：一、宋刻本，主要是十四行残本，同十四行元补版残本，十六行残本，建阳书坊魏仲立刻残本。二、明刻本，主要是成化年间国子监刻本，万历年间北京国子监“二十一史”本，明末毛晋汲古阁“十七史”本。三、清武英殿刻本，殿本又有各种翻刻本、影刻本等。四、商务印书馆“百衲本”，保存了《新唐书》旧刻的真面目，胜于殿本。

## 二、编年类举例

### （一）《汉纪》

《汉纪》是东汉荀悦编撰的记述西汉历史的编年体史书，是中国第一部编年断代体史书。汉献帝认为班固的《汉书》文繁难省，便命荀悦依《左传》编年体例，删略《汉书》改编撰写成《汉纪》。《汉纪》共三十卷，时间起于汉元年（公元前206），止于王莽地皇四年（23）。

《汉纪》文字虽较《汉书》省略五分之四，然“词约事详，论辨多美”，为后人推崇，是我国史学第一部以抄书而成的创作。此书在我国史学史上之于编年体起了继往开来的作用，不可因为其由抄书所创便忽视本书的史学价值和历史影响。且此书并非完全抄书，对《汉书》有所订正增补，有一定的史料价值。

就《汉纪》流传的版本而言，今天我们所能见到的最早版本，是明嘉靖二十七年黄姬水所刊行的南宋王铚辑本。明神宗万历二十六年，又刊行了南京国子监本。该本以黄氏本为底本，依据《史记》《汉书》《后汉书》等史籍作了某些参校而成，然质量不精。清康熙年间，蒋国祥、蒋国祚所刊行的《两汉纪》，以黄氏本为底本，以宋本参校，蒋国祚撰《两汉纪字句异同考》一卷附之，是为乐三堂本。该本较旧本稍完善。光绪二年，学海堂始刊行《两汉纪》，又以黄氏本为底本，陈澧、陈璞吸取前人成果，进一步为之校勘，故学海堂本为优。

## （二）《资治通鉴》

《资治通鉴》是我国著名的多卷本编年体史书，由北宋史学家司马光主编，其与重要助手刘恕、刘攽、范祖禹等人根据大量的史料（除正史以外，所采杂史多至二百二十二种），历经十九年完成。《资治通鉴》主要以时间为纲，事件为目，记录了上起周威烈王二十三年（公元前403），下迄五代后周世宗显德六年（959），涵盖十六朝一千三百六十二年的历史。

全书按朝代分为十六纪，即《周纪》五卷、《秦纪》三卷、《汉纪》六十卷、《魏纪》十卷、《晋纪》四十卷、《宋纪》十六卷、《齐纪》十卷、《梁纪》二十二卷、《陈纪》十卷、《隋纪》八卷、《唐纪》八十一卷、《后梁纪》六卷、《后唐纪》八卷、《后晋纪》六卷、《后汉纪》四卷、《后周纪》五卷，共二百九十四卷。内容以政治、军事和民族关系为主，兼及经济、文化和历史人物评价，司马光以为君亲政、贤明治理为出发点，对于各朝代的贤明时期着重笔墨。

《通鉴》刻本和刊本较多，如宋本有余姚管刻本，明本有弘治元年至嘉靖三十八年刻并版本、元刻明修补本，清本有胡克家本等。自从宋朝以来，以胡三省《资治通鉴音注》的注本最为人称道。

## （三）《建炎以来系年要录》

《建炎以来系年要录》是南宋李心传以《高宗日历》《中兴小历》等史书为基础，参考各类官书及百余种私家记载、文集、传记、行状、碑铭等史料，认真考订，仿李焘《续资治通鉴长编》体例编成的一部编年体历史著作。此书详细记述了南宋建炎元年（1127）至绍兴三十二年（1162）的史事，对宋高宗一代的政治、军事、经济、文化史料有大量记载，是研究南宋历史的必备典籍。《要录》只记载高宗三十六年间事，篇幅却达二百卷之多，尤其是建炎元年至绍兴九年这十三年，几乎每年十卷，较《长编》详细。

《要录》有光绪五年仁寿萧氏和光绪八年广雅书局两种刻本。中华书局1956年本据原商务印书馆“国学基本丛书”版重印，曾经参考广雅书局、仁寿萧氏两刻本，及

《宋史》《续通鉴》等书，稍加订正。这三个本子都来源于《四库全书》本，而《四库》本《要录》又是从《永乐大典》中录出。修《大典》时曾在注文中加进了一些后人的著作，修《四库全书》时又有窜改，再经过多次传抄、翻刻，这几个版本都有不少问题。现在市面上流行的有两个版本：一是上海古籍出版社影印文渊阁《四库全书》本，另一个是经中华书局断句排印的广雅书局《史学丛书》本。中华书局的胡坤点校本以四库本为底本，参以广雅书局本，集合两种系统版本之长，是目前最好的整理本。

## 三、纪事本末类举例

### （一）《通鉴纪事本末》

《通鉴纪事本末》由南宋著名史学家袁枢编纂，是中国第一部纪事本末体史书，其记载了从“三家分晋”到“世宗征淮南”共一千三百多年的“治乱兴衰之迹”。《通鉴纪事本末》全书共四十二卷，二百三十九个事目，另附录六十六事，合计大小三百事件，取材宏富，记事详明。袁枢根据司马光《资治通鉴》记载的史实，以事件为中心，每个事件各自独立成篇，起止分明，兼具纪传体与编年体的优点。但全书基本是抄写《资治通鉴》原文，袁枢本人并无增补。

袁枢在编纂《通鉴纪事本末》的时候，以汉朝统治者为出发点，故在每个事件所起的标题中实则体现了作者本人的感情倾向。但本书的历史观和立意并没有超出司马光《资治通鉴》，且仅仅记录了关于“治乱兴衰”的表面现象，对于涉及制度、措施的方面并没有多少资料保存。

关于本书的版本，淳熙三年（1176）《通鉴纪事本末》初刊于严州郡学，世称宋小字本。宝祐五年（1257），赵与篙认为严州本字小且讹误较多，又改用大字重新于湖州刻本，此即所谓宋大字本。两种宋本皆存。大字本的书板明初尚存南监，所以印本更多些。明末张溥曾就袁书加上自己的《论正》合二为一，晚清江西、广雅等书局诸本皆据张溥《论正》本刊刻。

## 四、别史类举例

### （一）《通志》

《通志》是南宋史学家、目录学家郑樵编撰的纪传体通史，全书记述了上起三皇、下迄隋代的综合史料，特点是多以人物为中心。郑樵于史书编撰主张博通之论，其在《通志》中提出会通思想，主张修通史，强调史事、典章制度相依因的联系；主张史书应极古今之变，反对割断史事联系写断代史。在体例方面，《通志》与杜佑《通典》及马端临《文献通考》相近，世人遂有“三通”之称。

《通志》全书共二百卷，有帝纪十八卷、皇后列传二卷、年谱四卷、略五十二卷、列传一百二十四卷。《通志》为纪传体，但把“年表”改称“年谱”，把“志”改称“略”，保存了《晋书》的载记部分。总序和二十略是全书的精华，略分二十篇，五十二卷，通称《通志二十略》，简称为《通志略》。二十略中，氏族、六书、七音、都邑、昆虫草木五略“为旧史之所无”。其书除二十略之外，皆为隋以前各史书之粗略综合。

《通志》修成之后，当时并无刊本，唯有钞本流传，二十略作为其书的重点部分，曾有单行本发行。就今日所知，《通志》全书刊本存世者，为元大德年间所刊本和至治二年刊本。单行之二十略则有明正德年间陈宗夔巡按于闽中时所刻。清乾隆十三年于敏中本（简称于本），十四年汪启淑本（简称汪本），均重刊陈氏刻本。陈本多讹误，而于本则亦步亦趋，因循不改。汪本则多予改正，然误改者亦不少。

## 五、杂史类举例

### （一）《贞观政要》

《贞观政要》是唐代史学家吴兢编录的一部政论性史书，共计十卷四十篇，也是唐太宗君臣探寻致治之道的一部重要言论集。其分类编辑了唐太宗在位时与魏徵、房玄龄、杜如晦等大臣在治理政事时探讨的问题，包括为君之道、政体、任贤、纳谏、文教、务农、刑法、征战、安边以及太子诸王教戒、处理政务的态度和做法，直至如何居安思危、慎终如始，深受唐、宋以来有作为的帝王的重视。

《贞观政要》成书和进呈时间不详。开元十七年，吴兢因《上贞观政要表》“书事不当”被贬，而其书没有被禁毁。因此在玄宗之世有三个本子同时并存：一是正式进本，没有朝廷认可，留在集贤院或史馆而未经著录，因而《新唐书·艺文志》将其列入“不著录”的范围；二是进本的底本；三是底本之前的稿本。后二种，在吴兢家中。“安史之乱”后，吴兢的外孙蒋乂整理图籍，而《贞观政要》在唐代被皇家视为定本的本子，即是经蒋乂整理的本子。唐文宗、唐宣宗，直至宋仁宗所读、所见，均属这一系统。宋刊本《贞观政要》，亦属这一版本系统。迄今所知，在北宋编录《新唐书·艺文志》之前，五代后唐国子监于天成二年（927）曾经刻印过《贞观政要》，并流传到南宋绍兴年间。元顺帝至元四年（1333）刊行后，明洪武三年（1370）又经宋濂以“中秘本”重校、重刻，成化元年（1465）宪宗“御制序”再刻，一枝独秀，取代了其他传本。国内现存刊本，目前见于著录和通行者两种，一为国家图书馆藏洪武三年王氏勤有堂刊本，一为成化元年戈直集论本。《四库全书》所收内府本、嘉庆戊午（1798）扫叶山房重镌本，均为戈直集论本的翻刻本。

## 思考题

1. 概述史籍记载体例的演变流程。

2. 如何正确看待史籍记录本身要求的客观性和记录者本人的主观性之间的矛盾？

## 【阅读材料】

### 一、《史记·卷四十七·孔子世家第十七》(节选)[1]

孔子生鲁昌平乡陬邑。其先宋人也，曰孔防叔。防叔生伯夏，伯夏生叔梁纥。纥与颜氏女野合而生孔子，祷于尼丘得孔子。鲁襄公二十二年而孔子生。生而首上圩顶，故因名曰丘云。字仲尼，姓孔氏。

丘生而叔梁纥死，葬于防山。防山在鲁东，由是孔子疑其父墓处，母讳之也。孔子为儿嬉戏，常陈俎豆，设礼容。孔子母死，乃殡五父之衢，盖其慎也。郰人挽父之母诲孔子父墓，然后往合葬于防焉。

孔子要绖，季氏飨士，孔子与往。阳虎绌曰："季氏飨士，非敢飨子也。"孔子由是退。

孔子年十七，鲁大夫孟厘子病且死，诫其嗣懿子曰："孔丘，圣人之后，灭于宋。其祖弗父何始有宋而嗣让厉公。及正考父佐戴、武、宣公，三命兹益恭，故鼎铭云：'一命而偻，再命而伛，三命而俯，循墙而走，亦莫敢余侮。饘于是，粥于是，以糊余口。'其恭如是。吾闻圣人之后，虽不当世，必有达者。今孔丘年少好礼，其达者欤？吾即没，若必师之。"及厘子卒，懿子与鲁人南宫敬叔往学礼焉。是岁，季武子卒，平子代立。

孔子贫且贱。及长，尝为季氏史，料量平；尝为司职吏而畜蕃息。由是为司空。已而去鲁，斥乎齐，逐乎宋、卫，困于陈蔡之间，于是反鲁。孔子长九尺有六寸，人皆谓之"长人"而异之。鲁复善待，由是反鲁。

鲁南宫敬叔言鲁君曰："请与孔子适周。"鲁君与之一乘车，两马，一竖子俱，适周问礼，盖见老子云。辞去，而老子送之曰："吾闻富贵者送人以财，仁人者送人以言。吾不能富贵，窃仁人之号，送子以言，曰：'聪明深察而近于死者，好议人者也。博辩广大危其身者，发人之恶者也。为人子者毋以有己，为人臣者毋以有己。'"孔子自周反于鲁，弟子稍益进焉。

是时也，晋平公淫，六卿擅权，东伐诸侯；楚灵王兵强，陵轹中国；齐大而近于

1 ［汉］司马迁撰，［南朝宋］裴骃集解，［唐］司马贞索引，［唐］张守节正义，中华书局编辑部点校：《史记》卷四十七，北京：中华书局，1982年，第1905—1913页。

鲁。鲁小弱，附于楚则晋怒；附于晋则楚来伐；不备于齐，齐师侵鲁。

鲁昭公之二十年，而孔子盖年三十矣。齐景公与晏婴来适鲁，景公问孔子曰："昔秦穆公国小处辟，其霸何也？"对曰："秦，国虽小，其志大；处虽辟，行中正。身举五羖，爵之大夫，起累绁之中，与语三日，授之以政。以此取之，虽王可也，其霸小矣。"景公说。

孔子年三十五，而季平子与郈昭伯以斗鸡故得罪鲁昭公，昭公率师击平子，平子与孟氏、叔孙氏三家共攻昭公，昭公师败，奔于齐，齐处昭公乾侯。其后顷之，鲁乱。孔子适齐，为高昭子家臣，欲以通乎景公。与齐太师语乐，闻韶音，学之，三月不知肉味，齐人称之。

景公问政孔子，孔子曰："君君，臣臣，父父，子子。"景公曰："善哉！信如君不君，臣不臣，父不父，子不子，虽有粟，吾岂得而食诸！"他日又复问政于孔子，孔子曰："政在节财。"景公说，将欲以尼溪田封孔子。晏婴进曰："夫儒者滑稽而不可轨法；倨傲自顺，不可以为下；崇丧遂哀，破产厚葬，不可以为俗；游说乞贷，不可以为国。自大贤之息，周室既衰，礼乐缺有间。今孔子盛容饰，繁登降之礼，趋详之节，累世不能殚其学，当年不能究其礼。君欲用之以移齐俗，非所以先细民也。"后景公敬见孔子，不问其礼。异日，景公止孔子曰："奉子以季氏，吾不能。"以季孟之间待之。齐大夫欲害孔子，孔子闻之。景公曰："吾老矣，弗能用也。"孔子遂行，反乎鲁。

孔子年四十二，鲁昭公卒于乾侯，定公立。定公立五年，夏，季平子卒，桓子嗣立。季桓子穿井得土缶，中若羊，问仲尼云"得狗"。仲尼曰："以丘所闻，羊也。丘闻之，木石之怪夔、罔阆，水之怪龙、罔象，土之怪坟羊。"

吴伐越，堕会稽，得骨节专车。吴使使问仲尼："骨何者最大？"仲尼曰："禹致群神于会稽山，防风氏后至，禹杀而戮之，其节专车，此为大矣。"吴客曰："谁为神？"仲尼曰："山川之神足以纲纪天下，其守为神，社稷为公侯，皆属于王者。"客曰："防风何守？"仲尼曰："汪罔氏之君守封、禺之山，为厘姓。在虞、夏、商为汪罔，于周为长翟，今谓之大人。"客曰："人长几何？"仲尼曰："僬侥氏三尺，短之至也。长者不过十之，数之极也。"于是吴客曰："善哉圣人！"

## 二、《汉书 · 卷三十 · 艺文志第十》( 节选 )[1]

昔仲尼没而微言绝，七十子丧而大义乖。故《春秋》分为五，《诗》分为四，《易》有数家之传。战国从衡，真伪分争，诸子之言纷然殽乱。至秦患之，乃燔灭文章，以愚黔首。汉兴，改秦之败，大收篇籍，广开献书之路。迄孝武世，书缺简脱，礼坏乐崩，圣上喟然而称曰："朕甚闵焉！"于是建藏书之策，置写书之官，下及诸子传说，皆充秘府。至成帝时，以书颇散亡，使谒者陈农求遗书于天下。诏光禄大夫刘向校经传诸子诗赋，步兵校尉任宏校兵书，太史令尹咸校数术，侍医李柱国校方技。每一书已，向辄条其篇目，撮其指意，录而奏之。会向卒，哀帝复使向子侍中奉车都尉歆卒父业。歆于是总群书而奏其《七略》，故有《辑略》，有《六艺略》，有《诸子略》，有《诗赋略》，有《兵书略》，有《术数略》，有《方技略》。今删其要，以备篇籍。

……

《易》曰："宓戏氏仰观象于天，俯观法于地，观鸟兽之文，与地之宜，近取诸身，远取诸物，于是始作八卦，以通神明之德，以类万物之情。"至于殷、周之际，纣在上位，逆天暴物，文王以诸侯顺命而行道，天人之占可得而效，于是重《易》六爻，作上下篇。孔氏为之《彖》《象》《系辞》《文言》《序卦》之属十篇。故曰《易》道深矣，人更三圣，世历三古。及秦燔书，而《易》为筮卜之事，传者不绝。汉兴，田〔何〕传之。讫于宣、元，有施、孟、梁丘、京氏列于学官，而民间有费、高二家之说。刘向以中《古文易经》校施、孟、梁丘经，或脱去"无咎"、"悔亡"，唯费氏经与古文同。

……

《易》曰："河出图，雒出书，圣人则之。"故《书》之所起远矣，至孔子纂焉，上断于尧，下讫于秦，凡百篇，而为之序，言其作意。秦燔书禁学，济南伏生独壁藏之。汉兴亡失，求得二十九篇，以教齐鲁之间。讫孝宣世，有《欧阳》《大小夏侯氏》，立于学官。《古文尚书》者，出孔子壁中。武帝末，鲁共王坏孔子宅，欲以广其宫，而得《古文尚书》及《礼记》《论语》《孝经》凡数十篇，皆古字也。共王往入其

1 《汉书》卷三十，第1701—1712页。

宅，闻鼓琴瑟钟磬之音，于是惧，乃止不坏。孔安国者，孔子后也，悉得其书，以考二十九篇，得多十六篇。安国献之。遭巫蛊事，未列于学官。刘向以中古文校欧阳、大小夏侯三家经文，《酒诰》脱简一，《召诰》脱简二。率简二十五字者，脱亦二十五字，简二十二字者，脱亦二十二字，文字异者七百有余，脱字数十。《书》者，古之号令，号令于众，其言不立具，则听受施行者弗晓。古文读应尔雅，故解古今语而可知也。

……

《书》曰："诗言志，〔歌〕咏言。"故哀乐之心感，而〔歌〕咏之声发。诵其言谓之诗，咏其声谓之〔歌〕。故古有采诗之官，王者所以观风俗，知得失，自考正也。孔子纯取周诗，上采殷，下取鲁，凡三百五篇，遭秦而全者，以其讽诵，不独在竹帛故也。汉兴，鲁申公为《诗》训故，而齐辕固、燕韩生皆为之传。或取《春秋》，采杂说，咸非其本义。与不得已，鲁最为近之。三家皆列于学官。又有毛公之学，自谓子夏所传，而河间献王好之，未得立。

……

《易》曰："有夫妇父子君臣上下，礼义有所错。"而帝王质文世有损益，至周曲为之防，事为之制，故曰："礼经三百，威仪三千。"及周之衰，诸侯将踰法度，恶其害己，皆灭去其籍，自孔子时而不具，至秦大坏。汉兴，鲁高堂生传《士礼》十七篇。讫孝宣世，后仓最明。戴德、戴圣、庆普皆其弟子，三家立于学官。《礼古经》者，出于鲁淹中及孔氏，〔与十七〕篇文相似，多三十九篇。及《明堂阴阳》《王史氏记》所见，多天子诸侯卿大夫之制，虽不能备，犹愈仓等推《士礼》而致于天子之说。

……

《易》曰："先王作乐崇德，殷荐之上帝，以享祖考。"故自黄帝下至三代，乐各有名。孔子曰："安上治民，莫善于礼；移风易俗，莫善于乐。"二者相与并行。周衰俱坏，乐尤微眇，以音律为节，又为郑卫所乱故无遗法。汉兴，制氏以雅乐声律，世在乐官，颇能纪其铿锵鼓舞，而不能言其义。六国之君，魏文侯最为好古，孝文时得其乐人窦公，献其书，乃《周官·大宗伯》之《大司乐》章也。武帝时，河间献王好儒，与毛生等共采《周官》及诸子言乐事者，以作《乐记》，献八佾之舞，与制氏不相远。其内史丞王定传之，以授常山王禹。禹，成帝时为谒者，数言其义，献二十四卷记。刘向校书，得《乐记》二十三篇，与禹不同，其道浸以益微。

## 三、《隋书》

《四库全书总目提要·卷四十五·史部一·正史类·隋书八十五卷（内府刊本）》[1]

唐魏徵等奉敕撰。贞观三年，诏徵等修隋史。十年成纪传五十五卷。十五年又诏修梁、陈、齐、周、隋五代史志。显庆元年，长孙无忌上进。据刘知几《史通》所载，撰《纪传》者为颜师古、孔颖达。（案：《集古录》据《颖达墓碑》，谓碑称与魏郑公同修《隋书》，而传不著。盖但据《旧唐书》言之，未考知几书也。）撰《志》者为于志宁、李淳风、韦安仁、李延寿、令狐德棻。案：宋刻《隋书》之后有天圣中校正旧跋，称同修《纪传》者尚有许敬宗，同修《志》者尚有敬播。至每卷分题，旧本十《志》内惟《经籍志》题侍中郑国公魏徵撰。《五行志序》或云褚遂良作。《纪传》亦有题太子少师许敬宗撰者。今从众本所载，《纪传》题以徵、《志》题以无忌云云。是此书每卷所题撰人姓名。在宋代已不能画一。至天圣中重刊，始定以领修者为主，分题徵及无忌也。其《纪传》不出一手，间有异同。如《文帝本纪》云"善相者赵昭"，而《艺术传》则作"来和"。又《本纪》云"以贺若弼为楚州总管"，而弼本传则作"吴州"。盖卷帙浩繁，牴牾在所不免。至顾炎武《日知录》所摘《突厥传》中上言沙钵略可汗击阿波破擒之，下言雍虞闾以隋所赐旗鼓西征阿波，敌人以为隋兵所助，多来降附，遂生擒阿波一条，则疑上文本言击阿波破之，传写误衍一"擒"字。炎武以为一事重书，似未必然也。其十《志》最为后人所推，而或疑其失于限断。考《史通·古今正史篇》，称太宗以梁、陈及齐、周、隋氏并未有书，乃命学士分修，仍以秘书监魏徵总知其务。始以贞观三年创造，至十八年方就。合为五代纪传，并目录凡二百五十二卷。书成，下于史阁，惟有十《志》，断为三十卷。寻拟续奏，未有其文。太宗崩后，刊勒始成其篇第，编入《隋书》。其实别行，俗呼为"五代史志"云云。是当时梁、陈、齐、周、隋五代史本连为一书，十《志》即为五史而作，故亦通括五代。其编入《隋书》，特以隋于五史居末，非专属隋也。后人五史各行，十《志》遂专称《隋志》，实非其旧。乃议其兼载前代，是全不核始末矣。惟其时《晋书》已成，而《律历志》所载《备数》《和声》《审度》《嘉量》《衡权》五篇，《天文志》所载《地中》《晷影》《漏刻》《经星》《中宫二十八舍》《十辉》诸篇，皆上溯魏、晋，

1 《四库全书总目提要》卷四十五，第1259—1260页。

与《晋志》复出，殊非史体。且同出李淳风一人之手，亦不应自剿已说。殆以《晋书》不在五史之数，故不相避欤。《五行志》体例与《律历》《天文》二志颇殊，不类淳风手作。疑宋时旧本题褚遂良撰者，未必无所受之。《地理志》详载山川，以定疆域。《百官志》辨明品秩，以别差等。能补萧子显、魏收所未备。惟《经籍志》编次无法，述经学源流，每多舛误。如以《尚书二十八篇》为伏生口传，而不知伏生自有《书》教齐、鲁间。以《诗序》为卫宏所润益，而不知传自毛亨。以《小戴礼记》有《月令》《明堂位》《乐记》三篇为马融所增益，而不知刘向《别录礼记》已载此三篇。在十《志》中为最下。然后汉以后之艺文，惟藉是以考见源流，辨别真伪，亦不以小疵为病矣。

《隋书·卷三十二·志第二十七·经籍一》(节选)[1]

夫经籍也者，机神之妙旨，圣哲之能事，所以经天地，纬阴阳，正纪纲，弘道德，显仁足以利物，藏用足以独善，学之者将殖焉，不学者将落焉。大业崇之，则成钦明之德，匹夫克念，则有王公之重。其王者之所以树风声，流显号，美教化，移风俗，何莫由乎斯道？故曰："其为人也，温柔敦厚，《诗》教也；疏通知远，《书》教也；广博易良，《乐》教也；洁静精微，《易》教也；恭俭庄敬，《礼》教也；属辞比事，《春秋》教也。"遭时制宜，质文迭用，应之以通变，通变之以中庸。中庸则可久，通变则可大，其教有适，其用无穷，实仁义之陶钧，诚道德之橐籥也。其为用大矣，随时之义深矣，言无得而称焉。故曰："不疾而速，不行而至。"今之所以知古，后之所以知今，其斯之谓也。是以大道方行，俯龟象而设卦，后圣有作，仰鸟迹以成文。书契已传，绳木弃而不用，史官既立，经籍于是兴焉。

**四、《新唐书》**

《四库全书总目提要·卷四十六·史部二·正史类二·新唐书二百二十五卷(内府刊本)》[2]

宋欧阳修、宋祁等奉敕撰。其监修者则曾公亮，故书首《进表》以公亮为首。陈

1 《隋书》卷三十二，第903—904页。

2 《四库全书总目提要》卷四十六，第1264—1265页。

振孙《书录解题》曰："旧例修书，止署官高一人名衔。欧公曰：'宋公于我为前辈，且于此书用力久，何可没也?'遂于《纪传》各著之。宋公感其退逊，故书中《列传》题祁名，《本纪》《表》《志》题修名。"然考《隋书》诸志，已有此例，实不始于修与祁。又《宋史·吕夏卿传》，称《宰相世系表》夏卿所撰，而书中亦题修名，则仍以官高者为主。特诸史多用一人，此用二人为异耳。是书本以补正刘昫之舛漏，自称事增于前，文省于旧。刘安世《元城语录》则谓事增文省，正新书之失，而未明其所以然。今即其说而推之，史官记录，具载旧书，今必欲广所未备，势必蒐及小说，而至于猥杂。唐代词章，体皆详赡，今必欲减其文句，势必变为涩体，而至于诘屈。安世之言，所谓中其病源者也。若夫《史》《汉》本纪，多载诏令，古文简质，至多不过数行耳。唐代王言，率崇缛丽，骈四俪六，累牍连篇。宋敏求所辑《唐大诏令》，多至一百三十卷。使尽登《本记》，天下有是史体乎？祁一例刊除，事非得已，过相訾议，未见其然。至于吕夏卿私撰《兵志》，见晁氏《读书志》；宋祁别撰纪志，见王得臣《麈史》。则同局且私心不满。书甫颁行，吴缜《纠谬》即踵之而出。其所攻驳，亦未尝不切中其失。然一代史书，网罗浩博，门分类别，端绪纷拏。出一手则精力难周，出众手则体裁互异。爰从三史以逮八书，牴牾参差，均所不免。不独此书为然。吕宋之书，未知优劣。吴缜所纠，存备考证则可。因是以病新书，则一隅之见矣。

《新唐书·卷五十七·志第四十七·艺文一》(节选)[1]

自《六经》焚于秦而复出于汉，其师传之道中绝，而简编脱乱讹缺，学者莫得其本真，于是诸儒章句之学兴焉。其后传注、笺解、义疏之流，转相讲述，而圣道粗明，然其为说固已不胜其繁矣。至于上古三皇五帝以来世次，国家兴灭终始，僭窃伪乱，史官备矣。而传记、小说，外暨方言、地理、职官、氏族，皆出于史官之流也。自孔子在时，方修明圣经以绌缪异，而老子著书论道德。接乎周衰，战国游谈放荡之士，田骈、慎到、列、庄之徒，各极其辩；而孟轲、荀卿始专修孔氏，以折异端。然诸子之论，各成一家，自前世皆存而不绝也。夫王迹熄而《诗》亡，《离骚》作而文辞之士兴。历代盛衰，文章与时高下。然其变态百出，不可穷极，何其多也。自汉以

1 ［宋］欧阳修、［宋］宋祁撰，中华书局编辑部点校：《新唐书》，北京：中华书局，1975年，第1421—1423页。

来，史官列其名氏篇第，以为六艺、九种、七略；至唐始分为四类，曰经、史、子、集。而藏书之盛，莫盛于开元，其著录者，五万三千九百一十五卷，而唐之学者自为之书者，又二万八千四百六十九卷。呜呼，可谓盛矣！

《六经》之道，简严易直而天人备，故其愈久而益明。其余作者众矣，质之圣人，或离或合。然其精深闳博，各尽其术，而怪奇伟丽，往往震发于其间，此所以使好奇博爱者不能忘也。然凋零磨灭，亦不可胜数，岂其华文少实，不足以行远欤？而俚言俗说，猥有存者，亦其有幸不幸者欤？今著于篇，有其名而亡其书者，十盖五六也，可不惜哉。

初，隋嘉则殿书三十七万卷，至武德初，有书八万卷，重复相糅。王世充平，得隋旧书八千余卷，太府卿宋遵贵监运东都，浮舟泝河，西致京师，经砥柱舟覆，尽亡其书。贞观中，魏徵、虞世南、颜师古继为秘书监，请购天下书，选五品以上子孙工书者为书手，缮写藏于内库，以宫人掌之。玄宗命左散骑常侍、昭文馆学士马怀素为修图书使，与右散骑常侍、崇文馆学士褚无量整比。会幸东都，乃就乾元殿东序检校。无量建议：御书以宰相宋璟、苏颋同署，如贞观故事。又借民间异本传录。及还京师，迁书东宫丽正殿，置修书院于著作院。其后大明宫光顺门外、东都明福门外，皆创集贤书院，学士通籍出入。既而太府月给蜀郡麻纸五千番，季给上谷墨三百三十六丸，岁给河间、景城、清河、博平四郡兔千五百皮为笔材。两都各聚书四部，以甲、乙、丙、丁为次，列经、史、子、集四库。其本有正有副，轴带帙签皆异色以别之。

## 五、《汉纪》

《四库全书总目提要·卷四十七·史部三·编年类·汉纪三十卷（安徽巡抚采进本）》[1]

汉荀悦撰，悦，字仲豫，颍阴人，献帝时官秘书监侍中，《后汉书》附见其祖《荀淑传》。称献帝好典籍。以班固《汉书》文繁难省，乃令悦依左氏传体为《汉纪》三十篇。词约事详，论辨多美。张璠《汉记》亦称其因事以明臧否，致有典要，大行于世。唐刘知几《史通·六家篇》，以悦书为《左传家》之首。其《二体篇》又称

1 《四库全书总目提要》卷四十七，第1288—1289页。

其历代宝之，有逾本传。班、荀二体，角力争先，其推之甚至。故唐人试士，以悦《纪》与《史》《汉》为一科。《文献通考》载宋李焘《跋》曰：悦为此《纪》，固不出班《书》，亦时有所删润，而谏大夫王仁、侍中王闳《谏疏》，班《书》皆无之。又称司马光编《资治通鉴》，书太上皇事及五凤郊泰畤之月，要皆舍班而从荀。盖以悦修纪时，固《书》犹未舛讹。又称其"君兰"、"君简"，"端"、"瑞"，"兴"、"誉"，"宽"、"竟"诸字与《汉书》互异者，先儒皆两存之。王铚作《两汉纪后序》，亦称荀、袁二《纪》，于朝廷纪纲、礼乐刑政、治乱成败、忠邪是非之际，指陈论著，每致意焉。反复辨达，明白条畅，启告当代，而垂训无穷。是宋人亦甚重其书也。其中若壶关三老茂，《汉书》无姓，悦书云姓令狐。朱云请上方剑，《汉书》作斩马，悦书乃作断马。证以唐张渭诗"愿得上方断马剑，斩取朱门公子头"句，知《汉书》字误。资考证者亦不一。近时顾炎武《日知录》乃惟取其宣帝赐陈遂玺书一条，及元康三年封海昏侯诏一条，能改正《汉书》三四字。其余则病其叙事索然无意味，间或首尾不备。其小有不同，皆以班《书》为长，未免抑扬过当。又曰："纪王莽事自始建国元年以后，则云其二年、其三年，以至其十五年，以别于正统而尽没其天凤、地皇之号云云。"其语不置可否。然不曰"尽削"而曰"尽没"，似反病其疏略者。不知班《书》莽自为传，自可载其伪号。荀书以汉系编年，岂可以莽纪元哉？是亦非确论，不足为悦病也。是书考李焘所《跋》，自天圣中已无善本。明黄姬水所刊亦间有舛讹。康熙中襄平蒋国祥、蒋国祚与袁宏《后汉纪》合刻，后附《两汉纪字句异同考》一卷。今用以参校，较旧本稍完善焉。

《汉纪序》（荀悦撰）[1]

凡《汉纪》十二世，十一帝，通王莽二百四十二年。一祖三宗。高祖定天下，孝惠、高后值国家无事，百姓安集。太宗升平，世宗建功，中宗治平，昭、景称治。元、成、哀、平历世陵迟，莽遂篡国也。凡祥瑞：黄龙见，凤凰集，麒麟臻，神马出，神鸟翔，神雀集，白虎仁兽获，宝鼎升，宝磬神光见，山称万岁，甘露降，芝草生，嘉禾茂，玄稷降，醴泉涌，木连理。凡灾异大者：日蚀五十六，地震十六，天开

1 ［汉］荀悦撰，张烈点校：《汉纪》，北京：中华书局，2002年，第1—2页。

地裂、五星集于东井各一，太白再经天，星孛二十四，山崩三十四，陨石十一，星陨如雨二，星昼见三，火灾二十四，河、汉水大泛溢为人害十，河泛一，冬雷五，夏雪三，冬无冰二，天雨血，雨草，雨鱼，死人复生，男子化为女子嫁为人妇生子，枯木更生，大石自立。建安元年，上巡省幸许昌，以镇万国。外命元辅征讨不庭，内齐七政允亮圣业，综练典籍，兼览传记。其三年，诏给事中秘书监荀悦抄撰《汉书》，略举其要，假以不直，尚书给纸笔，虎贲给书吏。悦于是约集旧书，撮序《表》《志》总为《帝纪》，通比其事，列系年月。其祖宗功勋、先帝事业、国家纲纪、天地灾异、功臣名贤、奇策善言、殊德异行、法式之典，凡在《汉书》者，本末体殊，大略粗举；其经传所遗阙者差少而求志，势有所不能尽繁重之语，凡所行之事，出入省要，删略其文。凡为三十卷，数十余万言，作为《帝纪》，省约易习，无妨本书，有便于用，其旨云尔。会悦迁为侍中，其五年书成乃奏，记云四百有一十六载，谓书奏之岁，岁在庚辰。昔晋之《乘》，楚之《梼杌》，鲁之《春秋》，虞、夏、商、周之书，其揆一也。皆古之令典，立之则成其法，弃之则坠于地，瞻之则存，忽焉则废，故君子重之，《汉书纪》其义同矣。凡《汉纪》有法式焉，有监戒焉；有废乱焉，有持平焉；有兵略焉，有政化焉；有休祥焉，有灾异焉；有华夏之事焉，有四夷之事焉；有常道焉，有权变焉；有策谋焉，有诡说焉；有术艺焉，有文章焉：斯皆明主贤臣，命世立业，群后之盛勋，髦俊之遗事。是故质之事实而不诬，通之万方而不泥。可以兴，可以治；可以动，可以静；可以言，可以行。惩恶而劝善，奖成而惧败。兹亦有国之常训，典籍之渊林。虽云撰之者陋浅，而本末存焉尔，故君子可观之矣。

## 六、《资治通鉴》

《四库全书总目提要·卷四十七·史部三·编年类·资治通鉴二百九十四卷（内府藏本）》[1]

宋司马光撰，元胡三省音注。光以治平二年受诏撰《通鉴》，以元丰七年十二月戊辰书成奏上，凡越十九年而后毕。光《进表》称精力尽于此书。其采用之书，正史之外，杂史至三百二十二种。其残稿在洛阳者尚盈两屋。既非掇拾残剩者可比。又助

1 《四库全书总目提要》卷四十七，第1292—1293页。

其事者，《史记》、前后《汉书》属刘攽；三国、南北朝属刘恕；唐、五代属范祖禹。又皆通儒硕学，非空谈性命之流。故其书网罗宏富，体大思精，为前古之所未有。而名物训诂，浩博奥衍，亦非浅学所能通。光门人刘安世尝撰《音义》十卷，世已无传。南渡后注者纷纷，而乖谬弥甚。至三省乃汇合群书，订讹补漏，以成此注。元袁桷《清容集》载先友《渊源录》，称三省天台人，宝祐进士，贾相馆之。释《通鉴》三十年，兵难稿三失。乙酉岁，留袁氏家塾，日手抄《定注》。己丑寇作，以书藏窖中得免。案：三省《自序》，称乙酉彻编，与桷所记正合。惟桷称《定注》，而今本题作《音注》，疑出三省所自改。三省又称，初依经典释文例，为广注九十七卷。后失其书，复为之注。始以考异及所注者散入《通鉴》各文之下。历法、天文则随《目录》所书而附注焉。此本惟《考异》散入各文下，而《目录》所有之历法、天文书中并未附注一条。当为后人所删削，或三省有此意而未及为欤。《通鉴》文繁义博，贯穿最难。三省所释，于象纬推测，地形建置，制度沿革诸大端，极为赅备。故《唐纪》开元十二年内注云："温公作《通鉴》，不特纪治乱之迹而已。至于礼乐、历数、天文、地理尤致其详。读者如饮河之鼠，各充其量。"盖本其命意所在，而于此特发其凡，可谓能见其大矣。至《通鉴》中或小有牴牾，亦必明著其故。如《周显王纪》"秦大良造伐魏"条注云"大良造下当有'卫鞅'二字"。《唐代宗纪》"董晋使回纥"条注云"此韩愈状晋之辞，容有溢美"。又"严武三镇剑南"条注云"武只再镇剑南，盖因杜甫诗语致误"。《唐穆宗纪》"册回鹘嗣君"条注云"《通鉴》例，回鹘新可汗未尝称嗣君"。《文宗纪》"郑注代杜悰镇凤翔"条注云"如上卷所书杜悰镇忠武，不在凤翔"。凡若此类，并能参证明确，而不附会以求其合，深得注书之体。较尹起莘《纲目发明》附和回护，如谐臣媚子所为者，心术之公私，学术之真伪，尤相去九牛毛也。虽征摭既广，不免检点偶疏。如景延广之名，出师表败军之事，庾亮此手何可著贼之语，沈怀珍之军洋水，阿那瑰之趋下口，乌丸轨宇文孝伯之误句，周太祖诏今兄之作"令兄"，顾炎武《日知录》并纠其失。近时陈景云亦摘地理讹舛者作《举正》数十条。然以二三百卷之书，而蹉失者仅止于此，则其大体之精密，益可概见。黄溥《简籍遗闻》称是书元末刊于临海，洪武初取其版藏南京国学。其见重于后来，固非偶矣。

《资治通鉴·胡刻通鉴正文校宋记述略》(节选)[1]

有宋天台胡身之先生，身丁末造，避兵山谷，前为《资治通鉴》撰著之作既毁，乃复购他本，以成今日流传之注本。惟胡氏所谓他本之外，就注文考之，有云蜀本者，有云杭本者，有云传写本者，后贤之为《通鉴》学者，大都为胡注匡益，于正文则尠致力也。吾乡顾碉薲先生序张敦仁《通鉴识误》有云：兴文署本非出梅碉亲刊。欲纠其误，必资于兴文本之上。今两宋大字、中字、小字附《释文》、未附《释文》诸刊，即零卷残帙，犹艰数觏，目为难之又难。盖旧椠之难得而异文之待校，前人固有欲为之而无从措手者。钰自宣统辛亥以后，侨寄津郊，以校书遣日。丙辰冬日，江安傅君沅叔用巨金得宋椠《通鉴》百衲本，约钰同用鄱阳胡氏翻刻兴文署本校读，并约各校各书，校毕互勘，以免脱漏，阅今已一星终矣。比以上海涵芬楼《四部丛刊》中有宋刻一种，出百衲本之外，逐字比勘，可供佐证。又以明孔天胤刊无注本源出宋椠，先后从沅叔借校，亦多佳处。始知张敦仁《识误》及常熟张瑛《校勘记》，功未及半；辜较二百九十四卷中，脱、误、衍、倒四者盖在万字以上；内脱文五千二百余字，关系史事为尤大。初拟汇集众说，统加考定，头白汗青，逡巡缩手。阮文达序山井鼎《七经孟子考文》，訾其但能详记同异，未敢决择是非，皆为才力所限，若为钰也言之。顾以桑海余生，得见老辈所未见，业已耗日力于此，亦安忍弃而置之！爰手写校记七千数百条，编为三十卷，备列所见，不厌其详，以便覆按。读涑水书者，或有取焉。

戊辰岁寒，长洲章钰式之甫记。

## 七、《建炎以来系年要录》

《四库全书总目提要·卷四十七·史部三·编年类·建炎以来系年要录二百卷(永乐大典本)》[2]

宋李心传撰。心传，字微之，井研人，官至礼部侍郎，事迹具《宋史·儒林传》。是书述高宗朝三十六年事迹，仿《通鉴》之例，编年系月，与李焘《长编》相续。宁

1 ［宋］司马光编著，［元］胡三省音注，标点资治通鉴小组点校：《资治通鉴》，北京：中华书局，1956年，第11—12页。

2 《四库全书总目提要》卷四十七，第1307—1308页。

宗时尝被旨取进。《永乐大典》别载贾似道《跋》，称宝祐初曾刻之扬州。而元代修宋、辽、金三《史》时，广购逸书，其目具见袁桷、苏天爵二集，并无此名。是当时流传已绝，故修史诸臣均未之见。至明初，始得其遗本，亦惟《文渊阁书目》载有一部二十册，诸家书目则均不著录。今明代秘府之本，又已散亡。其存于世者，惟《永乐大典》所载之本而已。其书以国史、日历为主，而参之以稗官、野史、家乘、志状、案牍奏议、百司题名，无不胪采异同，以待后来论定。故文虽繁而不病其冗，论虽岐而不病其杂。在宋人诸野史中，最足以资考证。《宋史》本传称其重川蜀而薄东南。然如宋人以张栻讲学之故，无不坚持门户，为其父张浚左袒。心传独于淮西富平之偾事、曲端之枉死、岳飞之见忌，一一据实直书。虽朱子行状亦不据以为信，初未尝以乡曲之私稍为回护。则《宋史》之病是书者，殆有不尽然矣。大抵李焘学司马光而或不及光，心传学李焘而无不及焘。其宏博而有典要，非熊克、陈均诸人所能追步也。原本所载秦熺、张汇诸论，是非颠倒，是不待再计而删者，而并存以备参稽，究为瑕颣。至于本注之外载有留正《中兴圣政草》、吕中《大事记讲义》、何俌《龟鉴》诸书，似为修《永乐大典》者所附入。然今无别本可校，理贵阙疑，姑仍其旧。其中与《宋史》互异者，则各为辨证，附注下方。所载金国人名、官名、地名，音译均多舛误，谨遵《钦定金史国语解》，详加订正。别为《考证》，附载各卷之末。仍依原第，析为二百卷。至其书名，《文献通考》作《系年要记》，《宋史》本传作《高宗要录》，互有不同。今据《永乐大典》所题，与心传《朝野杂记自跋》及王应麟《玉海》相合，故定为《系年要录》著于录焉。

《建炎以来系年要录·宋史本传》[1]

李心传，字微之，宗正寺簿舜臣之子也。庆元元年荐于乡，既下第，绝意不复应举，闭户著书。晚因崔与之、许弈、魏了翁等合前后二十二人之荐，自制置司敦遣至阙下。为史馆校勘，赐进士出身，专修《中兴四朝帝纪》。甫成其三，因言者罢，添差通判成都府。寻迁著作佐郎，兼四川制置司参议官。诏无入议幕，许辟官置局，踵修《十三朝会要》。端平三年成书。召赴阙，为工部侍郎，言："臣闻'大兵之后，必

1 ［宋］李心传撰：《建炎以来系年要录》，北京：中华书局，1988年，第1—2页。

有凶年'。盖其杀戮之多、赋敛之重，使斯民怨怒之气上干阴阳之和，至于此极也。陛下所宜与诸大臣扫除乱政，与民更始，以为消恶运、迎善祥之计。而法弊未尝更张，民劳不加振德，既无能改于其旧，而殆有甚焉。故帝德未至于罔愆，朝纲或苦于多紊，廉平之吏所在鲜见，而贪利无耻、敢于为恶之人，挟敌兴兵，四面而起，以求逞其所欲。如此而望五福来备，百谷用成，是缘木而求鱼也。臣考致旱之由，曰和籴增多而民怨，曰流散无所归而民怨，曰检税不尽实而民怨，曰籍赀不以罪而民怨。凡此皆起于大兵之后，而势未有以消之，故愈积而愈极也。成汤，圣主也，而桑林之祷，犹以六事自责。陛下愿治，七年于此，灾祥饥馑，史不绝书，其故何哉？朝令夕改，靡有常规，则政不节矣；行赍居送，略无罢日，则使民疾矣；陪都园庙，工作甚殷，则土木营矣；潜邸女冠，声焰兹炽，则女谒盛矣；珍玩之献，罕闻却绝，则苞苴行矣；鲠切之言，类多厌弃，则谗夫昌矣。此六事者，一或有焉，犹足以致旱。愿亟降罪己之诏，修六事以回天心。群臣之中有献聚敛剽窃之论以求进者，必重黜之，俾不得以上诬圣德，则旱虽烈，犹可弭也。然民怨于内，敌逼于外，事穷势迫，何所不至！陛下虽谋臣如云，猛将如雨，亦不知所以为策矣。"帝从之。未几，复以言去，奉祠居潮州。淳佑元年罢祠，复予，又罢。三年，致仕，卒，年七十有八。心传有史才，通故实，然其作吴猎、项安世传，褒贬有愧秉笔之旨。盖其志常重川蜀而薄东南之士云。所著成书，有《高宗系年录》二百卷、《学易编》五卷、《诵诗训》五卷、《春秋考》十三卷、《礼辨》二十三卷、《读史考》十二卷、《旧闻证误》十五卷、《朝野杂记》四十卷、《道命录》五卷、《西陲泰定录》九十卷、《办南迁录》一卷、诗文一百卷。

## 八、《通鉴纪事本末》

《四库全书总目提要·卷四十九·史部五·纪事本末类·通鉴纪事本末四十二卷（通行本）》[1]

宋袁枢撰。枢，字机仲，建安人。孝宗初，试礼部词赋第一。历官至工部侍郎。以右文殿修撰知江陵府，寻提举太平兴国宫。事迹具《宋史》本传。案：唐刘知几作《史通》，叙述史例，首列六家，总归二体。自汉以来，不过纪传、编年两法，乘除互用。然纪传之法，或一事而复见数篇，宾主莫辨；编年之法，或一事而隔越数

1 《四库全书总目提要》卷四十九，第1338—1339页。

卷，首尾难稽。枢乃自出新意，因司马光《资治通鉴》区别门目，以类排纂。每事各详起讫，自为标题。每篇各编年月，自为首尾。始于三家之分晋，终于周世宗之征淮南。包括数千年事迹，经纬明晰，节目详具。前后始末，一览了然。遂使纪传、编年贯通为一，实前古之所未有也。王应麟《玉海》，称淳熙三年十一月，参政龚茂良言，枢所编《纪事》有益见闻。诏严州摹印十部，仍先以缮本上之。《宋史》枢本传又称，孝宗读而嘉叹，以赐东宫及分赐江上诸帅，曰"治道尽在是矣"。朱子亦称其书部居门目，始终离合之间，皆曲有微意，于以错综温公之书，乃《国语》之流。盖枢所缀集，虽不出《通鉴》原文，而去取翦裁，义例极为精密，非《通鉴》总类诸书割裂扯挦者可比。其后如陈邦瞻、谷应泰等，递有沿仿。而包括条贯，不漏不冗，则皆出是书下焉。

《通鉴纪事本末叙》（杨万里撰）[1]

初，予与子袁子同为太学官，子袁子录也，予博士也，志同志，行同行，言同言也。后一年，子袁子分教严陵。后一年，予出守临漳，相见于严陵，相劳苦，相乐，且相楙以学。子袁子因出书一编，盖《通鉴》之本末也。予读之，大抵搴事之成以后于其萌，提事之微以先于其明，其情匿而泄，其故悉而约，其作窕而槬，其究遐而迩，其于治乱存亡，盖病之源医之方也。予每读《通鉴》之书，见事之肇于斯，则惜其事之不竟于斯。盖事以年隔，年以事析，遭其初莫绎其终，揽其终莫志其初，如山之峨，如海之茫，盖编年系日，其体然也。今读子袁子此书，如生乎其时，亲见乎其事，使人喜，使人悲，使人鼓舞未既而继之以叹且泣也。嗟乎！由周秦以来，曰诸侯，曰大盗，曰女主，曰外戚，曰宦官，曰权臣，曰夷狄，曰藩镇，国之病亦不一矣，而其源不一哉。盖安史之乱则林甫之为也，藩镇之乱则令孜之为也，其源不一哉。得其病之之源，则得其医之之方矣，此书是也。有国者不可以无此书，前有奸而不察，后有邪而不悟。学者不可以无此书，进有行而无征，退有蓄而无宗。此书也，其入《通鉴》之户欤？虽然，觌人之病，戚人之病，理人之病，得人之病，至于身之病不憯焉，不讳焉，不医之距焉，不医而缪其医焉，古亦稀矣。彼闇而此昭，宜也切于人，纾于身，可哀也夫！

1 ［宋］袁枢撰:《通鉴纪事本末》，北京：中华书局，2015年，第1—2页。

## 九、《通志》

《四库全书总目提要・卷五十・史部六・别史类・通志二百卷（内府刊本）》[1]

宋郑樵撰。樵有《尔雅注》，已著录。通史之例，肇于司马迁。故刘知几《史通》述二体，则以《史记》、《汉书》共为一体，述六家，则以《史记》、《汉书》别为两家，以一述一代之事，一总历代之事也。其例综括千古，归一家言。非学问足以该通，文章足以熔铸，则难以成书。梁武帝作《通史》六百二十卷，不久即已散佚。故后有作者，率莫敢措意于斯。樵负其淹博，乃网罗旧籍，参以新意，撰为是编。凡《帝纪》十八卷、《皇后列传》二卷、《年谱》四卷、《略》五十一卷、《列传》一百二十五卷。其《纪传》删录诸史，稍有移掇，大抵因仍旧目，为例不纯。其《年谱》仿《史记》诸表之例，惟间以大封拜、大政事错书其中，或繁或漏，亦复多歧，均非其注意所在。其平生之精力，全帙之菁华，惟在《二十略》而已。一曰《氏族》，二曰《六书》，三曰《七音》，四曰《天文》，五曰《地理》，六曰《都邑》，七曰《礼》，八曰《谥》，九曰《器服》，十曰《乐》，十一曰《职官》，十二曰《选举》，十三曰《刑法》，十四曰《食货》，十五曰《艺文》，十六曰《校雠》，十七曰《图谱》，十八曰《金石》，十九曰《灾祥》，二十曰《草木昆虫》。其《氏族》《六书》《七音》《都邑》《草木昆虫》五略，为旧史之所无。案《史通・书志篇》曰：可以为志者，其道有三：一曰都邑志，二曰氏族志，三曰方物志。樵增《氏族》、《都邑》、《草木昆虫》三略，盖窃据是文。至于《六书》、《七音》乃小学之支流，非史家之本义。矜奇炫博，泛滥及之，此于例为无所取矣。余十五略虽皆旧史所有，然《谥》与《器服》乃《礼》之子目，《校雠》、《图谱》、《金石》乃《艺文》之子目，析为别类，不亦冗且碎乎？且《氏族略》多挂漏，《六书略》多穿凿，《天文略》只载《丹元子步天歌》，《地理略》则全抄杜佑《通典・州郡总序》一篇，前虽先列水道数行，仅杂取《汉书・地理志》及《水经注》数十则，即《禹贡》山川亦未能一一详载。《谥略》则别立数门，而沈约、扈琛诸家之《谥法》悉删不录，即《唐会要》所载杲字诸谥，亦并漏之。《器服略》，器则所载尊彝爵觯之制，制既不详，又与《金石略》复出；服则全抄杜佑《通典》之《嘉礼》。其《礼》《乐》《职官》《食货》《选举》《刑法》六略，亦但删录《通

1 《四库全书总目提要》卷五十，第1366—1368页。

典》，无所辨证。至《职官略》中，以《通典注》所引之典故，悉改为案语大书，更为草率矣。《艺文略》则分门太繁。又韩愈《论语解》《论语类》前后两出。张弧《素履子》儒家、道家两出。刘安《淮南子》道家、杂家两出。荆浩《笔法记》，乃论画之语，而列于《法书类》。《吴兴人物志》《河西人物志》，乃传记之流，而列于《名家类》。段成式之《玉格》，乃《酉阳杂俎》之一篇，而列于《宝器类》，尤为荒谬。《金石略》则钟鼎碑碣，核以《博古》《考古》二图，《集古》《金石》二录，脱略至十之七八。《灾祥略》则悉抄诸史《五行志》。《草木昆虫略》则并《诗经》《尔雅》之注疏亦未能详核。盖宋人以义理相高，于考证之学，罕能留意。樵恃其该洽，睥睨一世，谅无人起而难之，故高视阔步，不复详检，遂不能一一精密，致后人多所讥弹也。特其采摭既已浩博，议论亦多警辟。虽纯驳互见，而瑕不掩瑜，究非游谈无根者可及。至今资为考镜，与杜佑、马端临书并称"三通"，亦有以焉。

## 十、《贞观政要》

《四库全书总目提要·卷五十·史部七·杂史类·贞观政要十卷（内府藏本）》[1]

唐吴兢撰。兢，汴州浚仪人。以魏元忠荐，直史馆。累官太子左庶子，贬荆州司马，历洪、舒二州刺史，入为恒王傅。天宝初，年八十卒。事迹具《唐书》本传。宋《中兴书目》，称兢于《太宗实录》外，采其与群臣问答之语，作为此书，用备观戒，总四十篇。《新唐书》著录十卷，均与今本合。考《旧唐书·曹确传》，载确奏臣览《贞观故事》，太宗初定官品云云。其文与此书《择官篇》第一条相同。而《唐志》所录，别无《贞观故事》，岂即此书之别名欤。其书在当时尝经表进，而不著年月。惟兢《自序》所称：侍中安阳公者，乃源乾曜。中书令河东公者，乃张嘉贞。考《玄宗本纪》，乾曜为侍中，嘉贞为中书令，皆在开元八年。则兢成此书。又在八年以后矣。书中所记太宗事迹，以《唐书》《通鉴》参考，亦颇见牴牾。如新旧《唐书》载太宗作《威凤赋》，赐长孙无忌，而此作赐房玄龄。《通鉴》载张蕴古以救李好德被诛，而此谓其与囚戏博，漏泄帝旨，事状迥异。又《通鉴》载皇甫德参上书赐绢二十四匹，拜监察御史，而此但作赐帛二十段。又《通鉴》载宗室诸王降封，由封德彝之奏；贞

1 《四库全书总目提要》卷五十，第1409—1410页。

观初放宫人，由李百药之奏，而此则谓出于太宗独断，俱小有异同。史称兢叙事简核，号良史，而晚节稍疏牾。此书盖出其耄年之笔，故不能尽免渗漏。然太宗为一代令辟，其良法善政，嘉言微行，胪具是编，洵足以资法鉴。前代经筵进讲，每多及之。故《中兴书目》称历代宝传，至今无阙。伏读皇上《御制乐善堂集》，开卷首篇，即邀褒咏。千年旧籍，荣荷表章。则是书之有裨治道，亦概可见矣。书中之注，为元至顺四年临川戈直所作。又采唐柳芳，晋刘昫，宋宋祁、孙甫、欧阳修、曾巩、司马光、孙洙、范祖禹、马存、朱黼、张九成、胡寅、吕祖谦、唐仲友、叶适、林之奇、真德秀、陈惇修、尹起莘、程奇及吕氏《通鉴精义》二十二家之说附之，名曰《集论》。吴澄、郭思贞皆为之序。直字伯敬，即澄之门人也。

《贞观政要集校·上贞观政要表》[1]

臣兢言：臣愚，比尝见朝野士庶有论及国家政教者，咸云："若以陛下之圣明，克遵太宗之故事，则不假远求上古之术，必致太平之业。"故知天下苍生所望于陛下者，诚亦厚矣。《易》曰："圣人感人心，而天下和平。"今圣德所感，可谓深矣。窃惟太宗文武皇帝之政化，自旷古而来，未有如此之盛者也。虽唐尧、虞舜、夏禹、殷汤、周之文、武，汉之文、景，皆所不逮也。至于用贤纳谏之美，垂代立教之规，可以弘阐大猷、增崇至道者，并焕乎国籍，作鉴来叶。微臣以早居史职，莫不成诵在心。其有委质策名、立功树德、正词鲠议、志在匡君者，并随事载录，用备劝诫，撰成一帙十卷，合四十篇，仍以《贞观政要》为目，谨随表奉进。望纡天鉴，择善而行，引而申之，触类而长。《易》不云乎？"圣人久于其道，而天下化成。"伏愿行之而有恒，思之而无倦，则贞观巍巍之化，可得而致矣。昔殷汤不如尧、舜，伊尹耻之。陛下傥不修祖业，微臣亦耻之。诗曰："念我皇祖，陟降廷止。"又云："无念尔祖，聿修厥德。"此诚钦奉祖先之义也。伏惟陛下念之哉，则万方幸甚，不胜诚恳之至，谨诣明福门奉表以闻。谨言。

1 ［唐］吴兢撰，谢保成集校：《贞观政要集校》，北京：中华书局，2009年，第3—4页。

# 第十讲
# 文 集

根据《四库全书总目提要》，集部出现的时间先后顺序分别为：楚辞、别集、总集、诗文评论、词曲几类。

楚辞类是汇编、注解屈原、宋玉等所著之赋的文集。《汉书·艺文志》中《诗赋略》分为屈原赋之属、陆贾赋之属、孙卿赋之属、杂赋、歌诗五类，可见当时是把楚辞与赋混为一谈。到了南朝梁刘勰《文心雕龙》中将其分为两类，作《诠赋》《辨骚》。萧统《昭明文选》中也把赋和骚分为两门，说明楚辞与赋是两种不同的文体。最终《隋书·经籍志》集部中楚辞自成一类，此后历代目录大都有楚辞类，相沿不改。

别集是将一人的多种著作，包括多种文体作品，汇编而成。《隋书·经籍志》中说："别集之名，盖汉东京之所创也。自灵均已降，属文之士众矣，然其志尚不同，风流殊别。后之君子，欲观其体势，而见其心灵，故别聚焉，名之为集。"东汉以后，具有文学特点的散文文体获得了解放，分析文体特点的著作相继出现，考试制度的改革和印刷术的发展，使得文学日益繁荣，文体也日渐多样化，从而导致别集大量涌现。别集著录的内容远远超过了文学的范围，包括诗、文、书牍、奏议等，其中文章内容有序跋、碑志、墓表、人物传记等，包含着丰富的史料。

总集类收录了不同作者汇编而成的诗文集，最初代表作为西晋挚虞所编的《流别》，其书已佚，但在《艺文类聚》中仍保留挚虞著书之论；梁昭明太子萧统所编《文选》，是现存的最早的一部总集。总集不但为我们提供文献材料，还可以使我们了解到不同时代、不同学派的文学观点以及品评的标准。

诗文评论类收录文学评论之书，在先秦诸子的著作中，就有零散的关于文学批评的论述，到魏晋南北朝时出现了专门的文学批评论著，因曹丕的《典论》已佚，故学者将梁刘勰的《文心雕龙》定为诗文评论的创始作。

词曲类其类目清晰而完备，著录了有关词曲的各类著作。词与曲由于产生于民间，在封建社会中受到轻视，在正统的古籍目录中往往没有地位，往往附于目录的最后。

在编纂形式上，文集有的是自编，有的则是由其子孙或者门人辑录而成。在上述集部五类中，总集和别集构成文集的主体，其中别集数量尤多。

# 一、唐以前举例

## （一）《新书》

《新书》是西汉初期著名的政治家、思想家、文学家贾谊的作品，主要内容为反映其政治思想和施政主张的疏文、杂文。围绕着怎样才能“建久安之势，成长治之业”，贾谊指出了汉王朝面临的三个重要政治与社会问题：一为诸侯僭拟；二为匈奴侵边；三为商贾豪民越礼。并在书中分别提出了相应措施。出于对汉王朝现实政治的深切关注和忧虑，贾谊著文往往据实设论，其文章铺排渲染、气盛而情浓，说理透辟。

《汉书·艺文志》著录《新书》为“五十八篇”，后人辑为十卷，现存五十六篇（亡佚《问孝》《礼容语上》两篇）。关于《新书》的版本，宋代以前，《新书》已有九卷本与十卷本之分。宋代开始有了刻本，宋刻本共四种，即程漕使本、潭州本、建宁本以及陈振孙所见本，然而宋刻本皆已亡佚。目前《新书》最流行的版本，是清人卢文弨的抱经堂校定本，它以明代程荣辑《汉魏丛书》为底本，囊括了明代有代表性的五个版本，即吴郡沈颉本、李空同本、陆良弼本、程荣本与何允中本，保存了南宋时所刻的潭州本、建宁本的异文。

岳麓书社2010年11月出版的《贾谊集》以卢文弨的抱经堂本（《四部备要》本）为底本，包括《新书》五十六篇、《疏》七篇、《赋》五篇。《疏》辑自《汉书》《通典》，《赋》辑自《文选》《古文苑》《楚辞集注》。

## （二）《嵇中散集》

《嵇中散集》是三国时期著名玄学家嵇康所著的一本诗文集，主要内容多为富有哲理性的玄学论著和文词优美的愤世嫉俗之作。嵇康今存诗五十余首，其中以四言诗最多，占今存诗作三分之二以上，而且成就也在诸体之上。嵇康为我国古代散文大家，现存文十四篇，包括书、论、传、箴、戒等体，其中论多达九篇，皆是长篇论文。嵇康所作之论的主旨皆是阐述玄学命题，也是魏晋玄学家中留存论文最多的一位。

南朝梁之前，有《嵇康集》十五卷，目录一卷，但至隋已有亡佚，《隋书·经籍志》记载为十三卷。唐代又将此本重编为十五卷，与旧本卷数相合。至宋本则仅有十卷，题为《嵇中散集》。陈振孙《直斋书录解题》称"康所作文论六七万言，其存于世者仅如此"。此集共诗四十七首，赋一篇，书二篇，杂著二篇，论九篇，箴一篇，家诫一篇。杂著中《嵇荀录》一篇，有录而无书。但其并非宋亡旧本，实则是明嘉靖四年（1525）吴县黄省曾所重辑。另有明吴宽丛书堂抄本，讹误较少。之后的汪士贤《汉魏诸家集》、张溥《汉魏六朝百三名家集》等本，皆以黄省曾本为底本。此后，校刊、校注本很多。最有影响的有鲁迅校《嵇康集》本，卷一收诗六十首，卷二至卷十有赋一篇，文十五篇，卷末附《逸文考》《著录考》，1956年由文学古籍刊行社影印出版。1962年人民文学出版社出版的戴明扬《嵇康集校注》，注释、集评则颇繁富，是一部有较高学术价值的新注本。

## （三）《陶渊明集》

《陶渊明集》，是晋代诗人、文学家、辞赋家、散文家陶渊明所著的一部诗文集。陶渊明的作品继承了汉、魏正始之传统，并形成了独特的风格，情感真挚，风格冲淡，韵致悠然。

梁代萧统搜集陶渊明遗世作品，区分编录，定为八卷本《陶渊明集》。后来北齐阳休之又在萧本的基础上，搜集他本保存的《五孝传》和《四八目》，合序目为十卷本《陶潜集》。阳休之本在隋朝灭亡中遗失其序目，变为九卷本。此后为要凑足十卷之数，别本纷出。至北宋，又经宋庠重新刊定为十卷本《陶潜集》，这是我们目前所知道的最早的刊本。上述各本均散佚不传，今天我们还能看到的，都是南宋以后的刊本。

现存诸本《陶集》中有校勘价值的，主要有下列各本：（一）曾集诗文两册本，南宋绍熙三年刊，有清光绪影刻本；（二）汲古阁藏十卷本，南宋刊，有清光绪、咸丰两种影刻本；（三）焦竑藏八卷本，南宋刊，有焦氏明翻本，今《汉魏七十二家集》中《陶集》五卷本亦即焦竑翻宋本。此外，尚有宋末汤汉注本及元初李公焕《笺注陶渊明集》十卷本。李注本博采众说，开集注之先河，明清两代屡见重刻。又有宋刊《东坡先生和陶渊明诗》本（有民国十一年上海黄艺锡刊本）以及传为苏轼笔迹的元刊苏写大字本（有清同治何氏笃庆堂影宋重刊本）。

## （四）《昭明文选》

《昭明文选》是我国现存最早的一部诗文选集，收录周朝至南朝梁七八百年间一百多位作者的七百余篇作品，由南朝梁萧统编选，萧统死后谥昭明，所以《文选》又以此为名。一般认为，《昭明文选》编成于梁武帝普通七年（526）至中大通三年（531）之间。

萧统对我国先秦两汉以来文史哲不分的现象作了梳理和区分，他认为经史诸子都以立意纪事为本，不属词章之作，只有善用典故成辞、善用形容比喻、辞采精巧华丽的文章，才合乎标准。《昭明文选》正是以此来划分文学与非文学界限的第一部选集。

《文选》自从编定以来，首先为此书作《音义》的是隋代的萧该，其书久已失传。后世注本主要有两种：一是唐显庆年间李善注本，改分原书三十卷为六十卷，此书历来被人们公认为《文选》的权威注本；二是唐开元六年（718）吕延祚进表呈上的五臣（吕延济、刘良、张铣、吕向、李周翰）注本。但李善注成书后，由于传抄，已有脱误，后人刻“六臣注”，把李注和“五臣注”合在一起，因此羼乱。今本李注是人们据“六臣注”辑出，有些版本（如汲古阁本）还有个别地方，没把误入李注的“五臣注”文字删去。此外也有李注被误认为其他注而删去的。因此今本李注，已非本来面目。但李注虽羼乱，又多夺误，仍不失为研究《文选》的最重要注本。同时，由于李注引书宏富，据统计达一千五六百种，其中许多书都已散失，佚文赖李注保存至今，对辑佚和考订名物训诂，有极大价值。

### （五）《五百家注昌黎文集》

《五百家注昌黎文集》是由魏仲举汇编的文集。该书体例是按文体分类编纂，诗文题目下有详细的题解、校语及注文散入相应正文中，并附录有他人与韩愈互相酬答的诗文作品。

南宋宁宗庆元年间，福建建安人魏仲举以集解的形式，共汇集唐代孟郊、张籍与宋代韩醇、洪兴祖、樊汝霖等总计三百七十八家的《韩集》整理与评论成果，以及方崧卿《韩集举正》、朱熹《韩文考异》的校勘成果，加上魏仲举本人的补注，编纂并刊刻《新刊五百家注音辩昌黎先生文集》（以下简称《五百家注昌黎文集》）一书。《五百家注昌黎文集》的初刻本是魏仲举家塾刻本，但此本在《宋史·艺文志》及马端临《文献通考·经籍考》均不见著录。首次见于文献记载，是宋陈宓《龙图陈公文集》，遗憾的是，文中没有标注这一宋版《五百家注昌黎文集》的内容与卷数，故具体情况不明。明代官修及私家所纂书目，亦不见著录《五百家注昌黎文集》。

编纂于乾隆四十年（1775）的清内府秘籍书目《天禄琳琅书目》卷三著录有两种宋版《五百家注昌黎文集》：一种是正集四十卷，外集十卷；前附《昌黎先生文集引用书目》一卷、评论诂训音释诸儒名氏一卷、《韩文类谱》七卷。另一种是正集四十卷，外集十卷；前附《昌黎先生序传碑记》一卷、《韩文纲目》一卷、评论诂训音释诸儒名氏一卷；后附《韩柳先生文集引用书目》一卷、《别集》一卷、《论语笔解》十卷、《许渤序》、《昌黎文集后序》五篇。

南京图书馆现藏有宋版《五百家注昌黎文集》，计正集四十卷，外集十卷，《序传碑记》一卷，《韩文类谱》十卷，《韩文考异》十卷。正集、外集与《天禄琳琅书目》所著录者相同。从版式、文字看，该本或为初刻本。十卷本《韩文考异》，其当为后人所补入。此外，正集原缺卷三、卷四、卷六、卷七、卷十五至卷十七、卷二十及卷十八与卷二十一部分篇目，现存者为清人惠栋所补刻。民国元年（1912），涵芬楼据此本影印。《中华再造善本》将此南京图书馆所藏之宋版《五百家注昌黎文集》影印收入。

## 二、宋以后举例

### （一）《欧阳文忠公集》

《欧阳文忠公集》是北宋政治家、文学家，唐宋古文八大家之一的欧阳修创作的别集，因其卒谥文忠，故名。欧阳修继承了韩愈古文运动的精神，在散文理论上，提出文以明道的主张。其提倡简而有法和流畅自然的文风，反对浮靡雕琢和怪僻晦涩，不仅能够从实际出发，提出平实的散文理论，而且自己又以造诣很高的创作实绩起了示范作用。

欧阳修去世后，其子欧阳发、欧阳棐等将他的遗著集为家书，除其手定的《居士集》五十卷外，增编《易童子问》三卷、《诗本义》十四卷、《五代史》七十四卷、《归荣集》一卷、《外制集》三卷、《内制集》八卷、《奏议集》十八卷、《四六集》七卷、《集古录跋尾》十卷、《杂著述》十九卷。此后各地争相裒辑他的著作，或全集合集，或分集选集不一。南宋绍熙时，周必大遍搜当时公私上下刊布收藏的各种本子历时五载有余，精心编校了《欧阳文忠公集》一百五十三卷，后附行状、墓志、传文等五卷，总计一百五十八卷。周必大本是欧阳修诗文著作编集中最为完备重要的本子，所以周本一出，当时藏书家均以之为珍。元代编校刊刻的本子较少，其中值得一提的是曾鲁考异本《欧阳文忠公集》。曾鲁考异本保存了不少今已散佚不传的宋刊诸本异文情况，其价值不容忽视。明初以重刻曾鲁考异本为主，见于著录的有洪武六年永丰县学蔡行素刻本，正统间重刻本。

嘉庆二十四年，欧阳衡重新编校了《欧阳文忠公全集》一百五十八卷，这个本子收文多、流传广、影响大，更重要的是它校刻精审，改正了别本的许多舛误。

### （二）《东坡全集》

《东坡全集》是北宋著名文学家、书法家、画家苏轼的著作，包括了苏东坡所作的诗集、词集、文集、易传、书传等内容。苏东坡本人不仅在文、诗、词领域具有很高的造诣，同时在书法和绘画领域也有很突出的成绩，在医药、烹饪、水利等领域也有涉猎。苏轼推崇韩愈和欧阳修对古文的贡献，兼从文、道两方面着眼。苏轼认为文章的艺术具有独立的价值，文章并不仅仅是载道的工具，其自身的表现功能便是人类精神活动的一种高级形态。其次，苏轼主张文章应像客观世界一样，文理自然，姿态横生。

第一次把苏轼的文章单独辑集在一起，是明末茅维的《苏文忠公全集》。茅氏原刊本问世之后，明清两代以《东坡先生全集》为名，多次印行。明成化至清乾隆修《四库全书》前这段时间，出现了几种新编的《东坡全集》和具有全集规模的刊本。其一：分集编辑本。比如明成化四年（1468）程宗刻的《苏文忠公全集》(通称《七集》。包括《东坡集》四十卷、《东坡后集》二十卷、《奏议集》十五卷、《内制集》十卷另附《乐语》一卷、《外制集》三卷、《应诏集》十卷、《续集》十二卷及《年谱》一卷，共一百十二卷)。其二：分类合编本。一为明刻一百一十四卷本《苏文忠公集》，该本卷一、卷二为赋，卷三至卷三十一为诗，其余为文，该本纰缪颇多。一为清蔡士英刊本《东坡全集》一百十五卷本，《四库全书》用以著录。

### (三)《王文成公全书》

《王文成公全书》共三十八卷，是由明代著名理学家、文学家、政治家王守仁所著。此书收入王守仁所著《传习录》三卷，《文录》五卷，《别录》十卷，《外集》七卷，《续编》六卷（为《文录》续编)。后附《年谱》三卷，《附录》一卷，《世德纪》一卷，《年谱》与《世德纪》皆钱德洪所撰，《附录》为王畿撰。

隆庆六年（1572）谢廷杰巡按浙江时，合各单行本而刊之，仿《朱子全书》之例，称《王文成公全书》。明人施邦曜，也辑有《阳明先生辑要》，分《理学集》四卷、《经济集》七卷、《文章集》四卷，冠以《年谱》。崇帧八年（1635）叶绍荣编刻《阳明书要》八卷、《附录》五卷，康熙二十四年（1685）守仁五世孙贻乐编刻《王阳明集》十六卷，康熙二十八年（1689）张问达编刻之《阳明文钞》二十卷，均列入《四库全书存目》。

《王文成公全书》包括语录、文录、别录、外集、续编、年谱，是王守仁一生著作的总编，对理学研究和王守仁研究者有重要的文献参考价值。

### （四）《焚书》

《焚书》是明代思想家、文学家李贽所撰作品集。《焚书》共六卷，第一次刊行于万历十八年（1590），由于其主题大胆表达了反对封建传统的思想，后遭禁毁。李贽在命名的时候，也深知其著作为当时所不容，但其不屈不挠的反抗精神也为后世所称赞。甚至在后世出现了士人不读四书五经，但《焚书》却人手一份的情况。

《焚书》收录了李贽所写的书信、杂著、史论、诗歌等，也选入了其他著作中少量的文章。在《藏书》中，李贽主要是通过对历史人物的评价表达其历史观，而《焚书》则更多地把批判的锋芒直接指向所谓“近世学者”即道学家。其中有不少尖锐泼辣、富有战斗性的书信、杂文等，和道学家展开了激烈的辩论。还有一些和朋友论学的书信、文章表达了李贽的哲学思想。李贽批判儒学中存在的不平等观念，以人的“智”和“识”为根据，主张“天下无不能之人”。同时大胆宣扬私欲，认为即使是圣人也不可能做到毫无私欲，因此人人皆可以为圣人。

《焚书》在李贽生前刊行不止一次，但后来遭到禁毁。现在流传的《焚书》是李贽死后由别人重编刊行的，有些地方被人删改过。1960、1961年中华书局分别重新校点出版，1975年又根据明人顾大韶编的《李温陵集》做了校改和增补。

### （五）《船山遗书》

《船山遗书》是明末清初伟大的思想家王夫之的一部著作集。王夫之与顾炎武、黄宗羲并称“明清之际三大思想家”，其早年进行抗清活动，之后隐居衡阳石船山从事著述工作，人称“船山先生”。王夫之以哲学思想博大精深而著称，但其历史见解同样也很深刻开明，而在文学表现方面却神契《楚辞》，悱恻缠绵。

王夫之生前，除自刻诗集《漧涛园初集》外，其余著作全未刊布。道光二十二年（1842），王夫之七代孙王世全于长沙汇刻王夫之遗著十八种，名《船山遗书》，是为湘潭王氏守遗经书屋刻本。但其编选仅以“经类”为限，编校者邹汉勋又对原著任意删改，故该本有较大缺陷。同治初年，曾国藩、曾国荃兄弟出资，由刘毓松等任校雠，在金陵重新汇刊《船山遗书》，合经、史、子、集四部，共五十八种，另附《校勘记》，是为金陵刻本；光绪十三年又在湖南船山书院补刻六种，统称曾刻本，搜罗较富。虽经曾氏有意删节或空格达百余处，但王夫之大量著作因此得以广泛流传。1930年，太平洋书店依曾刻本体例，重新用铅字排印了《船山遗书》，补入新发现手稿六种，共辑王夫之著述七十种，此为最全印本。

## 思考题

1. 概述文集的体例分类并区分其中的异同。
2. 在阅读文集时除了稔知文献原貌、辨明义例流别、激活传统著述等方式外，还需要注意什么？

## 【阅读材料】

### 一、《贾谊集》

《贾谊集·过秦上》[1]

秦孝公据崤函之固，拥雍州之地，君臣固守，以窥周室，有席卷天下、包举宇内、囊括四海之意，并吞八荒之心。当是时也，商君佐之，内立法度，务耕织，修守战之具，外连衡而斗诸侯，于是秦人拱手而取西河之外。

孝公既没，惠文、武、昭襄王蒙故业，因遗策，南取汉中，西举巴、蜀，东割膏腴之地，（北）收要害之郡。诸侯恐惧，同盟而谋弱秦，不爱珍器重宝、肥饶之地，以致天下之士，合从缔交，相与为一。当此之时，齐有孟尝，赵有平原，楚有春申，魏有信陵。此四君者，皆明智而忠信，宽厚而爱人，尊贤重士，约从离衡，兼韩、魏、燕、赵、宋、卫、中山之众。于是六国之士，有宁越、徐尚、苏秦、杜赫之属为之谋（主），齐明、周最、陈轸、召滑、楼缓、翟景、苏厉、乐毅之徒通其意，吴起、孙膑、带佗、倪良、王廖、田忌、廉颇、赵奢之朋制其兵。尝以什倍之地、百万之众，仰关而攻秦。秦人开关延敌，九国之师逡遁而不敢进。秦无亡矢遗镞之费，而天下诸侯已困矣。于是从散约解，争割地而赂秦。秦有余力而制其弊，追亡逐北，伏尸百万，流血漂橹；因利乘便，宰割天下，分裂山河。强国请伏，弱国入朝。

施及孝文王、庄襄王，享国日浅，国家无事。及至始皇，奋六世之余烈，振长策而御宇内，吞二周而亡诸侯，履至尊而制六合，执搞朴以鞭笞天下，威振四海。南取百粤之地，以为桂林、象郡；百粤之君俯首系颈，委命下吏。乃使蒙恬北筑长城而守藩篱，却匈奴七百余里；胡人不敢南下而牧马，士不敢弯弓而报怨。于是废先王之道，燔百家之言，以愚黔首。堕名城，杀豪俊，收天下之兵，聚之咸阳，销锋锟，铸以为金人十二，以弱天下之民。然后践华为城，因河为池，据亿丈之高，临百尺之渊以为固。良将劲弩，守要害之处；信臣精卒，陈利兵而谁何。天下已定，始皇之心，自以为关中之固，金城千里，子孙帝王万世之业也。

始皇既没，余威振于殊俗。然而陈涉，瓮牖绳枢之子，氓隶之人，而迁徙之徒也。材能不及中人，非有仲尼、墨翟之贤，陶朱、猗顿之富，蹑足行伍之间，俯起阡

---

1 ［西汉］贾谊撰，彭昊、赵勖点校：《贾谊集》，长沙：岳麓书社，2010年，第3—5页。

陌之中，率疲弊之卒，将数百之众，转而攻秦。斩木为兵，揭竿为旗，天下云合响应，赢粮而景从，山东豪杰并起而亡秦族矣。

且夫天下非小弱也；雍州之地、崤函之固自若也；陈涉之位，非尊于齐、楚、燕、赵、韩、魏、宋、卫、中山之君也；锄櫌棘矜，不敌于钩戟长铩也；谪戍之众，非抗〔于〕九国之师也；深谋远虑，行军用兵之道，非及曩时之士也。然而成败异变、功业相反也。试使山东之国与陈涉度长絜大，比权量力，则不可同年而语矣。然秦以区区之地，致万乘之势，序八州而朝同列，百有余年矣。然后以六合为家，崤函为宫。一夫作难而七庙堕，身死人手，为天下笑者，何也？仁心不施而攻守之势异也。

《贾谊集·劝学》[1]

谓门人学者：舜何人也？我何人也？夫启耳目，载心意，从立移徙，与我同性。而舜独有贤圣之名，明君子之实；而我曾无邻里之闻，宽徇之智者。独何与？然则舜僶俯而加志，我儃僈而弗省耳。

夫以西施之美而蒙不洁，则过之者莫不睨而掩鼻。尝试傅白黛黑，（揄夹帔）榆铗陂，杂芷若，虻虱视，益口笑，佳态佻志，从容为说焉。则虽王公大人，孰能无（悇憛）〔憛悇〕养心而巅一视之？今以二三子材，而蒙愚惑之智，予恐过之有掩鼻之容也。

昔者南荣跦丑圣道之忘乎己，故步陟山川，坌冒楚棘，弥道千余，百舍重茧，而不敢久息。既遇老聃，噩若慈父，雁行避景，夔立蛇进，而后敢问。见教一高言，若饥十日而得大牢焉，是以达若天地，行生后世。

今夫子之达佚乎老聃，而诸子之材不避荣跦，而无千里之远、重茧之患。亲与巨贤连席而坐，对膝相视，从容谈语，无问不应，是天降大命以达吾德也。吾闻之曰：时难得而易失也。学者勉之乎！天禄不重。

## 二、《嵇康集校注·卷第二·与山巨源绝交书一首》[2]

康白：足下昔称吾于颍川，吾常谓之知言。然经怪此意，尚未熟悉于足下，何从便得之也。前年从河东还，显宗阿都，说足下议以吾自代，事虽不行，知足下故不

---

1 《贾谊集》，第90—91页。

2 ［三国魏］嵇康著，戴明扬校注：《嵇康集校注》卷二，北京：中华书局，2014年，第194—199页。

知之。足下傍通，多可而少怪。吾直性狭中，多所不堪，偶与足下相知耳，间闻足下迁，惕然不喜，恐足下羞庖人之独割，引尸祝以自助，手荐鸾刀，漫之膻腥，故具为足下陈其可否。

吾昔读书，得并介之人，或谓无之，今乃信其真有耳。性有所不堪，真不可强；今空语同知有达人，无所不堪，外不殊俗，而内不失正，与一世同其波流，而悔吝不生耳。老子、庄周，吾之师也，亲居贱职；柳下惠、东方朔，达人也，安乎卑位，吾岂敢短之哉。又仲尼兼爱，不羞执鞭，子文无欲卿相，而三登令尹，是乃君子思济物之意也。所谓达能兼善而不渝，穷则自得而无闷，以此观之，故尧舜之君世，许由之岩栖，子房之佐汉，接舆之行歌，其揆一也。仰瞻数君，可谓能遂其志者也。故君子百行，殊涂而同致，循性而动，各附所安，故有处朝廷而不出，入山林而不反之论。且延陵高子臧之风，长卿慕相如之节，志气所托，不可夺也。

吾每读尚子平台孝威传，慨然慕之，想其为人。少加孤露，母兄见骄，不涉经学，性复疏懒，筋驽肉缓，头面常一月十五日不洗，不大闷痒，不能沐也。每常小便而忍不起，令胞中略转乃起耳。又纵逸来久，情意傲散，简与礼相背，懒与慢相成，而为侪类见宽，不攻其过。又读《庄》《老》，重增其放，故使荣进之心日颓，任实之情转笃。此由禽鹿少见驯育，则服从教制，长而见羁，则狂顾顿缨，赴蹈汤火，虽饰以金镳，飨以嘉肴，逾思长林而志在丰草也。

阮嗣宗口不论人过，吾每师之，而未能及，至性过人，与物无伤，唯饮酒过差耳；至为礼法之士所绳，疾之如雠，幸赖大将军保持之耳。吾不如嗣宗之资，而有慢弛之阙，又不识人情，闇于机宜；无万石之慎，而有好尽之累，久与事接，疵衅日兴，虽欲无患，其可得乎？

又人伦有礼，朝廷有法，自惟至熟，有必不堪者七，甚不可者二：卧喜晚起，而当关呼之不置，一不堪也；抱琴行吟，弋钓草野，而吏卒守之，不得妄动，二不堪也；危坐一时，痹不得摇，性复多虱，把搔无已，而当裹以章服，揖拜上官，三不堪也；素不便书，又不喜作书，而人间多事，堆案盈机，不相酬答，则犯教伤义，欲自勉强，则不能久，四不堪也；不喜吊丧，而人道以此为重，己为未见恕者所怨，至欲见中伤者，虽惧自责，然性不可化，欲降心顺俗，则诡故不情，亦终不能获无咎无誉，如此，五不堪也；不喜俗人，而当与之共事，或宾客盈坐，鸣声聒耳，嚣尘臭处，千变百伎，在人目前，六不堪也；心不耐烦，而官事鞅掌，机务缠其心，世故繁其虑，七不堪也。又每非汤、武而薄周、孔，在人间不止，此事会显，世教所不容，此甚不可一也；刚肠疾恶，轻肆直言，遇事便发，此甚不可二也。以促中小心之性，统此九患，不有外难，当有内病，宁可久处人间邪？又闻道士遗言：饵术黄精，令人久寿，意甚信之；游山泽，观鱼鸟，心甚乐之；一行作吏，此事便废，安能舍其所乐，而从其所惧哉？

夫人之相知，贵识其天性，因而济之。禹不偪伯成子高，全其节也。仲尼不假盖于子夏，护其短也。近诸葛孔明不偪元直以入蜀，华子鱼不强幼安以卿相，此可谓能相终始，真相知者也。足下见直木，必不可以为轮，曲者，不可以为桷，盖不欲以枉其天才，令得其所也。故四民有业，各以得志为乐，唯达者为能通之，此足下度内耳。不可自见好章甫，强越人以文冕也；已嗜臭腐，养鸳雏以死鼠也。吾顷学养生之术，方外荣华，去滋味，游心于寂寞，以无为为贵。纵无九患，尚不顾足下所好者；又有心闷疾，顷转增笃，私意自试，不能堪其所不乐，自卜已审，若道尽涂穷则已耳，足下无事冤之，令转于沟壑也。

吾新失母兄之欢，意常凄切，女年十三，男年八岁，未及成人，况复多病，顾此悢悢，如何可言！今但愿守陋巷，教养子孙，时与亲旧叙阔，陈说平生，浊酒一杯，弹琴一曲，志愿毕矣。足下若嬲之不置，不过欲为官得人，以益时用耳；足下旧知吾潦倒麤疎，不切事情，自惟亦皆不如今日之贤能也。若以俗人皆喜荣华，独能离之，以此为快，此最近之可得言耳。然使长才广度，无所不淹，而能不营，乃可贵耳。若吾多病困，欲离事自全，以保余年，此真所乏耳，岂可见黄门而称贞哉？若趣欲共登王涂，期于相致，时为欢益，一但迫之，必发其狂疾，自非重怨，不至于此也。

野人有快炙背而美芹子者，欲献之至尊，虽有区区之意，亦已疏矣。愿足下勿似之，其意如此，既以解足下，并以为别。嵇康白。

### 三、《陶渊明集》

《四库全书总目提要·卷一百四十八·集部一·别集类一·陶渊明集八卷（内府藏本）》[1]

晋陶潜撰。案北齐阳休之序录潜集行世凡三本。一本八卷，无序。一本六卷，有

1 《四库全书总目提要》卷一百四十八，第3832—3833页。

序目，而编比颠乱，兼复阙少。一本为萧统所撰（案古人编录之书亦谓之撰，故《文选》旧本皆题梁昭明太子撰，而徐陵《玉台新咏·序》亦称撰录艳歌凡为十卷。休之称潜集为统撰，盖沿当日之称，今亦仍其旧文），亦八卷，而少《五孝传》及《四八目》。《四八目》即《圣贤群辅录》也。休之参合三本，定为十卷，已非昭明之旧。又宋庠《私记》称《隋·经籍志》潜集九卷，又云梁有五卷，录一卷。《唐志》作五卷。庠时所行，一为萧统八卷本，以文列诗前。一为阳休之十卷本。其他又数十本，终不知何者为是。晚乃得江左旧本，次第最若伦贯。今世所行，即庠称江左本也。然昭明太子去潜世近，已不见《五孝传》《四八目》，不以入集，阳休之何由续得？且《五孝传》及《四八目》所引《尚书》自相矛盾，决不出于一手，当必依托之文，休之误信而增之。以后诸本，虽卷帙多少，次第先后，各有不同，其窜入伪作，则同一辙，实自休之所编始。庠《私记》但疑《八儒》《三墨》二条之误，亦考之不审矣。今《四八目》已经睿鉴指示，灼知其赝，别著录于子部类书而详辨之。其《五孝传》文义庸浅，决非潜作。既与《四八目》一时同出，其赝亦不待言。今并删除。惟编潜诗文仍从昭明太子为八卷。虽梁时旧第今不可考，而黜伪存真，庶几犹为近古焉。

《陶渊明集·卷之五·归去来兮辞》[1]

余家贫，耕植不足以自给。幼稚盈室，缾无储粟，生生所资，未见其术。亲故多劝余为长吏，脱然有怀，求之靡途。会有四方之事，诸侯以惠爱为德，家叔以余贫苦，遂见用为小邑。于时风波未静，心惮远役，彭泽去家百里，公田之利，足以为酒，故便求之。及少日，眷然有归欤之情。何则？质性自然，非矫励所得。饥冻虽切，违己交病。尝从人事，皆口腹自役。于是怅然慷慨，深愧平生之志。犹望一稔，当敛裳宵逝。寻程氏妹丧于武昌，情在骏奔，自免去职。仲秋至冬，在官八十余日。因事顺心，命篇曰《归去来兮》。乙巳岁十一月也。

归去来兮，田园将芜胡不归？既自以心为形役，奚惆怅而独悲！悟已往之不谏，知来者之可追；实迷途其未远，觉今是而昨非。舟遥遥以轻扬，风飘飘而吹衣。问征夫以前路。恨晨光之熹微。乃瞻衡宇，载欣载奔。僮仆欢迎，稚子候门。三径就荒，

1 ［晋］陶渊明著，逯钦立校注：《陶渊明集》卷五，北京：中华书局，1979年，第159—162页。

松菊犹存。携幼入室，有酒盈罇。引壶觞以自酌，眄庭柯以怡颜。倚南窗以寄傲，审容膝之易安。园日涉以成趣，门虽设而常关。策扶老以流憩，时矫首而遐观。云无心以出岫，鸟倦飞而知还。景翳翳以将入，抚孤松而盘桓。归去来兮，请息交以绝游。世与我而相违，复驾言兮焉求？悦亲戚之情话，乐琴书以消忧。农人告余以春及，将有事于西畴。或命巾车，或棹孤舟。既窈窕以寻壑，亦崎岖而经丘。木欣欣以向荣，泉涓涓而始流。善万物之得时，感吾生之行休。已矣乎，寓形宇内复几时，曷不委心任去留？胡为乎遑遑兮欲何之？富贵非吾愿，帝乡不可期。怀良辰以孤往，或植杖而耘耔。登东皋以舒啸，临清流而赋诗。聊乘化以归尽，乐夫天命复奚疑。

## 四、《昭明文选》

《文选李注义疏·文选序》（昭明太子撰）[1]

式观元始，眇觌玄风。冬穴夏巢之时，茹毛饮血之世，世质民淳，斯文未作。逮乎伏羲氏之王天下也，始画八卦，造书契以代结绳之政，由是文籍生焉。《易》曰："观乎天文以察时变，观乎人文以化成天下。"文之时义远矣哉。若夫椎轮为大辂之始，大辂宁有椎轮之质。增冰为积水所成，积水曾微增冰之凛。何哉？盖踵其事而增华，变其本而加厉。物既有之，文亦宜然。随时变改，难可详悉。尝试论之曰:《诗序》云:《诗》有六义焉，一曰风，二曰赋，三曰比，四曰兴，五曰雅，六曰颂。至于今之作者，异乎古昔。古诗之体，今则全取赋名。荀、宋表之于前，贾、马继之于末。自兹以降，源流寔繁。述邑居则有凭虚、亡是之作，戒畋游则有《长杨》《羽猎》之制。若其纪一事，咏一物，风云草木之兴，鱼虫禽兽之流，推而广之，不可胜载矣。又楚人屈原，含忠履洁，君匪从流，臣进逆耳，深思远虑，遂放湘南。耿介之意既伤，壹郁之怀靡愬。临渊有怀沙之志，吟泽有憔悴之容。骚人之文，自兹而作。诗者，盖志之所之也，情动于中而形于言。《关雎》《麟趾》，正始之道著。桑间、濮上，亡国之音表。故风雅之道，粲然可观。自炎汉中叶，厥涂渐异。退傅有在邹之作，降将著河梁之篇。四言五言，区以别矣。又少则三字，多则九言，各体互兴，分镳并驱。颂者，所以游扬德业，褒赞成功。吉甫有"穆若"之谈，季子有"至矣"之

1　高步瀛著，曹道衡、沈玉成点校:《文选李注义疏》，北京：中华书局，1985年，第3—30页。

叹。舒布为诗，既言如彼，总成为颂，又亦若此。次则箴兴于补阙，戒出于弼匡。论则析理精微，铭则序事清润。美终则诔发，图像则赞兴。又诏诰教令之流，表奏笺记之列。书誓符檄之品，吊祭悲哀之作。答客指事之制，三言八字之文。篇辞引序，碑碣志状，众制锋起，源流间出。譬陶匏异器，并为入耳之娱。黼黻不同，俱为悦目之玩。作者之致，盖云备矣。余监抚余闲，居多暇日。历观文囿，泛览辞林，未尝不心游目想，移晷忘倦。自姬汉以来，眇焉悠邈。时更七代，数逾千祀。词人才子，则名溢于缥囊。飞文染翰，则卷盈乎缃帙。自非略其芜秽，集其清英，盖欲兼功太半，难矣。若夫姬公之籍，孔父之书，与日月俱悬，鬼神争奥。孝敬之准式，人伦之师友。岂可重以芟夷，加之剪截？老庄之作，管孟之流。盖以立意为宗，不以能文为本。今之所撰，又以略诸。若贤人之美辞，忠臣之抗直，谋夫之话，辩士之端，冰释泉涌，金相玉振。所谓坐狙丘，议稷下，仲连之却秦军，食其之下齐国，留侯之发八难，曲逆之吐六奇。盖乃事美一时，语流千载，概见坟籍，旁出子史。若斯之流，又亦繁博。虽传之简牍，而事异篇章，今之所集，亦所不取。至于记事之史，系年之书，所以褒贬是非，纪别同异。方之篇翰，亦已不同。若其赞论之综缉辞采，序述之错比文华，事出于沈思，义归乎翰藻。故与夫篇什杂而集之。远自周室，迄于圣代，都为三十卷，名曰《文选》云耳。凡次文之体，各以汇聚。诗赋体既不一，又以类分。类分之中，各以时代相次。

## 五、《五百家注韩昌黎集》

《四库全书总目提要·卷一百五十·集部三·别集类三·五百家注音辩昌黎先生文集四十卷（内府藏本）》[1]

宋魏仲举编。仲举，建安人。书前题庆元六年刻于家塾。实当时坊本也。首列评论、诂训、音释诸儒名氏一篇，自唐燕山刘氏迄颍人王氏，共一百四十八家。又附以新添集注五十家、补注五十家、广注五十家、释事二十家、补音二十家、协音十家、正误二十家、考异十家，统计只三百六十八家，不足五百之数。而所云新添诸家，皆不著名氏。大抵虚构其目，务以炫博，非实有其书。即所列一百四十八家如皇甫湜、

1 《四库全书总目提要》卷一百五十，第3873—3874页。

孟郊、张籍等，皆同时唱和之人。刘昫、宋祁、范祖禹等，亦仅撰述《唐史》。均未尝诠释文集。乃引其片语，即列为一家，亦殊牵合。盖与所刊五百家注柳集均一书肆之习气。然其间如洪兴祖、朱子、程敦厚、朱廷玉、樊汝霖、蒋璨、任渊、孙汝听、韩醇、刘崧、祝充、张敦颐、严有翼、方崧卿、李樗、郑耕老、陈汝义、刘安世、谢无逸、李朴、周行己、蔡梦弼、高元之、陆九渊、陆九龄、郭忠孝、郭雍、程至道、许开、周必大、史深大等有考证音训者，凡数十家。原书世多失传，犹赖此以获见一二，亦不可谓非仲举之功也。朱彝尊称此书尚有宋椠本在长洲文氏，后归李日华家。正集之外，尚有《外集》十卷、《别集》一卷、附《论语笔解》十卷。此本止四十卷，而《外集》、《别集》不与焉。盖流传既久，又有所阙佚矣。

《五百家注韩昌黎集·卷十一·杂文·原道》(节选)[1]

博爱之谓仁，行而宜之之谓义，由是而之焉之谓道，足乎己，无待于外之谓德。仁与义为定名，道与德为虚位（“位”下，《四库》本有“诚哉”二字），故道有君子有小人，而德有凶有吉。老子之小仁义，非毁之也，其见者小也。坐井而观天，曰“天小”者，非天罪也。彼以煦煦为仁，孑孑为义，其小之也，则宜。其所谓道，道其所道，非吾所谓道也；其所谓德，德其所德，非吾所谓德也。凡吾所谓道德云者，合仁与义言之也，天下之公言也；老子之所谓道德云者，去仁与义言之也，一人之私言也。周道衰，孔子没，火于秦，黄、老于汉，佛于晋、宋、齐、梁、魏、隋之间，其言道德仁义者，不入于杨则入于墨，不入于墨则入于老，不入于老则入于佛。入于彼，必出于此。入者主之，出者奴之；入者附之，出者污之。噫！后之人其欲闻仁义道德之说，孰从而听之？老者曰：孔子，吾师之弟子也。佛者曰：孔子，吾师之弟子也。为孔子者，习闻其说，乐其诞而自小也，亦曰：吾师亦尝师之云尔。不惟举之于其口，而又笔之于其书。噫！后之人虽欲闻仁义道德之说，其孰从而求之？甚矣！人之好怪也，不求其端，不讯其末，惟怪之欲闻。

古之为民者四，今之为民者六；古之教者处其一，今之教者处其三。农之家一，而食粟之家六；工之家一，而用器之家六；贾之家一，而资焉之家六。奈之何民不穷

1 ［唐］韩愈撰，［宋］魏仲举集注，郝润华、王东峰整理：《五百家注韩昌黎集》卷十一，北京：中华书局，2019年，第673—675页。

且盗也！古之时，人之害多矣，有圣人者立，然后教之以相生养之道。为之君，为之师，驱其虫蛇禽兽而处之中土。寒，然后为之衣；饥，然后为之食。木处而颠，土处而病也，然后为之宫室。为之工以赡其器用，为之贾以通其有无，为之医药以济其夭死，为之葬埋祭祀以长其恩爱，为之礼以次其先后，为之乐以宣其湮郁，为之政以率其怠勧，为之刑以锄其强梗。相欺也，为之符玺、斗斛、权衡以信之；相夺也，为之城郭、甲兵以守之。害至而为之备，患生而为之防。今其言曰：圣人不死，大盗不止；掊斗折衡，而民不争。呜呼！其亦不思而已矣。如古之无圣人，人之类灭久矣。何也？无羽毛鳞介以居寒热也，无爪牙以争其食也。是故，君者，出令者也；臣者，行君之令而致之民者也；民者，出粟米、麻丝，作器皿，通货财，以事其上者也。君不出令，则失其所以为君；臣不能行君之令而致之民，民不出粟米、丝麻，作器皿，通货财，以事其上，则诛。今其法曰：必弃而君臣，去而父子，禁而相生养之道，以求其所谓清净寂灭者。呜呼！其亦幸而出于三代之后，不见黜于禹、汤、文、武、周公、孔子也；其亦不幸而不出于三代之前，不见正于禹、汤、文、武、周公、孔子也。

### 六、《欧阳文忠公集》

《四库全书总目提要·卷一百五十三·集部六·别集类六·文忠集一百五十三卷、附录五卷（江西巡抚采进本）》[1]

宋欧阳修撰。修有《诗本义》，已著录。案《宋史·艺文志》载修所著文集五十卷、别集二十卷、《六一集》七卷、奏议十八卷、内外制集十一卷、《从谏集》八卷。诸集之中，惟《居士集》为修晚年所自编。其余皆出后人裒辑。各自流传，如衢州刻奏议，韶州刻《从谏集》，浙西刻《四六集》之类。又有庐陵本、京师旧本、绵州本、宣和吉本、苏州本、闽本诸名，分合不一。陈振孙《书录解题》谓修集遍行海内，而无善本，盖以是也。此本为周必大所编定。自《居士集》至《书简集》，凡分十种。前有必大所作序。陈振孙以为益公解相印归，用诸本编校，刊之家塾。其子纶又以所得欧阳氏传家本、欧阳棐所编次者，属益公旧客曾三异校正，益完善无遗恨。然必大原序又称："郡人孙谦益、承直郎丁朝佐遍搜旧本，与乡贡进士曾三异等互相编校，起

1 《四库全书总目提要》卷一百五十三，第3970—3971页。

绍熙辛亥，迄庆元庚辰。”据此，则是书非三异独校，亦非必大自辑。与振孙所言俱不合。检书中旧存编校人姓名，有题绍熙三年十月丁朝佐编次，孙谦益校正者；有题绍熙五年十月孙谦益、王伯刍校正者；又有题郡人罗泌校正者。亦无曾三异之名。惟卷末考异中多有云“公家定本作某者”，似即周纶所得之欧阳氏本。疑此书编次义例，本出必大。特意存让善，故序中不自居其名。而振孙所云纶得欧阳氏本付三异校正者，乃在朝佐等校定之后添入刊行，故序亦未之及欤！其书以诸本参校同异。见于所纪者曰《文纂》、曰《薛齐谊编年庆历文粹》、曰《熙宁时文》、曰《文海》、曰《文薮》、曰《京本英辞类稿》、曰《缄启新范》、曰《仕途必用》、曰《京师名贤简启》，皆广为搜讨。一字一句，必加考核。又有两本重见而删其复出者，如《濮王典礼奏》之类。有他本所无而旁采附入者，如《诗解》《统序》之类。有别本所载而据理不取者，如钱镠等传之类。其鉴别亦最为详允。观楼钥《攻媿集》有濮议跋，称庐陵所刊《文忠集》，列于一百二十卷以后，首尾俱同。又第四卷《札子》注云：“是岁十月撰，不曾进呈。”检勘所云，即指此本。以钥之博洽，而必引以为据，则其编订精密，亦概可见矣。

《欧阳修全集·卷二十一·资政殿学士户部侍郎文正范公神道碑铭》(节选)[1]

皇佑四年五月甲子，资政殿学士、尚书户部侍郎、汝南文正公薨于徐州，以其年十有二月壬申，葬于河南尹樊里之万安山下。公讳仲淹，字希文。五代之际，世家苏州，事吴越。太宗皇帝时，吴越献其地，公之皇考从钱俶朝京师，后为武宁军掌书记以卒。

公生二岁而孤，母夫人贫无依，再适长山朱氏。既长，知其世家，感泣去之南都。入学舍，扫一室，昼夜讲诵，其起居饮食，人所不堪，而公自刻益苦。居五年，大通六经之旨，为文章，论说必本于仁义。祥符八年，举进士，礼部选第一，遂中乙科，为广德军司理参军，始归迎其母以养。及公既贵，天子赠公曾祖苏州粮料判官讳梦龄为太保，祖秘书监讳赞时为太傅，考讳墉为太师，妣谢氏为吴国夫人。

公少有大节，于富贵、贫贱、毁誉、欢戚，不一动其心，而慨然有志于天下，常自诵曰：“士当先天下之忧而忧，后天下之乐而乐也。”其事上遇人，一以自信，不择利害为趋舍。其所有为，必尽其力，曰：“为之自我者当如是，其成与否，有不在我

1 《欧阳修全集》卷二十一，第332—336页。

者，虽圣贤不能必，吾岂苟哉！”

……

公为人外和内刚，乐善泛爱。丧其母时尚贫，终身非宾客食不重肉，临财好施，意豁如也。及退而视其私，妻子仅给衣食。其为政，所至民多立祠画像。其行己临事，自山林处士、里闾田野之人，外至夷狄，莫不知其名字，而乐道其事者甚众。及其世次、官爵，志于墓、谱于家、藏于有司者，皆不论著，著其系天下国家之大者，亦公之志也欤！铭曰：

范于吴越，世实陪臣。俶纳山川，及其士民。范始来北，中间几息？公奋自躬，与时偕逢。事有罪功，言有违从。岂公必能，天子用公。其艰其劳，一其初终。夏童跳边，乘吏怠安。帝命公往，问彼骄顽。有不听顺，锄其穴根。公居三年，怯勇隳完。儿怜兽扰，卒俾来臣。夏人在廷，其事方议。帝趣公来，以就予治。公拜稽首，兹惟难哉！初匪其难，在其终之。群言营营，卒坏于成。匪恶其成，惟公是倾。不倾不危，天子之明。存有显荣，没有赠谥。藏其子孙，宠及后世。惟百有位，可劝无怠。

## 七、《东坡全集》

《四库全书总目提要·卷一百五十四·集部七·别集类七·东坡全集一百十五卷（内府藏本）》[1]

宋苏轼撰。轼有《易传》，已著录。案苏辙作轼墓志，称轼所著有《东坡集》四十卷、《后集》二十卷、《奏议》十五卷、《内制》十卷、《外制》三卷、《和陶诗》四卷。晁公武《读书志》、陈振孙《书录解题》所载并同，而别增《应诏集》十卷，合为一编。即世所称“东坡七集”者是也。《宋史·艺文志》则载前后集七十卷。卷数与墓志不合，而又别出《奏议补遗》三卷、《南征集》一卷、《词》一卷、《南省说书》一卷、《别集》四十六卷、《黄州集》二卷、《续集》二卷、《北归集》六卷、《儋耳手泽》一卷。名目颇为丛碎。今考轼集在宋世原非一本。邵博《闻见后录》称：“京师印本《东坡集》，轼自校。其中‘香醪’字误者不更见于他书。殆毁于靖康之乱。”陈振孙所称有杭本、蜀本。又有轼曾孙峤所刊建安本。又有麻沙书坊大全集本。又有张

1 《四库全书总目提要》卷一百五十四，第3977—3978页。

某所刊吉州本。蜀本、建安本无《应诏集》。麻沙本、吉州本兼载《志林》《杂说》之类，不加考订。而陈鹄《耆旧续闻》则称姑胥居世英刊《东坡全集》，殊有序，又少舛谬，极可赏。是当时以苏州本为最善，而今亦无存。叶盛《水东日记》又云："邵复孺家有细字小本《东坡大全文集》。松江东日和尚所藏有大本《东坡集》。又有小字大本《东坡集》。"盛所见皆宋代旧刻，而其错互已如此。观《扪虱新话》称"《叶嘉传》乃其邑人陈元规作。《和贺方回青玉案》词乃华亭姚晋作。集中如《睡乡》《醉乡记》，鄙俚浅近，决非坡作。今书肆往往增添改换，以求速售，而官不之禁"云云。则轼集风行海内，传刻日多，而紊乱愈甚，固其所矣。然传本虽夥，其体例大要有二：一为分集编订者，乃因轼原本原目而后人稍增益之，即陈振孙所云杭本。当轼无恙之时，已行于世者，至明代江西刻本犹然，而重刻久绝。其一为分类合编者，疑即始于居世英本。宋时所谓《大全集》者，类用此例。迄明而传刻尤多。有七十五卷者，号《东坡先生全集》，载文不载诗，漏略尤甚。有一百十四卷者，号《苏文忠全集》，版稍工而编缉无法。此本乃国朝蔡士英所刊，盖亦据旧刻重订，世所通行，今故用以著录。集首旧有《年谱》一卷，乃宋南海王宗稷所编，邵长蘅、查慎行补注轼诗，称其于作诗岁月编次多误，以原本所有，今亦并存焉。

《苏轼文集·卷二·易论》[1]

《易》者，卜筮之书也。挟策布卦，以分阴阳而明吉凶，此日者之事，而非圣人之道也。圣人之道，存乎其爻之辞，而不在其数。数非圣人之所尽心也。然《易》始于八卦，至于六十四，此其为书，未离乎用数也。而世之人皆耻其言《易》之数，或者言而不得其要，纷纭迂阔而不可解，此高论之士所以不言欤？夫《易》本于卜筮，而圣人开言于其间，以尽天下之人情。使其为数纷乱而不可考，则圣人岂肯以其有用之言而托之无用之数哉！

今夫《易》之所谓九六者，老阴、老阳之数也。九为老阳而七为少阳，六为老阴而八为少阴。此四数者，天下莫知其所为如此者也。或者以为阳之数极于九，而其次极于七，故七为少而九为老。至于老阴，苟以为以极者而言也，则老阴当十，而少阴

1 ［宋］苏轼撰，［明］茅维编，孔凡礼点校：《苏轼文集》卷二，北京：中华书局，1986年，第52—53页。

当八。今少阴八而老阴反当其下之六，则又为之说曰，阴不可以有加于阳，故抑而处之于下。使阴果不可以有加于阳也，而曷不曰老阴八而少阴六？且夫阴阳之数，此天地之所为也，而圣人岂得与于其间而制其予夺哉！此其尤不可者也。夫阴阳之有老少，此未尝见于他书也，而见于《易》。《易》之所以或为老或为少者，为夫揲蓍之故也。

故夫说者宜于其揲蓍焉而求之。揲蓍之法，曰挂一归奇，三揲之余而以四数之，得九而以为老阳，得八而以为少阴，得七而以为少阳，得六而以为老阴。然而阴阳之所以为老少者，不在乎七八九六也，七八九六徒以为识焉耳。

老者，阴阳之纯也。少者，阴阳之杂而不纯者也。阳数皆奇而阴数皆偶，故乾以一为之爻，而坤以二天下之物，以少为主。故乾之子皆二阴，而坤之女皆二阳。老阳老阴者，乾坤是也。少阴少阳者，乾坤之子是也。揲蓍者，其一揲也。少者五而多者九，其二其三少者四而多者八。多少者，奇偶之象也，一爻而三揲蓍，譬如一卦而三爻也。阴阳之老少，于卦见之于爻，而于爻见之于揲。使其果有取于七八九六，则夫此三揲者，区区焉分其多少而各为处，果何以为也？今夫三揲而皆少此，无以异于乾之三爻而皆奇也。三揲而皆多此，无以异于坤之三爻而皆偶也。三揲而少者一，此无以异于震坎艮之一奇而二偶也。三揲而多者一，此无以异于巽离兑之一偶而二奇也。若夫七八九六，此乃取以为识，而非其义之所在，不可以强为之说也。

### 八、《王文成公全书》

《四库全书总目提要·卷一百七十一·集部二十四·别集类二十四·王文成全书三十八卷（浙江巡抚采进本）》[1]

明王守仁撰。守仁有《阳明乡约法》，已著录。是书首编《语录》三卷为《传习录》，附以《朱子晚年定论》，乃守仁在时，其门人徐爱所辑，而钱德洪删订之者。次《文录》五卷，皆杂文；《别录》十卷，为奏疏、公移之类；《外集》七卷，为诗及杂文；《续编》六卷，则《文录》所遗，搜辑续刊者。皆守仁殁后，德洪所编次。后附以《年谱》五卷、《世德记》二卷，亦德洪与王畿等所纂集也。其初本各自为书。隆庆壬申，御史新建谢廷杰巡按浙江，始合梓以传，仿《朱子全书》之例以名之。盖当时以

1 《四库全书总目提要》卷一百七十一，第4463页。

学术宗守仁，故其推尊之如此。守仁勋业气节，卓然见诸施行。而为文博大昌达，诗亦秀逸有致。不独事功可称，其文章自足传世也。此书明末版佚，多有选辑别本以行者，然皆阙略，不及是编之详备焉。

《王文成公全书·旧序·阳明先生文录序》（钱德洪撰）[1]

古之立教有三：有意教，有政教，有言教。太上之世，民涵真性，嗜欲未涉，圣人者特相示以意已矣，若伏羲陈奇偶以指象是也。而民遂各以意会，不逆于心，群物以游，熙如也：是之谓意教。中古之民，风气渐开，示之以意，若病不足矣。圣人者出，则为之经制立法，使之自厚其生，自利其用，自正其德，而民亦相忘于政化之中，各足其愿，日入于善，而不知谁之所使：是以政教之也。自后圣王不作，皇度不张，民失所趋，俗非其习，而圣人之意日湮以晦，怀世道者忧之，而处非其任，则哓哓以空言觉天下：是故始有以言教也。

噫！立教而至于以言，则难矣！昔者孔子之在春秋也，其所与世谆谆者皆性所同也，然于习俗所趋无征焉，乃哄起而异之曰："是将夺吾之所习，而蹶吾之所趋也！"或有非笑而诋訾之者。三千之徒，其庶几能自拔于流俗，不与众非笑诋訾之者乎？然而天下之大也，其能自拔于俗，不与众非笑诋訾者，仅三千人焉，岂非空言动众，终不若躬见于政事之为易也？夫三千之中，称好学者，颜氏之外，又无多闻焉。岂逮肖之士知自拔于俗矣，尚未能尽脱乎俗习耶？一洗俗习之陋，直超自性之真，而尽得圣人千古不尽之意者，岂颜氏之所独耶？然而三千之徒，其于夫子之言也，犹面授也。秦火而后，掇拾于汉儒者多似是而失真矣。后之儒者复以己见臆说，尽取其言而支离决裂之。噫！诚面授也，尚未免于俗习焉，并取其言而乱之，则后之怀世道者，复将何恃以自植于世耶？

吾师阳明先生，蚤有志于圣人之道，求之俗习而无取也，求之世儒之学而无得也，乃一洗俗习之陋、世儒之说，而自证以吾之心焉，殚思力践，竭精瘁志，卒乃豁然有见于良知，而千古圣人不尽之意复得以大明于世。噫！亦难矣！世之闻吾先生之言者，其皆肯自拔于流俗，不与众非笑诋訾之乎？其皆肯一洗俗习之陋、世儒之说，而独证以吾之心乎？夫非笑诋訾，在孔子犹不免焉，于当世乎奚病？特病其未之或闻

1 ［明］王守仁著，王晓昕、赵平略点校：《王文成公全书·旧序》，北京：中华书局，2015年，第4—6页。

焉耳。如其有闻也，则知先生之所言者，非先生之言也，吾之心也。吾心之知，不以太上而古，不以当世而今，不待示而得，不依政而行，俗习所不能湮，异说所不能淆：特在乎有超世特立之志，自证而自得之耳！有超世特立之志者而一触其知，真如去目之尘沙以还光也，拔耳之木楔以还聪也，解支体之束缚以自舒也，去污秽而就高明，撤蔽障而合大同，以复中古之政，超太上之意，亦已矣，又奚以俗习之陋、世儒之说为哉？

先生之言，世之信从者日众矣！特其文字之行于世者，或杂夫少年未定之论。愚惧后之乱先生之学者，即是先生之言始也。乃取其少年未定之论，尽删而去之；详披绨阅，参酌众见，得至一之言五卷焉。其余或发之题咏，或见之政事者，则厘为《外集》《别录》；复以日月前后顺而次之，庶几知道者读之，其知有所取乎？虽然，是录先生之言也，特入珍藏之扃钥也。珍藏不守，乃屑屑焉扃钥之是竞，岂非舍其所重而自任其所轻耶？兹不能无愧于是录之成云尔！

## 九、《焚书》

《四库全书总目提要·卷一百七十八·集部三十一·别集类存目五·李温陵集二十卷（江苏周厚堉家藏本）》[1]

明李贽撰。贽有《九正易因》，已著录。是集一卷至十三卷，为答书、杂述，即《焚书》也。十四卷至十七卷为《读史》，即摘录《藏书》史论也。十八、十九二卷，为《道原录》，即《说书》也。第二十卷则以所为之诗终焉。前有《自序》，盖因刻《说书》而并摘《焚书》《藏书》，合为此集也。贽非圣无法，敢为异论，虽以妖言逮治，惧而自刭。而焦竑等盛相推重，颇荧众听，遂使乡塾陋儒，翕然尊信，至今为人心风俗之害。故其人可诛，其书可毁，而仍存其目，以明正其为名教之罪人、诬民之邪说。庶无识之士，不至怵于虚名而受其簧鼓，是亦彰瘅之义也。

《焚书·自序》[2]

自有书四种：一曰《藏书》，上下数千年是非，未易肉眼视也，故欲藏之，言当

1 《四库全书总目提要》卷一百七十八，第4780页。

2 ［明］李贽著：《焚书·自序》，北京：中华书局，2009年，第1页。

藏于山中以待后世子云也。一曰《焚书》，则答知己书问，所言颇切近世学者膏肓，既中其痼疾，则必欲杀我矣，故欲焚之，言当焚而弃之，不可留也。《焚书》之后又有别录，名为《老苦》，虽同是《焚书》，而另为卷目，则欲焚者焚此矣。独《说书》四十四篇，真为可喜，发圣言之精蕴，阐日用之平常，可使读者一过目便知入圣之无难，出世之非假也。信如传注，则是欲入而闭之门，非以诱人，实以绝人矣，乌乎可！其为说，原于看朋友作时文，故《说书》亦佑时文，然不佑者故多也。

今既刻《说书》，故再《焚书》亦刻，再《藏书》中一二论著亦刻，焚者不复焚，藏者不复藏矣。或曰："诚如是，不宜复名《焚书》也，不几于名之不可言，言之不顾行乎?"噫噫！余安能知，子又安能知。夫欲焚者，谓其逆人之耳也；欲刻者，谓其入人之心也。逆耳者必杀，是可惧也。然余年六十四矣，倘一入人之心，则知我者或庶几乎！余幸其庶几也，故刻之。

《焚书·李氏焚书序》(焦竑撰)[1]

李宏甫自集其与夷游书札，并答问论议诸文，而名曰《焚书》，自谓其书可焚也。宏甫快口直肠，目空一世，愤激过甚，不顾人有忤者。然犹虑人必忤而托言于焚，亦可悲矣！乃卒以笔舌杀身，诛求者竟以其所著付之烈焰，抑何虐也，岂遂成其谶乎！宋元丰间，禁长公之笔墨，家藏墨妙，抄割殆尽，见者若祟。不逾时而征求鼎沸，断管残渖，等于吉光片羽。焚不焚，何关于宏甫，且宏甫又何尝利人之不焚以为重者？今焚后而宏甫之传乃愈广。然则此书之焚，其布之有火浣哉！宏甫曾以是刻商之于余，其语具载此中。余幸而后死，目击废兴，故识此于其端云。澹园竑。

《焚书·李氏焚书跋》(黄节撰)[2]

卓吾学术渊源姚江。盖龙溪为姚江高第弟子，龙溪之学一传而为何心隐，再传而为卓吾。故卓吾论心隐，尊以为上九之大人；而其叙龙溪文录，则曰"先生此书前无往古，今无将来，后有学者可以无复著书矣"。夫卓吾以孔子之是非为不足据，而尊龙溪乃至是。由是言之，亦可以知卓吾学所从来矣。卓吾此书外，复著有《藏书》

---

1 《焚书·李氏焚书序》，第2页。
2 《焚书》，第251—252页。

《续藏书》《说书》《卓吾大德》等书。《藏书》述史，始自春秋，讫于宋、元;《续藏书》则述明一代万历以前事。去岁邓秋枚购得《藏书》，李晓暾自金陵购得《续藏书》，余皆获读之。此书则为锦州张纪庭捐赠国学保存会者，明刊本也。

卓吾曰:“名曰《焚书》，言其当焚而弃之。”明季此书两经禁毁：一焚于万历之三十年，为给事中张问达所奏请；再焚于天启五年，为御史王雅量所奏请。然而此本则刻于既奉禁毁以后，观焦弱侯序可知也。嗟夫！朝廷虽禁毁之，而士大夫则相与重锓之。陈明卿云:“卓吾书盛行，咳唾间非卓吾不欢，几案间非卓吾不适。”当时风尚如此。夫学术者天下之公器，王者徇一己之好恶，乃欲以权力遏之，天下固不怵也。然即怵矣，而易世之后，锓卓吾书者如吾今日，则亦非明之列宗所得而如何者。然则当日之禁毁，毋亦多事尔。

卓吾为人，颇不理于谢在杭、顾亭林、王山史诸贤之论，惟袁中郎著《李温陵传》颇称道之。余最录袁传以附于后。嗟夫！嗟夫！卓吾学与时忤，其书且毁，记其人者或甚其词，度必有之。亭林、山史因学术之同异，至痛诋其人，以为叛圣。若是，夫阳明之不能免于世之诋诃，固宜也。戊申三月，顺德黄节跋。

### 十、《船山遗书》

《王船山诗文集·文集卷二·记二首·船山记》[1]

船山，山之岑有石如船，顽石也，而以之名。其冈童，其溪渴，其靳有之木不给于荣，其草瘽靡纷披而恒若凋，其田纵横相错而陇首不立，其沼凝浊以停而屡竭其濒，其前交蔽以绫送远之目，其右迤于平芜而不足以幽，其良禽过而不栖，其内趾之狞者与人肩摩而不忌，其农习视其塍埒之坍谬而不修，其俗旷百世而不知琴书之号。然而予之历溪山者十百，其足以栖神怡虑者，往往不乏，顾于此阅寒暑者十有七，而将毕命焉，因曰此吾山也。古之所就，而不能概之于今；人之所欲，而不能信之于独。居今之日，抱独之情，奚为而不可也。古之人，其游也有选，其居也有选，古之所就，夫亦人之所欲也。是故翔视乎方州，而尤佳者出，而局天之倾，踏地之坼，扶寸之土不能信为吾有，则虽欲选之而不得。蠲其不欢，迎其不棘，江山之韶令，与愉恬之志相若则相得，而固为棘人地，不足以括其不欢之隐，则虽欲选之而不能。仰而

1 ［清］王夫之著:《王船山诗文集》，北京：中华书局，1962年，第40—41页。

无憾者则俯而无愁，是宜得林峦之美荫以旌之。而一坏之土，不足以荣吾所生，五石之炼，不足以崇吾所事，栫以丛棘，履以繁霜，犹溢吾分也，则虽欲选之而不忍。赏心有侣，咏志有知，望道而有与谋，怀贞而有与辅，相遥感者，必其可以步影沿流，长歌互答者也。而茕茕者如斯矣，营营者如彼矣，春之晨，秋之夕，以户牖为丸泥而自封也，则虽欲选之而又奚以为。夫如是，船山者即吾山也，奚为而不可也。无可名之于四远，无可名之于末世，偶然谓之，歘然忘之，老且死，而船山者仍还其顽石。严之濑、司空之谷、林之湖山，天与之清美之风日，地与之丰洁之林泉，人与之流连之追慕，非吾可者，吾不得而似也。吾终于此而已矣。辛未深秋记。

《王船山诗文集·文集卷二·记二首·小云山记》[1]

湘西之山，自耶姜并湘以东，其复数十，以北至于大云。大云之山遂东，其陵乘十数，因而曼衍，以至于蒸湘之交。大云之北麓有溪焉，并山而东以汇于蒸，未为溪之麓支之稚者，北又东，其复十数，皆渐伏而为曼衍。登小云，复者皆复，而曼衍尽见，为方八十里，以至于蒸湘之交，遂逾乎湘。南尽晋宁之洋山，西南尽祁之岳侯题名，东尽耒之武侯之祠，东北尽炎帝之陵，陵酃也，北迤东尽攸之燕子巢。天宇澄清，平烟幂野，飞禽重影，虹雨明灭，皆迎目授朗于曼衍之中。其北则南岳之西峰，其簇如群萼初舒，寒则苍，春则碧，以周乎曼衍而左函之，小云之观止矣。春之云，有半起而为轮囷，有丛岫如雪而献其孤黛。夏之雨，有亘白，有漩澓，有孤袅，有隙日旁射，耀其晶莹。秋之月，有澄淡而不知微远之所终。冬之雪，有上如暝，下如月万顷，有夕镫烁素悬于泱莽。山之观奚止也。小云之高，视大云不十之一也。大云之高，视岳不三十之一也。岂啻大云、岳之观，所能度越此者，唯祝融焉，他则无小云若。盖小云者，当湘西群山之东，得大云之委而临曼衍之首者也，故若此。是故湘西之山观之尤者，逮乎小云而尽。系乎大云而小者，大云庞然大也。或曰："道士申泰芝者，修其养生之术于大云，而以小云为别馆，故小之。"虽然，尽湘以西，终无及之者。自麓至山之脰，皆高柯丛樾，阴森葱蒨。陟山之巅，则古木百尺者，皆俯以供观者之极目。养生者去，僧或庐之。庐下莳杂花，四时萦砌。右有池，不雨不竭。予自甲辰始游，嗣后岁一登之，不倦。友人刘近鲁居其下，有高阁藏书六千余卷，导予游者。

1 《王船山诗文集》，第41—42页。

# 第十一讲

# 佛教哲学史料（一）

佛教是世界三大宗教之一，自两汉之际开始传入中国，并逐渐得到传播和发展。早期的佛教传播以译经为主，并依附于玄学概念来宣传佛教观念，以克服其中存在的文化差异。魏晋南北朝时期，儒家在思想界的绝对统治地位受到挑战，佛教、佛理成为文人玄谈的重要内容，佛教在本土的传播日益兴盛。至于隋唐，中国佛教进入到鼎盛阶段，形成了众多的本土宗派，并在社会各方面产生深刻的影响。宋代以后，儒学重新取得思想界和政治界的正统地位，佛教的影响虽然渐趋减弱，但不同派别的思想观念得到进一步融合。总之，佛教对中国的思想观念、社会政治、文化生活都起到了重要的塑造作用，其传播和发展史成为中国历史的重要内容而无法忽视。

然而，佛教文献浩如烟海，仅中国本土的历代经藏便易使研究者望而却步；同时，佛教文献在流传中佚失极多，真伪混杂，在文献的辑佚、校勘、注释等史料整理方面仍存在大量工作。编者选取了十五本具有较高哲学、历史学研究价值的重要佛教文献，包括原典、目录、传记、史籍、类书、语录等种类，按照成书年代进行排序，简要介绍其作者、结构、内容、评价、版本流传等信息。由于佛教哲学史料较多，特分为上下两讲，以方便阅读。

## 一、《肇论》

《肇论》，东晋僧肇撰，现存本为南朝梁陈间汇集的僧肇论文集。僧肇生于东晋孝武帝太元九年（384），卒于安帝义熙十年（414），为汉传佛教四大译经家之一鸠摩罗什的弟子，也是其门下最有影响力的弟子之一。他擅长般若学，兼通三藏，在当时起到了汇通梵华的作用，被誉为“法中龙象”“中华解空第一人”。

《肇论》主要由四篇论文组成，即《物不迁论》《不真空论》《般若无知论》《涅槃无名论》。《物不迁论》主要认为物本身并不变迁，变迁只是昧于世俗的假象，从而论证因果不灭、修行成佛的思想；《不真空论》主要解释“无”和“有”的辩证关系，认为万事万物皆由因缘合和而成，论述“至虚无生”的般若智慧，以阐发般若性空的观念；《般若无知论》区分世俗的“惑智”和般若的“真谛”，强调佛教般若的无知无相，同时又“无所不知”“无所不为”；《涅槃无名论》共十九章，讨论了有关“涅槃”的五个问题，包括涅槃之分为“有余”和“无余”、涅槃之有无、涅槃作为法身而存在、涅槃与众生的关系、涅槃的悟得及其渐、顿。这四篇论文最早见于南朝宋陆澄所选的《法集》目录中，南朝陈时又收进《宗本义》列在卷首而成今本《肇论》。卷首《宗本义》简要阐释性相、有无、般若、涅槃等概念，可视为全书的思想总纲。包括汤用彤在内的一些学者怀疑《宗本义》《涅槃无名论》是后世伪作，但由于依据不足，目前仍存在争议。

《肇论》融合老庄思想来阐释佛教义理，是佛学中国化的代表作。历代有许多高僧对《肇论》进行注疏，现存有晋慧达《肇论疏》、唐元康《肇论疏》、宋净源《肇论中吴集解》等。中华书局以宋净源《肇论中吴集解》为底本，参校《大正藏》本《肇论》和多种注疏本，于2010年出版了《肇论校释》，是目前的通行本。

## 二、《出三藏记集》

《出三藏记集》，梁代僧祐撰，故又称《僧祐录》《祐录》，是中国佛教史上现存最早的综合性经录。自东汉佛教传入以来，中国本土的译经文献日益丰富，佛经目录学的需要也逐渐显现。在僧祐之前，东晋道安曾撰《综理众经目录》，对各代译经和失译典籍加以搜集和汇总，奠定了佛教目录学的基础，僧祐对其高度称赞曰："昔安法师以鸿才渊鉴，爰撰经录，订正闻见，炳然区分。"然而《综理众经目录》今已亡佚，后人只能通过《出三藏记集》中的收录大体了解其原貌。

在道安《综理众经目录》的基础上，僧祐"牵课羸恙，沿波讨源，缀其所闻"，最终撰成此书。全书共有十五卷，可在结构上将其分为四部分。其一为撰缘记，共五篇文章，即记录佛经写作、集解和翻译的缘起，构成第一卷。其二为诠名录，收集了从汉至梁初四百多年之间译出和撰集的佛典，共约二千多部，四千多卷，及疑经、伪经约四十多部，五十多卷，归纳为十五录分别记载源流和内容大意，构成本书的第二卷至第五卷。其三为总经序，收录自《四十二章经序》至《法集杂记铭目录序》一百二十篇的前序与后记，记载各译经的基本信息（如地点和年月日）、经过等，构成本书的第六卷至第十二卷，其中七十余篇是未见于现存佛典的珍贵资料。其四为述列传，叙述历代共三十二位著名译家的生平事略，构成本书的第十三卷至第十五卷，其中前两卷收录外国僧人如安世高等共二十二人，后一卷收录中国僧人如慧远等共十人。最后的列传部分也是中国现存最早的僧传，其中所记载的许多史料被《名僧传》《高僧传》所采用。

正如僧祐的自序所说："缘记撰则原始之本克昭，名录铨则年代之目不坠，经序总则胜集之时足征，列传述则伊人之风可见。"《出三藏记集》将佛典目录、译经文献、译人传记结合到一起，体例严密，内容翔实，具有极高的佛学、史学、目录学价值，其组织方法也对后世经录产生深远的影响。中华书局于1995年出版了《出三藏记集》的点校本。

## 三、《弘明集》

《弘明集》，梁代僧祐撰，是中国佛教史上现存最早的历史文献汇编。此书原本为十卷，今本十四卷是后续增补的结果。魏晋南北朝时期，儒释道三教的矛盾日益显现出来。僧祐在《后序》中提出时人疑佛教的六大理由，并将其归纳为“六疑”，即“一疑经说迂诞，大而无征；二疑人死神灭，无有三世；三疑莫见真佛，无益国治；四疑古无法教，近出汉世；五疑教在戎方，化非华俗；六疑汉魏法微，晋代始盛”。可见，“六疑”不仅是当时其他异见人士的理论武器，也是佛教必须做出回答的理论难点之所在。僧祐在书中写道：“夫道以人弘，教以文明，弘道明教，故谓之《弘明集》。”这透露出他编纂此书的目的，在于回应当时社会上存在的各种非佛疑佛之说，以弘扬佛理、守护佛法。

《弘明集》收录了自东汉至南朝齐梁时五百年间佛教内外人士各类文章，形式包括论文、书札、诏令、奏表等一百多篇，另有僧祐本人所作的前后序文各一篇。其中不仅包括护法论集，还有数篇批判佛教的文章，如颜延之《释何衡阳达性论》、范缜《神灭论》等。涉及作者共一百二十三人，其中僧人仅占十九人，其余多为具有影响力的名人学士。因此《弘明集》在无意中保留了许多珍贵的原籍，如《牟子理惑论》原本已佚，今本则自《弘明集》辑出。正如《四库全书总目提要》云，“然六代遗编，流传最古，梁以前名流著作，今无专集行世者，颇赖以存”，从中可知《弘明集》对于文献保存的重要价值。

《弘明集》从不同角度反映了自汉代至南北朝时期的佛教信徒与儒、道等不同教派间的论争和交锋，阐述了佛教的基本教义和发展情况，对于研究当时的宗教学、哲学、文学、史学方面均具有重要的参考意义。上海古籍出版社将《弘明集》和《广弘明集》合编，于1991年出版了《弘明集·广弘明集》。

## 四、《比丘尼传》

《比丘尼传》，梁代宝唱撰，简称《尼传》。宝唱是南朝齐梁时的著名僧人，僧祐弟子，还著有《经律异相》五十卷、《名僧传》（目前仅存日僧宗性《名僧传钞》一卷）等，均为佛教史上的重要著作。

比丘尼，即受过具足戒的女性出家者。本书按照晋、宋、齐、梁的年代分为四卷，是一部关于四朝著名比丘尼的生平事略的传记。其中所记载的人物，起于东晋生平（357—361）年间，终于成书时的梁天监十五年（516），共计本传收录六十五人、附见五十一人。与其《名僧传》类似，《比丘尼传》更偏重于著名的大师，因此所收录的人物多在南朝首都及附近地区，这导致还有相当多的尼僧事迹没有被收录。此外，由于身处南北朝割据的时代，宝唱所接触的资料也是比较有限的，因此《比丘尼传》所记大都为南朝人物，而对北朝人物记载较略。但是从总体上来看，《比丘尼传》仍是瑕不掩瑜的。作为中国现存最早的系统记录关于比丘尼事迹的传记资料，本书不仅对研究南北朝时期的佛教发展情况和社会文化历史具有重要的参考意义，还是研究中国古代比丘尼以及比丘尼僧团的珍贵史料。

本书收入唐代之后的历代藏经，中华书局以日本《大正藏》为底本，并用近十种藏经作为参校本，于2006年出版有《比丘尼传校注》。

## 五、《高僧传》

《高僧传》，梁代慧皎所撰的佛教史书，又称《梁高僧传》，简称《梁传》《皎传》。慧皎认为之前已有的《僧传》存在各种不足之处，于是他“博咨故老，广访先达，校其有无，取其同异”，最终撰出此书。慧皎在《自序》中称：“自前代所撰，多曰名僧，然名者本实之宾也，若实行潜光，则高而不名；寡德适时，则名而不高。名而不高，本非所纪；高而不名，则备今录。”因此他特别将书名起为“高僧传”而非“名僧传”，以凸显其收录僧人的标准更注重德高而非外在之名。

《高僧传》共十四卷，记载了从东汉明帝永平十年（67）至南朝梁天监十八年（519）共二百五十七位僧人，另外收录了旁出、附见者二百余人。慧皎在书中开创了新的体例，即设立“十科”：其一为译经，包括第一至三卷；其二为义解，包括第四至八卷；其三为神异，包括第九、十卷；其四为习禅，其五为明律，构成第十一卷；其六为亡身，其七为诵经，构成第十二卷；其八为兴福，其九为经师，其十为唱导，构成第十三卷。每科之后都加以评论，并简要概述其意义。第十四卷为序文和总目录。

《高僧传》是我国现存完整的最早的一部僧传，记载了佛教传入中国及佛经翻译文学的情况，因此是重要的佛教史、文学史参考文献。“十科”体裁也被包括《续高僧传》和《宋高僧传》在内的后世僧传所大体继承，成为僧传分类的基本结构之一。中华书局于1992年出版了由汤用彤先生校点的《高僧传》，是目前的通行本。

## 六、《童蒙止观》

《童蒙止观》，由智顗所撰，又名《修习止观坐禅法要》《小止观》。智顗生活在陈、隋之际，是著名佛教学者、天台宗的创始人，世称“智者大师”。随着隋代统一南北，佛教各家对南北的不同理论进行融合贯通，其中首先创宗、成为中国佛教史上第一个宗派的便是天台宗。

“止”，意为“止寂”“禅定”，指集中精神而无所烦恼的寂静合一状态；“观”，意为“智慧”，指以思维去观察理趣或事物，从而达到佛教所宣扬的觉悟境地。众生被有相所束缚，只有勤修止观法门，破此烦恼、道中行善，才能定慧具足、得到解脱。智顗强调，“止”与“观”相辅相成，因此应“止观双修”。他著有四部止观法门，其中《童蒙止观》与《摩诃止观》亦称为“圆顿止观”，《释禅波罗蜜次第法门》亦名“渐次止观”，《六妙法门》亦名“不定止观”。简言之，止观二法是天台宗的两大根本教义，是一切法门中最直接和紧要的修行之法。本书主要叙述修习“止观”的十种次第，即具缘、诃欲、弃盖、调和、方便行、正修、善根发、觉智魔事、治病、证果。

相比于卷帙繁浩的《摩诃止观》，在内容上《童蒙止观》是为初机所说，更为简单扼要；在主题上，又同前者一样，所说的都是圆顿之法。因此本书是了解天台宗止观法门之梗概的必读文献。中华书局以金陵刻经处本为底本，以明《北藏》本对校，同时参日本《大正藏》中的增上寺报恩藏本等，于1988年出版了《童蒙止观校释》，是目前的通行本。

## 七、《历代三宝记》

《历代三宝记》，隋朝费长房撰于开皇十七年（597），是一部兼具史传和目录性质的佛教著作，又名《开皇三宝录》，简称《长房录》《三宝录》《房录》等。费长房，生卒年不详，原为北周僧人，在北周武帝宇文邕下令废佛时被迫还俗，其后在隋文帝时并召为翻经学士，于大兴善寺担任笔受工作。“三宝”，意指佛教的佛、法、僧。由于此书收录了历代的佛教经典，为译经僧人立传，故名《历代三宝记》。

此书共十五卷，著录佛教著述二千一百三十部，分为四个部分：第一部分为帝年，包括卷一至卷三，以佛教大事和重要政事为线，时间跨度包括周、秦、前后汉、魏、晋、宋、齐、梁、周、大隋，每卷前后附绪论和年表；第二部分为代录，包括卷四至卷十二，记述了自东汉至隋十七个朝代，一百九十七人翻译的各种经典二千一百四十六部，并在经卷之后为每位译者附小传；第三部分为入藏录，包括卷十三和卷十四，分别收录大小乘经律论，总计一千零七十六部；第四部分为总目，包括卷十五，著录了《上开皇三宝录表》、《历代三宝记》之总目以及历代佛教经录。

历代僧人学者对此书的评价褒贬不一，其中指责多集中在认为其考核不精、伪滥甚多。唐释道宣说：“房所撰者，入藏之中，瓦玉相谬。”智升《开元释教录》亦称其“事实杂谬，其阙本、疑伪皆编入藏，窃为不可”。但今天站在史学和文献学的角度上，《历代三宝记》保存了大量已佚佛经目录的部分内容，对于研究佛经目录和佛经翻译史仍然具有重要的参考价值。本书在宋、元、明南北藏中皆有著录，河南人民出版社于2013年出版《历代三宝记》校注本。

### 思考题

1. 佛教传入中国的过程是怎样的？
2. 佛教思想和儒家思想是什么关系？

## 【阅读材料】

### 一、《隋书·经籍志》佛经序[1]

佛经者，西域天竺之迦维卫国净饭王太子释迦牟尼所说。释迦当周庄王之九年四月八日，自母右胁而生，姿貌奇异，有三十二相，八十二好。舍太子位，出家学道，勤行精进，觉悟一切种智，而谓之佛，亦曰佛陀，亦曰浮屠，皆胡言也。华言译之为净觉。其所说云，人身虽有生死之异，至于精神，则恒不灭。

此身之前，则经无量身矣。积而修习，精神清净，则成佛道。天地之外，四维上下，更有天地，亦无终极，然皆有成有败。一成一败，谓之一劫。自此天地已前，则有无量劫矣。每劫必有诸佛得道，出世教化，其数不同。今此劫中，当有千佛。自初至于释迦，已七佛矣。其次当有弥勒出世，必经三会，演说法藏，开度众生。由其道者，有四等之果。一曰须陀洹，二曰斯陀含，三曰阿那含，四曰阿罗汉。至罗汉者，则出入生死，去来隐显，而不为累。阿罗汉已上，至菩萨者，深见佛性，以至成道。每佛灭度，遗法相传，有正、象、末三等淳醨之异。年岁远近，亦各不同。末法已后，众生愚钝，无复佛教，而业行转恶，年寿渐短，经数百千载间，乃至朝生夕死。然后有大水、大火、大风之灾，一切除去之，而更立生人，又归淳朴，谓之小劫。每一小劫，则一佛出世。

初天竺中多诸外道，并事水火毒龙，而善诸变幻。释迦之苦行也，是诸邪道，并来嬲恼，以乱其心，而不能得。及佛道成，尽皆摧伏，并为弟子。弟子，男曰桑门，译言息心，而总曰僧，译言行乞。女曰比丘尼。皆剃落须发，释累辞家，相与和居，治心修净，行乞以自资，而防心摄行。僧至二百五十戒，尼五百戒。俗人信凭佛法者，男曰优婆塞，女曰优婆夷，皆去杀、盗、淫、妄言、饮酒，是为五诫。

释迦在世教化四十九年，乃至天龙人鬼并来听法，弟子得道，以百千万亿数。然后于拘尸那城娑罗双树间，以二月十五日，入般涅盘。涅盘亦曰泥洹，译言灭度，亦言常乐我净。初释迦说法，以人之性识根业各差，故有大乘小乘之说。至是谢世，弟子大迦叶与阿难等五百人，追共撰述，缀以文字，集载为十二部。后数百年，有罗汉

---

1 《隋书》卷三十五，第1095—1099页。

菩萨，相继著论，赞明其义。然佛所说，我灭度后，正法五百年，像法一千年，末法三千年，其义如此。

推寻典籍，自汉已上，中国未传。或云久以流布，遭秦之世，所以堙灭。其后张骞使西域，盖闻有浮屠之教。哀帝时，博士弟子秦景使伊存口授浮屠经，中土闻之，未之信也。后汉明帝，夜梦金人飞行殿庭，以问于朝，而傅毅以佛对。帝遣郎中蔡愔及秦景使天竺求之，得佛经四十二章及释迦立像。并与沙门摄摩腾、竺法兰东还。愔之来也，以白马负经，因立白马寺于洛城雍门西以处之。其经缄于兰台石室，而又画像于清凉台及显节陵上。章帝时，楚王英以崇敬佛法闻，西域沙门，赍佛经而至者甚众。永平中，法兰又译《十住经》。其余传译，多未能通。至桓帝时，有安息国沙门安静，赍经至洛，翻译最为通解。

灵帝时，有月支沙门支谶、天竺沙门竺佛朔等，并翻佛经。而支谶所译《泥洹经》二卷，学者以为大得本旨。汉末，太守竺融，亦崇佛法。三国时，有西域沙门康僧会，赍佛经至吴译之，吴主孙权，甚大敬信。魏黄初中，中国人始依佛戒，剃发为僧。先是西域沙门来此，译《小品经》，首尾乖舛，未能通解。甘露中，有朱仕行者，往西域，至于阗国，得经九十章，晋元康中，至邺译之，题曰《放光般若经》。太始中，有月支沙门竺法护，西游诸国，大得佛经，至洛翻译，部数甚多。佛教东流，自此而盛。

石勒时，常山沙门卫道安，性聪敏，诵经日至万余言。以胡僧所译《维摩》、《法华》，未尽深旨，精思十年，心了神悟，乃正其乖舛，宣扬解释。时中国纷扰，四方隔绝，道安乃率门徒，南游新野，欲令玄宗所在流布，分遣弟子，各趋诸方。法性诣扬州，法和入蜀，道安与慧远之襄阳。后至长安，苻坚甚敬之。道安素闻天竺沙门鸠摩罗什，思通法门，劝坚致之。什亦闻安令问，遥拜致敬。姚苌弘始二年，罗什至长安，时道安卒后已二十载矣，什深慨恨。什之来也，大译经论，道安所正，与什所译，义如一，初无乖舛。

初，晋元熙中，新丰沙门智猛，策杖西行，到华氏城，得《泥洹经》及《僧祇律》，东至高昌，译《泥洹》为二十卷。后有天竺沙门昙摩罗谶复赍胡本，来至河西。沮渠蒙逊遣使至高昌取猛本，欲相参验，未还而蒙逊破灭。姚苌弘始十年，猛本始至长安，译为三十卷。昙摩罗谶又译《金光明》等经。时胡僧至长安者数十辈，惟鸠摩罗什才德最优。其所译则《维摩》《法华》《成实论》等诸经，及昙无忏所译《金光明》，昙摩罗忏所译《泥洹》等经，并为大乘之学。而什又译《十诵律》，天竺沙门佛陀耶舍译《长阿含经》及《四方律》，兜佉勒沙门昙摩难提译《增一阿含经》，昙摩耶舍译《阿毗昙论》，并为小乘之学。其余经论，不可胜记。自是佛法流通，极于四海矣。东晋隆安中，又有罽宾沙门僧伽提婆译《增一阿含经》及《中阿含经》。义熙中，沙门支法领从于阗国得《华严经》三万六千偈，至金陵宣译。又有沙门法显，自长安游天竺，经三十余国，随有经律之处，学其书语，译而写之。还至金陵，与天竺禅师跋罗，参共辩定，谓《僧祇律》，学者传之。

齐梁及陈，并有外国沙门。然所宣译，无大名部可为法门者。梁武大崇佛法，于华林园中，总集释氏经典，凡五千四百卷。沙门宝唱，撰《经目录》。又后魏时，太武帝西征长安，以沙门多违佛律，群聚秽乱，乃诏有司，尽坑杀之，焚破佛像。长安僧徒，一时歼灭。自余征镇，豫闻诏书，亡匿得免者十一二。文成之世，又使修复。熙平中，遣沙门慧生使西域，采诸经律，得一百七十部。永平中，又有天竺沙门菩提留支，大译佛经，与罗什相埒。其《地持》《十地论》，并为大乘学者所重。后齐迁邺，佛法不改。至周武帝时，蜀郡沙门卫元嵩上书，称僧徒猥滥，武帝出诏，一切废毁。

开皇元年，高祖普诏天下；任听出家，仍令计口出钱，营造经像。而京师及并州、相州、洛州等诸大都邑之处，并官写一切经，置于寺内；而又别写，藏于秘阁。天下之人，从风而靡，竞相景慕，民间佛经，多于六经数十百倍。大业时，又令沙门智果，于东都内道场，撰诸经目，分别条贯，以佛所说经为三部：一曰大乘，二曰小乘，三曰杂经。其余似后人假托为之者，别为一部，谓之疑经。又有菩萨及诸深解奥义、赞明佛理者，名之为论，及戒律并有大、小及中三部之别。又所学者，录其当时行事，名之为记。凡十一种。今举其大数，列于此篇。

## 二、《四库全书总目提要·释家类序》[1]

梁阮孝绪作《七录》，以二氏之文别录于末。《隋书》遵用其例，亦附于志末，有部数、卷数而无书名。《旧唐书》以古无释家，遂并佛书于道家，颇乖名实。然惟录

1 《四库全书总目提要》卷一百四十五，第3722页。

诸家之书为二氏作者，而不录二氏之经典，则其义可从。今录二氏于子部末，用阮孝绪例；不录经典，用刘昫例也。诸志皆道先于释，然《魏书》已称释老志，《七录》旧目载于释道宣《广弘明集》者，亦以释先于道。故今所叙录，以释家居前焉。

### 三、《肇论》相关材料

《肇论·物不迁论》[1]

夫生死交谢，寒暑迭迁，有物流动，人之常情。余则谓之不然。何者？《放光》云："法无去来，无动转者。"寻夫不动之作，岂释动以求静，必求静于诸动。必求静于诸动，故虽动而常静。不释动以求静，故虽静而不离动。

然则动静未始异，而惑者不同。缘使真言滞于竞辩，宗途屈于好异。所以静躁之极，未易言也。何者？夫谈真则逆俗，顺俗则违真。违真，故迷信而莫返；逆俗，故言淡而无味。缘使中人未分于存亡，下士抚掌而弗顾。近而不可知者，其唯物性乎？然不能自已，聊复寄心于动静之际，岂曰必然？

试论之曰：《道行》云："诸法本无所从来，去亦无所至。"《中观》云："观方知彼去，去者不至方。"斯皆即动而求静，以知物不迁明矣。

夫人之所谓动者，以昔物不至今，故曰动而非静；我之所谓静者，亦以昔物不至今，故曰静而非动。动而非静，以其不来；静而非动，以其不去。然则所造未尝异，所见未尝同。逆之所谓塞，顺之所谓通。苟得其道，复何滞哉？

伤夫人情之惑久矣，目对真而莫觉！既知往物而不来，而谓今物而可往。往物既不来，今物何所往？何则？求向物于向，于向未尝无；责向物于今，于今未尝有。于今未尝有，以明物不来；于向未尝无，故知物不去。覆而求今，今亦不往。是谓昔物自在昔，不从今以至昔；今物自在今，不从昔以至今。故仲尼曰："回也见新，交臂非故。"如此，则物不相往来明矣。既无往返之微朕，有何物而可动乎？然则旋岚偃岳而常静，江河竞注而不流，野马飘鼓而不动，日月历天而不周，复何怪哉！

噫！圣人有言曰："人命逝速，速于川流。"是以声闻悟非常以成道，缘觉觉缘离以即真。苟万动而非化，岂寻化以阶道？

---

1 ［东晋］僧肇著，张春波校释：《肇论校释》，北京：中华书局，2010年，第11—29页。

覆寻圣言，微隐难测。若动而静，似去而留。可以神会，难以事求。是以言去不必去，闲人之常想；称住不必住，释人之所谓往耳。岂曰去而可遣，住而可留耶？故《成具》云："菩萨处计常之中，而演非常之教。"《摩诃衍论》云："诸法不动，无去来处。"斯皆导达群方，两言一会，岂曰文殊而乖其致哉？是以言常而不住，称去而不迁。不迁，故虽往而常静；不住，故虽静而常往。虽静而常往，故往而弗迁；虽往而常静，故静而弗留矣。然则庄生之所以藏山，仲尼之所以临川，斯皆感往者之难留，岂曰排今而可往？

是以观圣人心者，不同人之所见得也。何者？人则谓少壮同体，百龄一质，徒知年往，不觉形随。是以梵志出家，白首而归。邻人见之曰："昔人尚存乎？"梵志曰："吾犹昔人，非昔人也。"邻人皆愕然，非其言也。所谓有力者负之而趋，昧者不觉，其斯之谓欤？

是以如来因群情之所滞，则方言以辩惑；乘莫二之真心，吐不一之殊教。乖而不可异者，其唯圣言乎！故谈真有不迁之称，导俗有流动之说。虽复千途异唱，会归同致矣。而征文者闻不迁，则谓昔物不至今；聆流动者，而谓今物可至昔。既曰古今，而欲迁之者，何也？是以言往不必往，古今常存，以其不动；称去不必去，谓不从今至古，以其不来。不来，故不驰骋于古今；不动，故各性住于一世。然则群籍殊文，百家异说，苟得其会，岂殊文之能惑哉？

是以人之所谓住，我则言其去；人之所谓去，我则言其住。然则去住虽殊，其致一也。故《经》云："正言似反，谁当信者？"斯言有由矣。何者？人则求古于今，谓其不住；吾则求今于古，知其不去。今若至古，古应有今；古若至今，今应有古。今而无古，以知不来；古而无今，以知不去。若古不至今，今亦不至古，事各性住于一世，有何物而可去来？然则四象风驰，璇玑电卷，得意毫微，虽速而不转。

是以如来功流万世而常存，道通百劫而弥固。成山假就于始篑，修途托至于初步，果以功业不可朽故也。功业不可朽，故虽在昔而不化。不化故不迁，不迁故则湛然明矣。故经云："三灾弥纶，而行业湛然。"信其言也。何者？果不俱因，因因而果。因因而果，因不昔灭；果不俱因，因不来今。不灭不来，则不迁之致明矣。复何惑于去留，踟蹰于动静之间哉？然则乾坤倒覆，无谓不静；洪流滔天，无谓其动。苟能契神于即物，斯不远而可知矣。

《肇论·不真空论》[1]

夫至虚无生者，盖是般若玄鉴之妙趣，有物之宗极者也。自非圣明特达，何能契神于有无之间哉？是以至人通神心于无穷，穷所不能滞；极耳目于视听，声色所不能制者，岂不以其即万物之自虚，故物不能累其神明者也。是以圣人乘真心而理顺，则无滞而不通；审一气以观化，故所遇而顺适。无滞而不通，故能混杂致淳；所遇而顺适，故则触物而一。如此，则万象虽殊，而不能自异。不能自异，故知象非真象。象非真象，故则虽象而非象。

然则物我同根，是非一气，潜微幽隐，殆非群情之所尽。故顷尔谈论，至于虚宗，每有不同。夫以不同而适同，有何物而可同哉？故众论竞作，而性莫同焉。

何则？心无者，无心于万物，万物未尝无。此得在于神静，失在于物虚。

即色者，明色不自色，故虽色而非色也。夫言色者，但当色即色，岂待色色而后为色哉？此直语色不自色，未领色之非色也。

本无者，情尚于无多，触言以宾无。故非有，有即无；非无，无即无。寻夫立文之本旨者，直以非有非真有，非无非真无耳。何必非有无此有，非无无彼无？此直好无之谈，岂谓顺通事实，即物之情哉？

夫以物物于物，则所物而可物；以物物非物，故虽物而非物。是以物不即名而就实，名不即物而履真。然则真谛独静于名教之外，岂曰文言之能辩哉？然不能杜默，聊复厝言以拟之。

试论之曰：《摩诃衍论》云："诸法亦非有相，亦非无相。"《中论》云："诸法不有不无者，第一真谛也。"

寻夫不有不无者，岂谓涤除万物，杜塞视听，寂廖虚豁，然后为真谛者乎？诚以即物顺通，故物莫之逆；即伪即真，故性莫之易。性莫之易，故虽无而有；物莫之逆，故虽有而无。虽有而无，所谓非有；虽无而有，所谓非无。如此则非无物也，物非真物。物非真物，故于何而可物？

故《经》云："色之性空，非色败空。"以明夫圣人之于物也，即万物之自虚，岂待宰割以求通哉？是以寝疾有不真之谈，《超日》有即虚之称。然则三藏殊文，统之

1 《肇论校释》，第32—60页。

者一也。故《放光》云："第一真谛，无成无得；世俗谛故，便有成有得。"夫有得即是无得之伪号，无得即是有得之真名。真名故，虽真而非有；伪号故，虽伪而非无。是以言真未尝有，言伪未尝无。二言未始一，二理未始殊。故经云："真谛俗谛，谓有异耶？"答曰："无异也。"此经直辩真谛以明非有，俗谛以明非无。岂以谛二而二于物哉？

然则万物果有其所以不有，有其所以不无。有其所以不有，故虽有而非有；有其所以不无，故虽无而非无。虽无而非无，无者不绝虚；虽有而非有，有者非真有。若有不即真，无不夷迹，然则有无称异，其致一也。

故童子叹曰："说法不有亦不无，以因缘故诸法生。"《璎珞经》云："转法轮者，亦非有转，亦非无转，是谓转无所转。"此乃众经之微言也。何者？谓物无耶，则邪见非惑；谓物有耶，则常见为得。以物非无，故邪见为惑；以物非有，故常见不得。然则非有非无者，信真谛之谈也。故《道行》云："心亦不有亦不无。"《中观》云："物从因缘故不有，缘起故不无。"寻理即其然矣。

所以然者，夫有若真有，有自常有，岂待缘而后有哉？譬彼真无，无自常无，岂待缘而后无也？若有不能自有，待缘而后有者，故知有非真有。有非真有，虽有不可谓之有矣。不无者，夫无则湛然不动，可谓之无。万物若无，则不应起，起则非无，以明缘起故不无也。故《摩诃衍论》云："一切诸法，一切因缘故应有；一切诸法，一切因缘故不应有；一切无法，一切因缘故应有；一切有法，一切因缘故不应有。"寻此有无之言，岂直反论而已哉？若应有即是有，不应言无；若应无即是无，不应言有。言有，是为假有以明非无，借无以辨非有。此事一称二，其文有似不同。苟领其所同，则无异而不同。

然则万法果有其所以不有，不可得而有；有其所以不无，不可得而无。何则？欲言其有，有非真生；欲言其无，事象既形。象形不既无，非真非实有。然则不真空义，显于兹矣。故《放光》云："诸法假号不真。"譬如幻化人，非无幻化人，幻化人非真人也。

夫以名求物，物无当名之实；以物求名，名无得物之功。物无当名之实，非物也；名无得物之功，非名也。是以名不当实，实不当名，名实无当，万物安在？故《中观》云："物无彼此。"而人以此为此，以彼为彼，彼亦以此为彼，以彼为此。此彼莫定乎一名，而惑者怀必然之志。然则彼此初非有，惑者初非无。既悟彼此之非有，有何物而可有哉？故知万物非真，假号久矣。是以《成具》立强名之文，园林托指马之况。如此，则深远之言，于何而不在？是以圣人乘千化而不变，履万惑而常通者，以其即万物之自虚，不假虚而虚物也。故经云："甚奇世尊，不动真际为诸法立处。"非离真而立处，立处即真也。

然则道远乎哉？触事而真。圣远乎哉？体之即神！

## 四、《出三藏记集》相关材料

《出三藏记集序》[1]

夫真谛玄凝，法性虚寂，而开物导俗，非言莫津。是以不二默酬，会于义空之门；一音震辩，应乎群有之境。自我师能仁之出世也，鹿苑唱其初言，金河究其后说；契经以诱小学，方典以劝大心。妙轮区别，十二惟部，法聚总要，八万其门。至善逝晦迹，而应真结藏，始则《四含》集经，中则五部分戒，大宝斯在，含识资焉。然道由人弘，法待缘显。有道无人，虽文存而莫悟；有法无缘，虽并世而弗闻。闻法资乎时来，悟道藉于机至；机至然后理感，时来然后化通矣。

昔周代觉兴，而灵津致隔；汉世像教，而妙典方流。法待缘显，信有征矣。至汉末安高，宣译转明；魏初康会，注述渐畅。道由人弘，于兹验矣。自晋氏中兴，三藏弥广，外域胜宾，稠叠以总至；中原慧士，晔晔而秀生。提、什举其宏纲，安、远震其奥领，渭滨务逍遥之集，庐岳结般若之台。像法得人，于斯为盛。

原夫经出西域，运流东方，提挈万里，翻转胡汉。国音各殊，故文有同异；前后重来，故题有新旧。而后之学者，鲜克研核，遂乃书写继踵，而不知经出之岁，诵说比肩，而莫测传法之人。授受之道，亦已阙矣。夫一时圣集，犹五事证经，况千载交译，宁可昧其人世哉！

昔安法师以鸿才渊鉴，爰撰经录，订正闻见，炳然区分。自兹已来，妙典间出，皆是大乘宝海，时竞讲习。而年代人名，莫有铨贯，岁月逾迈，本源将没，后生疑惑，奚所取明？祐以庸浅，豫凭法门，翘仰玄风，誓弘大化。每至昏晓讽持，秋夏讲说，未尝不心驰庵园，影跃灵鹫。于是牵课羸恙，沿波讨源，缀其所闻，名曰《出三

1 ［梁］僧祐撰，苏晋仁、萧炼子点校：《出三藏记集·序》，北京：中华书局，1995年，第1—2页。

藏记集》。一撰缘记，二铨名录，三总经序，四述列传。缘记撰则原始之本克昭，名录铨则年代之目不坠，经序总则胜集之时足征，列传述则伊人之风可见。并钻析内经，研镜外籍，参以前识，验以旧闻。若人代有据，则表为司南；声传未详，则文归盖阙。秉牍凝翰，志存信史，三复九思，事取实录。有证者既标，则无源者自显。庶行潦无杂于醇乳，燕石不乱于荆玉。但井识管窥，多惭博练，如有未备，请寄明哲。

## 五、《弘明集》相关材料

《四库全书总目提要·卷一百四十五·子部五十五·释家类·弘明集十四卷（兵部侍郎纪昀家藏本）》[1]

梁释僧祐编。僧祐姓俞氏，彭城下邳人。初出家扬都建初寺，武帝时居钟山定林寺。《唐书·艺文志》载僧祐《弘明集》十四卷，此本卷数相符，盖犹释藏之旧。末有僧祐后序，而首无前序，疑传写佚之。所辑皆东汉以下至于梁代阐明佛法之文。其学主于戒律，其说主于因果，其大旨则主于抑周、孔，排黄、老，而独伸释氏之法。夫天不言而自尊，圣人之道不言而自信，不待夸、不待辨也。恐人不尊不信而嚣张其外以弥缝之，是亦不足于中之明证矣。然六代遗编，流传最古，梁以前名流著作，今无专集行世者，颇赖以存，终胜庸俗缁流所撰述。就释言释，犹彼教中雅驯之言也。

《弘明集序》[2]

夫觉海无涯，慧境圆照。化妙域中，实陶铸于尧舜；理擅系表，乃埏埴乎周孔矣。然道大信难，声高和寡。须弥峻而蓝风起，宝藏积而怨贼生。昔如来在世，化震大千，犹有四魔蓄忿，六师怀毒，况乎像、季，其可胜哉！

自大法东渐，岁几五百。缘各信否，运亦崇替。正见者敷赞，邪惑者谤讪。至于守文曲儒，则距为异教；巧言左道，则引为同法。距有拔本之迷，引有朱紫之乱，遂令诡论稍繁，讹辞孔炽。夫鷃旦鸣夜，不翻白日之光；精卫衔石，无损沧海之势。然以暗乱明，以小罔大，虽莫动毫发，而有尘视听。将令弱植之徒，随伪辩而长迷；倒置之伦，逐邪说而永溺。此幽涂所以易坠，净境所以难陟者也。

---

1 《四库全书总目提要》卷一百四十五，第3722页。

2 ［梁］僧祐编，刘立夫、魏建中、胡勇译注:《弘明集》卷一，北京：中华书局，2013年，第1—4页。

祐以末学，志深弘护，静言浮俗，愤慨于心。遂以药疾微间，山栖余暇，撰古今之明篇，总道俗之雅论。其有刻意剪邪，建言卫法，制无大小，莫不毕采。又前代胜士，书记文述，有益三宝，亦皆编录。类聚区分，列为一十四卷。夫道以人弘，教以文明，弘道明教，故谓之《弘明集》。兼率浅怀，附论于末，庶以涓埃，微裨瀛岱。但学孤识寡，愧在褊局，博综君子，惠增广焉。

《弘明论后序》[1]

余所集《弘明》，为法御侮。通人雅论，胜士妙说，摧邪破惑之冲，弘道护法之堑，亦已备矣。然智者不迷，迷者乖智。若导以深法，终于莫领；故复撮举世典，指事取征。言非荣华，理归质实。庶迷涂之人，不远而复。总释众疑，故曰"弘明论"，云：夫二谛差别，道俗斯分。道法空寂，包三界以等观；俗教封滞，执一国以限心。心限一国，则耳目之外皆疑；等观三界，则神化之理常照；执疑以迷照，群生所以永沦者也。详检俗教，并宪章五经，所尊唯天，所法唯圣，然莫测天形，莫窥圣心，虽敬而信之，犹矇矇弗了。况乃佛尊于天，法妙于圣，化出域中，理绝系表，肩吾犹惊怖于河汉，俗士安得不疑骇于觉海哉！既骇觉海，则惊同河汉，一疑经说迂诞，大而无征；二疑人死神灭，无有三世；三疑莫见真佛，无益国治；四疑古无法教，近出汉世；五疑教在戎方，化非华俗；六疑汉魏法微，晋代始盛。以此六疑，信心不树。将溺宜拯，故较而论之。

若疑经说迂诞、大而无征者，盖以积劫不极，世界无边也。今世咸知百年之外必至万岁，而不信积万之变至于旷劫，是限心以量造化也。咸知赤县之表必有四极，而不信积极之远复有世界，是执见以判太虚也。昔汤问革曰："上下八方，有极乎？"革曰："无极之外，复无极，无尽之中，复无尽，朕是以知其无极无尽也。"上古大贤，据理训圣，千载符契，悬与经合。井识之徒，何知得异！夫以方寸之心，谋己身而致谬；圜分之眸，隔墙壁而弗见。而欲侮尊经、背圣说、诬积劫、罔世界，可为悲伤者一也。

若疑人死神灭，无有三世，是自诬其性灵，而蔑弃其祖祢也。然则周、孔制典，昌言鬼神。《易》曰："游魂为变，是以知鬼神之情状。"既情且状，其无形乎？《诗》

1 《弘明集》卷十四，第994—1009页。

云："三后在天，王配于京。"升灵上旻，岂曰灭乎？《礼》云："夏尊命，事鬼敬神。"大禹所祗，宁虚诞乎？《书》称周公代武，云能事鬼神。姬旦祷亲，可虚罔乎？苟亡而有灵，则三世如镜，变化轮回，孰知其极？俗士执礼，而背叛五经，非直诬佛，亦侮圣也。若信鬼于五经，而疑神于佛说，斯固聋瞽之徒，非议所及，可为哀矜者二也。

若疑莫见真佛，无益国治，则禋祀望秩，亦宜废弃。何者？苍苍积空，谁见上帝之貌？茫茫累块，安识后祇之形？民自躬稼，社神何力？人造墉畷，蜡鬼奚功？然犹盛其牺牲之费，繁其岁时之祀者，莫不以幽灵宜尊，而教民美报耶？况佛智周空界，神凝域表。上帝成天，缘其陶铸之慈；圣王为人，依其亭育之戒。崇法则六天咸喜，废道则万神斯怒。今人莫见天形，而称郊祀有福，不睹金容，而谓敬事无报，轻本重末，可为震惧者三也。

若疑古无佛教，近出汉世者，夫神化隐显，孰测始终哉？寻羲皇缅邈，政绩犹湮，彼有法教，亦安得闻之？昔佛图澄，知临淄伏石有旧像露盘，揵陀勒见盘鸱山中，有古寺基墌；众人试掘，并如其言。此万代之遗征，晋世之显验，谁判上古必无佛乎？《列子》称周穆王时，西极有化人来，入水火、贯金石、反山川、移城邑，乘虚不坠，触实不碍，千变万化，不可穷极，既能变人之形，又且易人之虑。穆王敬之若神，事之若君，观其灵迹，乃开士之化。大法萌兆，已见周初，感应之渐，非起汉世，而封执一时，为叹息者四也。

若疑教在戎方，化非华夏者，则是前圣执地以定教，非设教以移俗也。昔三皇无为，五帝德化，三王礼刑，七国权势，地当诸夏，而世教九变。今反以至道之源，镜以大智之训，感而遂通，何往不被？夫禹出西羌，舜生东夷，孰云地贱而弃其圣？丘欲居夷，聃适西戎，道之所在，宁选于地？夫以俗圣设教，犹不系于华夷，况佛统大千，岂限化于西域哉？案《礼·王制》云："四海之内，方三千里。"中夏所据，亦已不旷。伊洛本夏，而鞠为戎墟；吴楚本夷，而翻成华邑。道有运流，而地无恒化矣。且夫厚载无疆，寰域异统，北辰西北，故知天竺居中。今以区区中土称华，以距正法，虽欲距塞，而神化常通，可为悲凉者五也。

若疑汉魏法微，晋代始盛者，道运崇替，未可致诘也。寻沙门之修释教，何异孔氏之述唐虞乎？孔修五经，垂范百王。然春秋诸侯，莫肯遵用，战伐蔑之，将坠于地。爰至秦皇，复加燔烬。岂仲尼之不肖，而《诗》《书》之浅鄙哉？迩及汉武，始显儒教，举明经之相，崇孔圣之术。宁可以见轻七国，而遂废于后代乎？案汉元之世，刘向《序仙》云：七十四人出在佛经。故知经流中夏，其来已久。逮明帝感梦，而傅毅称佛，于是秦景东使，而摄腾西至。乃图像于关阳之观，藏经于兰台之室。不讲深文，莫识奥义。是以楚王修仁洁之祠，孝桓建华盖之祭。法相未融，唯神之而已。至魏武英鉴，书述妙化；孙权雄略，造立塔寺。晋武之初，机缘渐深。耆域耀神通之迹，竺护集法宝之藏。所以百辟搢绅，洗心以进德；万邦黎宪，刻意而迁善。暨晋明睿悟，秉一栖神，手画宝像，表观乐览。既而安上弘经于山东，什公宣法于关右，精义既敷，实相弥照。英才硕智，并验理而伏膺矣。故知法云始于触石，慧水流于滥觞，教必有渐，神化之常，感应因时，非缘如何？故儒术非愚于秦而智于汉，用与不用耳；佛法非浅于汉而深于晋，明与不明耳。故知五经恒善，而崇替随运，佛化常炽，而通塞在缘。一以此思，可无深惑，而执疑莫悟，可为痛悼者六也。

夫信顺福基，迷谤祸门。而况曚曚之徒，多不量力，以己所不知，而诬先觉之遍知；以其所不见，而罔至人之明见。鉴达三世，反号邪僻；专拘目前，自谓明智。于是迷疑塞胸，谤黩盈口，轻议以市重苦，显诽以贯幽罚，言无锱铢之功，虑无毫厘之益。逝川若飞，藏山如电，一息不还，奄然后世，报随影至，悔其可追？夫神化茫茫，幽明代运，五道变化，于何不之？天宫显验，赵简、秦穆之锡是也；鬼道交报，杜伯、彭生之见是也。修德福应，殷戊、宋景之验是也；多杀祸及，白起、程普之证是也。现世幽微，备详典籍；来生冥应，布在尊经。但缘感理奥，因果义微，微奥难领，故略而不陈。前哲所辩，关键已正，轻率鄙怀，继之于末。虽文匪珪璋，而事足鞶鉴。惟恺悌君子，自求多福焉。

### 六、《比丘尼传》相关材料

《比丘尼传·序》[1]

原夫贞心亢志，奇操异节，岂惟体率由于天真，抑亦励景行于仰止。故曰："希颜之士，亦颜之俦；慕骥之马，亦骥之乘。"斯则风烈徽猷，流芳不绝者也。是以握

1 ［梁］释宝唱著，王孺童校注：《比丘尼传校注·序》，北京：中华书局，2006年，第1—2页。

笔怀铅之客，将以贻厥方来；比事记言之士，庶其劝诫后世。故虽欲忘言，斯不可已也。昔大觉应乎罗卫，佛日显于阎浮，三界归依，四生向慕。比丘尼之兴，发源于爱道，登地证果，仍世不绝，列之法藏，如日经天。自拘尸灭影，双树匿迹，岁历蝉联，陵夷讹紊。于是时浇信谤，人或存亡。微言兴而复废者，不肖乱之也；正法替而复隆者，贤达维之也。

像法东流，净捡为首。绵载数百，硕德系兴。善妙、净珪穷苦行之节，法辩、僧果尽禅观之妙。至若僧端、僧基之立志贞固，妙相、法全之弘震旷远，若此之流，往往间出。并渊深岳跱，金声玉振，实惟叔叶之贞干，季绪之四依也。而年代推移，清规稍远，英风将范于千载，志业未集乎方册，每怀慨叹，其岁久矣。始乃博采碑颂，广搜记集，或讯之博闻，或访之故老，诠序始终，为之立传。起晋升平，讫梁天监，凡六十五人。不尚繁华，务存要实，庶乎求解脱者，勉思齐之德。而寡见庸疏，或有遗漏，博雅君子，箴其阙焉。

《比丘尼传·卷第一·晋竹林寺净捡尼传一》[1]

净捡，本姓仲，名令仪，彭城人也。父诞，武威太守。捡少好学，早寡，家贫，常为贵游子女教授琴书。闻法信乐，莫由咨禀。后遇沙门法始，经道通达，晋建兴中，于宫城西门立寺，捡乃造之。始为说法，捡因大悟，念及强壮，以求法利，从始借经，遂达旨趣。他日谓始曰："经中云：比丘、比丘尼，愿见济度。"始曰："西域有男女二众，此土其法未具。"捡曰："既云比丘、比丘尼，宁有异法？"始曰："外国人云，尼有五百戒，便应是异。当为问和上。"和上云："尼戒大同细异，不得其法，必不得授。尼有十戒，得从大僧受，但无和上，尼无所依止耳。"捡即剃落，从和上受十戒。同其志者二十四人，于宫城西门共立竹林寺，未有尼师，共咨净捡，过于成德。

和上者，西域沙门智山也。住罽宾国，宽和有智思，雅习禅诵。晋永嘉末，来达中夏，分卫自资，语必弘道。时信浅薄，莫知祈禀。建武元年，还反罽宾。后竺佛图澄还，述其德业，皆追恨焉。

捡蓄徒养众，清雅有节，说法教化，如风靡草。晋咸康中，沙门僧建于月支国

1 《比丘尼传校注》卷一，第1—2页。

得《僧祇尼羯磨》及《戒本》。升平元年二月八日，洛阳请外国沙门昙摩羯多，为立戒坛。晋沙门释道场，以《戒因缘经》为难，云其法不成，因浮舟于泗，捡等四人同坛止，从大僧以受具戒。晋土有比丘尼，亦捡为始也。当其羯磨之日，殊香芬馥，阖众同闻，莫不欣叹，加其敬仰。善修戒行，志学不休。信施虽多，随得随散，常自后己，每先于人。到升平末，忽复闻前香，并见赤气。有一女人，手把五色花，自空而下。捡见欣然，因语众曰："好持后事，我今行矣。"执手辞别，腾空而上，所行之路，有似虹蜺，直属于天。时年七十矣。

《比丘尼传·卷第一·伪赵建贤寺安令首尼传二》[1]

安令首，本姓徐，东莞人也。父忡，仕伪赵，为外兵郎。令首幼聪敏好学，言论清绮，雅性虚淡，不乐人间，从容闲静，以佛法自娱，不愿求娉。父曰："汝应外属，何得如此?"首曰："端心业道，绝想人外，毁誉不动，廉正自足。何必三从，然后为礼?"父曰："汝欲独善一身，何能兼济父母?"首曰："立身行道，方欲度脱一切，何况二亲耶?"忡以问佛图澄，澄曰："君归家，洁斋三日竟，可来。"忡从之。澄以茵支子磨麻油傅忡右掌，令忡视之。见一沙门在大众中说法，形状似女。具以白澄。澄曰："是君女先身，出家益物。往事如此，若从其志，方当荣拔六亲，令君富贵。生死大苦海，向得其边。"忡还许之。首便剪落，从澄乃净捡尼受戒，立建贤寺。澄以石勒所遗剪花纳七条衣及象鼻澡罐与之。博览群籍，经目必诵，思致渊深，神照详远。一时道学，莫不宗焉，因其出家者二百余人。又造五六精舍，匪惮勤苦，皆得修立。石虎敬之，擢父忡为黄门侍郎、清河太守。

## 七、《高僧传》相关材料

《高僧传卷第六（义解三）· 晋长安释僧肇》（节选）[2]

释僧肇，京兆人。家贫以佣书为业，遂因缮写，乃历观经史，备尽坟籍。爱好玄微，每以《庄》《老》为心要。尝读《老子·德章》，乃叹曰："美则美矣，然期神冥累之方，犹未尽善也。"后见《旧维摩经》，欢喜顶受，披寻玩味，乃言始知所归矣。

---

1 《比丘尼传校注》卷一，第7页。

2 ［梁］释慧皎撰，汤用彤校注，汤一玄整理：《高僧传》卷六，北京：中华书局，1992年，第249—251页。

因此出家，学善方等，兼通三藏。及在冠年，而名振关辅，时竞誉之徒，莫不猜其早达，或千里趍负，入关抗辩。肇既才思幽玄，又善谈说，承机挫锐，曾不流滞。时京兆宿儒，及关外英彦，莫不挹其锋辩，负气摧衄。

后罗什至姑臧，肇自远从之，什嗟赏无极。及什适长安，肇亦随返。姚兴命肇与僧叡等，入逍遥园，助详定经论。肇以去圣久远，文义多杂，先旧所解，时有乖谬，及见什咨禀，所悟更多。因出《大品》之后。肇便著《波若无知论》，凡二千余言，竟以呈什，什读之称善。乃谓肇曰："吾解不谢子，辞当相挹。"时庐山隐士刘遗民见肇此论。乃叹曰："不意方袍，复有平叔。"因以呈远公，远乃抚机叹曰："未常有也。"因共披寻玩味，更存往复。遗民乃致书肇曰："顷餐徽问，有怀遥仰，岁末寒严，体中何如，音寄壅隔，增用悒蕴。弟子沉疴草泽，常有弊瘁，愿彼大众康和，外国法师休悆不。去年夏末，见上人《波若无知论》，才运清俊，旨中沈允。推步圣文，婉然有归，披味殷勤，不能释手，真可谓浴心方等之渊，悟怀绝冥之肆，穷尽精巧，无所间然。但闇者难晓，犹有余疑，今辄条之如左，愿从容之暇，粗为释之。"肇答书曰："不面在昔，伫想用劳。得前疏并问，披寻反覆，欣若暂对，凉风戒节，顷常何如，贫道劳疾每不佳，即此大众寻常，什师休胜。秦主道性自然，天机迈俗，城堑三宝，弘道是务。由使异典胜僧，自远而至，灵鹫之风，萃乎兹土，领公远举，乃是千载之津梁。于西域还得方等新经二百余部。什师于大寺出新至诸经，法藏渊旷，日有异闻。禅师于瓦官寺教习禅道，门徒数百，日夜匪懈，邕邕肃肃，致自欣乐。三藏法师于中寺出《律部》，本末精悉，若睹初制。毗婆沙法师于石羊寺出《舍利弗毗昙》梵本，虽未及译，时问中事，发言新奇。贫道一生猥参嘉运，遇兹盛化，自恨不睹释迦泥洹之集，余复何恨，但恨不得与道胜君子同斯法集耳。称咏既深，聊复委及，然来问婉切，难为郢人。贫道思不关微，兼拙于华语，且至趣无言，言则乖旨，云云不已，竟何所辩，聊以狂言，示詶来旨也。"

肇后又著《不真空论》《物不迁论》等，并注《维摩》及制诸经论序，并传于世。及什之亡后，追悼永往，翘思弥厉，乃著《涅槃无名论》。其辞曰："经称有余无余涅槃。涅槃秦言无为，亦名灭度。无为者，取乎虚无寂寞，妙绝于有为。灭度者，言乎大患永灭，超度四流。斯盖镜像之所归，绝称之幽宅也。而曰有余无余者，盖是出处之异号，应物之假名。余尝试言之，夫涅槃之为道也，寂寥虚旷，不可以形名得；微妙无相，不可以有心知。超群有以幽升，量太虚而永久，随之弗得其踪，迎之罔眺其首，六趣不能摄其生，力负无以化其体，眇漭惚恍，若存若往。五目莫睹其容，二听不闻其响，窈窈冥冥，谁见谁晓。弥伦靡所不在，而独曳于有无之表。然则言之者失其真，知之者返其愚，有之者乖其性，无之者伤其躯。所以释迦掩室于摩竭，净名杜口于毗耶。须菩提唱无说以显道，释梵乃绝听而雨花，斯皆理为神御，故口为之缄默。岂曰无辩，辩所不能言也。《经》曰：'真解脱者，离于言数。寂灭永安，无终无始。不晦不明，不寒不暑。湛若虚空，无名无证。'论曰：'涅槃非有，亦复非无。言语路绝，心行处灭。'寻夫经论之作也，岂虚构哉！果有其所以不有，故不可得而有，有其所以不无，故不可得而无耳。何者？本之有境，则五阴永灭，推之无乡，则幽灵不竭。幽灵不竭，则抱一湛然，五阴永灭，则万累都捐。万累都捐，故与道通同。抱一湛然，故神而无功。神而无功，故至功常在。与道通同，故冲而不改。冲而不改，不可为有，至功常在，不可为无。然则有无绝于内，称谓沦于外，视听之所不暨，四空之所昏昧。恬兮而夷，泊焉而泰，九流于是乎交归，众圣于此乎冥会。斯乃希夷之境，太玄之乡。而欲以有无题榜其方域，而语神道者，不亦邈哉！"其后十演九折，凡数千言，文多不载。

### 八、《童蒙止观》相关材料

《童蒙止观·序》[1]

诸恶莫作，众善奉行，自净其意，是诸佛教。

若夫泥洹之法，入乃多途，论其急要，不出止、观二法。所以然者，止乃伏结之初门，观是断惑之正要；止则爱养心识之善资，观则策发神解之妙术；止是禅定之胜因，观是智慧之由藉。若人成就定、慧二法，斯乃自利利人，法皆具足。故《法华经》云："佛自住大乘，如其所得法，定慧力庄严，以此度众生。"

当知此之二法，如车之双轮，鸟之两翼，若偏修习，即堕邪倒。故经云：若偏修禅定福德，不学智慧，名之曰愚；偏学智慧，不修禅定福德，名之曰狂。狂、愚之过，虽小不同，邪见轮转，盖无差别。若不均等，此则行乖圆备，何能疾登极果？故《经》云：声闻之人定力多故不见佛性；十住菩萨智慧力多，虽见佛性而不明了；诸

1 ［隋］智顗著，李安校释：《童蒙止观校释》，北京：中华书局，1988年，第1—2页。

佛如来定慧力等，是故了了见于佛性。

以此推之，止、观岂非泥洹大果之要门，行人修行之胜路，众德圆满之指归，无上极果之正体也。若如是知者，止观法门实非浅。故欲接引始学之流辈，开蒙冥而进道，说易行难，岂可广论深妙。

今略明十意，以示初心行人登正道之阶梯，入泥洹之等级。寻者当愧为行之难成，毋鄙斯文之浅近也。若心称言旨于一眴间，则智断难量，神解莫测。若虚构文言，情乖所说，空延岁月，取证无由，事等贫人数他财宝，于己何益者哉！

具缘第一，诃欲第二，弃盖第三，调和第四，方便第五，正修第六，善发第七，觉魔第八，治病第九，证果第十。

今略举此十意，以明修止观者，此是初心学坐之急要。若能善取其意而修习之，可以安心免难，发定生解，证于无漏之圣果也。

《童蒙止观·具缘第一》[1]

夫发心起行欲修止观者，要先外具五缘：

第一持戒清净。如《经》中说，依因此戒，得生诸禅定及灭苦智慧，是故比丘应持戒清净。然有三种行人持戒不同：一者若人未作佛弟子时，不造五逆，后遇良师教受三归五戒，为佛弟子。若得出家受沙弥十戒，次受具足戒作比丘、比丘尼。从受戒来，清净护持，无所毁犯，是名上品持戒人也。当知是人修行止观，必证佛法，犹如净衣易受染色。二者若人受得戒已，虽不犯重，于诸轻戒多所毁损，为修定故即能如法忏悔，亦名持戒清净，能生定慧。如衣曾有垢腻，若能浣净，染亦可着。三者若人受得戒已，不能坚心护持，轻重诸戒多所毁犯。依小乘教门，即无忏悔四重之法；若依大乘教门，犹可灭除。故《经》云：佛法有二种健人，一者不作诸恶，二者作已能悔。

夫欲忏悔者，须具十法助成其忏：一者明信因果；二者生重怖畏；三者深起惭愧；四者求灭罪方法，所谓大乘经中明诸行法，应当如法修行；五者发露先罪；六者断相续心；七者起护法心；八者发大誓愿度脱众生；九者常念十方诸佛；十者观罪性无生。若能成就如此十法，庄严道场，洗浣清净，着净洁衣，烧香散花于三宝前，如法修行一七、三七日，或一月、三月。乃至经年，专心忏悔所犯重罪，取灭方止。

1 《童蒙止观校释》，第4—7页。

云何知重罪灭相？若行者如是至心忏悔时，自觉身心轻利，得好瑞梦；或复睹诸灵瑞异相，或觉善心开发，或自于坐中觉身如云如影，因是渐证得诸禅境界；或复豁然解悟心生，善识法相，随所闻经即知义趣，因是法喜心无忧悔：如是等种种因缘，当知即是破戒障道罪灭之相。从是已后，坚持禁戒，亦名尸罗清净，可修禅定。犹如破坏垢腻之衣，若能补治浣洗清净，犹可染着。

若人犯重禁已，恐障禅定，虽不依诸经修诸行法，但生重惭愧，于三宝前发露先罪，断相续心，端身常坐，观罪性空，念十方佛。若出禅时，即须至心烧香礼拜忏悔，诵戒及诵大乘经典，障道重罪自当渐渐消灭，因此尸罗清净，禅定开发。故《妙胜定经》云：若人犯重罪已，心生怖畏，欲求除灭，若除禅定，余无能灭。是人应当在空闲处摄心常坐及诵大乘经，一切重罪悉皆消灭，诸禅三昧自然现前。

第二衣食具足者。衣法有三种：一者如雪山大士，随得一衣蔽形即足，以不游人间堪忍力成故。二者如迦叶常受头陀法，但蓄粪扫三衣，不蓄余长。三者若多寒国土及忍力未成之者，如来亦许三衣之外蓄百一等物，而要须说净，知量知足。若过贪求积聚，则心乱妨道。

次食法有四种：一者若上人大士，深山绝世，草果随时得资身者。二者常行头陀，受乞食法，是乞食法，能破四种邪命，依正命自活，能生圣道故。邪命自活者，一下口食，二仰口食，三维口食，四方口食。邪命之相，如舍利弗为青目女说。三者阿兰若处，檀越送食。四者于僧中洁净食。有此等食缘具足，名衣食具足。何以故？无此等缘，则心不安隐，于道有妨。

第三得闲居静处。闲者：不作众事，名之为闲。无愦闹故，名之为静。有三处可修禅定：一者深山绝人之处。二者头陀兰若之处，离于聚落极近三四里，此则放牧声绝，无诸愦闹。三者远白衣住处，清净伽蓝中。皆名闲居静处。

第四息诸缘务。有四意：一息治生缘务，不作有为事业。二息人间缘务，不追寻俗人朋友亲戚知识，断绝人事往还。三息工巧技术缘务，不作世间工匠技术医方禁咒卜相书数算计等事。四息学问缘务，读诵听学等悉皆弃舍。此为息诸缘务。所以者何？若多缘务，则行道事废，心乱难摄。

第五近善知识。善知识有三：一外护善知识，经营供养，善能将护行人，不相恼乱。二者同行善知识，共修一道，互相劝发，不相扰乱。三者教授善知识，以内外方便禅定法门示教利喜。

略明五种缘务竟。

## 九、《历代三宝记》相关材料

《历代三宝纪·卷第三（帝年下魏晋宋齐梁周大隋）》[1]

帝年下者，始自三皇天唯一主，终乎两汉地无二臣，爰洎魏晋已来，逮我大隋驭世。其间京邑，将若猬毛，鵄蹲鹤立之都，二十有二国。其一吴、三秦、凉、魏、齐、陈等，此之八国，虽曰各保名器，并皆宣译佛经，能使三宝住持，则是四生蒙赖。所以务善者流庆，故致世录相沿焉，而纪目无闻乘。时霸王者十有四国，既不阐扬圣教，于事莫知祖修。今各依彼志书，粗略标其年世，庶知强弱始末废兴。曹魏文帝黄初二年辛丑，刘备都蜀、号汉，二主四十三年，还入魏元帝。西晋惠帝太安元年壬戌，张轨起凉州号凉，是为前凉，七主六十二年，入前秦符永固。晋惠永安元年甲子，刘渊起平阳，初号汉，后称赵，是为前赵，四主二十六年，入后赵石勒。同永安元年，李雄起蜀，初号大成，后改称汉，四主四十四年，为晋穆所灭。东晋元帝太兴三年庚辰，石勒初起襄国，后徙都邺号赵，是为后赵，四主通冉闵三十五年，入前燕慕容儁。晋穆永和十一年乙卯，慕容儁创起黄龙，后徙都邺，号燕，是为前燕，二主一十九年，入前秦符永固。晋孝武太元十一年丙戌，慕容垂起于中山，还袭燕号，是为后燕，徙都黄龙，五主二十六年，入北燕冯跋。至十二年丁亥，吕光起凉州，还号为凉，是曰后凉，四主一十六年，入后秦姚兴。晋安帝隆安元年丁酉，秃发乌狐起于西平，亦号为凉，是曰南凉，三主一十八年，入西秦乞伏叱槃。至二年戊戌，慕容德起于广固，亦号为燕，是曰南燕，二主一十三年，还为晋安帝所灭。至四年庚子，李暠起于炖煌，亦号为凉，是曰西凉，二主二十二年，入北凉沮渠蒙逊。晋安帝义熙三年丁未，赫连勃勃起于朔漠，都统万城，号为大夏，三主二十五年，入北魏太武至。六年庚戌，冯跋起灭后燕，都于昌黎，号为大燕，是为北燕，二主二十八年，亦入北魏太武。至宋文帝元嘉十六年已卯，是北魏太延五年，太武西征，遂灭北凉。自是诸国相吞略尽，唯北魏存。至齐明帝隆昌元年甲戌，是北魏太和十八年，孝文南迁都于

1 ［隋］费长房撰：《历代三宝记》卷三，《续修四库全书》第1288册，上海：上海古籍出版社，1996年，第419—421页。

洛邑。至梁武帝中大通六年甲寅，是南魏永熙三年，武帝元循西迁长安，依周太祖宇文黑泰。齐太祖高欢别立清河王子元善见为主，北都于邺，缘是复分为西东。魏梁孝元帝绎承圣四年乙亥，都在江陵，为西魏灭。自是南朝历数北旋。其年即魏后元二年，萧衍孙詧魏赐嗣立绍继梁基，是曰后梁。既为附庸，则是影国。周受魏禅，因而跱之，仍都江陵，三主三十三年，绝于开皇七年丁未。始魏文帝黄初元年庚子，受后汉禅。二年辛丑，天下三分。五十九年，至晋武帝咸宁五年己亥，宇宙之内，文轨复同。二十三年，到晋惠帝永宁元年辛酉，州土幅坼竞建国都，至今开皇九年己酉，其间二百八十八年。故实沉已前，天步孔艰，犹二六合。大梁之后，王道清泰，还一九州。车书契来，已九年矣，化有功被，民无得称魏。至大隋四十四主纪历三百八十一年，七代五都世录云尔。

《历代三宝纪·卷第四（译经后汉）》[1]

后汉录者，光武皇帝第四子庄继立，谥为孝明帝。至永平七年，夜梦金人身长丈六，项佩日轮，飞空而至，光明赫奕，照于殿庭。旦集群臣，令占所梦，通人傅毅进奉对云："臣闻西方有神名佛，陛下所见将必是乎？"帝以为然。欣感灵瑞，诏遣使者，羽林中郎秦景博士弟子王遵等一十四人往适天竺。于月支国遇摄摩腾，写得佛经《四十二章》并获画像，载以白马还达雒阳。因起伽蓝，名白马寺，诸州竞立，报白马恩。长安旧城青门道左二百余步中兴寺右，即是白马寺之遗基。于即翻译《四十二章经》，缄置兰台石室阁内，自尔释教相继云兴，沙门信士接踵传译。孝桓帝世又以金银作佛形像。至孝灵帝光和三年，遣中大夫于雒阳佛塔寺中，饭诸沙门，悬缯烧香，散花燃灯。光和七年，张角等谋，诛其逆党，内外姻属诸事，《老子》、妖巫、医卜并皆废之。其有奉佛，五戒勿坐。自秦世沙门释利防及前汉刘向校书天阁已来，至此始有定录。经则《四十二章》为首，人则迦叶摩腾最初，迄于献帝建安末龄，其间一百五十二年，历十一主。华戎道俗十有二人，兼摭旧遗，更补先阙，并古失译，合出经律三百五十九部，四百二十七卷。为后汉录，运乎斯轴，庶有披览，鉴瞻古今。时代散聚，经典离合，明扬盛化，法宝备焉。

1 《历代三宝记》卷四，《续修四库全书》第1288册，第439—440页。

# 第十二讲

# 佛教哲学史料（二）

# 一、《广弘明集》

《广弘明集》，唐代道宣撰。道宣是唐代律宗的开创者，同时还编写出了《续高僧传》《集古今佛道论衡》《大唐内典录》等佛教史籍，因此在中国佛教史上具有很重要的地位。在唐初的历史背景中，儒释道三教在并行发展的同时仍然保持着相互碰撞的关系，道宣于是搜集历代的佛教典籍，以回应外界对佛教的理论质疑。

《广弘明集》是道宣接续僧祐《弘明集》的作品。同样为历史文献汇编，但二者在体例上却稍有不同。其一，《弘明集》分卷不分篇，《广弘明集》则分为十篇，分别为一归正、二辩惑、三佛德、四法义、五僧行、六慈济、七戒功、八启福、九悔罪、十统归，并且每篇前皆有序文；其二，僧祐在《弘明集》中仅有《弘明论》出于己手，其余均为收录的其他作品，而道宣则在《广弘明集》的每篇中均有原创性的叙述和评论。内容方面，《广弘明集》共收录汉魏至唐初一百三十余位僧人文士的五百余篇文章，包括将《弘明集》所收录的全部文献分别归于十篇之中。

现在通行的《广弘明集》有两种版本，其一为吴刻本，共三十卷，由万历十四年丙戌吴惟明所刻，出于宋、元藏；其二为嘉兴方册藏本，共四十卷，出于明北藏。这两种版本虽然在卷次分目上存在差异，但在实际内容上相差不大。《广弘明集》是研究南北朝以至隋唐时期佛教史和文学史的重要资料。上海古籍出版社将《弘明集》和《广弘明集》合编，于1991年出版了《弘明集·广弘明集》，是目前的通行本。

## 二、《续高僧传》

《续高僧传》，唐代道宣所撰的僧侣传记，又称《唐高僧传》，是接续慧皎《高僧传》的著作。道宣编撰《续高僧传》具有现实上的必要性：其一，慧皎的《高僧传》只截止到南朝梁天监十八年（519），且没有对在世的僧人进行立传，而佛教经历了一百多年后至于道宣时期已经有了相当不同的发展；其二，慧皎《高僧传》成书于南北分裂阻隔时期，导致对于北方的僧人记载相较不足，而生活在唐代的道宣则有环境和条件进行这部分的补遗工作。因此，道宣倾注了毕生心血，搜集资料、访询僧俗，致力于完成这部著作。

《续高僧传》大致继承了《高僧传》的体例，但也存在部分的调整和创新。《续高僧传》保留了“十科”的分类框架，但把“经师”“唱导”合并为“杂科”，增设了“护法”，并把“神异”改名为“感通”，把“亡身”改名为“遗身”，把“诵经”改名为“读诵”。这样，《续高僧传》的分类框架在数目上同样为十种：《译经》四卷，《义解》十一卷，《习禅》五卷，《明律》二卷，《护法》二卷，《感通》二卷，《遗身》一卷，《读诵》一卷，《兴福》一卷，《杂科》一卷。全书起于梁代初，至于唐贞观十九年（645），共记载中外僧人七百余人。

《续高僧传》分为三种流传系统。其一为三十卷本，现存的完整版本是高丽本。其二是三十一卷本，现存的完整版本是《碛砂藏》。相较于三十卷的高丽本，三十一卷本新增两卷，并将高丽本的二十七、二十八卷合为一卷，导致正传多出七十一人，附见多出七人。其三为四十卷本，以《嘉兴藏》本和扬州本为代表。四十卷本与三十一卷本内容大致相同，而不过是把其中一些卷拆分的结果。中华书局2014年出版有《续高僧传》的点校本。

## 三、《法苑珠林》

《法苑珠林》，唐代道世所撰佛教类书，成书于唐总章元年（668），又名《法苑珠林传》或《法苑珠林集》。其作者道世是初唐传承四分戒律的律师，由于避太宗讳，通常称其字“玄恽”。他感于普通人因佛教典籍的丰富和博大精深而难以遍览，将佛典分门别类撰成《诸经要集》。在此基础之上，道世辑成体例更加严密、内容更加丰富的《法苑珠林》。

全书将包括经、律、论等在内的佛教经典分类汇总，整理为共计一百卷、六百四十余部的篇幅，起于《劫量篇》，而止于《传记篇》。每篇多以骈文作佛经简介，对仗工整，亦具有较高的文学价值。各篇长短不一，篇下分部；每篇前有述意部，简述本篇的主要内容和重点所在；篇末或部末大多附有感应缘，引用大量事例以论证说理。这样的排列结构，使得全书内容一目了然，也易于读者检阅。本书所引用的典籍极为广泛，不仅包括佛教经典，还广为引用世俗类书、儒家经典、道教经典、子学经典、史书、谶纬之书等，共计四百余种。该书《佛本行经》《菩萨本行经》《观佛三昧经》《西域志》《中天竺行记》的引文，其原本都已经佚失，因此成为研究印度中世纪历史地理的珍贵参考史料。此外，本书所引之文，非照原有经文抄录，而是多转引录其要旨，并且都注有非常详细的出典来源；即使是口口相传、难以确定之事，也清楚记录是依何人所言。因此自从《四库》著录以来，《法苑珠林》特为考据派所重视。

本书的通行版本有一百卷本和一百二十卷本两种。《大唐内典录》所录和宋元明清诸《藏》均为百卷本，仅有《嘉兴藏》和《四部丛刊》为百二十卷本。百二十卷本较前者卷次错乱，故清道光蒋氏刻本将其改为百卷。中华书局取道光刻本为底本，于2003年出版了《法苑珠林》的点校本。

## 四、《华严金师子章》

《华严金师子章》，由唐代法藏为武则天宣讲义理的记录稿整理而成，简称《金师子章》。法藏生于唐太宗贞观十七年（643），卒于唐玄宗先天元年（712）。他是华严宗的实际创始人，不仅参与翻译了大量的佛教经典，并且十分善于借助政治权威来拓展华严宗的影响，被武则天尊为“贤首大师”。武则天也利用佛教达到自己的政治目的，十分推崇《华严经》，但却对其中圆满玄妙的教义不甚理解。法藏以殿前的金师子作比喻，讲解华严义理，使得奥妙之道变得深入浅出，受到武后的赞赏。

全文共分十段，采用十句式的形式，共约一千五百字。“十”有“十十无尽”“重重无尽”之义，代表宇宙万物的无穷无尽、相互圆融，因此“十”也成为华严宗的立教准则。全文结构严谨，共分为四个层次：第一至五段的内容分别为明缘起、辨色空、约三性、显无相、说无生，总体为阐释“缘起色空”的理论；第六段的内容为论五教，是讲解华严宗的判教；第七、八两段分别为勒十玄、括六相，讲解十个玄妙的成佛法门和事物的六种形相；第九、十两段分别为成菩提、入涅槃，即讲解修行的最终归属。

由于此次宣讲发生在法藏晚年，代表了其比较成熟的思想，因此本文可视为对华严宗的基本理论体系的集中概括。《金师子章》行世的注释本有宋代僧人承迁的《大方广佛华严经金师子章》、宋代僧人净源的《金师子章云间类解》、日本僧人景雅的《金师子章勘文》、日本僧人高辨的《金师子章光显钞》。中华书局以《类解》为底本，以其他三种为参校本，于1983年出版《华严金师子章校释》，是目前的通行版本。

## 五、《开元释教录》

《开元释教录》，唐代智升撰于唐玄宗开元十八年（730），简称《开元录》。

本书共二十卷，在内容结构上分为两大部分。第一部分是总括群经录，即记录从汉朝一直到唐朝开元年间十九个朝代翻译的所有经典及译人的事迹，总成十卷。第一卷后汉、魏两录，第二卷吴、西晋两录，第三卷东晋、苻秦两录，第四卷姚秦、西秦、前凉、北凉四录，第五卷刘宋录，第六卷齐、梁、元魏、高齐四录，第七卷北周、陈、隋三录，第八、九两卷唐录。每录均简略地在每一朝代之下记其国姓、帝姓、都城、年号、译人和所译经典的数量等信息，共收录一百七十六位译者。卷十《叙列古今诸家目录》收录了历代佛教经录四十一家，其中从《古经录》至《众经都录》的古目录共二十五家，从《众经别录》至《大唐内典录》的新目录共十六家。

第二部分是别录，分其乘藏，下分七个种类，亦为十卷。七类分别为：其一《有译有本录》，为卷十一至卷十三，其中又分为《菩萨三藏录》《声闻三藏录》和《圣贤传记录》；其二《有译无本录》，为卷十四、十五，其分类法和前录相同，收录了上述三种存在阙文的目录；其三《支派别行录》，为卷十六，是从大部中抄出一向单独流行的大小乘三藏经典及圣贤集传的目录；其四《删略繁重录》，为卷十七上半卷，收录各经录中应该删去的各书目录，其中又分为《新括出别生经》《新括出名异文同经》《新括出重上录经》《新括出合入大部经》；其五《补阙拾遗录》，为卷十七下半卷，收录了前录未载或新译未及入藏的书目；其六《疑惑再详录》，为卷十八上半卷，收录了真伪可疑、尚待考证的经典；其七《伪妄乱真录》，为卷十八下半卷，收录了托名伪撰的佛典。最后为智升法师甄别后，认为真实无伪的正本佛典，总计一千零七十六部。其中卷十九为《大乘入藏录》，包括经律论；卷二十为《小乘入藏录》，包括经律论及贤圣集传。

《开元释教录》体例分明、记载翔实、校核精细，在佛教目录学中具有极高的地位，标志着真正意义上的汉文大藏经目录的形成。中国历史上第一部刻本大藏经《开宝藏》，所依据的底本就是以《开元释教录》为目录依据所书写的。中华书局2018年出版有点校本。

## 六、《宋高僧传》

《宋高僧传》，北宋赞宁所著的佛教史书，是接续道宣《续高僧传》的著作，又名《大宋高僧传》。本书于太平兴国七年（982）奉敕编纂，于端拱元年（988）撰成，前后共历时七年。因于左街天寿寺编修完成，故又称《天寿史》。

全书共三十卷，记载了由唐太宗贞观（627—649）年中起，至宋太宗端拱元年（988）止，共计三百四十三年间的高僧传记。序称正传收录五百三十三人，附见收入一百三十人，实则略少于此数。《宋高僧传》的组织体例与《续高僧传》完全相同，即分为“十科”，分别为译经、义解、习禅、明律、护法、感通、遗身、读诵、兴福、杂科。但是，《宋高僧传》也存在体例上的一定创新。《续高僧传》的每科之后附有论，而《宋高僧传》则在每人传记之后和每科之后均附有论，以申明主旨。

中国禅宗起于初唐而盛于晚唐，因此撰于北宋的本书是研究唐代禅宗史的重要材料；而《习禅篇》反映南顿北渐之争，也成为本书最具特色的部分。然而本书也存在一定的缺陷和争议之处：其一，赞宁与王公大臣交往甚密，屡任俗职，本书又为奉诏所作，故其中显露出随俗沉浮的主张，与慧皎坚持高蹈而以“高僧”为书名的初衷不甚相符；其二，赞宁虽以学识广博知名，有“律虎”之称，但书中内容因引用野史而常有怪诞之谈。但总体而言，本书对于研究唐宋时期的佛教发展史，以及佛教对政治、社会、文化等方面的影响仍有十分重要的参考价值。中华书局以《碛砂藏》经本为底本，参校其他刻本和相关资料，于1987年出版了点校本。

## 七、《古尊宿语录》

《古尊宿语录》，南宋初期赜藏主汇编的佛教禅宗语录。“尊宿”，指有名望的前辈高僧;“语录”，是记录人物言论的书籍体裁，其介绍详见本书“语录体”部分。由于禅宗注重“直指人心”“见性成佛”的顿悟方法，常以师徒间的问答作为启发开悟的手段，因此语录体也就成为其流传下来的重要史料文献。

慧能门下著名弟子有南岳怀让、青原行思、荷泽神会、永嘉玄觉、南阳慧忠等，其中前两系在发展中最为繁盛。本书共四十八卷，所涉及的主要是慧能门下南岳怀让系的发展谱录，记载了上自南岳怀让，下至南岳下十六世佛照德光，共三十七家禅师的言行。其母本《古尊宿语要》，后改名为《古尊宿语录》，在明代得以入《大藏经》。原书在国内久已失传，但流传到日本并得到保存。除《续藏》以外，明清以来有各种版本流通。另外，关于本书的原编者也存在着争议。宋咸淳丁卯年（1267），物初大观的《重刻古尊宿语录序》记为赜藏主。但历史上无此人传记，历史文献也无记载，我们至今无法确定“赜”到底是姓还是名。宇井伯寿认为“赜藏主”可能就是今本四十八卷中卷三十七末尾的士珪跋文中提到的守赜僧挺，其他一些学者也同意此说，但终究都没有准确的证据。

《古尊宿语录》对禅师的言行记述则比较详尽，包括行迹、拈古、偈颂、奏文、对策、答问等，填补了北宋初期的《景德传灯录》和南宋晚期的《五灯会元》之间的空白，为禅宗的理论研究、文献辑佚和文本校勘提供了丰富的史料，尤其对研究怀让一系的思想特点具有重要的参考价值。中华书局以民国影印本为底本，以日本《续藏》本和《语要》为参校本，同时参考苏渊雷点校的《五灯会元》，于1994年出版有点校本，是目前国内的通行版本。

## 八、《五灯会元》

《五灯会元》，南宋普济所编的佛教禅宗史书，于宋理宗淳祐十二年（1252）成书。“灯录”为记言体的禅宗僧传，按照世次记载僧人的生平事迹、机缘语句并将收录的人物按世次排列以阐明其传承谱系。

本书是由五部禅宗灯录增删而成，即北宋法眼宗道原的《景德传灯录》、北宋临济宗李遵勖的《天圣广灯录》、北宋云门宗惟白的《建中靖国续灯录》、南宋临济宗悟明的《联灯会要》、南宋云门宗正受的《嘉泰普灯录》。其中《景德传灯录》是目前成书较早、影响较大的代表性灯录。这五部灯录虽然先后于北宋景德元年（1004）至南宋嘉泰二年（1202）的近二百年间分别成书，但后成之书往往是对之前已有灯录的综括和补续，因此其中内容存在诸多重复、叠床架屋之处。在内容上，本书删繁去重，合“五灯”原共计一百五十卷为二十卷，大大精简了篇幅；在体例上，本书按照禅宗五家七宗的派别，分卷辑录，更加便于阅读和史料查找。因此，元明以来《五灯会元》的地位逐渐上升，“五灯”的单行本反而流通渐少。

本书有元至正二十四年（1364）和宋宝祐元年（1253）两个刻本。至正本是向来所流传的版本，乃为明《嘉兴续藏》和清《龙藏》所本；宝祐本则是在清光绪初年，才由海外传归。宝祐本卷首有普济题词和王庸序，卷末有宝祐元年武康沈净明跋。中华书局以景宋宝祐本为底本，以清《龙藏》本、日本《续藏》本为参校本进行分段标点，于1984年出版点校本。

### 思考题

1. 佛教在中国本土化的过程中发生了哪些变化？

2. 宋代佛教和唐代佛教发生了哪些变化？

## 【阅读材料】

### 一、《广弘明集》相关材料

《四库全书总目提要·卷一百四十五·子部五十五·释家类·广弘明集三十卷（兵部侍郎纪昀家藏本）》[1]

唐释道宣撰。道宣姓钱氏，丹徒人。隋末居终南白泉寺，又迁丰德寺净业寺，至唐高宗时乃卒。持戒精苦，释家谓之宣律师。《唐志》载《广弘明集》三十卷，与此本合，然二十七卷以后每卷各分上下，实三十四卷也。其书续梁僧祐《弘明集》而体例小殊，分为十篇：一曰归正，二曰辨惑，三曰佛德，四曰法义，五曰僧行，六曰慈济，七曰戒功，八曰启福，九曰悔罪，十曰统归。每篇各为小序，大旨排斥道教，与僧祐书相同。其中如《魏书·释老志》本于二氏，神异各有纪录，虽同为粉饰，而无所抑扬。道宣乃于叙释氏者具载其全文，叙道家者潜删其灵迹，然则冤亲无等，犹为最初之佛法。迨其后世味渐深，胜负互轧，虽以丛林古德，人天瞻礼如道宣者，亦不免于门户之见矣。其书采摭浩博，卷帙倍于僧祐，如梁简文帝被幽述志诗及连珠三首之类，颇为泛滥。然道宣生隋、唐之间，古书多未散佚，故坠简遗文，往往而在。如阮孝绪《七录》序文及其门目部分，儒家久已失传，《隋志》仅存其说，而此书第三卷内乃载其大纲，尚可推寻崖略。是亦礼失求野之一端，不可谓无裨考证也。《神僧传》称僧祐前身为南齐剡溪隐岳寺僧护，道宣前身即为僧祐。殆因道宣续僧祐之书，故附会是说。又称道宣卒于乾封二年，而书末有游大慈恩寺诗，乃题高宗之谥，殊不可解。又注曰一作唐太宗，盖知其牴牾，为之迁就。考《雍录》载慈恩寺贞观二十二年高宗在春宫时为文德皇后立，则太宗犹及见之。然大慈恩之名可以出高宗之口，不可以出太宗之口。殆原本题为御制，后人误改欤？

《广弘明集序》[2]

自大夏化行，布流东渐，怀信开道，代有浇淳。斯由情混三坚，智昏四照，故使浇薄之党，轻举邪风；淳正之徒，时遭佞辩。所以教移震旦，六百余年，独夫震

1 《四库全书总目提要》卷一百四十五，第3723页。

2 ［唐］道宣撰:《广弘明集·序》,《弘明集·广弘明集》，上海：上海古籍出版社，1991年，第99—100页。

虐，三被残屏，祸不旋踵，毕顾前良，殃咎已形，取笑天下。且夫信为德母，智实圣因，肇祖道元，终期正果。据斯论理，则内倾八慢之惑；核此求情，则外荡六尘之蔽。萧然累表，非小道之登临；廓尔高升，乃上仁之翔集。然以时经三代，弊五滓之沉沦。识蒙邪正，铨人法之天网。是以内教经纬，立法衣以摄机；外俗贤明，垂文论以弘范。

昔梁钟山之上定林寺僧祐律师，学统九流，义包十谛，情敦慈救，志存住法，详括梁、晋，列辟群英，留心佛理，构叙篇什，撰《弘明集》一部一十四卷。讨颜、谢之风规，总周、张之门律。辨驳通议，极情理之幽求；穷较性灵，诚智者之高致。备于秘阁，广露尘心。

然智者不迷，迷者非智。故智士兴言，举旨而通标领；迷夫取悟，繁词而方启神襟。若夫信解之来，谅资神用，契必精爽，事袭玄模。故信有三焉：一知，二见，三谓愚也。知谓生知，佩三坚而入正聚；愚谓愚叟，滞四惑而溺欲尘。化不可迁，下愚之与上智，中庸见信，从善其若流哉！是以法湮三代，并惟寡学所缠。故得师心独断，祸集其计。向若披图八藏，综文义之成明；寻绎九识，达情智之迷解者，则正信如皎日五翳，虽掩而逾光矣！

余博访前叙，广综弘明，以为江表五代，三宝载兴，君臣士俗，情无异奉，是称文国，智藉文开。中原周、魏，政袭昏明，重老轻佛，信毁交贸，致使工言既申，侫幸斯及。时不乏贤，剖心特达，脱颖拔萃，亦有人焉。然则昏明互显，邪正相师，据像则云泥两分，论情则倚伏交养。是以六术扬于佛代，三张冒于法流，皆大士之权谋，至人之适化也。斯则满愿行三毒之邪见，净名降六欲之魔王，咸开逼引之殊途，各立向背之弘辙。今且据其行事，决滞胥陵，喻达蒙泉，疏通性海。至如寇谦之拒崔浩，祸福皎然；郑霭之拒周君，成败俄顷。姚安著论，抑道在于儒流；陈琳缀篇，扬释越于朝典。此之讽议，涅而不缁，坠在诸条，差难综缉。又梁、周二武，咸分显晦之仪；宋、魏两明，同乘弘诱之略。沈休文之慈济，颜之推之归心，词彩卓然，迥张物表。尝以余景，诚为举之，弊于庸朽，综集牢落。有汉阴博观沙门，系赞成纪，顾惟直笔，即而述之，命帙题篇，披图藻镜。至若寻条揣义，有悟贤明，孤文片记，撮而附列，名曰《广弘明集》，一部三十卷。有梁所撰，或未讨寻，略随条列，铨目历举，庶得呈诸未睹，广信释纷。拟人以伦，固非虚托，如有隐括，览者详焉。

归正篇第一（明佛为大圣，凡俗攸归，二仪三五，不足归敬）
辨惑篇第二（明正邪互举，狂哲相陵，较而考定，不劳龟镜）
佛德篇第三（皇觉睠命，开济在缘，从其化者，言行攸别）
法义篇第四（宝乘独运，摄度迷津，得其趣者，心照遐举）
僧行篇第五（绍踪圣种，人斯弘道，名沾三宝，实副一归）
慈恻篇第六（在生所重，厚身宝命，恕己则怜，慈为觉本）
诫功篇第七（情寄惩约，纵则骄陵，欲阶圣捡，匪斯不震）
启福篇第八（福号乐门，日用斯贵，准酌乘时，行而不著）
灭罪篇第九（罪为摧折，起必快心，覆水难收，悔性相习）
统归篇第十（奉正闲邪，据道成德，神解既畅，陈词歌咏）

《广弘明集·归正篇序》[1]

《序》曰：夫邪正纠纷，愚智繁杂，自非极圣，焉能两开？所以欲主天魔，犹能变为佛相，况余色有，孰可言哉？固知一洲万国，一化千王，互兴废立，不足论评。是以九十六部，宗上界之天根；二十五谛，讨极计之冥本。皆陈正朔，号三宝于人中，咸称大济，敷四等于天下。又有鲁邦孔氏，导礼乐于九州；楚国李公，开虚玄于五岳。匪称教主，皆述作于先王，赞时体国，各臣吏于机务。斯并衢分限域（谓流沙以东孔老之化及葱河以西异部之所统也），辩御乖张，理路天殊，居然自别。何以明其然耶？故西宇大夏，众计立于我神；东华儒道，大略存于身国。孰解妄想、流爱、缠绵于九居，倒情徒滞，袪除于七识。致令惑网覆心，莫知投向，昏波漾目，宁辩归依。不可效尤，务须反本。原夫小道大道，自古常谈；大圣小圣，由来共述。至于亲承面对，曾未觉知，雷同体附，相从奔竞。故有克念作圣，狂哲互称。即斯为论，未契端极。昔皇觉之居舍卫，二十五年，九亿编户，逆从太半；素王之在赤县，门学三虚，子夏蔑而致疑，颜回独言莫测。以斯论道，又可惑焉。夫以会正名圣，无所不通。根尘无碍于有空，陶冶莫滞于性欲。形不可以相得，挺金姿之四八；心不可以智求，垂不共之二九。斯止一人，名佛圣也。故能道济诸有，幽显咸所归依；自余鸿渐，天衢之所未陟。且自方域位殊，义非叨僭，若夫天无二日、国无二王，惟佛称为

1 《广弘明集》卷一，《弘明集·广弘明集》，第100页。

大圣，光有万亿天下。故今门学日盛，无国不仰其风；教义聿修，有识皆参其席。彼孔老者名位同俗，不异常人，祖述先王，自无教训，何得比佛以相抗乎！且据阴阳八杀之略、山川望秩之祠，七众委之若遗，五戒捐而不顾。观此一途，高尚自足投诚。况有圣种贤踪，则为天人师表矣。是知天上天下，唯佛为尊，六道四生，无非苦者。身心常苦，义毕驱驰，不思此怀，妄存高大。大而可大，则不陷于有为；既履非常，固可归于正觉。有斯事类，故敢序之云尔。

## 二、《续高僧传》相关材料

《续高僧传·序》[1]

原夫至道绝言，非言何以范世？言惟引行，即行而乃极言。是以布五位以擢圣贤，表四依以承人法，龙图成太易之渐，龟章启彝伦之用。逮于素王继辙，前修举其四科，班生著词，后进弘其九等，皆所谓化导之恒规，言行之权致者也。惟夫大觉之照临也，化敷西壤，迹绍东川，逾中古而弥新，历诸华而转盛。虽复应移存没，法被浇淳，斯乃利见之康庄，缺有之弘略。故使体道钦风之士，激扬影响之宾，会正解而树言，扣玄机而即号。并德充宇宙，神冠幽明。像设焕乎丹青，智则光乎缁素，固以详诸经部，诚未缵其科条。窃以葱河界于剡州，风俗分于唐、梵，华胥撰列，非圣不据其篇，则二十四依，付法之传是也；神州所纪，贤愚杂其题引，则六代所详，群录是也。然则统斯大抵，精会所归，莫不振发蒙心，网罗正理。俾夫骀足九达，遗踪望而可寻；徇目四驰，高山委而仰止。

昔梁沙门金陵释宝唱撰《名僧传》，会稽释惠皎撰《高僧传》，创发异部，品藻恒流，详核可观，华质有据。而缉裒吴、越，叙略魏、燕，良以博观未周，故得随闻成彩。加以有梁之盛，明德云繁，薄传三五，数非通敏。斯则同世相侮，事积由来，中原隐括，未传简录，时无雅赡，谁为补之？致使历代高风，飒焉终古。

余青襟之岁，有顾斯文。祖习乃存，经纶攸阙，是用凭诸名器，伫对杀青。而情计栖遑，各师偏竞，逖听成简，载纪相寻。而物忌先鸣，藏舟遽往，徒悬积抱，终掷光阴。敢以不才，辄陈笔记，引疏闻见，即事编韦，谅得列代因之，更为冠冕。自汉明梦日之后，梁武光有以前，代别释门，咸流传史。考酌资其故实，删定节其先闻，

1 ［唐］道宣撰，郭绍林点校：《续高僧传·序》，北京：中华书局，2014年，第1—3页。

遂得类续前驱，昌言大宝。季世情縶，量重声华，至于鸠聚风猷，略无继绪。惟隋初沙门魏郡释灵裕，仪表缀述，有意弘方，撰《十德记》一卷，偏叙昭玄师保，未粤广嗣通宗。余则孤起支文，薄言行状，终亦未驰高观，可为长太息矣！故使沾预染毫之客，莫不望崖而戾止，固其然乎？

今余所撰，恐坠接前绪，故不获已而陈，或博咨先达，或取讯行人，或即目舒之，或讨雠集传。南北国史附见徽音，郊郭碑碣旌其懿德，皆撮其志行，举其器略。言约繁简，事通野素，足使绍胤前良，允师后听。始距梁之初运，终唐贞观十有九年，一百四十四载，包括岳渎，历访华夷，正传三百三十一人，附见一百六十人。序而申之，大为十例：一曰译经，二曰解义，三曰习禅，四曰明律，五曰护法，六曰感通，七曰遗身，八曰读诵，九曰兴福，十曰杂科。凡此十条，世罕兼美，今就其尤最者随篇拟伦。自《前传》所叙，通例已颁，回互抑扬，实遵弘检。且夫经导两术，掩映于嘉苗；护法一科，纲维于正网。必附诸传述，知何续而非功，取其拔滞开元，固可标于等级。余则随善立目，不竞时须。布教摄于物情，为要解纷静节，总归于未第，区别世务者也。至于韬光崇岳，朝宗百灵，秀气逸于山河，贞概销于林薄，致有声喧玄谷，神凝紫烟，高谢于松乔，俯眄于穷辙，斯皆具诸别纪，抑可言乎？或复匿迹城闉，陆沉浮俗，盛业可列，而吹嘘罕遇。故集见绩风素，且树十科，结成三帙，号曰《续高僧传》。若夫搜擢源派，剖析宪章，组织词令，琢磨行业，则备于后论更议而引之，必事接恒篇，终成词费，则削同《前传》。犹恨逮于末法，世挺知名之僧，未觌嘉猷，有沦典籍。庶将来同好，又尘斯意焉。

《续高僧传卷第一·译经篇初》(节选)[1]

释宝唱，姓岑氏，吴郡人，即有吴建国之旧壤也。少怀恢敏，清贞自蓄，顾惟只立，勤田为业，资养所费，终于十亩，至于傍求，佣书取济。寓目流略，便能强识，文采铺赡，义理有闻。年十八，投僧祐律师而出家焉。祐，江表僧望，多所制述，具如《前传》纪之。唱既始陶津，经律咨禀，承风建德，有声宗嗣。住庄严寺，博采群言，酌其精理。又惟开悟士俗，要以通济为先，乃从处士顾道旷、吕僧智等习听经、史、《庄》、《易》，略通大义。时以其游涉世务，谓有俗志，为访家室，执固不回。将

1 《续高僧传》卷一，第7—11页。

及三十，天荫既崩，丧事云毕，建武二年摆拔常习，出都专听。涉历五载，又中风疾。

会齐氏云季，遭乱入东，远至闽、越，讨论旧业。天监四年，便还都下，乃敕为新安寺主。帝以时会云雷，远近清晏，风雨调畅，百谷年登，岂非上资三宝，中赖四天，下藉神龙幽灵叶赞，方乃福被黔黎，歆兹厚德。但文散群部，难可备寻。下敕令唱总撰集录，以拟时要。或建福禳灾，或礼忏除障，或飨接神鬼，或祭祀龙王，部类区分，近将百卷。八部神名，以为三卷。包括幽奥，详略古今。故诸所祈求，帝必亲览，指事祠祷，多感威灵。所以五十许年，江表无事，兆民荷赖，缘斯力也。天监七年，帝以法海浩汗，浅识难寻，敕庄严僧旻于定林上寺缵《众经要抄》八十八卷。又敕开善智藏缵《众经理义》，号曰《义林》，八十卷。又敕建元僧朗注《大般涅槃经》七十二卷。并唱奉别敕，兼赞其功。纶综终始，缉成部帙。及简文之在春坊，尤耽内教，撰《法宝联璧》二百余卷，别令宝唱缀比区别，其类《遍略》之流。帝以佛法冲奥，近识难通，自非才学，无由造极，又敕唱自大教东流，道门俗士有叙佛理，著作弘义，并通鸠聚，号曰《续法轮论》，合七十余卷。使夫迷悟之宾见便归信，深助道法，无以加焉。又撰《法集》一百四十卷。并唱独断专虑，缵结成部。既上亲览，流通内外。十四年，敕安乐寺僧绍撰《华林佛殿经目》，虽复勒成，未惬帝旨。又敕唱重撰，乃因绍前录，注述合离，甚有科据，一帙四卷，雅惬时望。遂敕掌华林园宝云经藏，搜求遗逸，皆令具足，备造三卷，以用供上。缘是又敕撰《经律异相》五十五卷、《饭圣僧法》五卷，帝又注《大品经》五十卷。于时佛教隆盛，无得称焉，道俗才笔，互陈文理。

自武帝膺运，时三十有七，在位四十九载，深以庭瘡早倾，常怀哀感，每叹曰："虽有四海之尊，无由得申罔极。"故留心释典，以《八部般若》为心，良是诸佛由生，又即除灾涤累。故收采众经，躬述注解，亲临法座，讲读敷弘，用此善因，崇津灵识。频代二皇舍身为僧给使，洗濯烦秽，仰资冥福。每一舍时，地为之震，相继斋讲，不断法轮。为太祖文皇于钟山竹涧建大爱敬寺，纠纷协日，临睨百丈，翠微峻极，流泉灌注。钟龙遍岭，饫凤乘空，创塔包岩壑之奇，宴坐尽山林之邃。结构伽蓝，同尊园寝；经营雕丽，奄若天宫。中院之去大门，延袤七里，廊庑相架，檐霤临属。旁置三十六院，皆设池台，周宇环绕。千有余僧，四事供给。中院正殿有栴檀像，举高丈八。匠人约量，晨作夕停，每夜恒闻作声，旦视辄觉功大。及终成后，乃高二丈有二，相好端严，色相超挺，殆由神造，屡感征迹。帝又于寺中龙渊别殿造金铜像，举高丈八，躬申供养，每入顶礼，歔欷哽噎，不能自胜。预从左右，无不下泣。又为献太后于青溪西岸建阳城门路东起大智度寺。京师甲里，爽垲通博，朝市之中途，川陆之显要，殿堂宏敞，宝塔七层，房廊周接，华果间发。正殿亦造丈八金像，以申追福，五百诸尼，四时讲诵。寺成之日，帝顾谓群后曰："建斯两寺，奉福二皇，用表罔极之情，以达追远之思，而不能遣《蓼莪》之哀。"复于中宫起至敬殿、景阳台，立七庙室，崇宇严肃，郁若卿云，粉壁朱柱，交映相耀。设二皇座，具备诸礼，冠蕴奁箧，举目兴慕，晨昏如在，衣服轻暖，随时代易，新奇芳旨，应时日荐。帝又曰："虽竭工匠之巧，殚世俗之奇，水石周流，华树杂沓，限以国务，不获朝夕侍食。惟有朔望亲奉馈奠，而无所瞻仰，内心崩溃，如焚如灼。"又作联珠五十首，以明孝道。又制《孝思赋》，广统孝本。至于安上治民，移风易俗，度越终古，无得而称。故元帝云："伏寻我皇之为孝也。四运推移，不以荣枯迁贸；五德更用，不以贵贱革心。临朝端默，过隙之思弥轸；垂拱岩廊，风树之悲逾切。洁斋宗庙，虔事郊禋。言未发而涕零，容不改而伤恸，所谓'终身之忧'者是也。"盖虞舜、夏禹、周文、梁帝，万载论孝，四人而已，广如绎所撰《金楼子》述之。又以大通元年，于台城北开大通门，立同泰寺。楼阁台殿，拟则宸宫，九级浮图，回张云表，山树园池，泼荡烦积。其年三月六日，帝亲临幸，礼忏敬接，以为常准，即舍身之地也。虽亿兆务殷，而卷不辍手，披阅内外经论典坟，恒以达曙为则。自《礼记》、古文《周书》、《左传》、《庄》《老》诸子、《论语》、《孝经》，往哲所未详悉，皆为训释。又以国学员限，隔于贵贱，乃更置五馆，招引寒俊。故使孔、释二门，荣茂峙列。帝前后集百有余卷，著《通史》《书苑》数千卷。唱当斯盛世，频奉玺书，预参翻译，具如别传。

初，唱天监九年先疾复动，便发二愿：遍寻经论，使无遗失；搜括列代僧录，创区别之，撰为部帙，号曰《名僧传》三十一卷，至十三年始就条列。其《序》略云："夫深求寂灭者，在于视听之表；考乎心行者，谅须丹青之工。是知万象森罗，立言之不可以已者也。大梁之有天下也，威加赤县，功济苍生。皇上化范《九畴》，神游八正，顶戴法桥，伏膺甘露。窃以外典鸿文，布在方册；九品六艺，尺寸罔遗。而沙门净行，独亡纪述，玄宗敏德，名绝终古。拥叹长怀，靡兹永岁。律师释僧祐，道心贞固，高行超邈，著述诸记，振发宏要。宝唱不敏，预班二落，礼诵余日，捃拾遗漏。"文广不载。初以脚气连发，入东治疗，去后敕追，因此抵罪，谪配越州，寻令依律，以法处断。僧正慧超，任情乖旨，摈徙广州。先忤京师大僧寺遍，方徙岭表，永弃荒裔，遂令鸠集，为役多阙。昼则伏忏，夜便缵录。加又官私催逼，惟日弗暇，中甄条流，文词坠落。将发之日，遂以奏闻，有敕停摈，令住翻译。而此僧史，方将刊定，改前宿繁，更加芟定。故其传后自序云："岂敢谓僧之董狐？庶无曲笔耳。"然唱之所撰，文胜其质，后人凭据，揣而用之，故数陈赏要，为时所列，不测其终。

### 三、《法苑珠林》相关材料

《四库全书总目提要·卷一百四十五·子部五十五·释家类·法苑珠林一百二十卷（大理寺卿陆锡熊家藏本）》[1]

唐释道世撰。道世字元恽，上都西明寺僧。是书成于高宗总章元年，朝散大夫兰台侍郎陇西李俨为之序，称事总百篇，勒成十帙。此本乃一百二十卷。盖百篇乃其总纲，书中则约略篇页而分卷帙，如千佛篇、十恶篇则一篇分七八卷，善友篇、恶友篇、择交篇则两三篇共一卷。故书凡一百一十八卷，而目录二卷，亦入卷数，与陆德明《经典释文》例同，合之共为百二十也。每篇各有述意，如史传之序。子目之首则或有述意，或无述意，为例不一。大旨以佛经故实分类排纂，推明罪福之由，用生敬信之念。盖佛法初兴，惟明因果，暨达摩东迈，始启禅宗。譬以《六经》之传，则因果如汉儒之训诂。虽专门授受，株守师承，而名物典故，悉求依据，其学核实而难诬。禅宗如宋儒之义理，虽覃思冥会，妙悟多方，而拟议揣摩，可以臆测，其说凭虚而易骋。故心印之教既行，天下咸避难趋易，辨才无碍，语录日增，而腹笥三藏之学在释家亦几乎绝响矣。此书作于唐初，去古未远，在彼法之中，犹为引经据典。虽其间荒唐悠谬之说，与儒理牴牾，而要与儒不相乱，存之可考释氏之掌故。较后来侈谈心性，弥近理，大乱真者，固尚有间矣。

《法苑珠林序》（李俨撰）[2]

洎夫六爻爰起，八卦成列。肇有书契，昭乎训典。凤篆龙图，金简玉字，百家异辙，万卷分区。虽理究精微，言殚物范。而纪情括性，未出于寰中；原始要终，讵该

1 《四库全书总目提要》卷一百四十五，第3724页。

2 ［唐］释道世著，周叔迦、苏晋仁校注：《法苑珠林校注·序》，北京：中华书局，2003年，第1—2页。

于俗外。亦有藏史之说，园吏之谈。宝经浮诞，锦籍纡怪。同镂冰而无成，若书空而匪实。与夫贯华妙旨，写叶玄词，三乘之宏博，八藏之沈秘。竞以浅深，较其优劣，亦犹蚁垤之小，比峻于嵩华；牛涔之微，争长于江汉。夫其显了之义，隐密之规，解脱之门，总持之苑，前际后际，并契真如；初心末心，咸归正觉。导迷生于欲海，情尘共心垢同消；引穷子于慈室，衣宝与髻珠双至。化溢恒沙之境，功被微尘之劫。大哉至矣！不可得而称焉。

洎偕雨征周，佩日通汉，蔡愔西涉，竺兰东游，金口之词，宝台之旨，盈缣积簏，被乎中域。而卷轴繁夥，条流深旷，实相真源，卒难详览。暨我皇唐造物，圣上君临，玄教聿宣，缁徒充洽。传辉写液，照润区宇；梵响赞音，喝咽都甸。弘宣之盛，指喻难极。属有西明寺大德道世法师，字玄恽，是释门之领袖也。幼巍聚砂，落饰彩衣之岁；慈般接蚁，资成具受之坛。戒品圆明，与吞珠而等护；律义精晓，随照镜而同欣。爱慕大乘，洞明实相。爰以英博，召居西明。遂以五部余闲，三藏遍览。以为古今绵代，制作多人，虽雅趣佳词，无足于传记，所以搴文囿之菁华，嗅大义之薝蔔。以类编录，号曰《法苑珠林》。事总百篇，勒成十帙。义丰文约，纽虞氏之《博要》；迹宣道镜，晞祐上之《弘明》。其言以美，其道斯著。举至赜而无遗，包妙门而必尽。但文繁则情堕，义略则寡闻。不欲虚构浮词，假盈卷轴。以事不可却，文翰似多。披览日久，还知其要。故于大唐总章元年，岁在执徐，律惟姑洗，三月三十日纂集斯毕。庶使缉玄词者，探卷而得意珠；轨正道者，披文而饮甘露。绎之以知微，观之而睹奥。与环景而齐照，将旋穹而共久。

## 四、《华严金师子章》全文[1]

初明缘起，二辨色空，三约三性，四显无相，五说无生，六论五教，七勒十玄，八括六相，九成菩提，十入涅槃。

【明缘起第一】

谓金无自性，随工巧匠缘，遂有师子相起。起但是缘，故名缘起。

【辨色空第二】

谓师子相虚，唯是真金。师子不有，金体不无，故名色空。又复空无自相，约色

1 ［唐］法藏著，方立天校释：《华严金师子章校释》，北京：中华书局，1983年，第1—160页。

以明。不碍幻有，名为色空。

【约三性第三】

师子情有，名为遍计。师子似有，名曰依他。金性不变，故号圆成。

【显无相第四】

谓以金收师子尽，金外更无师子相可得，故名无相。

【说无生第五】

谓正见师子生时，但是金生，金外更无一物。师子虽有生灭，金体本无增减，故曰无生。

【论五教第六】

一、师子虽是因缘之法，念念生灭，实无师子相可得，名愚法声闻教。

二、即此缘生之法，各无自性，彻底唯空，名大乘始教。

三、虽复彻底唯空，不碍幻有宛然。缘生假有，二相双存，名大乘终教。

四、即此二相，互夺两亡，情伪不存，俱无有力，空有双泯，名言路绝，栖心无寄，名大乘顿教。

五、即此情尽体露之法，混成一块，繁兴大用，起必全真；万象纷然，参而不杂。一切即一，皆同无性；一即一切，因果历然。力用相收，卷舒自在，名一乘圆教。

【勒十玄第七】

一、金与师子，同时成立，圆满具足，名同时具足相应门。

二、若师子眼收师子尽，则一切纯是眼；若耳收师子尽，则一切纯是耳。诸根同时相收，悉皆具足，则一一皆杂，一一皆纯，为圆满藏，名诸藏纯杂具德门。

三、金与师子，相容成立，一多无碍；于中理事各各不同，或一或多，各住自位，名一多相容不同门。

四、师子诸根，一一毛头，皆以金收师子尽。一一彻遍师子眼，眼即耳，耳即鼻，鼻即舌，舌即身。自在成立，无障无碍，名诸法相即自在门。

五、若看师子，唯师子无金，即师子显金隐。若看金，唯金无师子，即金显师子隐。若两处看，俱隐俱显。隐则秘密，显则显著，名秘密隐显俱成门。

六、金与师子，或隐或显，或一或多，定纯定杂，有力无力，即此即彼，主伴交辉，理事齐现，皆悉相容，不碍安立，微细成办，名微细相容安立门。

七、师子眼耳支节，一一毛处，各有金师子；一一毛处师子，同时顿入一毛中。一一毛中，皆有无边师子；又复一一毛，带此无边师子，还入一毛中。如是重重无尽，犹天帝网珠，名因陀罗网境界门。

八、说此师子，以表无明；语其金体，具障真性；理事合论，况阿赖识，令生正解，名托事显法生解门。

九、师子是有为之法，念念生灭。刹那之间，分为三际，谓过去现在未来。此三际各有过现未来；总有三三之位，以立九世，即束为一段法门。虽则九世，各各有隔，相由成立，融通无碍，同为一念，名十世隔法异成门。

十、金与师子，或隐或显，或一或多，各无自性，由心回转。说事说理，有成有立，名唯心回转善成门。

【括六相第八】

师子是总相，五根差别是别相；共从一缘起是同相，眼、耳等不相滥是异相；诸根合会有师子是成相，诸根各住自位是坏相。

【成菩提第九】

菩提，此云道也，觉也。谓见师子之时，即见一切有为之法，更不待坏，本来寂灭。离诸取舍，即于此路，流入萨婆若海，故名为道。即了无始已来，所有颠倒，元无有实，名之为觉。究竟具一切种智，名成菩提。

【入涅槃第十】

见师子与金，二相俱尽，烦恼不生。好丑现前，心安如海，妄想都尽，无诸逼迫。出缠离障，永舍苦源，名入涅槃。

### 五、《开元释教录》相关材料

《四库全书总目提要·卷一百四十五·子部五十五·释家类·开元释教录二十卷（江西按察使王昶家藏本）》[1]

唐释智升撰。智升开元中居长安西崇福寺。是编以三藏经论编为目录，不分门目，

---

1 《四库全书总目提要》卷一百四十五，第3724—3725页。

但以译人时代为先后。起汉明帝永平十年丁卯，迄开元十八年庚午，凡六百六十四载。中间传经缁素总一百七十六人，所出大小二乘、三藏圣教及圣贤集传并及失译总二千二百七十八部，合七千四十六卷，分为二录。一曰总括群经录。皆先列译人名氏，次列所译经名、卷数及或存、或佚，末列小传，各详其人之始末，凡九卷。其第十卷则载历代佛经目录，凡古目录二十五家，仅存其名；新目录十六家，具列其数。首为古经录一卷，谓为秦始皇时释利防等所赍，其说恍惚无征。次为旧经录一卷，称为刘向校书天禄阁所见，盖依据向《列仙传》序称七十二人已见佛经之文，至称为孔壁所藏，则无庸置辨矣。余自汉时佛经目录以后，则固皆有实征者也。一曰别分乘藏录。凡为七类，一曰有译有本，二曰有译无本，三曰支派别行，四曰删略繁重，五曰拾遗补阙，六曰疑惑再译，七曰伪邪乱真。则各以经论类从，州列部分，与总录一经一纬，凡八卷。其第十九卷则大乘经律论入藏目录，第二十卷则小乘经律论圣贤集传入藏目录也。佛氏旧文，兹为大备，亦兹为最古。所列诸传，尤足为考证之资。朱彝尊作《经义考》，号为善本，而核其体例，多与此符。或为规仿，或为暗合，均未可定，然足见其为缁流之中娴于著作者矣。考《隋书》载王俭《七志》，以道佛附见，合为七门。阮孝绪《七录》则以佛录第六，道录第七，共为七门。《隋志》则于四部之末附载道经、佛经之总数，而不列其目。《唐志》以下颇载经目，而挂漏实多。今于二氏之书皆择体裁犹近儒书者略存数家，以备参考，至经典叙目则惟录此书及《白云霁道藏目录》以存梗概，亦犹《隋志》但列总数之意云尔。

《开元释教录·序》[1]

夫目录之兴也，盖所以别真伪，明是非，记人代之古今，标卷部之多少，摭拾遗漏，删夷骈赘，欲使正教纶理，金言有绪，提纲举要，历然可观也。但以法门幽邃，化网恢弘，前后翻传，年移代谢，屡经散灭，卷轴参差。复有异人时增伪妄，致令混杂，难究踪由。是以先德儒贤，制斯条录。今其存者，殆六七家。然犹未极根源，尚多疏阙。升以庸浅，久事披寻，参练异同，指陈臧否，成兹部帙，庶免乖违。幸诸哲人，俯共详览。

1 ［唐］智升撰，富世平点校：《开元释教录》卷一，北京：中华书局，2018年，第1—4页。

稽首善逝牟尼尊，无上丈夫调御士。

亦礼三乘净妙法，并及八辈应真僧。

我撰经录护法城，三宝垂慈幸冥祐。

惟愿法灯长夜照，迷徒因此得慧明。

正法遐久住世间，依学速登无上地。

自后汉孝明皇帝永平十年岁次丁卯，至大唐神武皇帝开元十八年庚午之岁，凡六百六十四载，中间传译缁素总一百七十六人，所出大小二乘三藏圣教，及圣贤集传并及失译，总二千二百七十八部，都合七千四十六卷，其见行阙本，并该前数。

新录合二十卷，开为《总》《别》。《总录》括聚群经，《别录》分其乘藏。二录各成十卷，就别更有七门。今先叙科条，余次编载。

《总括群经录》上

右从汉至唐所有翻述，具帝王年代并译人本事、所出教等，以人代先后为伦，不依三藏之次，兼叙目录新旧同异。

《别分乘藏录》下

右别录之中曲分为七：一、《有译有本》；二、《有译无本》；三、《支派别行》；四、《删略繁重》；五、《拾遗补阙》；六、《疑惑再详》；七、《伪邪乱正》。就七门中，二乘区别，三藏殊科，具悉委由，兼明部属。

《总录》分为十卷。起第一，尽第十。（此粗显纲条，若一一具明，在第十卷内。）

第一卷；（汉、魏二代缁素译人所出经、戒、羯磨等及新旧失译，并附出译人列传。）

第二卷；（吴、晋二代缁素译人所出经、戒等并新旧失译诸经，同前附出译人列传。）

第三卷；（东晋、苻秦二代缁素译人所出经、律、论等并新旧失译，列传同前。）

第四卷；（姚秦、西秦、前凉、北凉四代缁素译人所出经、律、论并新旧集失译经等。）

第五卷；（宋朝一代缁素译人所出经、律、论等并新集失译经等。）

第六卷；（齐、梁、元魏、高齐四代缁素译人所出经、律、论等并新集失译经、律、集等。）

第七卷；（周、陈、隋三代缁素译人所出经、律、论及传、录等。）

第八卷；第九卷；（八、九二卷皇朝缁素译人所出经、律、论及传、录等。）

第十卷。（叙古旧诸家目录部帙多少及详显同异。）

《别录》分为十卷。起第十一，尽第二十。（此粗显纲条，具述在第十卷。）

第十一卷；第十二卷；（十一、十二两卷，有译有本菩萨藏经、律、论目录，兼述译人时代。）

第十三卷；（有译有本声闻藏经、律、论及贤圣集传目录，亦述译人时代。）

第十四卷；（有译无本大乘经、律、论阙本目录。）

第十五卷；（有译无本小乘经、律、论及贤圣集传阙本目录。）

第十六卷；（支派别行大小乘经、律、论及贤圣集传别生目录。）

第十七卷；（删略繁重、别生、同本异名经等删除目录；补阙拾遗旧译大小乘经、律、论，《大周入藏录》中遗漏不上目录，及新译大小乘经、律、论、集、传等新编入藏目录。）

第十八卷；（疑惑再详目录，伪妄乱真、新编伪经及群录中伪经、并诸家集钞等目录。）

第十九卷；（大乘经、律、论入藏目录。）

第二十卷。（小乘经、律、论贤圣集传入藏目录。）

## 六、《宋高僧传》相关材料

《四库全书总目提要·卷一百四十五·子部五十五·释家类·宋高僧传三十卷（内府藏本）》[1]

宋释赞宁撰。赞宁有《笋谱》，已著录。是书乃太平兴国七年奉太宗敕旨编撰，至端拱元年十月书成，遣天寿寺僧显忠等于乾明节奉表上进。有敕奖谕，赐绢三十

1 《四库全书总目提要》卷一百四十五，第3725—3726页。

四，仍令僧录司编入大藏。而《宋史·艺文志》不著录，盖史志于外教之书粗存梗概，不必求全，于例当然，亦于理当然也。《高僧传》之名起于梁释惠敏，分译经、义解两门。释慧皎复加推扩，分立十科。至唐释道宣《续高僧传》，搜辑弥博，于是分译经、义解、习禅、明律、护法、感通、遗身、诵读、兴福、杂科十门，所载迄唐贞观而止。赞宁此书，盖又以续道宣之后，故所录始于唐高宗时，门目亦一仍其旧。凡正传五百三十三人，附见一百三十人。传后附以论断，于传授源流，最为赅备。中间如武后时人皆系之周朝，殊乖史法。又所载既托始于唐，而杂科篇中乃有刘宋、元魏二人，亦为未明限断。然其于诔铭记志摭采不遗，实称详博，文格亦颇雅赡。考释门之典故者，固于兹有取焉。

《宋高僧传·序》[1]

臣闻贤劫绵长，世间宏廓，天与时而不尽，地受富以无疆，最灵之气创于中，大圣之师居于上。伟哉！释迦方隐，弥勒未来，其间出命世之人，此际多分身之圣，肆为僧相，喜示沙门。言与行而可观，椠兼觚而争录。是以王巾《僧史》，孙绰《道贤》，摹列传以周流，象世家而布濩，盖欲希颜之者，慕蔺之俦，成飞锡之应真，作曳山之上士。时则裴子野著《众僧传》，释法济撰《高逸沙门传》，陆杲述《沙门传》，释宝唱立《名僧传》，斯皆河图作《洪范》之椎轮，土鼓为《咸池》之坏器。焉知来者，靡旷其人。慧皎刊修，用实行潜光之目；道宣缉缀，续高而不名之风，令六百载行道之人弗坠于地者矣。爰自贞观命章之后，西明绝笔已还，此作蔑闻，斯文将缺。时有再至，肃杀过而繁华来；世无久虚，地天泰而圣明出。我应运统天睿文英武大圣至明广孝皇帝陛下，阳龙挺德，斗电均威。践大道也，牺黄输执御之劳；多天才也，周孔行弟子之职。讲信修睦，崇德报功，一统无遗，百王有愧，四海若窥于掌内，万机皆发于宸衷。然而玄牝留神，释天淡虑。长生授术，时开太一之坛；续法延期，僧度倍千之戒。浮图揭汉，梵夹翻华，将佛国之同风，与玉京而合制。慨兹释侣，代有其人，思景行之莫闻，实纪录之弥旷。臣等谬膺良选，俱乏史才，空门不出于董狐，弱手难探于禹穴。而乃循十科之旧例，辑万行之新名。或案诔铭，或征志

1 ［宋］赞宁撰，范祥雍点校:《宋高僧传·序》，北京：中华书局，1987年，第1—3页。

记，或问輶轩之使者，或询耆旧之先民，研磨将经论略同，雠校与史书悬合。勒成三帙，上副九重，列僧宝之瑰奇，知佛家之富贵。昔者嘉祥笔削，尽美善于东南；澄照纂修，足英髦于关辅。盖是拘于墟也，传不习乎？岂若皇朝也，八极张罗，举之则无物不至；四夷弭伏，求之则何事不供。臣等分面征搜，各涂构集，如见一家之好，且无诸国之殊，所以成十科者，易同拾取。其正传五百三十三人，附见一百三十人。矧复逐科尽处，象史论以摅辞；因事言时，为传家之系断。厥号《大宋高僧传》焉。庶几乎铜马为式，选千里之骏驹；竹编见书，实六和之年表。观之者务进，悟之者思齐，皆登三藐之山，悉入萨云之海，永资圣历，俱助皇明，齐爱日之炳光，应嵩山之呼寿云尔。时端拱元年乾明节臣僧赞宁等谨上。

译经篇第一（变梵成华，通凡入圣。法轮斯转，诸佛所师。）

义解篇第二（寻文见义，得意忘言。三慧克全，二依当转。）

习禅篇第三（修至无念，善恶都亡。亡其所亡，常住安乐。）

明律篇第四（严而少恩，正而急护。婴守三业，同彼金汤。）

护法篇第五（家有良吏，守藏何虞？法有名师，外御其侮。）

感通篇第六（逆于常理，感而遂通。化于世间，观之难测。）

遗身篇第七（难舍易捐，施中第一。以秽漏体，回金刚身。）

读诵篇第八（十种法师，此为高大。染枸橼花，果时瓤赤。）

兴福篇第九（为己为他，福生罪灭。有为之善，其利博哉。）

杂科声德十（统摄诸科，同归高尚。唱导之匠，光显佛乘。）

《宋高僧传·后序》[1]

前代诸家或云《僧传》《僧史》《记录》，乃题号不一，亦声迹有殊。至梁沙门慧皎云《高僧传》，盖取高而不名者也。则开其德业，文为十科，见于传内。厥后有唐《续高僧传》，仿仰梁之大体而以成之。洎乎皇朝《大宋高僧传》之作也，清风载扬，盛业不坠。赞宁自至道二年奉睿恩掌洛京教门事，事简心旷之日，遂得法照等行状，撰已易前来之阙如。寻因治定其本，虽大义无相乖，有不可者以修之，先者所谓加我

1 《宋高僧传·后序》，第759页。

数年，于《僧传》则可矣已。斯幸复治之，岂敢以桑榆之年为辞耶？时方彻简，咸平初承诏入职东京右街僧录，寻迁左街。乃一日顾其本，未及缮写，命弟子辈缄诸箧笥，俾将来君子，知我者以《僧传》，罪我者亦以《僧传》，故于卷后而书之云耳。

## 七、《古尊宿语录》相关材料

《重刻古尊宿语录序》[1]

过去如是如是，见在如是如是，未来如是如是。幸自可怜生，无端黄面老汉拈花瞬目，金色头陀忍俊脱颐，不觉漏泄。一人传虚，万人传实，何时而已哉！人根有利钝，故机语有开敛。针砭药饵，膏肓顿起。纵横展拓，太虚不痕。虽古人用过，时无古今。死路活行，死棋活着。观照激发，如龙得水。故曰："言语载道之器，虽佛祖不得而废也。"七佛偈及西天此土三十三传，枝出派列，莫知其几。授受证据，洎夫抑扬示诲，见于《传灯》。而多有载不尽者，往往散落。异时有颐藏主者，旁搜广采，仅得南泉而下二十二家示众机语，厥后又得云门、真净、佛眼、佛照等数家，总曰《古尊宿语》。非止乎此也，据其所搜采而言耳。夫古人得亲故用亲，行到故说到，其所说者，如国家兵器不得已而用之。从上为人，只贵眼正，是岂末流刻楮画花、雕蚶镂蛤、瞎学者眼，所可同日语！

觉心居士出善女伦，秉烈丈夫志操，不为富贵所障、世相所縻，着净名衣，坐空生室，安住正受，动静提撕，是孰使之然哉？谓颐所编《古尊宿语》刊于闽中而板亦漫矣，两浙丛林得之惟艰。勇捐己资，锓梓流通。命禅衲精校重楷，不鄙索序。噫，亦异矣！昔月上女抗舍利弗，发明大涅槃；庵提遮对曼殊室利"不生生不死死"之义。达磨来震旦以后，其间善女等伦横机诸大老，发明向上者多矣。近世秦国计氏与夫空室道人，皆以钟鼎家世而为般若眷属。今觉心则发挥古宿机语，以遗佛种，无二无二分，无别无断故。

觉心魏氏，绍兴丞相文节公孙，余文昌之室。先茔住林庵，虚席，命慈林解无言者摄。解催请主庵人。觉心著语云："庵主只在庵中，为甚么不见？道有又无，道无却有。又不近，又不远。举头鹞子过新罗。参得着，吃碗面。"余偈语多有，皆不计较

1 ［宋］赜藏主编集，萧萐父、吕有祥点校：《古尊宿语录》，北京：中华书局，1994年，第32—33页。

而得，则日用中无非禅悦法喜之乐矣，并见于此。时圣宋咸淳丁卯春清明日，江浙等处明州府阿育王山广利禅寺住持沙门物初大观序。

唐、宋诸硕师传佛心宗，道大德备，室中垂示，勘辨学者，征拈代别，皆有机语，流布寰中久矣。惟《传灯》一书尝赐入《藏》。诸师之语，《传灯》不能备载者，有颐公藏主别集南泉、赵州、黄檗、临济、云门、真净、佛眼、东山二十余家，总若干卷，题之曰《古尊宿语》，实有补于宗门。

《古尊宿语录卷第一·大鉴下一世（南岳怀让大慧禅师）》[1]

南岳大慧禅师，讳怀让，金州人也。俗姓杜，于仪凤二年四月八日降诞，感白气，应于玄象，在安康之分。太史瞻见，遂奏闻高宗皇帝。帝乃问："何祥瑞？"太史对曰："国之法器，不染世荣。"帝传敕金州太守韩偕亲往存慰其家。家有三子，惟师最小。年始三岁，炳然殊异，性惟恩让，父乃安名怀让。至年十岁，惟乐佛书。时有三藏玄静过舍，见而奇之，告其父母曰："此子若出家，必获上乘，广度众生。"

至垂拱三年，方十五岁，辞亲往荆州玉泉寺，依弘景律师出家。通天二年受戒，后习《毗尼藏》。一日自叹曰："夫出家者为无为法，天上人间无有胜者。"时同学坦然知师志气高迈，劝师同谒嵩山安禅师。安启发之，乃直诣曹溪礼六祖。六祖问："什么处来？"师云："嵩山安和尚处来。"祖云："什么物与么来？"师无语。遂经八载，忽然有省。乃白祖云："某甲有个会处。"祖云："作么生？"师云："说似一物即不中。"祖云："还假修证也无？"师云："修证即不无，污染即不得。"祖云："只此不污染是诸佛之护念，汝既如是，吾亦如是。西天二十七祖般若多罗谶汝曰：'震旦虽阔无别路，要假儿孙脚下行。金鸡解御一粒粟，供养什邡罗汉僧。'（又谶传道一法。）'心里能藏事，说向汉江滨，湖波探水月，将照二三人。'"祖云："先师有言：'从吾向后勿传此衣，但以法传。若传此衣，命如悬丝。惟示道化。'听吾偈曰：'心地含诸种，普雨悉皆萌，顿悟华情已，菩提果自成。'汝向后出一马驹，踏杀天下人。应在汝心，不须速说。"师侍奉一十五载。

唐先天二年，始往南岳，居般若寺。示徒云："一切万法，皆从心生。心无所生，法无能住。若达心地，所作无碍。非遇上根，宜慎辞哉！"僧问："如镜铸像，像成

1 《古尊宿语录》卷一，第1—3页。

后光归何处?”师云:“如大德未出家时,相状向什么处去?”僧云:“成后为什么不鉴照?”师云:“虽然不鉴照,谩他一点不得。”

马祖居南岳传法院,独处一庵,唯习坐禅,凡有来访者都不顾。师往,彼亦不顾。师观其神宇有异,遂忆六祖谶,乃多方而诱导之。一日将砖于庵前磨,马祖亦不顾。时既久,乃问曰:“作什么?”师云:“磨作镜。”马祖云:“磨砖岂得成镜!”师云:“磨砖既不成镜,坐禅岂能成佛!”祖乃离座云:“如何即是?”师云:“譬牛驾车,车若不行,打牛即是?打车即是?”又云:“汝学坐禅?为学坐佛?若学坐禅,禅非坐卧。若学坐佛,佛非定相。于无住法,不应取舍。汝若坐佛,即是杀佛。若执坐相,非达其理。”马祖闻斯示诲,豁然开悟,礼拜,问云:“如何用心,即合无相三昧?”师云:“汝学心地法门,如下种子。我说法要,譬彼天泽,汝缘合故,当见其道。”马祖云:“道非色相,云何能见?”师云:“心地法眼能见乎道,无相三昧亦复然矣。”祖云:“有成坏否?”师云:“若以成坏聚散而见道者,非也。听吾偈曰:‘心地含诸种,遇泽悉皆萌。三昧华无相,何坏复何成?’”马祖一蒙开悟,心地超然。侍奉十秋,日益深奥。师入室弟子六人,各印可。曰:“汝等六人同证吾身,各契其一。一人得吾眉,善威仪。(常浩。)一人得吾眼,善顾盼。(智达。)一人得吾耳,善听理。(坦然。)一人得吾鼻,善知气。(神照。)一人得吾舌,善谈说。(严峻。)一人得吾心,善古今。(道一。)”后马祖阐化于江西开元寺。师问众曰:“道一为众说法否?”众曰:“已为众说法。”师云:“未见通个消息来。”遂遣一僧去,嘱云:“待伊上堂时,但问:‘作么生?’记取答话来。”僧如教,回举似师:“马祖云:‘自从胡乱后,三十年不曾少盐酱。’”师然之。

师天宝三年八月十一日示寂于南岳。敕谥大慧禅师,最胜轮之塔,吏部侍郎归登撰塔记。

### 八、《五灯会元》相关材料

《四库全书总目提要·卷一百四十五·子部五十五·释家类·五灯会元二十卷(内府藏本)》[1]

宋释普济撰。普济字大川,灵隐寺僧也。其书取释道原《景德传灯录》、驸马都

1 《四库全书总目提要》卷一百四十五,第3729页。

尉李遵勖《天圣广灯录》、释维白《建中靖国续灯录》、释道明《联灯会要》、释正受《嘉泰普灯录》，撮其要旨汇为一书，故曰《五灯会元》。以七佛为首，次四祖、五祖、六祖，南岳、青原以下，各按传法世数载入焉。盖禅宗自慧能而后，分派滋多。有良价号洞下宗，文偃号云门宗，文益号法眼宗，灵祐、慧寂号沩仰宗，义元号临济宗。学徒传授，几遍海内，宗门撰述，亦日以纷繁，名为以不立语言文字为不二法门，实则轇轕纷纭，愈生障碍。盖唐以前各尊师说，儒与释争，宋以后机巧日增，儒自与儒争，释亦自与释争；人我分而胜负起，议论所以多也。是书删掇精英，去其冗杂，叙录较为简要。其考论宗系，分篇胪列，于释氏之源流本末，亦指掌了然。固可与僧宝诸传同资释门之典故，非诸方语录掉弄口舌者比也。

《五灯会元·东土祖师·六祖慧能大鉴大师》[1]

六祖慧能大师者，俗姓卢氏，其先范阳人。父行瑫，武德中左官于南海之新州，遂占籍焉。三岁丧父，其母守志。鞠养及长，家尤贫窭，师樵采以给。一日负薪至市中，闻客读《金刚经》，至“应无所住而生其心”，有所感悟，而问客曰：“此何法也？得于何人？”客曰：“此名《金刚经》，得于黄梅忍大师。”祖遽告其母以为法寻师之意。直抵韶州，遇高行士刘志略，结为交友。尼无尽藏者，即志略之姑也。常读《涅槃经》，师暂听之，即为解说其义，尼遂执卷问字。祖曰：“字即不识，义即请问。”尼曰：“字尚不识，曷能会义？”祖曰：“诸佛妙理，非关文字。”尼惊异之，告乡里耆艾曰：“能是有道之人，宜请供养。”于是居人竞来瞻礼。近有宝林古寺旧地，众议营缉，俾祖居之。四众雾集，俄成宝坊。祖一日忽自念曰：“我求大法，岂可中道而止？”明日遂行，至乐昌县西山石室间遇智远禅师。祖遂请益。远曰：“观子神姿爽拔，殆非常人。吾闻西域菩提达磨传心印于黄梅，汝当往彼参决。”祖辞去，直造黄梅之东山，即唐咸亨二年也。

忍大师一见，默而识之。后传衣法，令隐于怀集四会之间。至仪凤元年丙子正月八日，届南海，遇印宗法师于法性寺讲《涅槃经》。祖寓止廊庑间，暮夜，风扬刹幡。闻二僧对论，一曰幡动，一曰风动。往复酬答，曾未契理。祖曰：“可容俗流辄预高论

1 ［宋］普济著，苏渊雷点校：《五灯会元》卷一，北京：中华书局，1984年，第53—58页。

否？直以风幡非动，动自心耳。”印宗窃聆此语，竦然异之。明日，邀祖入室，征风幡之义。祖具以理告，印宗不觉起立曰：“行者定非常人。师为是谁？”祖更无所隐，直叙得法因由。于是印宗执弟子之礼，请授禅要。乃告四众曰：“印宗具足凡夫，今遇肉身菩萨。”乃指座下卢居士曰：“即此是也。”因请出所传信衣，悉令瞻礼。至正月十五日，会诸名德，为之剃发。二月八日，就法性寺智光律师授满分戒。其戒坛，即宋朝求那跋陀三藏之所置也。三藏记云：“后当有肉身菩萨在此坛受戒。”又梁末真谛三藏于坛之侧手植二菩提树，谓众曰：“却后一百二十年，有大开士于此树下演无上乘，度无量众。”祖具戒已，于此树下开东山法门，宛如宿契。明年二月八日，忽谓众曰：“吾不愿此居，欲归旧隐。”即印宗与缁白千余人，送祖归宝林寺。韶州刺史韦据，请于大梵寺转妙法轮，并受无相心地戒。门人纪录，目为《坛经》，盛行于世。后返曹溪，雨大法雨，学者不下千数。

中宗神龙元年降诏云：“朕请安秀二师宫中供养，万机之暇，每究一乘。二师并推让曰：‘南方有能禅师，密受忍大师衣法，可就彼问。’今遣内侍薛简驰诏迎请，愿师慈念，速赴上京。”祖上表辞疾，愿终林麓。简曰：“京城禅德皆云，欲得会道，必须坐禅习定。若不因禅定而得解脱者，未之有也。未审师所说法如何？”祖曰：“道由心悟，岂在坐也。《经》云：‘若见如来，若坐若卧，是行邪道。’何故？无所从来，亦无所去。若无生灭，是如来清净禅。诸法空寂，是如来清净坐。究竟无证，岂况坐邪？”简曰：“弟子回，主上必问，愿和尚慈悲，指示心要。”祖曰：“道无明暗，明暗是代谢之义。明暗无尽，亦是有尽，相待立名。故《经》云：‘法无有比，无相待故。’”简曰：“明喻智慧，暗况烦恼。修道之人，倘不以智慧照破烦恼，无始生死，凭何出离？”祖曰：“烦恼即是菩提，无二无别。若以智慧照烦恼者，此是二乘小见，羊鹿等机。大智上根，悉不如是。”简曰：“如何是大乘见解？”祖曰：“明与无明，其性无二。无二之性，即是实性。实性者，处凡愚而不减，在贤圣而不增，住烦恼而不乱，居禅定而不寂，不断不常，不来不去，不在中间，及其内外，不生不灭，性相如如，常住不迁，名之曰道。”简曰：“师说不生不灭，何异外道？”祖曰：“外道所说不生不灭者，将灭止生，以生显灭，灭犹不灭，生说无生。我说不生不灭者，本自无生，今亦无灭，所以不同外道。汝若欲知心要，但一切善恶都莫思量，自然得入清净心体，湛然常寂，妙用恒沙。”简蒙指教，豁然大悟。礼辞归阙，表奏祖语。有诏谢师，并赐磨衲袈裟、绢五百匹、宝钵一口。十二月十九日，敕改古宝林为中兴寺。三年十一月十八日，又敕韶州刺史重加崇饰，赐额为法泉寺。祖新州旧居为国恩寺。

一日，祖谓众曰："诸善知识，汝等各各净心，听吾说法。汝等诸人，自心是佛，更莫狐疑。外无一物而能建立，皆是本心生万种法故。《经》云：'心生种种法生，心灭种种法灭。'若欲成就种智，须达一相三昧，一行三昧。若于一切处而不住相，彼相中不生憎爱，亦无取舍，不念利益成坏等事，安闲恬静，虚融澹泊，此名一相三昧。若于一切处，行住坐卧，纯一直心，不动道场，真成净土，名一行三昧。若人具二三昧，如地有种，能含藏长养，成就其实。一相一行，亦复如是。我今说法，犹如时雨溥润大地。汝等佛性，譬诸种子，遇兹沾洽，悉得发生。承吾旨者，决获菩提。依吾行者，定证妙果。"先天元年告诸四众曰："吾忝受忍大师衣法，今为汝等说法，不付其衣。盖汝等信根淳熟，决定不疑，堪任大事。听吾偈曰：'心地含诸种，普雨悉皆生。顿悟华情已，菩提果自成。'"说偈已，复曰："其法无二，其心亦然。其道清净，亦无诸相。汝等慎勿观净及空其心。此心本净，无可取舍。各自努力，随缘好去。"尝有僧举卧轮禅师偈曰："卧轮有伎俩，能断百思想。对境心不起，菩提日日长。"祖闻之曰："此偈未明心地，若依而行之，是加系缚。"因示一偈曰："慧能没伎俩，不断百思想。对境心数起，菩提作么长！"（卧轮非名即住处也。）祖说法利生，经四十载，其年七月六日，命弟子往新州国恩寺，建报恩塔，仍令倍工。又有蜀僧，名方辩，来谒曰："善捏塑。"祖正色曰："试塑看。"方辩不领旨，乃塑祖真，可高七尺，曲尽其妙。祖观之曰："汝善塑性，不善佛性。"酬以衣物，辩礼谢而去。先天二年七月一日，谓门人曰："吾欲归新州，汝速理舟楫。"时大众哀慕，乞师且住。祖曰："诸佛出现，犹示涅槃。有来必去，理亦常然。吾此形骸，归必有所。"众曰："师从此去，早晚却回。"祖曰："叶落归根，来时无口。"又问："师之法眼，何人传受？"祖曰："有道者得，无心者通。"又问："后莫有难否？"祖曰："吾灭后五六年，当有一人来取吾首。听吾记曰：'头上养亲，口里须飡，遇满之难，杨柳为官。'"又曰："吾去七十年，有二菩萨从东方来，一在家，一出家。同时兴化，建立吾宗，缔缉伽蓝，昌隆法嗣。"言讫，往新州国恩寺，沐浴跏趺而化，异香袭人，白虹属地。即其年八月三日也。时韶新两郡，各修灵塔，道俗莫决所之。两郡刺史，共焚香祝曰："香烟引处，即师之欲归焉。"时炉香腾涌，直贯曹溪。以十一月十三日入塔，寿七十六。

时韶州刺史韦据撰碑，门人忆念取首之记，遂先以铁叶漆布固护师颈。塔中有达磨所传信衣。西域屈眴布也，缉木绵华心织成。后人以碧绢为里。中宗赐磨衲宝钵，以辩塑真道具等，主塔侍者尸之。开元十年壬戌八月三日，夜半，忽闻塔中如拽铁索声，僧众惊起，见一孝子从塔中走出，寻见师颈有伤，具以贼事闻于州县。县令杨侃、刺史柳无忝得牒，切加擒捉。五月于石角村捕得贼人，送韶州鞠问。云："姓张名净满，汝州梁县人，于洪州开元寺受新罗僧金大悲钱二十千，令取六祖大师首，归海东供养。"柳守闻状，未即加刑，乃躬至曹溪，问祖上足令韬曰："如何处断？"韬曰："若以国法论，理须诛夷；但以佛教慈悲，冤亲平等，况彼欲求供养，罪可恕矣。"柳守嘉叹曰："始知佛门广大。"遂赦之。尔后，甚有名贤赞述，檀施珍异，文繁不录。

上元元年肃宗遣使就请师衣钵，归内供养，至永泰元年（公元七六五年）五月五日，代宗梦六祖大师请衣钵。七日，敕刺史杨瑊曰："朕梦感禅师请传法袈裟却归曹溪。今遣镇国大将军刘崇景顶戴而送，朕谓之国宝。卿可于本寺如法安置。专令僧众，亲承宗旨者，严加守护，勿令遗坠。"后或为人偷窃，皆不远而获，如是者数四。宪宗谥大鉴禅师，塔曰元和灵照。皇朝开宝初，王师平南海刘氏，残兵作梗，祖之塔庙，鞠为煨烬，而真身为守塔僧保护，一无所损。寻有制兴修，功未竟，会太宗皇帝即位，留心禅宗，颇增壮丽焉。

# 第十三讲
# 道教哲学史料

作为完全起源和发展在中国的本土宗教，道教对中国古代的各方面产生了深刻的影响，与儒、佛共同构成了传统思想与文化的主要内容。传统上，将历代道教典籍及相关书籍编排起来的丛书被称为“道藏”，是研究道教哲学所必读的原始史料。一般认为，将道书收集整理，编成丛书，从东晋就已经开始，但多数已经流失。现存的早期《道藏》是由明成祖永乐四年，第四十三代天师张宇初及其弟张宇清奉诏主持编修的《正统道藏》。后来继续编撰的还有《万历续道藏》《道藏辑要》等。1996年起，由张继禹道长主持编修《中华道藏》，以明代正统、续《道藏》为底本，保持三洞四辅的基本框架，对三洞四辅以外的经书根据不同的内容进行相应的归类，共分七大部类。全书在2004年出版发行，共49册，收书1500多种，是阅读道教文献的重要参考资料。

历代《道藏》中的各种典籍，都按照“三洞”“四辅”“十二类”的分类方法编排。其中“三洞”即洞真、洞玄、洞神;“四辅”即太清、太平、太玄、正一，是对“三洞”的解说和补充;“十二类”即本文类、神符类、玉诀类、灵图类、谱录类、戒律类、威仪类、方法类、众术类、记传类、赞颂类、章表类。从历代的道教文献中，编者选取了十本具有代表性的经典，按照成书年代进行排序，简要介绍其作者、结构、内容、推荐版本等信息。

## 一、《太平经》

《太平经》，又名《太平清领书》，成书于东汉中晚期，相传由神人授予于吉，是中国最早的道教经典。《太平经》卷一至十七说“澄清大乱，功高德正，故号太平”，这可以看作对以“太平”为经名的解释。

《太平经》的经义，大致可分为四个方面：一是构筑了早期道教的神学思想及体系，提出了神仙不死、身中神、求长生等观念；二是以阴阳五行学说为理论基础，为帝王治太平提出奉天地、顺五行、调理阴阳、崇尚道德的一套统治术；三是关于教徒的修养方法，其中主要的就是守一之道；四是书中包括有浓重的劝善思想，在传统的报应思想之上，提出“承负”之说，解释为什么为恶不须受恶报，为善反而会遭恶报。

《太平经》的卷数传说不一。关于此书的著述，最早见于东晋葛洪《抱朴子·内篇·遐览篇》，其称有《太平经》五十卷，又有《甲乙经》一百七十卷。《太平经》是其本名，《甲乙经》则因此书分为甲、乙、丙、丁、戊、已、庚、辛、壬、癸等十部而得名，可见东晋时《太平经》已有至少两种传本。东汉末年，《太平经》为太平道的主要经典。在六朝和唐代，《太平经》成为道教重要经典之一。南朝道士编集道书，以《太平经》构成道经七部“三洞四辅”中的太平部，以后历代《道藏》都收录此经。元代马端临《文献通考·经籍考》著录“《太平经》一百七十卷”，元赵道一《仙鉴》也称“其经以甲乙丙丁戊已庚辛壬癸为部，每部一十七卷”，这说明《太平经》一百七十卷到元代还是完整的。至于明代，《太平经》开始残缺。白云霁《道藏目录详注》著录《正统道藏》中只存《太平经》八十七卷，而且第一至十卷实为《太平经钞》，那么《太平经》本文就仅剩七十七卷。涵芬楼照北京白云观所藏明英宗赐《正统道藏》的影印本，则残缺至五十七卷。

近人王明先生根据《太平经钞》及其他多种道教经书和有关史籍加以校补，编为《太平经合校》，基本上恢复了《太平经》一百七十卷的轮廓和内容。此书于1960年2月由中华书局出版，2014年再版，是目前的通行版本。

## 二、《周易参同契》

《周易参同契》，又名《参同契》，为道教最早的系统论述炼丹的经籍，被称为“万古丹经王”。书名中的“参”字，指参同“大易”“黄老”“炉火”三家之理而会归于一。该书成于东汉，其作者魏伯阳的事迹在正史中并没有记载，但大致可以断定其为顺帝、桓帝时人。全书分为上、中、下三篇，以及《周易参同契鼎器歌》一首，共约六千字，基本是用四字一句、五字一句的韵文体及少数长短不齐的散文体和离骚体写成的。全书依附于京氏易学、图纬之学、黄老之辞，用周易爻象来论述炼丹成仙的方法，包括用药、火候、服丹等内容。其书独尊丹道而反对其他宗教方术，被道教的外丹和内丹派都视为重要的著作。以魏伯阳《参同契》为代表的金丹道，自东汉后绵绵相传，成为后世道教的丹鼎派。

书中的语言“词韵皆古，奥雅难通”，并多采取象征或借喻的方法，使得本书非常晦涩难懂、易生误解，所以历代有很多注本行世，仅《正统道藏》就收入唐宋以后注本十一种，著名注本有后蜀彭晓《周易参同契分章通真义》、宋朱熹《周易参同契考异》、宋陈显微《周易参同契解》、元俞琰《周易参同契发挥》等等。中华书局于2014年出版了由章伟文译注的《周易参同契》，是目前的常见版本。

## 三、《抱朴子》

《抱朴子》为东晋时期葛洪所著，“抱朴”一词源自《老子》之语“见素抱朴，少私寡欲”。葛洪本人自号抱朴子，故以为书名，其思想涵盖儒、道二家，此外还著有

《神仙传》十卷、《隐逸传》十卷等。《抱朴子》分为内外两篇：《内篇》二十卷，是葛洪对道家思想和丹道修炼方法的阐述，宣扬神仙方药、鬼怪变化、养生延年、禳灾却病的仙道学说；《外篇》五十卷，讨论人间得失、世事臧否的经国治世儒术。葛洪在《内篇》中认为，凡人可以通过学仙修道成为神仙而长生不死，其修养方法大致可分为“内修形神”和“外攘邪恶”两个方面。其中，“内修形神”的功效在于摄取和节损，最重要的方法是服食还丹金液；“外攘邪恶”的主要方法则有思神守一、符箓祈禳等。葛洪以道为原本，以儒为末流，但心目中的理想人格是黄帝、老子这些既成仙得道又兼综礼教、治国至太平的“道者之圣”。

《晋书·葛洪传》记《抱朴子》内外篇原共有一百一十六篇，今本已亡佚四十余篇。南朝陶弘景曾作“《抱朴子注》二十卷”，这是《抱朴子》的最早注本，已佚。清人严可均辑有《抱朴子内篇佚文》十卷。现流行本则是孙星衍《平津馆丛书》之校本。今人王明著《抱朴子内篇校释》，中华书局1985年再版，是目前的通行本。

## 四、《黄庭经》

《黄庭经》又名《老子黄庭经》，是道教养生修仙专著。内容包括《太上黄庭内景玉经》和《太上黄庭外景玉经》，约出于魏晋之际，收入《正统道藏》洞玄部本文类，大旨在于服气以养精神，主张固守精神则身形可以长存。有学者认为《外景经》则与早期天师道关系密切，较《内景经》早出而为其源流，但也有相反意见主张《内景经》较为早出。另有后人新增《太上黄庭中景经》，但通常所言的《黄庭经》并不包括《中景经》在内。

《外景经》一百九十六句，分为上中下三经或二十四章；《内景经》四百三十七句，分为三十六章。《外景经》和《内景经》是规整的七言韵语，各版本异文甚多，句之多少、有无及次序，各有不同。全书以韵语描述人体五官、五脏六腑以及全身八景诸神二十四真形象与作用，以道教思神守一、宝精爱气之说与古代医家脏腑理论相结合，阐述修炼长生成仙之术。《外景经》重存思外界自然之象，致神以内佑；而《内景经》重气养精、存观一象，在道教谓之“存神”。《黄庭经》所述的一些内修养生之术，与《周易参同契》的炼丹之道相结合，在唐宋时期流变为内丹道，成为中唐以后道教养生方术的主流。《黄庭经》传本较多，有诸多名家临本传世，如王羲之、欧阳询、赵孟頫、米芾、黄庭坚等都有写帖传世。今人周全彬、盛克琦将《黄庭经》的十六种注本汇集在一起，整理出版了《黄庭经集注》，由宗教文化出版社2015年出版。

## 五、《度人经》

《度人经》是中国道教的重要经书，为东晋末期葛巢甫等道士所编集的灵宝经之一。葛巢甫为东晋末年著名道士，葛洪之从孙，生平事迹不详。今本凡六十一卷，其卷一为《度人经》本文，今灵宝诸经之一；以下六十卷是神霄派于北宋徽宗年间敷演经文而成。现存明《正统道藏》收录有两种《度人经》，一为洞真部本文类六十一卷之《太上洞玄灵宝无量度人上品妙经》；一为洞真部玉诀类之《元始无量度人上品妙经》，为宋陈景元集成玄英、严东、薛幽栖、李少微四注的经本。

《元始无量度人经》由《道君前序》、《灵宝本章》、《元洞玉历》、《道君中序》、《灵书》上中下篇、《道君后序》、《太极真人颂》等章节构成。本经讲述元始天尊向十方天真大神、上圣高真、妙行真人、无鞅数众说经的故事，宣扬“仙道贵生，无量度人”“齐同慈爱，异骨成亲，国安民丰，欣乐太平”之旨。经中记述宇宙的生成：宇宙初开的浑沌，称为“大梵”，经过长远的劫运，开展出“五篇真文”“赤书玉字”等天书，其后梵气罗布，诸天形成，众神列位，天地的运度于是开始。书中还记述了天界语言，称为“大梵隐语，无量之音”。《度人经》后来被奉为“万法之宗，群经之首”，敦煌藏经洞发现的文书中，《度人经》的写本有十余种。《中华道藏》中收录了《度人经》的多种注本。

## 六、《三皇文》

《三皇文》，亦称《三皇内文》《三皇经》，为《天皇文》《地皇文》《人皇文》的合称，属于《道藏》“三洞”洞神部。《三皇文》是晋代道教三皇经系的首经，是唐代以前道士的必读经典。据葛洪记载，鲍靓于晋惠帝永康年中，入嵩山石室得《三皇文》，后又传《三皇文》给葛洪。刘宋陆修静得此书，传孙游岳，再传陶弘景，为后世《太上洞神经》系之所本。从葛洪的演教，可以大体了解该书的主要内容是记载鬼神谱系、修道要诀、驱除凶危的一些具体操作和符图与存思法等。

古本《三皇经》今已佚。唐太宗贞观二十年以《三皇文》语涉妖妄，下令将其焚烧除毁。宋时《御览》经史图书纲目尚著录有《三皇经》，以后则散佚了。今本《中华道藏》收有《太清金阙玉华仙书八极神章三皇内秘文》和《三皇内文遗秘》，皆非古本《三皇经》，但保留了古《三皇经》的某些内容，与葛洪《抱朴子·内篇》所述基本相似，因此对研究魏晋南北朝道教史仍有一定的参考价值。

## 七、《阴符经》

《黄帝阴符经》，简称《阴符经》，后人依托黄帝所作，成书年代不详，唐代始通行于世。李荃《黄帝阴符经疏·序》自称得《阴符经》于嵩山虎口岩石壁。“阴符”，为暗合、内外契合之意，代表“天机暗合于行事之机”之内涵。

《阴符经》收入《正统道藏》洞真部本文类，共四百余字。一般传本大都将其分作三章，从“观天之道”到“知之修炼，谓之圣人”为上篇，又称《演道章》或《神仙抱一演道章》；从“天生天杀”至“小人得之轻命”为中篇，又称《演法章》或《富国安民演法章》；从“瞽者善听”至“昭昭乎进乎象矣”为下篇，又称《演术章》或《强兵战胜演术章》。另有三百余字本，各传本字数有所增减，分章或不分章者皆有。

关于《阴符经》的成书年代、作者、内容要旨，各家说法不一，有商末、周末、战国、战国末、东汉末、东晋杨羲、北魏寇谦之、唐李荃等诸多说法。其主要思想为天地阴阳运行变化与人事之间有相生相盗之关系，圣人当观天之道、执天之行，掌握天人暗合之机，使行为举动合乎天道、切应自然，则治国养生皆得其宜，可以长久。《阴符经》历代注家解经要旨不一，或以为兵家权谋之书，或解以道家之言，宋元道士多以内丹功法注经，文人则以儒家性理之说释之。作为道教的一部重要道经，《阴符经》迄清代已逾百家注解。今人王宗昱对《阴符经》的注本进行了全面搜集，整理出版了《阴符经集成》，由中华书局2019年出版。

## 八、《清静经》

《清静经》，全称《太上老君说常清静妙经》，又称《太上混元上德皇帝说常清静经》，简称《常清静经》《清静经》。作者不详，据经文起句"老君曰"，托称为太上老君西游昆仑山之时所说所传；经后有三国葛玄赞语，说此经是东华帝君所授，皆口口相传，直到他笔录才得以传世，故一说为葛玄撰。学者推断此经出于六朝或唐代，葛仙翁、左玄真人、正一真人之题记，当为依托者所题。

《清静经》篇幅短小，教人静心清神、遣欲入静、得性悟道，被道教视为修炼性功的法宝。该经认为，人之所以不能做到"清静"，即守静而使神清，主要是欲念的牵扰。如果能遣欲，则心自静，心静则神清，故"六欲不生"，便能做到"三毒消灭"。总之，修持的关键在于不生妄心，不贪求，这样便不烦恼、得清静了。由于全真教中清修派以此经为早晚日常诵习的功课，故它能普遍流传。《清静经》的传本，在道教奉诵时使用的多为白文本，注本中最通行的是水精子增注的浑然子纂图本，另外还有杜光庭、王道渊、李清庵、侯善渊、李道纯等多种注本。《中华道藏》中收录了《太上老君说常清静妙经》，并收录了多种注本。

## 九、《玉皇经》

《玉皇经》，全名《高上玉皇本行集经》，简称《皇经》，撰人不详，有学者考证成书于唐代或宋代。现存最早传本为托名天枢上相张子房注之《高上玉皇本行集经》，前有托名张子房撰之《序》，后有托名张撰的《奏陈表文》。本书自宋元以来广为流行，为道士举行斋醮和道门功课之必诵经文。

全书分三卷五品，即清微天宫神通品第一、太上大光明圆满大神咒品第二、洞玄灵宝玉皇功德品第三、天真护持品第四、洞玄灵宝报应神验品第五。其主要内容为元始天尊演说玉皇修道证仙故事，包括叙述玉皇大帝的来历、神格等。经书描述，古有光严妙乐国王无嗣，皇后梦见太上道君抱一婴儿予之，觉而有孕，生下王子。王子嗣位后，治国有道，体恤民众疾苦，又舍国入山修道，如此反复历三千二百劫，始证金仙，号清静觉王如来，教诸菩萨顿悟大乘正宗，渐入虚无妙道。再经亿劫修行，证位为玉帝。所以玉皇能大显神通，分身化形，为十方演说清静解脱之道。其次，又称玉帝授五方五老天君神咒五篇，此咒即六朝所出《灵宝赤书真文》，但文字略有不同。最后颂扬奉持玉皇经咒之功德。

《中华道藏》中收有天枢上相张子房注《高上玉帝本行集经》《高上玉皇本行集经》，另有提名张良校正本之《高上玉皇本行集经》，实为对该经之撮要。此经为玉皇根本经典，不但道士常诵此经作为功课，其他有关玉皇的朝、忏、灯仪等也以此为依据，对道教和民间信仰都有很大的影响。

## 十、《心印经》

《心印经》，全名为《高上玉皇心印妙经》，也称《无上玉皇心印经》，简称《玉皇心印经》或《心印经》。全真道将其列入内修经典，亦是道士每日功课必诵经典，是修道之径路，属“命功”修炼功法。

全文四字一句，共二百字，文辞优美，可做四言诗阅读。该经讲述内丹的修炼理论及方法，强调以精、气、神三品“上药”修炼内丹。全经约可分为三段。首段叙述精、气、神的重要与修炼成效；次段论述呼吸吐纳方式及修炼次第；末段论述精、气、神三者之关系及灵丹妙用。经文首先指出“上药三品，神与气精”，说明精、气、神是人身的三品“上药”，然后以此作为药物，修炼内丹。接着论述内丹炼养过程中的精神境界，就是“恍恍惚惚，杳杳冥冥”。修真之士以“存无守有”为诀要，先天大药“顷刻而成”。然后用“回风混合”的方法，一百天炼就大丹，十二年后，即可道成飞升。从此“一得永得，自然身轻。太和充溢，骨散寒琼”。乃到“神能入石，神能飞形。入水不溺，入火不焚”。不受造化限制，了道成仙。经中还提示了精、气、神、形四者之间的关系，即“神依形生，精依气盈”。最后说出“诵持万遍，妙理自明”。强调对此经不但要“诵”（读诵），更重要还是要“持”（修持）。

《中华道藏》中收录了《高上玉皇心印妙经》。历代注解较多，《道藏辑要》收有《高上玉皇心印妙经》（八祖合注）、《终南八祖说心印妙经解》、《高上玉皇心印经》（蜀抱真注）、《高上心印经》（玄谷帝君注）等，皆以内丹作解。《藏外道书》还收有《无上玉皇心印经》（李简易注）、《无上玉皇心印妙经测疏》（陆西星注）等。

## 思考题

1. 道教思想和道家思想有什么相同和不同?
2. 道教在哪些方面受到佛教思维方式的影响?

## 【阅读材料】

### 一、《隋书·经籍志·道经序》[1]

道经者，云有元始天尊，生于太元之先，禀自然之气，冲虚凝远，莫知其极。所以说天地沦坏，劫数终尽，略与佛经同。以为天尊之体，常存不灭。每至天地初开，或在玉京之上，或在穷桑之野，授以秘道，谓之开劫度人。然其开劫，非一度矣，故有延康、赤明、龙汉、开皇，是其年号。其间相去经四十一亿万载。所度皆诸天仙上品，有太上老君、太上丈人、天真皇人、五方天帝及诸仙官，转共承受，世人莫之豫也。所说之经，亦禀元一之气，自然而有，非所造为，亦与天尊常在不灭。天地不坏，则蕴而莫传，劫运若开，其文自见。凡八字，尽道体之奥，谓之天书。字方一丈，八角垂芒，光辉照耀，惊心眩目，虽诸天仙，不能省视。天尊之开劫也，乃命天真皇人，改啭天音而辩析之。自天真以下，至于诸仙，展转节级，以次相授。诸仙得之，始授世人。然以天尊经历年载，始一开劫，受法之人，得而宝秘，亦有年限，方始传授。上品则年久，下品则年近。故今授道者，经四十九年，始得授人。推其大旨，盖亦归于仁爱清静，积而修习，渐致长生，自然神化，或白日登仙，与道合体。其受道之法，初受《五千文箓》，次受《三洞箓》，次受《洞玄箓》，次受《上清箓》。箓皆素书，纪诸天曹官属佐吏之名有多少，又有诸符，错在其间，文章诡怪，世所不识。受者必先洁斋，然后赍金环一，并诸贽币，以见于师。师受其贽，以箓授之，仍剖金环，各持其半，云以为约。弟子得箓，缄而佩之。

其洁斋之法，有黄箓、玉箓、金箓、涂炭等斋。为坛三成，每成皆置绵蕝，以为限域。傍各开门，皆有法象。斋者亦有人数之限，以次入于绵蕝之中，鱼贯面缚，陈说愆咎，告白神祇，昼夜不息，或一二七日而止。其斋数之外有人者，并在绵蕝之外，谓之斋客，但拜谢而已，不面缚焉。而又有诸消灾度厄之法，依阴阳五行数术，推人年命书之，如章表之仪，并具贽币，烧香陈读。云奏上天曹，请为除厄，谓之上章。夜中，于星辰之下，陈设酒脯饼饵币物，历祀天皇太一，祀五星列宿，为书如上章之仪以奏之，名之为醮。又以木为印，刻星辰日月于其上，吸气执之，以印疾病，多有愈者。又能登刀入火而焚敕之，使刃不能割，火不能热。而又有诸服饵、辟谷、

1 《隋书》卷三十五，第1091—1094页。

金丹、玉浆、云英，蠲除滓秽之法，不可殚记。云自上古黄帝、帝喾、夏禹之俦，并遇神人，咸受道箓，年代既远，经史无闻焉。

推寻事迹，汉时诸子，道书之流有三十七家，大旨皆去健羡，处冲虚而已，无上天官符箓之事。其《黄帝》四篇，《老子》二篇，最得深旨。故言陶弘景者，隐于句容，好阴阳五行，风角星算，修辟谷导引之法，受道经符箓，武帝素与之游。及禅代之际，弘景取图谶之文，合成“景梁”字以献之，由是恩遇甚厚。又撰《登真隐诀》，以证古有神仙之事；又言神丹可成，服之则能长生，与天地永毕。帝令弘景试合神丹，竟不能就，乃言中原隔绝，药物不精故也。帝以为然，敬之尤甚。然武帝弱年好事，先受道法，及即位，犹自上章，朝士受道者众。三吴及边海之际，信之逾甚。陈武世居吴兴，故亦奉焉。

后魏之世，嵩山道士寇谦之，自云尝遇真人成公兴，后遇太上老君，授谦之为天师，而又赐之《云中音诵科诫》二十卷。又使玉女授其服气导引之法，遂得辟谷，气盛体轻，颜色鲜丽。弟子十余人，皆得其术。其后又遇神人李谱，云是老君玄孙，授其图箓真经，劾召百神，六十余卷，及销炼金丹云英八石玉浆之法。太武始光之初，奉其书而献之。帝使谒者，奉玉帛牲牢，祀嵩岳，迎致其余弟子，于代都东南起坛宇，给道士百二十余人，显扬其法，宣布天下。太武亲备法驾，而受符箓焉。自是道业大行，每帝即位，必受符箓，以为故事，刻天尊及诸仙之象而供养焉。迁洛已后，置道场于南郊之傍，方二百步。正月、十月之十五日，并有道士哥人百六人，拜而祠焉。后齐神武帝迁邺，遂罢之。文襄之世，更置馆宇，选其精至者使居焉。后周承魏，崇奉道法，每帝受箓，如魏之旧，寻与佛法俱灭，开皇初又兴，高祖雅信佛法，于道士蔑如也。大业中，道士以术进者甚众。其所以讲经，由以《老子》为本，次讲《庄子》及《灵宝》、《升玄》之属。其余众经，或言传之神人，篇卷非一。自云天尊姓乐名静信，例皆浅俗，故世甚疑之。其术业优者，行诸符禁，往往神验。而金丹玉液长生之事，历代糜费，不可胜纪，竟无效焉。今考其经目之数，附之于此。

## 二、《四库全书总目提要·道家类序》[1]

后世神怪之迹，多附于道家；道家亦自矜其异，如《神仙传》、《道教灵验记》是

1 《四库全书总目提要》卷一百四十六，第3736页。

也。要其本始，则主于清净自持，而济以坚忍之力，以柔制刚，以退为进。故申子、韩子流为刑名之学，而《阴符经》可通于兵。其后长生之说与神仙家合为一，而服饵、导引入之；房中一家，近于神仙者亦入之；鸿宝有书，烧炼入之；张鲁立教，符箓入之；北魏寇谦之等又以斋醮章咒入之。世所传述，大抵多后附之文，非其本旨。彼教自不能别，今亦无事于区分。然观其遗书源流迁变之故，尚一一可稽也。

### 三、《太平经》相关材料

《太平经卷之三十六·守三实法第四十四》[1]

“真人前。”“唯唯。”“天下凡人行，有几何者大急？有几何者小急？有几何者日益祸凶而不急乎？真人宜自精具言之。”“唯唯。诚言心所及，不敢有可匿。”“行言之。”“凡天下之事，用者为急，不用者为不急。”“子言是也，虽然非也。欲得其常急而不可废者，废之天下绝灭无人。天文并合，无名字者，故为大急。今子所言，但当前小合于人意，反长候致诸祸凶所从起也。真人前，吾今所问于子，乃问其常急而不可废置者谁也?”“今唯天师为其陈列，分别解示之。愚生自强过，壹言不中，不敢复言。”“然，子言是也，知之乃可说，不知而强说之，会自穷矣。”“凡人所不及也，事无大小，不可强知也，及之无难，不及无易也。是故唯天师既开示浅暗不达之生，愿为开辟其端首。”“诺，听之。天下大急有二，小急有一，其余悉不急，反厌人耳目，当前善而长为人召祸。凡人皆得穷败焉。”“何谓也？愚哉，然天下人本生受命之时，与天地分身，抱元气于自然，不饮不食，嘘吸阴阳气而活，不知饥渴，久久离神道远，小小失其指意，后生者不得复知，真道空虚，日流就伪，更生饥渴，不饮不食便死，是一大急也。天地怜哀之，共为生可饮食，既饮既食。天统阴阳，当见传，不得中断天地之统也，传之当象天地，一阴一阳，故天使其有一男一女，色相好，然后能生也。何乃正使一阴一阳，夫阳极者能生阴，阴极者能生阳，此两者相传，比若寒尽反热，热尽反寒，自然之术也。故能长相生也，世世不绝天地统也。如男女不相得，便绝无后世。天下无人，何有夫妇父子君臣师弟子乎？以何相生而相治哉？天地之间无牝牡，以何相传，寂然便空，二大急也。故阴阳者，传天地统，使无穷极也。

1 王明编:《太平经合校》卷三十六，北京：中华书局，2014年，第44—48页。

君臣者，治其乱，圣人师弟子主通天教，助帝王化天下，故此饮食与男女相须，二者大急。天道有寒热，不自障隐，半伤杀人。故天为生万物，可以衣之；不衣，但穴处隐同活耳，愁半伤不尽灭死也，此名为半急也。所谓天道大急者，乃谓绝灭死亡也，急无过此也。夫人不衣，固不能饮食，合阴阳，不为其善。衣则生贤，无衣则生不肖也。故衣者，有以御害而已，故古者圣贤不效玄黄也。饮食阴阳不可绝，绝之天下无人，不可治也。守此三者，足以竟其天年，传其天统，终者复始，无有穷已。故古者圣人以此为治也，其余不急，召凶祸物者悉已去矣。何谓也？此三者应天行。男者，天也。女者，地也。衣者依也。天地父母所以依养人形身也。过此三者，其余奇伪之物不必须之而活，传类相生也。反多以致伪奸，使治不平，皇气不得至，天道乖错，为君子重忧，六情所好，人人嬉之，而不自禁止，意转乐之，因以致祸，君子失其政令，小人盗劫刺，皆由此不急之物为召之也。天下贫困愁苦，灾变连起，下极欺其上，皆以此为大害。所从来者久，亦非独今下古后世之人过也，传相承负，失其本真实。悉就浮华，因还自愁自害，不得竟其天年也。后生多事纷纷，但以其为不急之事，以致凶事，故常趋走不得止也。

〔附〕日就浮华，因而愁苦，不竟天年。复使后生趋走不止，山川为空竭，元气断绝，地气衰弱，生养万物不成，天灾变改，生民稍耗，奸伪复生。不急之物，为害若此。而欲悦耳目之娱，而不悟深深巨害矣。

上古所以无为而治，得道意，得天心意者，以其守本不失三急。中古小多事者，以其小多端也。下古大多忧者，以其大多端而生邪伪；更以相高上而相愁也，因生邪奸出其中也。内失其真实，离其本根，转而相害，使人眩乱，君子虽愁心，欲乐正之。所为亿万端，不可胜理，以乱其治。真人深思此意。”“善哉善哉！”

## 四、《周易参同契》相关材料

《周易参同契》（节选）[1]

### 乾坤者易之门户章第一

乾、坤者，《易》之门户，众卦之父母。坎离匡郭，运毂正轴。

1 章伟文译注：《周易参同契》卷上，北京：中华书局，2014年，第1—34页。

**牝牡四卦章第二**

牝牡四卦，以为橐籥。覆冒阴阳之道，犹工、御者，准绳墨，执衔辔，正规矩，随轨辙。处中以制外，数在律历纪。月节有五六，经纬奉日使。兼并为六十，刚柔有表里。

**朔旦屯直事章第三**

朔旦屯直事，至暮蒙当受。昼夜各一卦，用之依次序。

**既未至晦爽章第四**

既、未至晦爽，终则复更始。日月为期度，动静有早晚。

**春夏据内体章第五**

春、夏据内体，从子到辰、巳。秋、冬当外用，自午讫戌、亥。

**赏罚应春秋章第六**

赏罚应春秋，昏明顺寒暑。爻辞有仁义，随时发喜怒。如是应四时，五行得其理。

**天地设位章第七**

天地设位，而易行乎其中矣。天地者，乾坤之象也；设位者，列阴阳配合之位也。易谓坎离。坎离者，乾坤二用；二用无爻位，周流行六虚。往来既不定，上下亦无常；幽潜沦匿，变化于中；包囊万物，为道纪纲。

**以无制有章第八**

以无制有，器用者空。故推消息，坎离没亡。

**言不苟造章第九**

言不苟造，论不虚生。引验见效，校度神明。推类结字，原理为证。坎戊月精，离己日光。日月为“易”，刚柔相当。土旺四季，罗络始终。青赤黑白，各居一方；皆禀中宫，戊己之功。

**易者象也章第十**

《易》者，象也；悬象著明，莫大乎日月。穷神以知化，阳往则阴来；辐辏而轮转，出入更卷舒。《易》有三百八十四爻，据爻摘符，符谓六十四卦。晦至朔旦，震来受符。当斯之际，天地媾其精，日月相撢持。雄阳播玄施，雌阴化黄包。混沌相交接，权舆树根基。经营养鄞鄂，凝神以成躯。众夫蹈以出，蠕动莫不由。

《四库全书总目提要·卷一百四十六·子部五十六·道家类·周易参同契通真义三卷（浙江巡抚采进本）》[1]

后蜀彭晓撰。晓字秀川，永康人。自号真一子。仕孟昶为朝散郎，守尚书祠部员外郎，赐紫金鱼袋。其事迹未详。杨慎序古本《参同契》，则以晓为道士。考王建之时，杜光庭尝以道士授官。晓为道士，亦事理所有，但未知其据何书也。葛洪《神仙传》称魏伯阳作《参同契》、《五行相类》凡三卷。其说是《周易》，其实假借爻象以论作丹之意。世之儒者不知神丹之事，多作阴阳注之，殊失其旨云云。今案其书多借纳甲之法，言坎离水火龙虎铅汞之要，以阴阳五行昏旦时刻为进退持行之候，后来言炉火者皆以是书为鼻祖。《隋书·经籍志》不著录，《旧唐书·经籍志》始有《周易参同契》二卷，《周易五相类》一卷，而入之五行家，殊非其本旨。晓序谓伯阳先示青州徐从事。徐乃隐名而注之。至桓帝时，复以授同郡淳于叔通，遂行于世，而传其诀者颇鲜。其或然欤？至郑樵《通志艺文略》，始别立《参同契》一门，载注本一十九部，三十一卷。今亦多佚亡，独晓此本尚传。共分九十章，以应阳九之数。又以鼎器歌一篇字句零碎，难以分章，独存于后，以应水一之数。又撰明镜图诀一篇，附下卷之末。晓自作前后序，阐发其义甚详。诸家注《参同契》者以此本为最古。至明嘉靖中，杨慎称南方有发地中石函者，得古文《参同契》，以为伯阳真本，反谓晓此本淆乱经注。好异者往往信之。然朱子作《参同契考异》，其章次并从此本。《永乐大典》所载《参同契》本，亦全用晓书，而以俞琬诸家之注分隶其下。则此本为唐末之书，授受远有端绪。慎所传本，殆丰坊古《大学》之流，殊荒诞不足为信。故今录《参同契》之注，仍以此本为冠焉。

《四库全书总目提要·卷一百四十六·子部五十六·道家类·周易参同契考异一卷（江西巡抚采进本）》[2]

宋朱子撰。考陈振孙《书录解题》，称朱子以《参同契》词韵皆古，奥雅难通，读者浅闻，妄辄更改，比他书尤多舛误，因合诸本，更相雠正，朱子自跋亦称，凡诸同异，悉存之以备考证，故以考异为名。今案书中注明同异者，惟天下然后治之治字，云或作理；威光鼎乃熺之熺字，云本作喜，一作熺；参证他本者不过二处。又如

1 《四库全书总目提要》卷一百四十六，第3756—3757页。

2 《四库全书总目提要》卷一百四十六，第3757—3758页。

修字疑作循，六五疑作廿六，铅字疑作饴，与字疑作为之类，朱子所自校者，亦只六七处。其余每节之下随文诠释，实皆笺注之体，不尽订正文字。乃以考异为名，未喻其旨。跋末自署空同道士邹䜣。盖以邹本邾国，其后去邑而为朱，故以寓姓。《礼记》郑氏注，谓䜣当作熹。又《集韵》熹虚其切，䜣亦虚其切，故以寓名。殆以究心丹诀非儒者之本务，故托诸廋词欤？考《朱子语录》，论《参同契》诸条颇为详尽。《年谱》亦载有庆元三年蔡元定将编管道州，与朱子会宿寒泉精舍，夜论《参同契》一事。文集又有《与蔡季通书》曰，《参同契》更无缝隙，亦无心思量，但望他日为刘安之鸡犬耳云云。盖遭逢世难，不得已而托诸神仙，殆与韩愈谪潮州时邀大颠同游之意相类。故黄瑞节《附录》谓其师弟子有脱屣世外之意。深得其情。黄震《日抄》乃曰，《参同契》者上虞人魏伯阳作，其说出神仙不足凭。近世蔡季通，学博而不免于杂，尝留意此书。而晦庵与之游，因为校正。其书颇行于世，而求其义则绝无之云云。其持论固正，然未喻有托而逃之意也。

《四库全书总目提要·卷一百四十六·子部五十六·道家类·周易参同契解三卷（浙江巡抚采进本）》[1]

宋陈显微撰。显微字宗道，自号抱一子，淮阳人。嘉定、端平间临安佑圣观道士也。是书乃端平元年其弟子王夷所刊，显微自为序。书中次第，悉依彭晓之本。其鼎器歌一首，亦从彭本附于卷末。惟分上、中、下三篇而不分章，则从葛洪《神仙传》之说。象彼仲冬节以下七十字，彭本、陈致虚本俱在枝茎华叶之下，而是本移在太阳流珠一节之下，则显微据经中别序四象之语，更其旧次也。盖其时错简之说盛行，王柏诸人递相煽动，流波所汩，并及于方以外矣。以其诠释详明，在《参同契》诸注之中犹为善本，故存备言内丹者之一家，犹《经解》之中录吴澄诸书之意云尔。

### 五、《抱朴子》相关材料

《抱朴子内篇卷之一·畅玄》[2]

抱朴子曰："玄者，自然之始祖，而万殊之大宗也。眇昧乎其深也，故称微焉。绵

1 《四库全书总目提要》卷一百四十六，第3758页。

2 王明著:《抱朴子内篇校释》卷一，北京：中华书局，1985年，第1—3页。

邈乎其远也，故称妙焉。其高则冠盖乎九霄，其旷则笼罩乎八隅。光乎日月，迅乎电驰。或倏烁而景逝，或飘滭而星流，或滉漾于渊澄，或雰霏而云浮。因兆类而为有，托潜寂而为无。沦大幽而下沉，凌辰极而上游。金石不能比其刚，湛露不能等其柔。方而不矩，圆而不规。来焉莫见，往焉莫追。乾以之高，坤以之卑，云以之行，雨以之施。胞胎元一，范铸两仪，吐纳大始，鼓冶亿类，佪旋四七，匠成草昧，辔策灵机，吹嘘四气，幽括冲默，舒阐粲尉，抑浊扬清，斟酌河渭，增之不溢，挹之不匮，与之不荣，夺之不瘁。故玄之所在，其乐不穷。玄之所去，器弊神逝。夫五声八音，清商流徵，损聪者也。鲜华艳采，彧丽炳烂，伤明者也。宴安逸豫，清醪芳醴，乱性者也。冶容媚姿，铅华素质，伐命者也。其唯玄道，可与为永。不知玄道者，虽顾眄为生杀之神器，唇吻为兴亡之关键，绮榭俯临乎云雨，藻室华绿以参差。组帐雾合，罗帱云离。西毛陈于闲房，金觞华以交驰，清弦嘈囋以齐唱，郑舞纷緂以蜲蛇，哀箫鸣以凌霞，羽盖浮于涟漪，掇芳华于兰林之囿，弄红葩于积珠之池，登峻则望远以忘百忧，临深则俯揽以遗朝饥，入宴千门之焜煌，出駈朱轮之华仪。然乐极则哀集，至盈必有亏。故曲终则叹发，燕罢则心悲也。寔理势之攸召，犹影响之相归也。彼假借而非真，故物往若有遗也。

夫玄道者，得之乎内，守之者外，用之者神，忘之者器，此思玄道之要言也。得之者贵，不待黄钺之威。体之者富，不须难得之货。高不可登，深不可测。乘流光，策飞景，凌六虚，贯涵溶。出乎无上，入乎无下。经乎汗漫之门，游乎窈眇之野。逍遥恍惚之中，倘佯彷彿之表。咽九华于云端，咀六气于丹霞。俳徊茫昧，翱翔希微，履略蜿虹，践跚旋玑，此得之者也。

其次则真知足，知足者则能肥遁勿用，颐光山林。纡鸾龙之翼于细介之伍，养浩然之气于蓬荜之中。繿缕带索，不以贸龙章之暐晔也。负步杖筴，不以易结驷之骆驿也。藏夜光于嵩岫，不受他山之攻。沈灵甲于玄渊，以违钻灼之灾。动息知止，无往不足。弃赫奕之朝华，避偾车之险路。吟啸苍崖之间，而万物化为尘氛。怡颜丰柯之下，而朱户变为绳枢。握耒甫田，而麾节忽若执鞭。啜菽漱泉，而太牢同乎藜藿。泰尔有余欢于无为之场，忻然齐贵贱于不争之地。含醇守朴，无欲无忧，全真虚器，居平味澹。恢恢荡荡，与浑成等其自然。浩浩茫茫，与造化钧其符契。如暗如明，如浊如清，似迟而疾，似亏而盈。岂肯委尸祝之坐，释大匠之位，越樽俎以代无知之庖，舍绳墨而助伤手之工。不以臭鼠之细琐，而为庸夫之忧乐。藐然不喜流俗之誉，坦尔不惧雷同之毁。不以外物汩其至精，不以利害污其纯粹也。故穷富极贵，不足以诱之焉，其余何足以悦之乎？直刃沸镬，不足以劫之焉，谤讟何足以戚之乎？常无心于众烦，而未始与物杂也。

若夫操隋珠以弹雀，舐秦痔以属车，登朽缗以探巢，泳吕梁以求鱼，旦为称孤之客，夕为狐鸟之余。栋挠悚覆，倾溺不振，盖世人之所为载驰企及，而达者之所为寒心而凄怆者也。故至人嘿《韶》《夏》而韬藻棁。奋其六羽于五城之墟，而不烦衔芦之卫。翳其鳞角乎勿用之地，而不恃曲穴之备。俯无倨鵄之呼，仰无亢极之悔，人莫之识，邈矣辽哉！”

《四库全书总目提要·卷一百四十六·子部五十六·道家类·抱朴子内外篇八卷（江苏巡抚采进本）》[1]

晋葛洪撰。洪有《肘后备急方》，已著录。是编乃其乞为句漏令后，退居罗浮山时所作。抱朴子者，洪所自号，因以名书也。自序谓内篇二十卷，外篇五十卷。《隋志》载内篇二十一卷，音一卷，入道家；外篇三十卷，入杂家。外篇下注曰梁有，五十一卷。《旧唐志》亦载内篇二十卷，入道家；外篇五十一卷，入杂家。卷数已小不同。《新唐志·道家》载内篇十卷，杂家载外篇二十卷。乃多寡迥殊。《宋志》则均入杂家，内篇作二十卷，与《旧唐书》同；外篇作五十卷，较《旧唐书》又少一卷。晁公武《读书志》作内篇二十卷，外篇十卷，内外篇之卷数与《新唐书》互异。陈振孙《书录解题》但载内篇二十卷，而云《馆阁书目》有外篇五十卷，未见。其纷纭错互，有若乱丝。此本为明乌程卢舜治以宋本及王府道藏二本参校，视他本较为完整。所列篇数，与洪自序卷数相符。知洪当时盖以一篇为一卷。以《永乐大典》所载互校，尚多丹砂法以下八篇，知为足本矣。其书内篇论神仙吐纳、符箓克治之术，纯为道家之言；外篇则论时政得失，人事臧否，词旨辨博，饶有名理。而究其大旨，亦以黄、老为宗。故今并入之道家，不复区分焉。

1 《四库全书总目提要》卷一百四十六，第3761页。

## 六、《黄庭经》相关材料

《上清黄庭外景经》[1]

### 上部经第一

老君闲居作七言，解说身形及诸神。

上有黄庭下关元，后有幽阙前命门，呼吸庐间入丹田。

玉池清水灌灵根，审能修之可长存。

黄庭中人衣朱衣，关元茂籥阖两扉，幽阙侠之高巍巍。

丹田之中精气微，玉池清水上生肥，灵根坚固老不衰。

中池有士服赤朱，横下三寸神所居。中外相距重闭之，神庐之中当修治。

玄膺气管受精府，急固子精以自持。宅中有士常衣绛，子能见之可不病。

横理长尺约其上，子能守之可无恙。呼吸庐间以自偿，子保完坚身受庆。

方寸之中谨盖藏，精神还归老复壮。心结幽厥流下竟，养子玉树令可壮。

至道不烦无旁午，灵台通天临中野。

方寸之中间关下，玉房之中神门户，既是公子教我者。

明堂四达法海源，真人子丹当吾前。三关之中精气深，子欲不死修昆仑。

绛宫重楼十二环，琼室之中五色集。赤神之子中池立，下有长城玄谷邑。

长生要慎房中急，弃捐淫俗专子精。

寸田尺宅可治生，鸡子长留心安宁，推志游神三奇灵，行闲无事心太平。

常存玉房神明达，时思太仓不饥渴，役使六丁玉女渴，闭子精门可长活。

正室堂前神所舍，洗心自治无败污。

历观五藏视节度，六府修治洁如素，虚无自然道之固。

物有自然道不烦，垂拱无为身体安，虚无之居在帏间。

寂寞廓然口不言，修和独立真人宫，恬淡无欲游德园。

清净香洁玉女前，修德明达神之门。

### 中部经第二

作道优游深独居，扶养性命守虚无。恬淡自乐何思虑？羽翼已具正扶骨。

1 董沛文主编，周全彬、盛克琦编校：《黄庭经集注》，北京：宗教文化出版社，2015年，第3—19页。

长生久视乃飞去，五行参差同根蒂。三五合气其本一，谁与共之斗日月。

抱玉怀珠和子室，子能守一万事毕。子自有之持无失，即欲不死入金室。

出日入月是吾道，天七地三回相守，升降进退合乃久。

玉石落落是吾宝，子自有之何不守？心晓根基养华彩，服天顺地合藏精。

七日之午回相合，昆仑之上不迷误。九原之山何亭亭，中有真人可使令。

蔽以紫宫丹城楼，侠以日月如明珠，万岁昭昭非有期。

外本三阳物自来，内拘三神可长生。魂欲上天魄入渊，还魂返魄道自然。

庶几结珠固灵根，玉匙金籥身完坚。载地悬天周乾坤，象以四时赤如丹。

前仰后卑列其门，选以还丹与玄泉，象龟引气致灵根。

中有真人巾金巾，负甲持符开七门。此非枝叶实是根，昼夜思之可长存。

仙人道士非异有，积精所致和专仁。

人尽食谷与五味，独食太和阴阳气，故能不死天相溉。

诚说五藏各有方，心为国主五藏王。受意动静气得行，道自将我神明光。

昼日昭昭夜自守，渴可得浆饥自饱。

经历六府藏卯酉，通我精华调阴阳，转阳之阴藏于九，常能行之可不老。

肝之为气修而长，罗列五藏主三光，上合三焦下玉浆，我神魂魄在中央。

精液流泉去臭香，立于玄膺舍明堂。雷电霹雳往相闻，右酉左卯是吾室。

**下部经第三**

伏于志门候天道，近在子身还自守。清静无为神留止，精神上下开分理。

精候天道长生草，七窍已通不知老。还坐天门候阴阳，下于喉咙神明通。

过华盖下清且凉，入清灵渊见吾形，期成还年可长生。

还过华下动肾精，立于明堂望丹田。将使诸神开命门，通利天道存灵根。

阴阳列布若流星，肝气周还终无端。肺之为气三焦起，上座天门候故道。

津液醴泉通六府，随鼻上下开两耳。

窥视天地存童子，调和精华治发齿，颜色光泽不复白。

下于喉咙何落落，诸神皆会相求索。

下入绛宫紫华色，隐藏华盖观通庐，专守心神转相呼，观我神明辟诸邪。

脾神还归依大家，致于胃管通虚无。

藏养灵根不复枯，闭塞命门如玉都，寿传万岁年有余。

脾中之神主中宫，朝会五藏列三光。

上合天门合明堂，通利六府调五行，金木水火土为王。

通利血脉汗为浆，修护七窍去不祥。

二神相得化玉英，上禀天气命益长，日月列布张阴阳。

五藏之主肾最精，伏于太阴成吾形。出入二窍合黄庭，呼吸虚无见吾形。

强我筋骨血脉盛，恍惚不见过青灵。

坐于庐下见小童，内息思存神明光，出于天门入无闲。

恬淡无欲养华茎，服食玄气可遂生。还过七门饮大渊，道我悬膺过青灵。

坐于膺间见小童，问于仙道与奇方，服食芝草紫华英。

头戴白素足丹田，沐浴华池生灵根，三府相得开命门。

五味皆至善气还，被发行之可长存。大道荡荡心勿烦，吾言毕矣慎勿传。

《上清黄庭内景经》（节选）[1]

**上清章第一**

上清紫霞虚皇前，太上大道玉晨君，闲居蕊珠作七言，散化五形变万神，是为黄庭曰内篇，琴心三叠舞胎仙。

九气映明出霄间，神盖童子生紫烟。是曰玉书可精研，咏之万过升三天。

千灾以消百病痊，不惮虎狼之凶残，亦以却老年永延。

**上有章第二**

上有魂灵下关元，左为少阳右太阴，后有密户前生门，出日入月呼吸存。

四气所合列宿分，紫烟上下三素云，灌溉五华植灵根，七液洞流冲庐间。

回紫抱黄入丹田，幽室内明照阳门。

**口为章第三**

口为玉池太和宫，漱咽灵液灾不干，体生光华气香兰，却灭百邪玉炼颜，审能修之登广寒。

昼夜不寐乃成真，雷鸣电激神泯泯。

1 《黄庭经集注》，第30—36页。

**黄庭章第四**

黄庭内人服锦衣，紫华飞裙云气罗。丹青绿条翠灵柯。

七蕤玉籥闭两扉，重扇金关密枢机，玄泉幽阙高崔嵬，三田之中精气微，

娇女窈窕翳霄晖，重堂焕焕明八威，天庭地关列斧斤，灵台盘固永不衰。

**中池章第五**

中池内神服赤珠，丹锦云袍带虎符，横津三寸灵所居，隐芝翳郁自相扶。

## 七、《度人经》相关材料

《度人经》(节选)[1]

道言：

昔于始青天中，碧落空歌大浮黎土，受元始度人无量上品。元始天尊当说是经，周回十过，以召十方。始当诣坐，天真大神、上圣高尊、妙行真人、无鞅数众，乘空而来。飞云丹霄，绿舆琼轮。羽盖垂荫，流精玉光，五色郁勃，洞焕太空。七日七夜，诸天日月星宿、璇玑玉衡，一时停轮。神风静默，山海藏云，天无浮翳，四气朗清。一国地土，山川林木，缅平一等，无复高下，土皆作碧玉，无有异色。众真侍坐，元始天尊悬坐空浮五色师子之上。

说经一遍，诸天大圣，同时称善。是时一国男女聋病，耳皆开聪。

说经二遍，盲者目明。

说经三遍，瘖者能言。

说经四遍，跛疴积逮，皆能起行。

说经五遍，久病痼疾，一时复形。

说经六遍，发白反黑，齿落更生。

说经七遍，老者反壮，少者皆强。

说经八遍，妇人怀妊，鸟兽含胎，已生未生，皆得生成。

说经九遍，地藏发泄，金玉露形。

说经十遍，枯骨更生，皆起成人。

1　张继禹主编：《中华道藏》第3册，北京：华夏出版社，2004年，第355—360页。

是时一国，是男是女，莫不倾心，皆受护度，咸得长生。

道言：

是时元始天尊说经一遍，东方无极无量品至真大神无鞅之众，浮空而至。

说经二遍，南方无极无量品至真大神无鞅之众，浮空而至。

说经三遍，西方无极无量品至真大神无鞅之众，浮空而至。

说经四遍，北方无极无量品至真大神无鞅之众，浮空而至。

说经五遍，东北无极无量品至真大神无鞅之众，浮空而至。

说经六遍，东南无极无量品至真大神无鞅之众，浮空而至。

说经七遍，西南无极无量品至真大神无鞅之众，浮空而至。

说经八遍，西北无极无量品至真大神无鞅之众，浮空而至。

说经九遍，上方无极无量品至真大神无鞅之众，浮空而至。

说经十遍，下方无极无量品至真大神无鞅之众，浮空而至。

一国男女，倾心归仰，来者有如细雨密雾，无鞅之众，迮国一半，土皆偏陷，非可禁止。于是元始悬一宝珠，大如黍米，在空玄之中，去地五丈。元始登引天真大神、上圣高尊、妙行真人、十方无极至真大神、无鞅数众，俱入宝珠之中。天人仰看，唯见勃勃从珠口中入。既入珠口，不知所在。国人廓散，地还平正，无复欹陷。元始即于宝珠之内，说经都竟。众真监度，以授于我。当此之时，喜庆难言，法事粗悉，诸天复位。倏欻之间，寂无遗响。是时天人遇值经法，普得济度，全其本年。无有中伤，倾土归仰，咸行善心。不杀不害，不嫉不妒，不淫不盗，不贪不欲，不憎不嫉，言无华绮，口无恶声。齐同慈爱，异骨成亲。国安民丰，欣乐太平。经始出教，一国以道，预有至心，宗奉礼敬，皆得度世。

## 八、《三皇文》相关材料

《三皇内文遗秘·天皇内文上》[1]

天生云龙，道本上升，张烈正气，丽乎太清，辅弼正道，行于正平，六甲洞元，九天超形，福延子孙，仙行自真，次及人皇，人敬长生，六丁九气，秘密真诚，敬之终吉，昊帝贵名，久知道妙，身体长宁，闻此真句，常任之清。

1 《中华道藏》第4册，第453—454页。

（已上八十字，每日暗念一遍，求长生之道。及于子孙，亦得总明。）

庆延七祖，福及千生，高上太一，真正玉文，斩灭袄邪，和合玉清，仙法本正，名书上清，圣功乃久，法成乃知，昌运大业，仙众保之，乃命金文，扉命制期。

（已上五十六字，每遇四时八节，飨祭家亲，暗念七遍，不书黑簿。智者勿令人知之，恐轻泄也。）

经传隐此法禁。

（已上六字，说此三皇内文传受已，师不用功行，及十日，天神不附。若传度非法，亦不得受。只依科所传，勿令人轻慢。）

授及三皇，常游玉清，凶恶伏灭，永居山堂，青云从我，六癸存真，人若保之，六甲护身，勿轻我盟，必升太清，永命延寿，玉神扶形，万劫为仙，常处丹天，五岳四渎，川洞丹穴，社稷泉源，万灵布设，风伯雨师，星辰拥诀。

（已上八十字，六甲六癸日，各念持三遍，五岳四渎社稷等神护助也。）

凡有玄言，皇神秘传，写于缯素，藏于洞天，功归太真，福度千春，无穷劫过，海岳成尘，秘之斯文，五云覆映，兆民敬之，叶和昌运，持受清教，命延寿永。

（已上五十六字，言三皇内文佩受之后，仍写篆送在山野洞穴之中。勿令人知，永保千春。）

灵岳九仙，丹炎洞然，河魁天罡，护道玄言，妄泄伐命，殃及九泉，粉躯碎体，金文莫言。已哉矣慎焉。

（已上三十七字，言三皇内文佩受之后，说论与人，轻意妄泄，殃及九祖，粉骨伤形，金文永隔。玄言三百一十五字。）

## 九、《阴符经》相关材料

《阴符经》[1]

观天之道，执天之行，尽矣。故天有五贼，见之者昌。五贼在乎心，施行于天。宇宙在乎手，万化生乎身。天性，人也。人心，机也。立天之道，以定人也。天发杀机，龙蛇起陆。人发杀机，天地反覆。天人合发，万变定基。性有巧拙，可以伏藏。

1 王宗昱集校:《阴符经集成》，北京：中华书局，2019年，第2—14页。

九窍之邪，在乎三要，可以动静。火生于木，祸发必克。奸生于国，时动必溃。知之修炼，谓之圣人。

天生天杀，道之理也。天地，万物之盗；万物，人之盗；人，万物之盗。三盗既宜，三才既安。故曰：食其时，百骸理；动其机，万化安。人知其神而神，不知其神所以神也。日月有数，大小有定，圣功生焉，神明出焉。其盗机也，天下莫能见，莫能知。君子得之固躬，小人得之轻命。

瞽者善听，聋者善视。绝利一源，用师十倍。三反昼夜，用师万倍。心生于物，死于物，机在于目。天之无恩，而大恩生。迅雷烈风，莫不蠢然。至乐性余，至静性廉。天之至私，用之至公。禽之制在气。生者，死之根；死者，生之根。恩生于害，害生于恩。愚人以天地文理圣，我以时物文理哲。人以虞愚，我以不虞愚；人以期其圣，我以不期其圣。故曰：沉水入火，自取灭亡。自然之道静，故天地万物生。天地之道浸，故阴阳胜。阴阳相推，变化顺矣。是故圣人知自然之道不可违，因而制之。至净之道，律历所不能契。爰有奇器，是生万象。八卦甲子，神机鬼藏。阴阳相胜之术，昭昭乎进乎象矣。

《四库全书总目提要·卷一百四十六·子部五十六·道家类·阴符经解一卷（浙江鲍士恭家藏本）》[1]

旧本题黄帝撰，太公、范蠡、鬼谷子、张良、诸葛亮、李筌六家注。《崇文总目》云，《阴符经叙》一卷，不详何代人叙集。太公以后为《阴符经注》者凡六家，并以惠光嗣等传附之。盖即此书而佚其传也。晁公武《读书志》引黄庭坚跋，称《阴符》糅杂兵家语，又妄托子房、孔明诸贤训注。则是书之注，以此本为最古矣。案《隋书·经籍志》有《太公阴符钤录》一卷，又《周书阴符》九卷，皆不云黄帝。《集仙传》始称唐李筌于嵩山虎口岩石室得此书，题曰大魏真君二年七月七日道士寇谦之藏之名山，用传同好。已糜烂，筌钞读数千遍，竟不晓其义。后于骊山逢老母，乃传授微旨，为之作注。其说怪诞不足信。胡应麟《笔丛》乃谓苏秦所读即此书，故书非伪，而托于黄帝则李筌之伪。考《战国策》载苏秦发箧得《太公阴符》，具有明文。

1 《四库全书总目提要》卷一百四十六，第3736—3737页。

又历代史志皆以《周书阴符》著录兵家，而《黄帝阴符》入道家，亦足为判然两书之证。应麟假借牵合，殊为未确。至所云唐永徽初褚遂良尝写一百本者，考文徵明《停云馆帖》所刻遂良小字《阴符经》，卷末实有此文。然遂良此帖，自米芾《书史》、宝章《待访录》、宣和《书谱》即不著录；诸家鉴藏，亦从不及其名；明之中叶，忽出于徵明家。石刻之真伪尚不可定，又乌可据以定书之真伪乎？特以书虽晚出，而深有理致，故文士多为注释，今亦录而存之耳。注中别有称尹者曰：不知何人。卷首有序一篇，不著名氏，亦不著年月，中有泄天机者沉三劫语，盖粗野道流之鄙谈，无足深诘。惟晁公武《读书志》中所引筌注，今不见于此本。或传写有所窜乱，又非筌之原本欤？

《四库全书总目提要·卷一百四十六·子部五十六·道家类·阴符经考异一卷（江西巡抚采进本）》[1]

宋朱子撰。《阴符经》出于唐李筌。晁公武《读书志》引黄庭坚跋，定为筌所伪托，《朱子语录》亦以为然。然以其时有精语，非深于道者不能作，故为考定其文。其定人以愚虞圣而下一百十四字，皆为经文，盖用褚氏、张氏二注本也。语录载闾邱次孟论《阴符经》自然之道静数语，虽六经之言无以加。朱子谓闾邱此等见处尽得，而杨道夫以为《阴符经》无此语。盖道夫所见乃骊山老母注本，以我以时物文理哲为书之末句，故疑其语不见于本经也。书中有黄瑞节附录，征引亦颇赅备。考《吉安府志》，瑞节字观乐，安福人。举乡试，授泰和州学正。元季弃官隐居。尝辑《太极图》、《通书》、《西铭》、《易学启蒙》、《家礼》、《律吕精义》、《皇极经世》诸书，并加释注，名曰《诸子成书》。此及《参同契》，盖亦其中之二种。志盖以其学涉道家，故讳而不载云。

## 十、《清静经》相关材料

《清静经》[2]

老君曰：大道无形，生育天地；大道无情，运行日月；大道无名，长养万物。吾

1 《四库全书总目提要》卷一百四十六，第3737—3738页。

2 《中华道藏》第6册，第1页。

不知其名，强名曰道。夫道者，有清有浊，有动有静。天清地浊，天动地静，男清女浊，男动女静。降本流末，而生万物。清者浊之源，静者动之基。人能常清静，天地悉皆归。夫人神好清而心扰之，人心好静而欲牵之。常能遣其欲而心自静，澄其心而神自清，自然六欲不生，三毒消灭。所以不能者，为心未澄、欲未遣也。能遣之者，内观于心，心无其心；外观于形，形无其形；远观于物，物无其物。三者既悟，唯见于空。观空亦空，空无所空。所空既无，无无亦无。无无既无，湛然常寂。寂无所寂，欲岂能生？欲既不生，即是真静。真静应物，真常得性。常应常静，常清静矣。如此清静，渐入真道。既入真道，名为得道。虽名得道，实无所得。为化众生，名为得道。能悟之者，可传圣道。

老君曰：上士无争，下士好争；上德不德，下德执德。执著之者，不明道德。众生所以不得真道者，为有妄心。既有妄心，即惊其神。既惊其神，即著万物。既著万物，即生贪求。既生贪求，即是烦恼。烦恼妄想，忧苦身心，便遭浊辱，流浪生死，常沉苦海，永失真道。真常之道，悟者自得。得悟道者，常清静矣。

（仙人葛仙翁曰：吾得真道，曾诵此经万遍。此经是天人所习，不传下士。吾昔受之于东华帝君，东华帝君受之于金阙帝君，金阙帝君受之于西王母，西王母皆口口相传，不记文字。吾今于世，书而录之。上士悟之，升为天官；中士得之，南宫列仙；下士修之，在世长年。游行三界，升入金门。）

（左玄真人曰：学道之士，持诵此经者，即得十天善神拥护其人，然後玉符保神，金液炼形。形神俱妙，与道合真。）

（正一真人曰：人家有此经，悟解之者，灾障不干，众圣护门，神升上界，朝拜高尊。功满德就，相感帝君。诵持不退，身腾紫云。）

### 十一、《玉皇经》相关材料

《玉皇经·清微天宫神通品第一》（节选）[1]

尔时元始天尊在清微天中玉京金阙七宝玄苑玉皇宫殿，升光明座，与无鞅数众宣说灵宝清净真一不二法门。是时玉皇尊帝，与诸真圣、飞天大圣、无极神王、灵童玉

1 《中华道藏》第6册，第272—273页。

女九千万人，清斋建节，侍在侧焉。于时玉帝知时欲至，即于会前举六通力，放大光明，遍照诸天，无极梵刹一切境界，皆大震动；十方无极一切世界，俱同琉璃玻璃，无有隔碍；十方来众，并乘五色琼轮琅舆碧辇、九色玄龙、十绝羽盖，麟舞凤唱，啸歌噫噫，灵妃散花，金童扬烟，赞咏洞章，浮空而来。是时梵天一切金仙、大乘菩萨、四众八部，承斯光照，皆乘金碧九霞流景飞云玉舆，庆霄四会，三辰吐芳，飞香八凑，旋绕道前，雨众妙花，如云而下，遍覆会前。是时其光遍照诸天，下烛下方无极世界，同玄都境。凡彼人间，上近九天，通接交连，至亲至迩。凡彼下方无极世界，山陵坡坂，沟涧溪谷，缅平如掌，六合至迩，三境非遥。天宝台殿，星罗人间，琼瑰罗列，朗耀云衢，七宝栏楯，以界道路，玉树仙花，蒨灿珠宝，景秀丹田，芝草绵覆。时彼下方，皆见诸天。钧天妙乐，随光旋转，自然振响。又复皆见鸾啸凤唱，飞鸣应节，龙戏麟盘，翔舞天端。诸天宝花，零乱散落，遍满道路。是时凡圣骇异，幽暗开光，天人悦庆，踊跃欢忻，凡夫学士，尽得飞升，仰观劫仞宝台，俯眄紫云弥罗。是诸世界一切人民，咸臻道气，白首面皱，皆得化度，绀发朱颜、少壮幼稚，转得形容，光泽美好，苦恼痊平，普蒙解脱，安乐快然。天下歌谣，欣国太平。当尔之时，神风遐著，万气扬津，天震地裂，枯骨更生，沉尸飞魄，皆起复形，酆都铁围、长夜九幽，即时破坏，地狱苦魂，化生诸天，三恶道苦，一时解脱。时诸罪辈，以斯光力，得生十方诸大天宫。

尔时玉皇即分其身，遍于十方诸大天宫，令诸天宫自然化现，白玉为京，黄金为阙，七宝玄苑大光明殿具光明座，幢节幡盖，异宝奇花，遍布是处。尔时玉皇即以所分之身，遍于是处，白玉京中黄金阙内，七宝玄苑大光明殿光明座上，普为十方演说清净解脱之道。时化玉帝，各以无量天真大圣、妙行真人、灵妃玉女侍列左右。是诸玉女颜容姝妙，端丽奇特，天珍异宝，庄严身相，言音清彻，众所乐闻。如是诸女，其身复出微妙解脱自然之香。是香芬馥，周遍诸天极妙乐土及诸大地一切福处。六道一切众生闻是香者，普蒙开度。所谓天道、人道、魔道、地狱道、饿鬼道、畜生道。若诸天道，一切天人或有能闻是此香者，五衰四相，永得除灭，转增天福。若诸人道，王臣兆庶或有能闻是此香者，即得人天长寿之乐，身或灭度，乃得脱壳尸解之道。若诸魔道，一切诸魔或有能闻是此香者，安处天宫，斗战之苦，各得休息。若诸地狱道，一切众生或有能闻是此香者，离地狱苦，得净土乐。若诸饿鬼道，一切饿鬼等或有能闻是此香者，即得饱满，无饥渴恼。若诸畜生道，一切畜生或有能闻是此香者，脱畜生苦，得智慧乐。

尔时诸生天罪众，既得生是胜天宫已，缘承慈光摄爱之故，便得觉悟，各各明了罪福因缘，与诸眷属作天伎乐，来诣帝前。是诸众等，各各含悲，俱发声言，前后经千劫万劫，不见三光，常处黑暗三恶道中，多受苦恼。伏蒙玉帝方便放光，悯救我等，皆生天上。是诸恶业，悉皆灭尽，无诸系滞，皆得往生。仰朝玉帝，各到道场。是诸生天一切罪众，说是语已，稽首复位。

尔时玉帝出大妙音，普告十方诸天圣众："汝等谛听，此诸罪辈，旷劫以来，纵无明性，造十恶业，六尘遍染，三业萦缠，肆意任心，曾无觉悟。阴罪阳过，日积月深，背道违真，顺邪弃正，举心运念，动结愆尤。遂使命过之后，身落三涂，不得解脱。若非今日遇是法筵，何由出离？"

## 十二、《心印经》相关材料

《心印经》[1]

上药三品，神与气精。恍恍惚惚，杳杳冥冥。存无守有，顷刻而成。

回风混合，百日功灵。默朝上帝，一纪飞升。知者易悟，昧者难行。

履践天光，呼吸育清。出玄入牝，若亡若存。绵绵不绝，固蒂深根。

人各有精，精合其神。神合其气，气合其真。不得其真，皆是强名。

神能入石，神能飞形。入水不溺，入火不焚。神依形生，精依气盈。

不凋不残，松柏青青。三品一理，妙不可听。其聚则有，其散则零。

七窍相通，窍窍光明。圣日圣月，照耀金庭。一得永得，自然身轻。

太和充溢，骨散寒琼。得丹则灵，不得则倾。丹在身中，非白非青。

诵持万遍，妙理自明。

1 《中华道藏》第6册，第326页。

# 第十四讲 语录与学案

语录体是记录人物言论的书籍体裁。“语录”最早见于《旧唐书·经籍志》“《宋齐语录》十卷，孔思尚撰”。其实语录的形式在先秦时代便已出现，《论语》就属于门人对孔子生平言论的编纂。但现今所谓语录体多指唐代以后的白话语录，学者通常认为语录起于禅宗，佛书初入中国，曰经、曰律、曰论，无所谓语录也。达磨西来，自称“教外别传，直指心印”。数传以后，其徒日众，而语录兴焉。因为禅宗“直指心印”的特点，对禅僧口语化指点的记录就尤为重要，其中《坛经》是禅宗比较经典的语录体著作。随着宋代义理之学的兴起，在对经典的章句训诂之外，道学家往往在讲学中以口语化形式发明义理，《河南程氏遗书》《象山语录》《朱子语类》等是理学中经典的语录体著作。

学案体是记录学派源流及其学说并加以论断的史书体裁。案主传记和案主学术资料选编两部分构成了学案体结构的最主要两部分。最早以学案命名的著作是明代刘元卿的《诸儒学案》，但据学案体结构所具备的基本要素来看，朱熹的《伊洛渊源录》当属学案体的开山之作。禅宗较早地开始了确立师承谱系，梳理学派源流、思想的工作，《景德传灯录》等编纂体例影响到了后世学案体的形成。朱熹为了建立道学传承谱系、确立伊洛之学的正统地位而编纂《伊洛渊源录》，该书具备了案主传记、案主学术资料选编及案语等学案体基本要素，影响了其后黄宗羲《明儒学案》的编纂。比较著名的学案体著作有《明儒学案》《宋元学案》《清儒学案》等。

## 一、语录体

### （一）《六祖大师法宝坛经》

《六祖大师法宝坛经》，也称《坛经》，是记录佛教禅宗六代祖师慧能生平言教与事迹的语录体著作。按照禅宗的传法谱系，自摩诃迦叶至达摩菩提历二十八代，达摩于梁武帝时来到中国，传至唐代慧能创立禅宗时已是第六代，故慧能称六代祖师。

《坛经》主要由慧能弟子法海集记，内容涉及慧能在大梵寺开示摩诃般若波罗蜜法及与门弟子问答等内容。《坛经》中提出了真如缘起、众生有佛性、顿悟等禅宗核心观点，慧能的思想与般若系“一切皆空”的观点有所不同，他认为“真如”是永恒遍在，万事万物由真如缘起而生，一花一木、一草一石皆是真如，而一切众生皆有佛性，这意味着众生皆有成佛的可能，只要众人明心见性即可顿悟而进入佛境。

《坛经》中表达的真如、佛性、顿悟等观点开辟了禅宗一脉，因此《坛经》也成为禅宗创始经典。《坛经》在流传过程中形成四个主要版本：敦煌本《六祖坛经》（又称法海原本）、宋乾德五年的惠昕本、宋至和三年契嵩本及元至元二十八年宗宝本。其中宗宝本是明朝后流传最广的通行本，敦煌发现的法海原本是最接近原本《坛经》的版本，中华书局1983年出版《坛经校释》就是依照敦煌法海原本，参照其他三种版本进行校释，是比较好的版本。

### （二）《河南程氏遗书》

《河南程氏遗书》，又称《二程遗书》，是记录北宋道学家程颢、程颐兄弟言行的语录体著作，由朱熹编纂，其内容主要由吕大临、谢良佐、杨时等程门诸弟子于二程讲学时所记。

各家的二程语录流传到南宋时散乱失次，乾道四年（1168），朱熹将各家所记编次成集，合为《河南程氏遗书》，共分为二十五卷，附录一卷。其中第一至十卷为“二先生语”，部分标注为“明”的是程颢语，标注为“正”的则是程颐语。第十一至十四卷为记录程颢的“明道先生语”，第十五至二十五卷为记录程颐的“伊川先生语”，附录一卷，有《明道先生行状》《伊川先生年谱》等文字八篇。二程在讲学过程中阐发了关于天道、心性、工夫的道学系统，如厘清形上、形下的“一阴一阳之谓道，道非阴阳也，所以一阴一阳，道也”，阐明心性关系的“在天为命，在人为性，论其所主为心”等语皆备载于《二程遗书》，因此该书与《二程文集》《周易程氏传》等书是研究二程思想的重要材料。

程颐曾称赞弟子李吁（字端伯）所记明道语录“却得其意，不拘言语，往往录得都是”，所以朱熹将“端伯传师说”置于《遗书》首卷，由此也可见记语录之难。《二程遗书》在明代以前一直是单行本，明代以后《遗书》和《经说》《文集》等六种合刊为《二程全书》，以清同治涂宗瀛刻本为佳，中华书局2004年出版的《二程集》就以涂本为底本，上海古籍出版社出版的单行本《二程遗书》也是当代质量较高的版本。

### （三）《朱子语类》

《朱子语类》是南宋道学家朱熹门弟子记录朱熹平日与门人问答的语录体著作，由南宋黎靖德编纂，全书一百四十卷。

朱熹语录由弟子平日各自记录，朱熹去世后，李道传于嘉定八年（1215）首先汇集三十三家语录，编为《朱子语录》四十三卷，刊刻于池州（又称池录），其后又有吴坚、李心传等继续搜集，编成“饶录”“建录”等。最终由黎靖德汇集各版本语录，删除重复、可疑之语一千一百五十余条，于咸淳六年（1270）编成一百四十卷《朱子语类》。《语类》按内容主题分为二十六门，前六卷主要涉及朱熹针对太极、天地、鬼神、气质之性、仁义礼智、性情心意等理学核心问题的言论，第七至十三卷主要讨论小学、知行、持守等为学问题，第十四卷到九十二卷是讲解四书五经时的门人问答，第九十三卷后是朱熹对孔、孟及周、张、二程、胡宏、吕祖谦等道学家以及佛老、当朝与前代史事等的议论。

黎靖德在编纂时将所收录各家语录的记录时间整理在了目录前的“朱子语类姓氏”中，并将不同弟子对同一答问的记录一同收录，这有助于准确理解朱熹本意及其思想的变化。《语类》流传本中以1986年中华书局点校本为佳，可供参考。

### （四）《象山语录》

《象山语录》是宋儒陆九渊门人记录陆九渊平日言论的语录体著作，由傅子云、严松等记录。

《象山语录》由陆九渊再传弟子陈埙于宋嘉熙元年（1237）刊刻，与《朱子语类》分主题编排不同，《象山语录》总体篇幅较短，宋刻本只有四卷，分别由门人傅子云、严松、周清叟、包扬、李伯敏、詹阜民等记录汇编而成。《语录》中记录了陆九渊“心即理”“先立乎其大者”“收拾精神”等心学观点，他认为“四端者，即此心也，天之所以与我者，即此心也，人皆有是心，心皆具是理，心即理也”，本心即是天理，成圣工夫不应外求，而要落脚在“发明本心”上，以收拾精神自作主宰。除了阐明心学观点，《语录》也记载了陆九渊自述学问授受之源的“因读孟子而自得之”，批评朱熹“学不见道，枉费精神”等言论。

陆九渊认为“学苟知本，六经皆我注脚”，因此他不重视著述，其心学思想大多保留在与师友的书信与语录中，语录的地位也就凸显出来。明正德十六年（1521）李茂元刻《象山集》时将《语录》附于书中，因此不再有单行本。上海古籍出版社2000年曾将《象山语录》《阳明传习录》合刊发行，2020年又将《象山语录》单独刊行，中华书局1980年版《陆九渊集》也收录了《象山语录》，这三种是比较好的版本。

## 二、学案体

### （一）《景德传灯录》

《景德传灯录》是记述禅宗传法谱系的史书，由僧道原编著，成书于宋真宗景德年间，共三十卷，其编纂体例影响了《伊洛渊源录》的编订。

禅宗常以“灯”喻禅法，因此禅法传承也称“传灯”。道原生平不详，但据《天圣广灯录》载，道原为天台德韶禅师的法嗣。灯录首创于禅宗，记载僧人的生平事迹、机缘语句并将收录的人物按世次排列阐明其传承谱系，介于传记与语录之间。南唐保大十年编成的《祖堂集》是存世最早的传灯录，但该书在20世纪被重新发现之前失传已久，而《景德传灯录》流行更广。《景德传灯录》共收录一千七百零一人，卷一、二叙述过去七佛、西天二十七祖以及旁出的二十二祖，卷三至卷五述二十八祖菩提达摩至六祖慧能，卷六至卷二十六述慧能门下南岳怀让、青原行思二法系，卷二十七述非正统禅师贤人的语录，卷二十九、三十记录一些著名禅宗诗文，如《证道歌》《显宗记》等。

该书材料多取于《祖堂集》《宝林传》等书，书中著录各家宗派，取材广泛，能较客观反映禅宗发展史。《景德传灯录》刊行后在宋代士大夫阶层广为流传，其将记述对象的生平行事、语录融为一编，按传道谱系编次人物的体例影响了其后《伊洛渊源录》等学案体著作的形成。南宋普济汇编的《五灯会元》将《景德传灯录》整理删繁并纳入其中，由此《传灯录》单行本影响渐小，《四部丛刊》所收宋刻本《景德传灯录》、上海书店出版社2009年版的《景德传灯录译注》是当前较好的版本。

### （二）《伊洛渊源录》

《伊洛渊源录》是记载北宋道学家周敦颐、张载、程颐、程颢、邵雍及其弟子言行政事的理学史著作，共十四卷，由朱熹编著于乾道九年（1173）。

《伊洛渊源录》的得名源于二程讲学于伊川、洛水，书中以二程为主，上及周敦颐，旁及邵雍、张载及程张门人后学。在《伊洛渊源录》成书以前，理学曾在哲宗元祐年间、高宗绍兴年间经历过两次学禁，学禁的矛头都指向伊洛之学所自称的传承孔孟千载不传之学的道统问题上，因此朱熹编撰《伊洛渊源录》以厘清理学传道谱系，使“圣贤相传之道焕然见于其中”。该书以周敦颐、程颢、程颐、邵雍、张载为先，其次附以吕希哲、范祖禹等道学门人共四十一人。每位传主之下首先列其传记以明其生平，材料选自行状、年谱、墓志铭、祭文等，其次记载其言行遗事以明其为学宗旨，材料采自语录、遗书、闻见录和著述等，在传记和遗事中杂以按语以论其是非。朱熹在《伊洛渊源录》详尽考证理学师承授受，卷一《濂溪先生事状》指出周敦颐"博学力行、闻道甚早"，二程之学源于周敦颐，明确了周敦颐的道学宗主地位。针对张载与二程之间师承授受关系的争议，朱熹在卷六《横渠先生遗事》考证了吕大临《横渠先生行状》两个版本中的"尽弃其学而学焉"与"尽弃异学，淳如也"两句，肯定后者是经程颐本人指正后所修改之语，否定了张载之学源自二程的论断。

《伊洛渊源录》确立理学道统，即"周子得不传之学于《图》《书》，阐发幽秘，二程子扩大而推明之，穷理致知，以究其极。张子、邵子则又上下其论议。然后天理之微、人伦之著、事物之众、鬼神之幽焕然复明于世"（苏天爵《伊洛渊源录序》），《宋史·道学传》即依据于此书，由此开启了道学门户分立，"厥后声气攀援，转相依附。其君子各执意见，或酿为水火之争"（《四库全书总目提要》）。《伊洛渊源录》以传记、遗事记述传主生平、思想，以按语杂于其间的体例开启了学案体著作的先河，后世《明儒学案》等皆受其影响。

## （三）《明儒学案》

《明儒学案》是由黄宗羲撰著的记录明代学术思想流变的学案体著作，成书于康熙十五年（1676），共六十二卷。《明儒学案》共十七学案，论及学者二百零二人。卷首有《师说》一篇，源于刘宗周的《皇明道统录》。各学案之前都有序论来简要介绍学案内容，随后附上学案内各学者的传记，传记之后是学者的语录和著作节选。全书最初九卷述明初学术，以吴与弼为首，卷十从《姚江学案》开始记述阳明学，分浙中王门、江右王门、南中王门、楚中王门、北方王门、粤闽王门各学案，之后是止修、泰州、甘泉诸学案，最后设立东林、蕺山学案等以容纳未列于前述学案的学者。

《明儒学案》以时间次序编排，展示了明代学术流变的线索，黄宗羲著书兼容百家，明代儒学的各派别皆有收录，《学案》在篇幅安排上明显偏向王学，书中浙中、江右等王门学案以及泰州、止修等与王门相关的学案超过全书半数以上。《明儒学案》成书后被收入《四库全书》，中华书局有1985年点校本。

### （四）《宋元学案》

《宋元学案》是记录宋、元两代学术思想的学案体著作，由黄宗羲、全祖望等先后整理编著，共一百卷。

黄宗羲在完成《明儒学案》之后编撰《宋元学案》，但仅完成十七卷就去世，其子黄百家续修八卷，随后由全祖望于乾隆二十年（1755）去世前续编为一百卷，但也未全部定稿。根据《宋元学案》校订者王梓材、冯云濠的记述，全祖望对《宋元学案》进行了修定、补本、补定、次定，修定是将原本中的内容增加删减，补本是增加原本中未有的一些人物，如司马光《涑水学案》、王安石《荆公新学略》，补定是将某些原来附属于他人学案的思想家单独立为学案，比如陈亮的《龙川学案》、杨简的《慈湖学案》，次定是指将原来只有一卷的周敦颐、邵雍、张载、程颐、程颢、朱熹、叶适的学案分为两卷，最终形成了一百卷的规模。全书除学案外还有《荆公新学略》《苏氏蜀学略》《屏山鸣道集说略》杂学三学略和《元祐党案》《庆元党案》两党案。每学案前列表叙述传主的师友门人传承关系，表后有序录作学案概述，序录后的传记记录传主生平学行，后附传主语录、著作节略以述其思想，最后以学侣、同调、家学、门人、私淑、续传等条目附上学案前表中师友门人的小传与著作节略，其中单独有学案及事迹无可考的只列姓名。

由于《宋元学案》的编著经手于多人，其思想性稍逊《明儒学案》，《宋元学案》选取宋元学者达两千四百余人，选录著作众多、师门授受考证精详，有较高史料价值。该书于道光十八年（1842）经王梓材、冯云濠校订后初刻，道光二十六年（1848）由何绍基出资重校再刻，中华书局1983年版《宋元学案》便是依据何本校对的版本。

### （五）《清儒学案》

《清儒学案》是记载清代学术思想史的学案体著作，由徐世昌等编纂，共二百零八卷。徐世昌在卸任总统职务退居天津后，于民国十八年（1929）仿照《宋元学案》体例编著《清儒学案》，历时十年至民国二十八年（1939）定稿出版。该书是由徐世昌、夏孙桐、王式通等多人合编而成。

民国以来儒学式微，徐世昌认为清代“名儒辈出，远绍宋、明”，希望通过记述清代学者思想供学者参考，使“因学以明道，修道以为教，冀以端本善俗，范围曲成”，而使民众优游于礼让道德之中，臻至一代文明之盛。在体例上，《清儒学案》从《宋元学案》之故，先以小序列于各案之前，次以各案主生平学行小传，再次以家学、弟子、交游、私淑等人。该书以清代学者所宗的汉学宋学、程朱陆王之分为论述重点，徐世昌在序言中将清代学术分为康熙、乾嘉、道咸三时期，各时期分别以经世致用、精研考证、微言大义为主要特征。

《清儒学案》与清代的《国朝学案小识》等著作相比卷帙浩繁，收录包括黄宗羲、颜元、戴震等学者一千一百六十九人，编入正案一百七十九人，内容全面，但因书成众手，时间有限，在观点论述和材料精审等方面尚不及《明儒学案》《宋元学案》，中华书局2008年出版点校本《清儒学案》。

## 思考题

1. 概述理学中的语录体著作。

2. 介绍学案体的发展脉络。

## 【阅读材料】

### 一、《坛经》

《第一至第十二品》[1]

（一）序品

惠能大师，于大梵寺讲堂中，升高座，说摩诃般若波罗蜜法，授无相戒。其时座下僧尼、道俗一万余人，韶州刺史韦璩及诸官寮三十余人，儒士三十余人，同请大师说摩诃般若波罗蜜法。刺史遂令门人法海集记，流行后代，与学道者承此宗旨，递相传授，有所依约，以为禀承，说此《坛经》。

（二）惠能说法，惠能闻金刚经

能大师言："善知识！净心念摩诃般若波罗蜜法。"大师不语，自身净心，良久乃言："善知识净听，惠能慈父，本官范阳左降迁流岭南，作新州百姓。惠能幼小，父又早亡，老母孤遗，移来南海，艰辛贫乏，于市卖柴。忽有一客买柴，遂令惠能送至于官店，客将柴去，惠能得钱，却向门前，忽见一客读《金刚经》，惠能一闻，心明便悟，乃问客曰：'从何处来持此经典？'客答曰：'我于蕲州黄梅县东冯墓山，礼拜五祖弘忍和尚，见今在彼，门人有千余众。我于彼听见大师劝道俗，但持《金刚经》一卷，即得见性，直了成佛。'惠能闻说，宿业有缘，便即辞亲，往黄梅冯墓山，礼拜五祖弘忍和尚。"

（三）弘忍、惠能问答

弘忍和尚问惠能曰："汝何方人？来此山礼拜吾，汝今向吾边复求何物？"惠能答曰："弟子是岭南人，新州百姓，今故远来礼拜和尚。不求余物，唯求作佛。"大师遂责惠能曰："汝是岭南人，又是獦獠，若为堪作佛！"惠能答曰："人即有南北，佛性即无南北，獦獠身与和尚不同，佛性有何差别！"大师欲更共语，见左右在傍边，大师更不言。遂发遣惠能令随众作务。时有一行者，遂遣惠能于碓房，踏碓八个余月。

（四）五祖集门人

五祖忽于一日唤门人尽来，门人集讫，五祖曰："吾向汝说，世人生死事大，汝等门人，终日供养，衹求福田，不求出离生死苦海。汝等自性若迷，福门何可救汝。汝

---

1 ［唐］慧能著，郭朋校释：《坛经校释》，北京：中华书局，1983年，第1—25页。

总且归房自看，有智惠者，自取本性般若之知，各作一偈呈吾，吾看汝偈，若悟大意者，付汝衣法，禀为六代。火急急！”

（五）诸人不敢呈偈

门人得处分，却来各至自房，递相谓言：我等不须澄心用意作偈，将呈和尚。神秀上座是教授师，秀上座得法后，自可依止，偈不用作。诸人息心，尽不敢呈偈。时大师堂前有三间房廊，于此廊下供养，欲画《楞伽》变相，并画五祖大师传授衣法，流行后代，为记。画人卢珍看壁了，明日下手。

（六）神秀书偈

上座神秀思惟：诸人不呈心偈，缘我为教授师，我若不呈心偈，五祖如何见得我心中见解深浅。我将心偈上五祖呈意，求法即善，觅祖不善，却同凡心夺其圣位。若不呈心偈，终不得法。良久思惟，甚难，甚难。夜至三更，不令人见，遂向南廊下中间壁上题作呈心偈，欲求于法。若五祖见偈，言此偈语，若访觅我，我宿业障重，不合得法，圣意难测。我心自息。秀上座三更于南廊下中间壁上秉烛题作偈，人尽不知。偈曰：身是菩提树，心如明镜台，时时勤拂拭，莫使有尘埃。

（七）五祖见偈，神秀未到

神秀上座，题此偈毕，归卧房，并无人见。五祖平旦，遂唤卢供奉来南廊下，画《楞伽》变相。五祖忽见此偈，请记，乃谓供奉曰：“弘忍与供奉钱三十千，深劳远来，不画变相了。《金刚经》云：‘凡所有相，皆是虚妄。’不如留此偈，令迷人诵。依此修行，不堕三恶道；依法修行人，有大利益。”

大师遂唤门人尽来，焚香偈前，令众人见，皆生敬心。“汝等尽诵此偈者，方得见性；依此修行，即不堕落。”门人尽诵，皆生敬心，唤言善哉！

五祖遂唤秀上座于堂内问：“是汝作偈否？若是汝作，应得我法。”秀上座言：“罪过！实是秀作。不敢求祖，愿和尚慈悲，看弟子有小智惠、识大意否？”五祖曰：“汝作此偈，见即未到，祇到门前，尚未得入。凡夫依此偈修行，即不堕落；作此见解，若觅无上菩提，即未可得。须入得门，见自本性。汝且去，一两日来思惟，更作一偈来呈吾，若入得门，见自本性，当付汝衣法。”秀上座去数日，作不得。

（八）惠能、童子问答，惠能作偈

有一童，于碓房边过，唱诵此偈，惠能一闻，知未见性，即识大意。能问童子：

“适来诵者，是何言偈?”童子答能曰:“你不知大师言，生死事大，欲传于法，令门人等各作一偈来呈看，悟大意，即付衣法，禀为六代祖。有一上座名神秀，忽于南廊下书《无相偈》一首，五祖令诸门人尽诵，悟此偈者，即见自性；依此修行，即得出离。”惠能答曰:“我在此踏碓八个余月，未至堂前，望上人引惠能至南廊下，见此偈礼拜，亦愿诵取，结来生缘，愿生佛地。”童子引能，至南廊下，能即礼拜此偈，为不识字，请一人读，惠能闻已，即识大意。惠能亦作一偈，又请得一解书人，于西间壁上题著，呈自本心。不识本心，学法无益，识心见性，即悟大意。惠能偈曰：菩提本无树，明镜亦非台，佛性常清净，何处有尘埃！又偈曰：心是菩提树，身为明镜台，明镜本清净，何处染尘埃！院内徒众，见能作此偈尽怪。惠能却入碓房。五祖忽见惠能偈，即善知识大意。恐众人知，五祖乃谓众人曰:“此亦未得了。”

（九）惠能受法

五祖夜至三更，唤惠能堂内，说《金刚经》，惠能一闻，言下便悟。其夜受法，人尽不知，便传顿法及衣:“汝为六代祖。衣将为信禀，代代相传；法以心传心，当令自悟。”五祖言:“惠能！自古传法，气如悬丝！若住此间，有人害汝，汝即须速去。”

（一〇）惠能向南

能得衣法，三更发去。五祖自送能于九江驿，登时便悟。祖处分:“汝去，努力将法向南，三年勿弘此法，难去，在后弘化，善诱迷人，若得心开，汝悟无别。”辞违已了，便发向南。

（一一）惠顺求法

两月中间，至大庾岭。不知向后有数百人来，欲拟头惠能夺于法，来至半路，尽总却回，唯有一僧，姓陈名惠顺，先是三品将军，性行粗恶，直至岭上，来趁犯着。惠能即还衣法，又不肯取，言:“我故远来求法，不要其衣。”能于岭上，便传法惠顺，惠顺得闻，言下心开。能使惠顺即却向北化人来。

（一二）般若之智，人自有之

惠能来依此地，与诸官寮、道俗，亦有累劫之因。教是先圣所传，不是惠能自知，愿闻先圣教者，各须净心，闻了愿自除迷，于先代悟。惠能大师唤言:“善知识！菩提般若之知，世人本自有之，即缘心迷，不能自悟，须求大善知识示道见性。善知识！遇悟即成智。”

## 二、《河南程氏遗书》

《卷第一·二先生语一·端伯传师说》(节选)[1]

伯淳先生尝语韩持国曰:“如说妄说幻为不好底性,则请别寻一个好底性来,换了此不好底性著。道即性也,若道外寻性,性外寻道,便不是。圣贤论天德,盖谓自家元是天然完全自足之物,若无所污坏,即当直而行之;若小有污坏,即敬以治之,使复如旧。所以能使如旧者,盖为自家本质元是完足之物。若合修治而修治之,是义也;若不消修治而不修治,亦是义也;故常简易明白而易行。禅学者总是强生事。至如山河大地之说,是他山河大地,又干你何事?至如孔子,道如日星之明,犹患门人未能尽晓,故曰‘予欲无言’。如颜子,则便默识,其他未免疑问,故曰‘小子何述’,又曰‘天何言哉?四时行焉,百物生焉’,可谓明白矣。若能于此言上看得破,便信是会禅,也非是未寻得,盖实是无去处说,此理本无二故也。”

王彦霖问立德进德先后。曰:“此有二,有立而后进,有进而至于立。立而后进,则是卓然定后有所进,立则是‘三十而立’,进则是‘吾见其进也’。有进而至于立,则进而至于立道处也,此进是‘可与适道’者也,立是‘可与立’者也。”

王彦霖以为:人之为善,须是他自肯为时,方有所得,亦难强。曰:“此言虽是,人须是自为善,然又不可为如此却都不管他,盖有教焉。‘修道之谓教’,岂可不修!”

王彦霖问:“道者一心也,有曰‘仁者不忧’,有曰‘知者不惑’,有曰‘勇者不惧’,何也?”曰:“此只是名其德尔,其理一也。得此道而不忧者,仁者之事也;因其不忧,故曰此仁也,知、勇亦然。不成却以不忧谓之知,不惑谓之仁也?凡名其德,千百皆然,但此三者,达道之大也。”

苏季明尝以治经为传道居业之实,居常讲习,只是空言无益,质之两先生。伯淳先生曰:“‘修辞立其诚’,不可不子细理会。言能修省言辞,便是要立诚。若只是修饰言辞为心,只是为伪也。若修其言辞,正为立己之诚意,乃是体当自家敬以直内,义以方外之实事。道之浩浩,何处下手?惟立诚才有可居之处,有可居之处则可以修业也。‘终日乾乾’,大小大事却只是忠信,所以进德为实下手处,修辞立其诚为实修业处。”正叔先生曰:“治经,实学也,譬诸草木,区以别矣。道之在经,大小远近,

---

1 [宋]程颢、程颐著,王孝鱼点校:《二程集》卷一,北京:中华书局,2004年,第1—3页。

高下精粗，森列于其中。譬诸日月在上，有人不见者，一人指之，不如众人指之自见也。如《中庸》一卷书，自至理便推之于事。如国家有九经，及历代圣人之迹，莫非实学也。如登九层之台，自下而上者为是。人患居常讲习空言无实者，盖不自得也。为学，治经最好。苟不自得，则尽治《五经》，亦是空言。今有人心得识达，所得多矣。有虽好读书，却患在空虚者，未免此弊。"

天地生一世人，自足了一世事。但恨人不能尽用天下之才，此其不能大治。

天地生物，各无不足之理。常思天下，君臣、父子、兄弟、夫妇，有多少不尽分处。

先生常论克己复礼。韩持国曰："道上更有甚克，莫错否？"曰："如公之言，只是说道也。克己复礼，乃所以为道也，更无别处。克己复礼之为道，亦何伤乎公之所谓道也！如公之言，即是一人自指其前一物，曰此道也。他本无可克者。若知道与己未尝相离，则若不克己复礼，何以体道？道在己，不是与己各为一物，可跳身而入者也。克己复礼，非道而何？至如公言，克不是道，亦是道也。实未尝离得，故曰'可离非道也'，理甚分明。"又曰："道无真无假。"曰："既无真，又无假，却是都无物也。到底须是是者为真，不是者为假，便是道，大小大分明。"

### 三、《朱子语类》

《卷第一・理气上・太极天地上》（节选）[1]

问："太极不是未有天地之先有个浑成之物，是天地万物之理总名否？"曰："太极只是天地万物之理。在天地言，则天地中有太极；在万物言，则万物中各有太极。未有天地之先，毕竟是先有此理。动而生阳，亦只是理；静而生阴，亦只是理。"问："《太极解》何以先动而后静，先用而后体，先感而后寂？"曰："在阴阳言，则用在阳而体在阴，然动静无端，阴阳无始，不可分先后。今只就起处言之，毕竟动前又是静，用前又是体，感前又是寂，阳前又是阴，而寂前又是感，静前又是动，将何者为先后？不可只道今日动便为始，而昨日静更不说也。如鼻息，言呼吸则辞顺，不可道吸呼。毕竟呼前又是吸，吸前又是呼。"（淳）

---

1 ［宋］黎靖德编，王星贤点校：《朱子语类》卷一，北京：中华书局，1986年，第1—4页。

问："昨谓未有天地之先，毕竟是先有理，如何？"曰："未有天地之先，毕竟也只是理。有此理，便有此天地；若无此理，便亦无天地，无人无物，都无该载了！有理，便有气流行，发育万物。"曰："发育是理发育之否？"曰："有此理，便有此气流行发育。理无形体。"曰："所谓体者，是强名否？"曰："是。"曰："理无极，气有极否？"曰："论其极，将那处做极？"（淳）

若无太极，便不翻了天地！（方子）

太极只是一个"理"字。（人杰）

有是理后生是气，自"一阴一阳之谓道"推来。此性自有仁义。（德明）

天下未有无理之气，亦未有无气之理。（气以成形，而理亦赋焉。铢）

先有个天理了，却有气。气积为质，而性具焉。（敬仲）

问理与气。曰："伊川说得好，曰：'理一分殊。'合天地万物而言，只是一个理；及在人，则又各自有一个理。"（夔孙）

问理与气。曰："有是理便有是气，但理是本，而今且从理上说气。如云：'太极动而生阳，动极而静，静而生阴。'不成动已前便无静。程子曰：'动静无端。'盖此亦是且自那动处说起。若论着动以前又有静，静以前又有动，如云：'一阴一阳之谓道，继之者善也。'这'继'字便是动之端。若只一开一阖而无继，便是阖杀了。"又问："继是动静之间否？"曰："是静之终，动之始也。且如四时，到得冬月，万物都归窠了；若不生，来年便都息了。盖是贞复生元，无穷如此。"又问："元亨利贞是备个动静阴阳之理，而《易》只是《乾》有之？"曰："若论文王《易》，本是作"大亨利贞"，只作两字说。孔子见这四字好，便挑开说了。所以某尝说，《易》难看，便是如此。伏羲自是伏羲《易》，文王自是文王《易》，孔子因文王底说，又却出入乎其间也。"又问："有是理而后有是气。未有人时，此理何在？"曰："也只在这里。如一海水，或取得一杓，或取得一担，或取得一碗，都是这海水。但是他为主，我为客；他较长久，我得之不久耳。"（夔孙。义刚录同）

问："先有理，抑先有气？"曰："理未尝离乎气。然理形而上者，气形而下者。自形而上下言，岂无先后！理无形，气便粗，有渣滓。"（淳）

或问："必有是理，然后有是气，如何？"曰："此本无先后之可言。然必欲推其所从来，则须说先有是理。然理又非别为一物，即存乎是气之中；无是气，则是理亦无

挂搭处。气则为金木水火，理则为仁义礼智。”（人杰）

或问“理在先，气在后”。曰：“理与气本无先后之可言。但推上去时，却如理在先，气在后相似。”又问：“理在气中发见处如何？”曰：“如阴阳五行错综不失条绪，便是理。若气不结聚时，理亦无所附著。故康节云：‘性者，道之形体；心者，性之郛郭；身者，心之区宇；物者，身之舟车。’”问道之体用。曰：“假如耳便是体，听便是用；目是体，见是用。”（祖道）

或问先有理后有气之说。曰：“不消如此说。而今知得他合下是先有理，后有气邪；后有理，先有气邪？皆不可得而推究。然以意度之，则疑此气是依傍这理行。及此气之聚，则理亦在焉。盖气则能凝结造作，理却无情意，无计度，无造作。只此气凝聚处，理便在其中。且如天地间人物草木禽兽，其生也，莫不有种，定不会无种子白地生出一个物事，这个都是气。若理，则只是个净洁空阔底世界，无形迹，他却不会造作；气则能酝酿凝聚生物也。但有此气，则理便在其中。”（僩）

问：“有是理便有是气，似不可分先后？”曰：“要之，也先有理。只不可说是今日有是理，明日却有是气；也须有先后。且如万一山河大地都陷了，毕竟理却只在这里。”（胡泳）

### 四、《象山语录》相关材料

《卷三十四·语录上·傅子云季鲁录》（节选）[1]

“道外无事，事外无道。”先生常言之。

道在宇宙间，何尝有病，但人自有病。千古圣贤，只去人病，如何增损得道？

道理只是眼前道理，虽见到圣人田地，亦只是眼前道理。

唐虞之际，道在皋陶；商周之际，道在箕子。天之生人，必有能尸明道之责者，皋陶箕子是也。箕子所以佯狂不死者，正为欲传其道。既为武王陈《洪范》，则居于夷狄，不食周粟。

《论语》中多有无头柄的说话，如“知及之，仁不能守之”之类，不知所及，所守者何事；如“学而时习之”，不知时习者何事。非学有本领，未易读也。苟学有本

1 ［宋］陆九渊著，钟哲点校：《陆九渊集》卷三十四，北京：中华书局，1980年，第395—397页。

领，则知之所及者，及此也；仁之所守者，守此也；时习之，习此也。说者说此，乐者乐此，如高屋之上建瓴水矣。学苟知本，《六经》皆我注脚。

天理人欲之言，亦自不是至论。若天是理，人是欲，则是天人不同矣。此其原盖出于老氏。《乐记》曰："人生而静，天之性也；感于物而动，性之欲也。物至知知，而后好恶形焉。不能反躬，天理灭矣。"天理人欲之言盖出于此。《乐记》之言亦根于老氏。且如专言静是天性，则动独不是天性耶？书云："人心惟危，道心惟微。"解者多指人心为人欲，道心为天理，此说非是。心一也，人安有二心？自人而言，则曰惟危；自道而言，则曰惟微。罔念作狂，克念作圣，非危乎？无声无臭，无形无体，非微乎？因言庄子云："眇乎小哉！以属诸人；謷乎大哉！独游于天。"又曰："天道之与人道也相远矣。"是分明裂天人而为二也。

动容周旋中礼，此盛德之至，所以常有先后。

言语必信，非以正行。才有正其行之心，已自不是了。

古人皆是明实理，做实事。

近来论学者言："扩而充之，须于四端上逐一充。"焉有此理？孟子当来，只是发出人有是四端，以明人性之善，不可自暴自弃。苟此心之存，则此理自明，当恻隐处自恻隐，当羞恶，当辞逊，是非在前，自能辨之。又云：当宽裕温柔，自宽裕温柔；当发强刚毅，自发强刚毅。所谓"溥博渊泉，而时出之"。

夫子问子贡曰："汝与回也孰愈？"子贡曰："赐也，何敢望回。回也闻一以知十，赐也闻一以知二。"此又是白著了夫子气力，故夫子复语之曰："弗如也。"时有姓吴者在坐，遽曰："为是尚嫌少在。"先生因语坐间有志者曰："此说与天下士人语，未必能通晓，而吴君通敏如此。虽诸君有志，然于此不能及也。"吴逊谢，谓偶然。

子贡在夫子之门，其才最高，夫子所以属望，磨砻之者甚至。如"予一以贯之"，独以语子贡与曾子二人。夫子既没三年，门人归，子贡反筑室于场，独居三年然后归。盖夫子所以磨砻子贡者极其力，故子贡独留三年，报夫子深恩也。当时若磨砻得子贡就，则其材岂曾子之比。颜子既亡，而曾子以鲁得之。盖子贡反为聪明所累，卒不能知德也。

子贡言"性与天道不可得而闻"，此是子贡后来有所见处。然谓之"不可得而闻"，非实见也，如曰"予欲无言"，即是言了。

天下之理无穷，若以吾平生所经历者言之，真所谓伐南山之竹，不足以受我辞。然其会归，总在于此。颜子为人最有精神，然用力甚难。仲弓精神不及颜子，然用力却易。颜子当初仰高钻坚，瞻前忽后，博文约礼，遍求力索，既竭其才，方如有所立卓尔。逮至问仁之时，夫子语之，犹下克己二字，曰“克己复礼为仁”。又发露其旨，曰“一日克己复礼，天下归仁焉”。既又复告之曰“为仁由己，而由人乎哉”？吾尝谓此三节，乃三鞭也。至于仲弓之为人，则或人尝谓“雍也仁而不佞”。仁者静，不佞、无口才也。想其为人，冲静寡思，日用之间，自然合道。至其问仁，夫子但答以：“出门如见大宾，使民如承大祭，己所不欲，勿施于人。”只此便是也。然颜子精神高，既磨砻得就，实则非仲弓所能及也。

## 五、《景德传灯录》

《卷一·天竺祖师·第一祖摩诃迦叶》[1]

第一祖摩诃迦叶，摩竭陀国人也，姓婆罗门。父饮泽，母香志。昔为锻金师，善明金性，使其柔伏。《付法传》云：尝于久远劫中，毗婆尸佛入涅槃后，四众起塔。塔中像面上金色有少缺坏。时有贫女，将金珠往金师所，请饰佛面。既而因共发愿：愿我二人为无姻夫妻。由是因缘，九十一劫身皆金色。后生梵天。天寿尽，生中天摩竭陀国婆罗门家，名曰迦叶波，此云饮光胜尊，盖以金色为号也。繇是志求出家，冀度诸有。佛言：“善来比丘。”须发自除，袈裟著体。常于众中称叹第一。复言：“吾以清净法眼将付于汝，汝可流布，无令断绝。”

《涅槃经》云：尔时世尊欲涅槃时，迦叶不在众会。佛告诸大弟子：“迦叶来时，可令宣扬正法眼藏。”尔时迦叶在耆阇崛山宾钵罗窟，睹胜光明即入三昧，以净天眼，观见世尊于熙连河侧入般涅槃，乃告其徒曰：“如来涅槃也，何其驶哉！”即至双树间，悲恋号泣。佛于金棺内现双足。

尔时迦叶告诸比丘：“佛已荼毗，金刚舍利，非我等事。我等宜当结集法眼，无令断绝。”乃说偈曰：“如来弟子，且莫涅槃，得神通者，当赴结集。”于是得神通者悉集王舍耆阇崛山宾钵罗窟。时阿难为漏未尽，不得入会，后证阿罗汉果，由是得入。迦

1 ［宋］道原著，顾宏义译注：《景德传灯录译注》卷一，上海：上海书店出版社，2009年，第18—21页。

叶乃白众言:“此阿难比丘,多闻总持,有大智慧,常随如来,梵行清净。所闻佛法,如水传器,无有遗余。佛所赞叹,聪敏第一。宜可请彼集《修多罗藏》。”大众默然。

迦叶告阿难曰:“汝今宜宣法眼。”阿难闻语信受,观察众心而宣偈言:“比丘诸眷属,离佛不庄严。犹如虚空中,众星之无月。”说是偈已,礼众僧足,升法坐而说是言:“如是我闻。一时佛住某处说某经教,乃至人天等作礼奉行。”时迦叶问诸比丘:“阿难所言,不错谬乎?”皆曰:“不异世尊所说。”迦叶乃告阿难言:“我今年不久留,今将正法付嘱于汝,汝善守护。听吾偈言:‘法法本来法,无法无非法。何于一法中,有法有不法?’”说偈已,乃持僧伽梨衣入鸡足山,俟慈氏下生。即周孝王五年丙辰岁也。

## 六、《宋元学案》

《卷首·宋元学案序录》(节选)[1]

梓材谨案:《学案序录》刊本得之慈溪郑氏二老阁。兹检卢氏所藏原底,间有异同详略,特与冯君云濠附识于各条之后。

祖望谨案:宋世学术之盛,安定、泰山为之先河,程、朱二先生皆以为然。安定沉潜,泰山高明,安定笃实,泰山刚健,各得其性禀之所近。要其力肩斯道之传,则一也。安定似较泰山为更醇。小程子入太学,安定方居师席,一见异之。讲堂之所得,不已盛哉!述《安定学案》。(第一卷。)

泰山之与安定,同学十年,而所造各有不同。安定,冬日之日也;泰山,夏日之日也。故如徐仲车,宛有安定风格;而泰山高弟为石守道,以振顽懦,则岩岩气象,倍有力焉。抑又可以见二家渊源之不紊也。述《泰山学案》。(第二卷。)

晦翁推原学术,安定、泰山而外,高平范魏公其一也。高平一生粹然无疵,而导横渠以入圣人之室,尤为有功。孝宗尝以朝臣之请,将与欧阳兖公并入泽宫,已而不果。今卒举行之,公是为不泯矣。述《高平学案》。(第三卷。)

杨文靖公有言:“佛入中国千余年,只韩、欧二公立得定耳。”说者谓其因文见道。夫见道之文,非圣人之徒亦不能也。兖公之冲和安静,盖天资近道,稍加以学,遂有

1 [清]黄宗羲原著,全祖望补修,陈金生、梁运华点校:《宋元学案》卷首,北京:中华书局,1986年,第1—4页。

所得。使得遇圣人而师之，岂可量哉！述《庐陵学案》。（第四卷。）

梓材谨案：高平行辈不后于安定、泰山，而庐陵亦当时斯道之疏附也。谢山以黎洲编次《学案》托始于安定、泰山者，其意远有端绪，故以高平、庐陵次之。

安定、泰山并起之时，闽中四先生亦讲学海上，其所得虽未能底于粹深，然而略见大体矣，是固安定、泰山之流亚也。宋人溯导源之功，独不及四先生，似有阙焉。或曰："陈烈亦尝师安定。"未知所据。述《古灵四先生学案》。（第五卷。）

庆历之际，学统四起。齐、鲁则有士建中、刘颜夹辅泰山而兴。浙东则有明州杨、杜五子，永嘉之儒志、经行二子，浙西则有杭之吴存仁，皆与安定湖学相应。闽中又有章望之、黄晞，亦古灵一辈人也。关中之申、侯二子，实开横渠之先。蜀有宇文止止，实开范正献公之先。筚路蓝缕，用启山林，皆序录者所不当遗。述《士刘诸儒学案》。（第六卷。）

云濠谨案：《序录》底本"古灵一辈"句下有"江楚则有李觏"六字，而定本无之者，盖以盱江学派并入高平故也。

小程子谓："阅人多矣！不杂者，司马、邵、张三人耳。"故朱子有"六先生"之目。然于涑水微嫌其格物之未精，于百源微嫌其持敬之有歉，《伊洛渊源录》中遂祧之。（今本补入康节，非朱子原本也。）草庐因是敢谓涑水尚在"不著""不察"之列。有是哉？其妄也！述《涑水学案》。（第七卷、八卷。）

康节之学，别为一家。或谓《皇极经世》只是京、焦末流，然康节之可以列圣门者，正不在此。亦犹温公之造九分者，不在潜虚也。述《百源学案》。（第九卷、十卷。）

濂溪之门，二程子少尝游焉。其后伊、洛所得，实不由于濂溪，是在高弟荥阳吕公已明言之，其孙紫微又申言之，汪玉山亦云然。今观二程子终身不甚推濂溪，并未得与马、邵之列，可以见二吕之言不诬也。晦翁、南轩始确然以为二程子所自出，自是后世宗之，而疑者亦踵相接焉。然虽疑之，而皆未尝考及二吕之言以为证，则终无据。予谓濂溪诚入圣人之室，而二程子未尝传其学，则必欲沟而合之，良无庸矣。述《濂溪学案》。（第十一卷、十二卷。）

梓材谨案：涑水与二程同行辈，百源在程氏父子之间。若濂溪，则二程父执也，视安定稍后，而与高平为讲友，宜在高平、庐陵之次。而谢山《序录》与二程相比，反在马、邵后者，殆以序论为次，不尽拘其先后辈尔。

大程子之学，先儒谓其近于颜子，盖天生之完器。然哉！然哉！故世有疑小程子之言若伤我者，而独无所加于大程子。述《明道学案》。（第十三卷、十四卷。）

云濠谨案：底本“然哉”句上有“伊川则先儒谓其近于曾子”十一字。

大程子早卒，向微小程子，则洛学之统且中衰矣！蕺山先生尝曰：“小程子大而未化，然发明有过于其兄者。”信哉！述《伊川学案》。（第十五卷、十六卷。）

云濠谨案：底本是条作：“祖望谨案：伊川于六先生为晚出，亦最后死，不特明道弟子大半成就于伊川之手，即横渠、康节之徒亦多归之者，其功大矣！”与此异。

横渠先生勇于造道，其门户虽微有殊于伊洛，而大本则一也。其言天人之故，间有未当者，梨洲稍疏证焉，亦横渠之忠臣哉！述《横渠学案》。（第十七卷、十八卷。）

梓材谨案：朱子有“司马、邵、张”之称，横渠当次于马、邵之后；且为二程表叔，亦宜在二程之前。谢山亦以序论次之。

《卷十五·伊川学案上·正公程伊川先生颐》（节选）[1]

程颐，字正叔，河南人，明道先生之弟也。年十八，上书阙下，劝仁宗黜世俗之论，以王道为心。游太学，胡安定瑗试诸生以“颜子所好何学”，得先生论，大惊，延见，处以学职。同学吕原明希哲即以师礼事之。治平、熙宁间，大臣屡荐，皆不起。哲宗初，司马温公光、吕申公公著共疏上其行义，诏以为西京国子监教授，力辞。寻召赴阙，擢崇政殿说书。奏言：“辅养之道，不可不至。一日之中，接贤士大夫之时多，亲宦官宫女之时少，则气质自然变化。今间日一讲，解释数行，为益既少，又自四月罢讲，直至中秋，不接儒臣，殆非古人旦夕承弼之意。”又言迩英阁迫隘，乞就崇正、延和殿讲读。给事中顾临以殿上讲读为不可，先生曰：“祖宗以来，并是殿上坐讲。仁宗始就迩英，而讲官立侍，盖从一时之便耳，非若临之意也。临之意，不过以尊君为说，而不知尊君之道。”先生在经筵，每当进讲，必宿斋豫戒，潜思存诚，冀以感动上意，而其为说，常于文义之外，反复推明，归之人主。一日，当讲“颜子不改其乐”章，门人或疑此章非有人君事也，将何以为说。及讲，既毕章句，入复言

1 《宋元学案》卷十五，第589—591页。

曰："陋巷之士，仁义在躬，忘其贫贱。人主崇高，奉养备极，苟不知学，安能不为富贵所移？且颜子，王佐才也，而箪食瓢饮；季氏，鲁国之蠹也，而富于周公。鲁君用舍如此，非后世之监乎！"闻者叹服。先生容貌庄严，于上前不少假借。时文潞公彦博以太师平章重事，侍立终日不懈，上虽谕以少休，不去也。或谓之曰："君之严，视潞公之恭，孰为得失？"先生曰："潞公四朝大臣，事幼主，不得不恭。吾以布衣职辅导，亦不敢不自重也。"上在宫中漱水避蚁，先生闻之，问："有是乎？"曰："然。诚恐伤之尔！"先生曰："愿陛下推此心以及四海，则天下幸甚！"一日讲罢未退，上折柳枝，先生进曰："方春发生，不可无故摧折。"讲书有"容"字，哲宗藩邸嫌名，中人以黄绫覆之。讲毕，进言曰："人主之势，不患不尊，患臣下尊之过甚而骄心生尔。此皆近习养成之，不可以不戒。请自今旧名、嫌名皆勿复避。"神宗丧未除，冬至百官表贺，先生言："节序变迁，时思方切，乞改贺为慰。"既除丧，有司请开乐置宴，先生又言："除丧而用吉礼，当因事用乐。今特设宴，是喜之也。"吕申公、范尧夫入侍经筵，闻先生讲说，退而叹曰："真侍讲也！"士人归其门者甚盛，而先生亦以天下自任，议论褒贬，无所顾避。方是时，苏子瞻轼在翰林，有重名，一时文士多归之。文士不乐拘检，迂先生所为，两家门下迭起标榜，遂分党为洛、蜀。会帝以疮疹不御经筵，先生曰："上不御殿，太皇太后不当独坐。且人主有疾，大臣可不知乎！"宰相始奏请问疾。由是大臣亦多不悦。谏议孔文仲因奏先生为五鬼之魁，当放还田里，遂出管句西京国子监。屡乞致仕，董敦逸以为怨望，去官。绍圣间党论，削籍，窜涪州。徽宗即位，移峡州，复其官。崇宁二年，范致虚言程颐以邪说诐行惑乱众听，而尹焞、张绎为之羽翼，事下河南府体究，尽逐学徒，复隶党籍。四方学者犹相从不舍，先生曰："尊所闻、行所知可矣，不必及吾门也。"五年，复宣义郎，致仕，大观元年九月庚午，卒于家，年七十五。疾革，门人进曰："先生平日所学，正今日要用。"先生曰："道著用，便不是。"先生为学，本于至诚，其见于言动事为之间，疏通简易，不为矫异。或说匍匐以吊丧，诵《孝经》以追荐，此出谤者之口，尹和靖辨之明矣。衣虽布素，冠襟必整。食虽简俭，蔬饭必洁。致养其父，细事必亲。赡给内外亲党八十余口，其接学者以严毅。尝瞑目静坐，游定夫、杨龟山立侍不敢去。久之，乃顾曰："日暮矣！姑就舍。"二子者退，则门外雪深尺余矣。明道尝谓曰："异日能使人尊严师道者，吾弟也。若接引后学，随人才而成就之，则予不得让焉！"嘉定十三年，赐谥曰正公。淳祐元年，封伊川伯，从祀孔子庙庭。明称“先儒程子”。(云濠案：先生著有《易传》四卷，《宋志》作九卷。)

## 七、《明儒学案》

《明儒学案发凡》[1]

从来理学之书，前有周海门《圣学宗传》，近有孙钟元《理学宗传》，诸儒之说颇备。然陶石篑《与焦弱侯书》云：“海门意谓身居山泽，见闻狭陋，常愿博求文献，广所未备，非敢便称定本也。”且各家自有宗旨，而海门主张禅学，扰金银铜铁为一器，是海门一人之宗旨，非各家之宗旨也。钟元杂收，不复甄别，其批注所及，未必得其要领，而其闻见亦犹之海门也。学者观羲是书，而后知两家之疏略。

大凡学有宗旨，是其人之得力处，亦是学者之入门处。天下之义理无穷，苟非定以一二字，如何约之，使其在我。故讲学而无宗旨，即有嘉言，是无头绪之乱丝也。学者而不能得其人之宗旨，即读其书，亦犹张骞初至大夏，不能得月氏要领也。是编分别宗旨，如灯取影，杜牧之曰：“丸之走盘，横斜圆直，不可尽知。其必可知者，是知丸不能出于盘也。”夫宗旨亦若是而已矣。

尝谓有明文章事功，皆不及前代，独于理学，前代之所不及也，牛毛茧丝，无不辨晰，真能发先儒之所未发。程、朱之辟释氏，其说虽繁，总是只在迹上；其弥近理而乱真者，终是指他不出。明儒于毫厘之际，使无遁影。陶石篑亦曰：“若以见解论，当代诸公尽有高过者。”与羲言不期而合。

每见钞先儒语录者，荟撮数条，不知去取之意谓何。其人一生之精神未尝透露，如何见其学术？是编皆从全集纂要钩玄，未尝袭前人之旧本也。

儒者之学，不同释氏之五宗，必要贯串到青原、南岳。夫子既焉不学，濂溪无待而兴，象山不闻所受，然其间程、朱之至何、王、金、许，数百年之后，犹用高曾之规矩，非如释氏之附会源流而已。故此编以有所授受者，分为各案；其特起者，后之学者，不甚著者，总列诸儒之案。

学问之道，以各人自用得著者为真。凡倚门傍户，依样葫芦者，非流俗之士，则

---

1 ［清］黄宗羲著，沈芝盈点校：《明儒学案·发凡》，北京：中华书局，2008年，第14—15页。

经生之业也。此编所列，有一偏之见，有相反之论，学者于其不同处，正宜着眼理会，所谓一本而万殊也。以水济水，岂是学问！

胡季随从学晦翁，晦翁使读《孟子》。他日问季随："至于心，独无所同然乎？"季随以所见解，晦翁以为非，且谓其读书卤莽不思。季随思之既苦，因以致疾，晦翁始言之。古人之于学者，其不轻授如此，盖欲其自得之也。即释氏亦最忌道破，人便作光影玩弄耳。此书未免风光狼籍，学者徒增见解，不作切实工夫，则羲反以此书得罪于天下后世矣。

是书搜罗颇广，然一人之闻见有限，尚容陆续访求。即羲所见而复失去者，如朱布衣《语录》、韩苑洛、南瑞泉、穆玄菴、范栗斋诸公集，皆不曾采入。海内有斯文之责者，其不吝教我，此非末学一人之事也。

姚江黄宗羲识

《卷十·姚江学案》（节选）[1]

有明学术，从前习熟先儒之成说，未尝反身理会，推见至隐，所谓"此亦一述朱，彼亦一述朱"耳。高忠宪云："薛敬轩、吕泾野《语录》中，皆无甚透悟。"亦为是也。自姚江指点出"良知人人现在，一反观而自得"，便人人有个作圣之路。故无姚江，则古来之学脉绝矣。然"致良知"一语，发自晚年，未及与学者深究其旨，后来门下各以意见搀和，说玄说妙，几同射覆，非复立言之本意。先生之格物，谓"致吾心良知之天理于事事物物，则事事物物皆得其理"。以圣人教人只是一个行，如博学、审问、慎思、明辨皆是行也。笃行之者，行此数者不已是也。先生致之于事物，致字即是行字，以救空空穷理。只在知上讨个分晓之非，乃后之学者测度想像。求见本体，只在知识上立家僧，以为良知，则先生何不仍穷理格物之训，先知后行，而必欲自为一说耶？《天泉问答》："无善无恶者心之体，有善有恶者意之动，知善知恶是良知，为善去恶是格物。"今之解者曰："心体无善无恶是性，由是而发之为有善有恶之意，由是而有分别其善恶之知，由是而有为善去恶之格物。"层层自内而之外，一切皆是粗机，则良知已落后着，非不虑之本然，故邓定宇以为权论也。其实无善无恶

1 《明儒学案》卷十，第178—181页。

者，无善念恶念耳，非谓性无善无恶也。下句意之有善有恶，亦是有善念有恶念耳，两句只完得动静二字。他日语薛侃曰："无善无恶者理之静，有善有恶者气之动。"即此两句也。所谓知善知恶者，非意动于善恶，从而分别之为知，知亦只是诚意中之好恶，好必于善，恶必于恶，孰是孰非而不容已者，虚灵不昧之性体也。为善去恶，只是率性而行，自然无善恶之夹杂。先生所谓"致吾心之良知于事事物物也"四句，本是无病，学者错会文致。彼以无善无恶言性者，谓无善无恶斯为至善。善一也，而有有善之善，有无善之善，无乃断灭性种乎？彼在发用处求良知者，认已发作未发，教人在致知上着力，是指月者不指天上之月，而指地上之光，愈求愈远矣。得羲说而存之，而后知先生之无弊也。

**文成王阳明先生守仁**

王守仁字伯安，学者称为阳明先生，余姚人也。父华，成化辛丑进士第一人，仕至南京吏部尚书。先生娠十四月而生，祖母岑夫人梦神人送儿自云中至，因命名为云。五岁，不能言，有异僧过之曰："可惜道破。"始改今名。豪迈不羁，十五岁，纵观塞外，经月始返。十八岁，过广信，谒娄一斋，慨然以圣人可学而至。登弘治己未进士第，授刑部主事，改兵部。逆瑾矫旨逮南京科道官，先生抗疏救之，下诏狱，廷杖四十，谪贵州龙场驿丞。瑾遣人迹而加害，先生托投水脱去，得至龙场。瑾诛，知庐陵县，历吏部主事、员外郎、郎中，升南京太仆寺少卿、鸿胪寺卿。时虔、闽不靖，兵部尚书王琼特举先生以左佥都御史巡抚南、赣。未几，遂平漳南、横水、桶冈、大帽、浰头诸寇。己卯六月，奉敕勘处福建叛军。至丰城而闻宸濠反，遂返吉安，起兵讨之。宸濠方围安庆，先生破南昌，濠返兵自救，遇之于樵舍，三战，俘濠。武宗率师亲征，群小张忠、许泰欲纵濠鄱湖，待武宗接战而后奏凯。先生不听，乘夜过玉山，集浙江三司，以濠付太监张永。张永者，为武宗亲信，群小之所惮也。命兼江西巡抚。又明年，升南京兵部尚书，封新建伯。嘉靖壬午，丁冢宰忧。丁亥，原官兼左都御史，起征思、田。思、田平，以归师袭八寨、断藤峡，破之。先生幼梦谒马伏波庙，题诗于壁。至是，道出祠下，恍如梦中。时先生已病，疏请告。至南安，门人周积侍疾，问遗言，先生曰："此心光明，亦复何言？"顷之而逝，七年戊子十一月二十九日也，年五十七。

先生之学，始泛滥于词章，继而遍读考亭之书，循序格物，顾物理吾心终判为二，无所得入。于是出入于佛、老者久之。及至居夷处困，动心忍性，因念圣人处此更有何道？忽悟格物致知之旨，圣人之道，吾性自足，不假外求。其学凡三变而始得其门。自此以后，尽去枝叶，一意本原，以默坐澄心为学的。有未发之中，始能有发而中节之和，视听言动，大率以收敛为主，发散是不得已。江右以后，专提“致良知”三字，默不假坐，心不待澄，不习不虑，出之自有天则。盖良知即是未发之中，此知之前更无未发；良知即是中节之和，此知之后更无已发。此知自能收敛，不须更主于收敛；此知自能发散，不须更期于发散。收敛者，感之体，静而动也；发散者，寂之用，动而静也。知之真切笃实处即是行，行之明觉精察处即是知，无有二也。居越以后，所操益熟，所得益化，时时知是知非，时时无是无非，开口即得本心，更无假借凑泊，如赤日当空而万象毕照。是学成之后又有此三变也。先生悯宋儒之后学者，以知识为知，谓“人心之所有者不过明觉，而理为天地万物之所公共，故必穷尽天地万物之理，然后吾心之明觉与之浑合而无间”。说是无内外，其实全靠外来闻见以填补其灵明者也。先生以圣人之学，心学也。心即理也，故于致知格物之训，不得不言“致吾心良知之天理于事事物物，则事事物物皆得其理”。夫以知识为知，则轻浮而不实，故必以力行为功夫。良知感应神速，无有等待，本心之明即知，不欺本心之明即行也，不得不言“知行合一”。此其立言之大旨，不出于是，而或者以释氏本心之说，颇近于心学，不知儒释界限只一理字。释氏于天地万物之理，一切置之度外，更不复讲，而止守此明觉；世儒则不恃此明觉，而求理于天地万物之间，所为绝异。然其归理于天地万物，归明觉于吾心，则一也。向外寻理，终是无源之水，无根之木，总使合得本体上，已费转手，故沿门乞火与合眼见暗，相去不远。先生点出心之所以为心，不在明觉而在天理，金镜已坠而复收，遂使儒释疆界渺若山河，此有目者所共睹也。试以孔、孟之言证之。致吾良知于事物，事物皆得其理，非所谓人能弘道乎？若在事物，则是道能弘人矣。告子之外义，岂灭义而不顾乎？亦于事物之间求其义而合之，正如世儒之所谓穷理也，孟子胡以不许之，而四端必归之心哉！嗟乎，糠秕眯目，四方易位，而后先生可疑也。隆庆初，赠新建侯，谥文成。万历中，诏从祀孔庙，称“先儒王子”。

## 八、《清儒学案》相关材料

《清儒学案序》（徐世昌撰）[1]

民受天地之中以生，天所赋于人者谓之性。尽人以合天，其进焉有程，其行焉有轨，体天地以为化育谓之道。范天下之人，使循是道以复其性，作之君谓之政，作之师谓之教。五三之盛，君天下者即师天下者也，故政教合于一，而俾天下之人心悦诚服。磋磨渐渍毕生而莫之殚究者谓之学。政无异术，教无异师，学亦无异趋，循是道而复其性而已矣。

周室既衰，孔子以无位之圣人，上承尧、舜、禹、汤、文、武、周公之统，于是政教始分。战国殽乱，诸子争鸣，虽复放拘謷盪，然莫不有牖世之志。汉兴，表章《六经》而定一尊。宋以来，乃专言性理，以别于汉，谓之道学。要之，实事求是与格物穷理，其为学为用未甚辽绝也。上者则正谊明道以风化其下，下者则审端致力以扶护其上，是故分者其迹而终有以相成，用之合则治。时有不用，用之而不合则不治。虽不治，而为学未尝间息焉，特政教之分也既久，学在于下之日恒多。

至有清圣祖仁皇帝，以乾德之中，躬儒素之业，少而好学，至老而不休。御经筵者四十年，成图书者万数千卷。观摩朱子之言，撷其纲领，推其说以治天下，而天下治矣。上而天象、地舆、历算、音韵、礼乐、兵刑、农桑、布帛之要，下至射御、医药、术数、游艺、庶卉、满、蒙、西域、外国之文，殆无一不通方合莫，穷流溯原。其于《易》注、道统、臣工之作也，辨之惟恐其或疏。其于演算也，夙夜孜孜，积草盈箧。夫以万乘之尊，万几之重，谁为为之而不自暇逸？孰或劝之而不少惮烦？微论春台熙皞政教之所敦，即絜矩于当时箸作之林，实已兼容并包，深造其极，谓为天纵之圣，岂过谀哉！

于时南北儒硕，生际剥复，招弓旌而不至，隐岩野以潜修，然其声闻学说，因此益彰，例以为汉制作之前言，讵止升平之黼黻耶！在朝则贞庵、环溪、孔伯、稼书、敬庵，德行而兼政事者也；健庵、厚庵，通经以致用者也。在野则夏峰、梨洲、亭林、船山，兼体用之大儒也；桴亭、杨园、二曲，关、闽之遗也；习斋、恕谷，艰苦

1 徐世昌等编纂，沈芝盈、梁运华点校：《清儒学案·序》，北京：中华书局，2008年，第1—3页。

卓绝，别辟门庭而不诡于正者也；宛溪、东樵、季野、潜丘，史家之才也；晓庵、勿庵，畴人之师也；西河、竹垞、尧峰、望溪，文学之选也。份份焉，郁郁焉，庶几与西京、北宋比隆也矣。而凝斋、可亭、健余、榕门，犹及先朝之矩矱。乾、嘉之世，精研考证，风尚稍异，治经则味经、让堂、撝约、伯渊、次仲、皋文、里堂；训诂则若膺、未谷、石臞、兰皋；考史则谢山、西沚、竹汀、二云；金石则德甫、覃谿、虚谷、铁桥；校雠则绍弓、涧蘋；述学则容甫、郑堂。而慎修导之先河，东原继之后劲，晓岚、芸台则又为之枢纽者也。道、咸学者，思驾东汉而上之，有所谓微言大义之学。微言则强《六经》以就我，大义则颇矫异于宋儒，陈义甚高，张之别帜。他如申耆、星伯、石洲、愿船之于地理，茗香、方立、君青、啸山、壬叔之于历算，则亦各擅专长而求阙，挺生其间。博文以约礼，信道而尊闻，尝欲以班、马之文章，发程、朱之义理。其为《圣哲画象记》，直足以牢笼百代，经纬万端，使后之学者师其人，读其书，终身用之而不能尽。至《先正事略》一序，于清代之达人杰士，悉推本于圣祖教育而成。由斯以观，先君后臣，若合符契，是则圣祖之教，涵育于二百余年者，信而有征矣。

凡斯举譬，竝取宏规，自余诸家，各随所造，犹之泰岱之接徂徕，大江之纳汉水。而元和之惠氏，绩溪之胡氏，宝应、仪征之刘氏，累叶传经，蔚为盛业，其旷代之星凤乎！

夫经正民兴，斯无邪慝。顾盱衡斯世，新知竞沦，物奥偏明，争竞之器愈工，即生民之受祸益烈。狂澜既倒，孰障而东？世昌曩在京时，辄欲以圣贤义蕴，提倡流布，置邮于远方。侧闻欧、美才俊，久尊孔教，名区巨镇，多建中国学院，广运书籍，争事研摩，文治大同，辉映坛坫。此以知崇儒重道，遐迩同风，矧生为仲尼之徒，宁可舍本逐末哉！《记》有之："昔吾有先正，其言明且清。"吾国三百年来，名儒辈出，远绍宋、明。上述诸家，班班可考。窃不自揆，谨撮举其言行著作，钩玄提要，汇为一编，以继梨洲二书之后，愿与当世学人共相参考，俾知学术为天下之公，殊涂同归，咸主于有用。因学以明道，修道以为教，冀以端本善俗，范围曲成。凡属斯民，各尽其天畀之聪明，尊所闻，行所知，皆优游于礼让道德之中，用臻一代文明之盛，岂不懿欤！戊寅，天津徐世昌。

《卷六·亭林学案上·顾先生炎武》[1]

顾炎武原名绛，字宁人，昆山人。明诸生。父同吉早卒，聘王氏，未婚守节，抚先生为嗣。年十一，祖绍芾授以《通鉴》，三年而毕。熟究经世之学，诸经外，好宋人性理诸书。顺治乙酉，南都亡，奉母避兵常熟。昆山令杨永言起义师，先生及归元恭从之，鲁王授为兵部司务。事不克，幸脱。母不食卒，遗命诫勿事二姓。唐王以职方主事召，未赴。叛仆陆恩欲告通海，事且急，以计杀之，被系。有救之者，遂去家不返。四谒孝陵，六谒思陵，往来于齐、燕、秦、晋之间。以莱州黄培诗狱牵连，自投济南狱就鞫得白。先生自负用世之略不得一遂，所至辄小试之。垦田于雁门之北，五台之东，累致千金，随寓赡足。晚居陕之华阴，谓："秦人慕经学，重处士，持清议，实他邦所少。华阴绾毂关、河，足不出户，能见天下之人，闻天下之事。一旦有事，入山守险；若有事四方，一出关门，亦有建瓴之势。"乃定居焉。

自少至老，无一刻离书。所至以二羸二马载书，过边塞亭障，呼老兵询曲折，有与平日所闻不合，发书对勘；平原旷野，则于鞍上默诵诸经注疏。学主于敛华就实，晚益笃志经学，曰："经学即理学也，舍经学，则所谓理学者，禅学也。"于陆、王之说，辨之最力。论治综核名实，于礼教尤兢兢，谓："风俗衰，廉耻之防溃，由无礼以权之。"常欲以古制率天下。生平论学，标"博学于文，行己有耻"二语为宗旨。以杜预《左传集解》时有阙失，撰《杜解补正》三卷。精韵学，撰《音论》三卷，以明陈第言古韵虽辟榛芜，犹未邃密，乃推寻经传，探讨本原。又《诗本音》十卷，主陈第诗无协韵之说，不与吴棫本音争，亦不用棫之例，但即本经互考，证以他书，明古音原作是读，故曰"本音"。又《易音》三卷，《唐韵正》二十卷，《古音表》二卷，《韵补》一卷，复三代以来之音，分部正帙而知其变。撰《天下郡国利病书》一百二十卷，采取诸史图经文编说部，凡关于民生利病者，胪列之。别有《肇域志》一百卷，则考索之余，合图经而成。又撰《金石文字记》六卷，《求古录》一卷，与经史相证，欧、赵不及其精。其《日知录》三十二卷，《补遗》四卷，自少读书，有得辄记，时复改定，古人先有者削之，积三十余年而后成，自著诸书精要多括载其中。其他著述有《文集》、《诗集》、《五经同异》、《二十一史年表》、《历代帝王宅京记》、

1 《清儒学案》卷六，第267—269页。

《营平二州地名记》、《营平二州史事》、《昌平山水记》、《山东考古录》、《京东考古录》、《下学指南》、《谲觚》、《菰中随笔》诸书。清初学有根柢者，以先生为最。世称亭林先生。会诏开博学鸿词科，又修《明史》，大臣争欲荐之，以死自誓，乃免。康熙二十年卒，年七十。宣统初，从祀文庙。（参《史传》、全祖望撰《墓表》、张穆辑《年谱》。）

# 第十五讲
# 类书与丛书

类书，是按特定门类将不同书籍中的相关材料汇集一处以备参考的工具书。最早的类书是魏文帝时编纂的《皇览》，南北朝时类书的编纂兴盛，有祖珽《修文殿御览》、刘峻《类苑》等，但都已亡佚，现存最早的类书是唐代虞世南的《北堂书钞》。宋代类书存世较多，有著名的北宋四大类书《太平御览》《太平广记》《文苑英华》《册府元龟》，明清时期官修《永乐大典》《古今图书集成》的规模都超越前代。类书按不同标准的门类编排，将经、史、子、集中的相关内容片段缀集一处，因此《四库提要》有“类事之书兼收四部，而非经非史非子非集。四部之内，乃无类可归”的评价，现在一般将类书分为汇编各种门类的综合类和只收一类内容的专门类。

丛书，是汇辑多种图书成一套，并冠以总名的书籍。与类书只缀集书中相关语句不同，丛书中的书目一般都是完整的一部。南宋嘉泰元年（1201）俞鼎孙、俞经编撰的《儒学警悟》将《石林燕语辨》《演繁露》等六种书汇集成一部，是最早的一部丛书，清乾隆年间修成的《钦定四库全书》是规模最大的一部丛书。现代学者可以通过专门类的丛书了解某一研究方向下的相关书目，比如严灵峰《无求备斋论语集成》汇集了历代《论语》研究的书目，也可以通过综合类丛书查找较为罕见的古人著作，比如《四库全书》就汇集了古今图书三千余种。有些丛书汇集了一些校刻精详的古籍版本，比如清人黄丕烈的《士礼居丛书》就采用了大量宋刻本书籍，便于学者接触古籍善本。

# 一、类书

## （一）《艺文类聚》

《艺文类聚》是事文合编型类书，由欧阳询、袁朗、裴矩、令狐德棻等十余人奉唐高祖敕令修撰，始撰于武德四年（621），成书于武德七年（624），因所收集诗赋居多，故名《艺文类聚》。

全书分天、岁时、地、州、郡、山、水、符命、帝王等四十六部，每部下有子目，以《布帛部》为例，有素、锦、绢、绫、罗、布等子目，共七百二十七子目，合一百卷。子目之下先摘录经史子集中的资料作为记事，其次是诗文，所引记事都注出书名，诗文则分别冠以“诗”“赋”“赞”等种类并标注作者、年代，排列依年代为序。

《艺文类聚》征引书籍一千四百三十一种，多出于隋代以前，如引已亡佚的谢承《后汉书》、袁崧《后汉书》，都可补范晔《后汉书》之缺，因为隋代以前书籍亡佚较多，故此书史料价值较高。《艺文类聚》也首创“事文合编”的体例，宋代的《事文类聚》，以至明代的《永乐大典》等都采用此体例，故《四库全书总目》有“事居于前，文列于后，俾览者易为功，作者资其用”的评价。但该书在分门别类上也有不严谨之处，如《帝王部》北朝只载高齐，《杂文部》收笔、纸、砚。1999年上海古籍出版社出版的《艺文类聚》是较好的版本。

## （二）《太平御览》

《太平御览》是北宋四大类书之一（其余三部为《太平广记》《文苑英华》《册府元龟》），由宋代李昉、扈蒙、王克贞、吕文仲等奉宋太宗敕令编撰，始编于太平兴国二年（977），书成于太平兴国八年（983）。《太平御览》起初名为《太平总类》，书成后宋太宗用一年读完，因此赐名《太平御览》。

全书总共一千卷，取《周易·系辞传》"凡天地之数五十有五"而分成五十五部，包括天、时序、地、皇王、偏霸、皇亲、州郡、居处等，每部之下又分类，共计五千三百六十三类，四百七十八万字。每一类下首引经史，次引杂文，以《地部》里的"壤"为例，先引《说文》《尚书》等关于"壤"的记载，如"《尚书》孔安国注曰：土无块曰壤"；次引《关中记》《孝子传》等杂文关于"壤"的记载，如"《关中记》曰：长安地皆黑壤，城今赤如火，坚如石"，前后总共十一条。

该书是以《修文殿御览》《艺文类聚》《文思博要》等书为蓝本编撰，卷首有后人所作《经史图书纲目》，载明征引的书目有一千六百九十余种，其所收录五代以前文献大多已经亡佚，史料与应用价值高。因为该书卷帙浩繁，为便于检索，燕京大学曾经出版《太平御览引得》，分为《篇目引得》和《书名引得》，学者可通过篇目和书名进行检索，中华书局在2000年缩印了商务印书馆的影印宋本《太平御览》（1935年），是较好的版本。

## （三）《太平广记》

《太平广记》是汇编小说资料的专门性类书，属北宋四大类书之一，该书由李昉、扈蒙、吕文仲等编撰，始编于太平兴国二年（977），成书于太平兴国三年（978）。

《太平广记》广采汉到宋之间的笔记、小说、传记、野史故事，分为神仙、女仙、道术、方士、异人、异僧等九十二大类，一千五百多小类，每小类的故事都有标题、出处，摘抄原文数段，总计七千余则故事。在总共五百卷的内容中，神仙、女仙、神、鬼、妖怪、报应等神仙鬼怪类合计一百七十余卷，是卷数最多的部分。书中小说大部分采择自唐代，其中卷四百八十四到四百九十二的杂传记类最早收录了《柳氏传》《长恨传》《莺莺传》《李娃传》等唐人传奇传世名篇，是小说类的集大成者。

《太平广记》所引书目有五百余种，涉及六朝到宋初绝大部分小说，其中大多已经亡佚，该书对于卷数少的书往往全部引用，是研究宋以前小说的基本资料，因此明人胡应麟说："非《广记》，汲冢以迄，五朝小说乌有矣。"燕京大学曾经编纂《太平广记篇目及引书引得》，可以按篇目和引书检索，上海古籍出版社1995年版的《太平广记》是当前较好的全本。

### （四）《玉海》

《玉海》是南宋王应麟编写的类事类书，全书二百卷，附《辞学指南》四卷，成书于南宋末年，"玉海"意谓精粹如玉、浩乎似海。

《玉海》是为博学宏词科考试者编撰，"其作此书即为辞科应用而设，故胪列条目，率巨典鸿章，其采录故实亦皆吉祥善事，与他类书体例迥殊"（《四库提要》卷一三五）。该书分为天文、律历、帝学、圣文、艺文、诏令、礼仪、车服、器用、郊祀等二十一门，每门各分子目，共二百四十一类，以典章制度沿袭、吉祥善事等为主。每条之下以年代顺序排列，始于上古，终于宋代，材料出自经史及杂文传记，除摘录材料外，该书常有提要、考证，对于已经在其他类书有著录者则只列出处。该书详今略古，对于宋代掌故"率本诸实录、国史、日历，尤多后来史志所未详"（《四库提要》），是研究宋代典章制度沿革的重要资料。《玉海》专辟一门"艺文"以著录古今书籍，凤凰出版社2013年出版了武秀成等校证的《玉海艺文校证》可供参考。全本方面，广陵书局出版了以清光绪浙江书局本为底本的影印本《玉海》，此本较为完善。

### （五）《古今图书集成》

《古今图书集成》初名《古今图书汇编》，由皇子胤祉奉康熙皇帝之命与陈梦雷一同编纂，始编于康熙四十年（1701），成书于康熙四十五年（1706），后改名为《钦定古今图书集成》，雍正皇帝即位后命蒋廷锡重新编校，但基本依据陈梦雷所编，于雍正四年印成六十四部。

《古今图书集成》共一万卷，引书三千五百二十三种，仅目录就有四十卷。全书分为历象、方舆、明伦、博物、理学、经济等六汇编，汇编下设乾象、坤舆、皇极、艺术、经籍、选举等三十二典，典下又设部，共六千一百一十七部，每一部下按汇考、总论、图表、列传、艺文、选句、纪事、杂录、外编的顺序排列，并非每一部下所有项目都可列举，如山川典峄山部只有汇考、图、艺文、纪事。汇考考证事物的流变、种类性能等，总论是历代评论，列传出自史书、地方志，艺文则主要是与条目相关的诗赋文章，纪事是汇考之外的琐碎者。

《古今图书集成》是现存规模最大的类书，汇编、典、部三级目录与汇考、图表等项目交错，分类极其严谨，每项下以时间顺序排列材料，脉络清晰、体例完备，便于学者检索。1934年中华书局影印了武英殿本《古今图书集成》，1982年中华书局与巴蜀书社重新影印1934年本并加上了索引，是比较好的版本。

## 二、丛书

### （一）《四库全书》

《四库全书》是现存规模最大的一部丛书，按经、史、子、集四部收录古今图书，故名。乾隆三十八年（1773）开始编纂，乾隆四十七年（1782）初稿完成，十年后全部完成。共收录书三千四百六十一种，合计七万九千三百七十七卷，约八亿字。

乾隆三十七年（1772），安徽学政朱筠请求对《永乐大典》中所录的已亡佚之书进行辑佚，乾隆皇帝就命令将辑佚书、各省所采集书以及武英殿官刻诸书汇编为《四库全书》。乾隆三十八年二月设四库全书馆，任命于敏中为总裁、纪昀为总纂官，前后参与编纂的学者达到三千六百多人。《四库全书》分经、史、子、集四部，每部下又有易、诗、书、礼、正史、纪事本末、儒家、兵家等四十四类，全书收录全国各地征收的古籍善本、内府藏书及《永乐大典》辑佚书，仅是征收图书就有一万三千五百种之多。四库全书馆将收到的图书分为著录、存目（只存书名）、禁毁三类，仅是禁毁就达到两千八百五十五种，禁毁书籍主要是有碍清朝正统性的诸如魏焕《九边考》、夏完淳《续幸存录》等有关夷夏之防、清入关前东北边事的部分。此类书籍或藏之于内府，或销毁，所以尚有部分书籍流传至今，1997年北京出版社曾经出版《四库禁毁书丛刊》可供参考。全书书成之后共抄写七部，紫禁城文渊阁、沈阳文溯阁、圆明园文源阁、承德文津阁被称为“内廷四阁”，只准官员阅览。镇江文宗阁、扬州文汇阁、杭州文澜阁被称为“江浙三阁”，允许江南士子入阁抄阅。七部中文源阁、文宗阁、文汇阁毁于战火，余下四部中最好的版本要属台北故宫博物院藏文渊阁本，上海人民出版社会同技术单位开发的《四库全书》电子版就是以文渊阁影印本为底本，便于学者检索。

### （二）《四部丛刊》

《四部丛刊》是按照四部分类法编辑的古籍影印本丛书，由张元济主编，商务印书馆印行，从1919年至1935年共出版三编，其中《初编》收书三百二十三种，《续编》收书七十五种，《三编》收书七十一种。

《四部丛刊》以《初编》最为重要，《初编》经部共收录二十五种，包括十三经古注以及京房撰、陆绩注《京氏易传》，卢辩注《大戴礼记》，董仲舒撰《春秋繁露》等经学著作和扬雄撰、郭璞注《方言》等小学著作。史部收录二十二种，不收纪传体正史，收录《汉纪》《资治通鉴》《通鉴纪事本末》《竹书纪年》《华阳国志》《水经注》《五朝名臣言行录》等编年体、纪事本末体、方志体、传记类等各类史籍。子部、集部收书最多，共计二百七十六种，其中集部二百一十五种。

《四部丛刊》版本精审，主编者遍采各地藏书，除商务印书馆涵芬楼外，还涉及江南图书馆、常熟瞿氏铁琴铜剑楼、长沙叶氏观古堂等著名藏书处，所采多宋元旧刻、明清精刻，如《论语集解》用长沙叶氏观古堂藏日本正平刊本，赵歧注《孟子》用清内府藏宋刊大字本，便于学者利用善本进行研究。

### （三）《丛书集成初编》

《丛书集成初编》由张元济辑录，1935年由商务印书馆出版，本计划出版四千册，因抗战爆发中断而只出版三千四百六十七册。

《丛书集成初编》收录丛书一百部，按照书目凡例的说法："初编丛书百部之选择标准，以实用与罕见为主，前者为适应需要，后者为流传孤本。"所选书目年代从宋到清，清代以后不录，其中宋元明合计二十九部，清代七十一部，以清代为最。百部丛书总计收书目六千余种，两万七千余卷，删去重复后合计四千一百余种，两万余卷。多部丛书收录同一种书籍的取其中最完备者，无校注者取最早版本，有校注者取最后版本。该书收录一些较为罕见的丛书，比如明刊《范氏奇书》《三代遗书》等。

《丛书集成初编》的特别之处是其突破了以往经、史、子、集为标准的分类，将所收书目分为总类、哲学、宗教、社会科学、语文学、自然科学、应用科学、艺术、文学、史地十大类，尝试用现代学科划分标准对古籍进行分类。1935年商务印书馆出版了《丛书集成初编目录》，这对现代学者利用古籍资料提供了便利。1960年上海古籍书店将《丛书集成初编目录》重印，1985年中华书局《丛书集成初编》的重印本是较好的全本。

### （四）《中国丛书综录》

《中国丛书综录》是丛书的目录索引，由上海图书馆编辑成书，中华书局1962年出版。该书收录了上海图书馆等全国四十七家图书馆收藏的历代丛书，总共两千七百九十七种。

全书共分三册，第一册《总目分类目录》将所收的丛书分为汇编、类编，汇编分为杂纂、辑佚、郡邑、氏族、独撰五部分，类编分经、史、子、集，每项之下列出丛书书名、时代、编者姓名、版本，再之后列出该丛书所收的书目名、作者、版本等信息，在卷末附上《全国主要图书馆收藏情况表》《丛书书名索引》等便于书名检索及查找丛书收藏地点。第二册为《子目分类目录》，这一册将各丛书下所收的子目中删去重复后的三万八千余种书目分经、史、子、集一一著录，标明其所属的丛书名。第三册《子目索引》分《子目书名索引》《子目著者索引》，制作了针对第二册子目书籍的书名和作者索引。在使用时，可通过第三册的索引查找所寻书籍在第二册的位置，从第二册的子目中查找到书籍所属的丛书，再从第一册的收藏情况表中就可以找到该丛书对应藏书地点，对于学者查找古籍极为便利。1982年上海古籍出版社出版了《中国丛书综录》的新版，是比较好的版本。

## 思考题

1. 简要介绍北宋四大类书。
2. 丛书对于现代学术研究的利用价值有哪些?

## 【阅读材料】

### 一、《艺文类聚》

《卷第一·天部上·天》[1]

《周易》曰：大哉乾元，万物资始，乃统天，云行雨施，品物流形，大明终始，六位时成，时乘六龙以御天，乾道变化，各正性命。

又曰：立天之道，曰阴与阳。

又曰：天行健。

《尚书》曰：乃命羲和，钦若昊天。

又曰：皇天震怒，命我文考，肃将天威。

《礼记》曰：天地之道，博也，厚也，高也，明也，悠也，久也，日月星辰系焉，万物覆焉。

《论语》曰：天何言哉？四时行焉，百物生焉。

《老子》曰：天得一以清。

《春秋繁露》曰：天有十端，天地阴阳水土金木火人，凡十端，天亦喜怒之气，哀乐之心，与人相副，以类合之，天人一也。

《尔雅》曰：穹苍，苍天也。春为苍天，夏为昊天，秋为旻天，冬为上天。

《春秋元命苞》曰：天不足西北，阳极于九，故天周九九八十一万里。

《浑天仪》曰：天如鸡子，天大地小，天表里有水，地各乘气而立，载水而浮，天转如车毂之运。

《黄帝素问》曰：积阳为天，故天者清阳也。

《庄子》曰：天之苍苍，其正色邪？其远而无所至极邪？

《申子》曰：天道无私，是以恒正，天常正，是以清明。

《文子》曰：高莫高于天，下莫下于泽，天高泽下，圣人法之。

《太玄》曰：有九天，一为中天，二为羡天，三为从天，四为更天，五为睟天，六为廓天，七为咸天，八为沈天，九为成天。

1 ［唐］欧阳询撰，汪绍楹校：《艺文类聚》卷一，上海：上海古籍出版社，1999年，第1—4页。

又曰：天以不见为玄。

《皇览记》曰：好道者，言黄帝乘龙升云，登朝霞，上至列阙，倒影经过天宫。

《礼统》曰：天地者，元气之所生，万物之祖也。

《广雅》曰：太初，气之始也。清浊未分，太始，形之始也。清者为精，浊者为形，太素，质之始也。已有素朴而未散也。二气相接，剖判分离，轻清者为天。

《吕氏春秋》曰：天有九野，何谓九野，中央曰钧天，东方曰苍天，东北曰变天，北方曰玄天，西北曰幽天，西方曰皓天，西南曰朱天，南方曰炎天，东南曰阳天。

《列子》曰：杞国有人，忧天崩坠，身无所寄，废于寝食。又有忧彼之忧者，晓之曰：天积气耳，无处无气，奈何而崩坠乎？其人曰：天果积气，日月星宿，不当坠也。晓者曰：日月星宿，亦积气中之有光曜者，正复使坠，亦不能有中伤。

《说苑》曰：齐桓公问管仲，王者何所贵。对曰：贵天。桓公仰观天。管仲曰：所谓之天者，非谓苍苍莽莽之天也。君人者以百姓为天。

《白虎通》曰：天者，身也。天之为言镇也。居高理下，为人镇也。男女惣名为人，天地所以无惣名何，天圆地方，不相类也。天左旋，地右周，犹君臣阴阳相对向也。

张衡《灵宪》曰：太素之前，幽清寂寞，不可为象，惟虚惟无，盖道之根也。道根既建，由无生有，太素始萌，萌而示兆，斯谓庞洪，盖道之干也。道干既育，万物成体，于是刚柔始分，清浊异位，天成于外而体阳，故圆以动，斯谓天元，道之实也。天有元位。

徐整《三五历纪》曰：天地混沌如鸡子，盘古生其中，万八千岁，天地开辟，阳清为天，阴浊为地，盘古在其中，一日九变，神于天，圣于地，天日高一丈，地日厚一丈，盘古日长一丈，如此万八千岁。天数极高，地数极深，盘古极长，后乃有三皇，数起于一，立于三，成于五，盛于七，处于九，故天去地九万里。

《蜀志》曰：吴使张温来聘。温问秦密曰：天有头乎？密曰：有之。温曰：在何方？密曰：《诗》云“乃眷西顾”，以此推之，头在西方。温曰：天有耳乎？密曰：天处高而听卑，《诗》云“鹤鸣九皋，声闻于天”，若其无耳，何以听之？温曰：天有足乎？密曰：《诗》云“天步艰难”，若其无足，何以步之？温曰：天有姓乎？密曰：姓刘。何以然？曰：其子姓刘，以此知之。

《楚辞天问》曰：图则九重，孰营度之？八柱何当，东南何亏？言天有八山为柱，皆何当值，东南不足，谁亏缺之。日月安属，列星安陈。

【诗】晋传言《两仪诗》曰：两仪始分，元气上清，列宿垂象，六位时成，日月西迈，流景东征，悠悠万物，殊品齐名，圣人忧世，实念群生。

又《天行篇》曰：天行一何健，日月无高踪，百川赴阳谷，三辰因泰蒙。

又歌曰：天时泰兮昭以阳，清风起兮景云翔，仰观兮辰象，日月兮运周，俯视兮河海，百川兮东流。

【赋】晋成公绥《天地赋》曰：天地至神，难以一言定称，故体而言之，则曰两仪，假而言之，则曰乾坤，气而言之，则曰阴阳，性而言之，则曰柔刚，色而言之，则曰玄黄，名而言之，则曰天地。若乃悬象成文，列宿有章，三辰烛耀，五纬重光，众星回而环极，招摇运而指方，白虎时据于参代，青龙垂尾于氐房，玄龟匿首于女虚，朱鸟奋翼于星张，帝皇正坐于紫宫，辅臣列位于文昌，垣屏络驿而珠连，三台差池而雁行，轩辕华布而曲列，摄提鼎峙而相望。

【赞】晋郭璞《释天地图赞》曰：祭地肆瘗，郊天致烟，气升太一，精沦九泉，至敬不文，明德惟鲜。

【表】宋颜延之《请立浑天仪表》曰：张衡创物，蔡邕造论，戎夏相袭，世重其术。臣昔奉使入关，值大军旋旆，浑仪在路，肆观奇秘，绝代异宝，旋及王府，考诸前志，诚应夙闻。《尚书》"琁玑玉衡，以齐七政"，崔瑗所谓"数术穷天地，制作侔造化"，经志所云"图宪所本"。故体度不渝，精测尚矣。则七晷运变，无匪康时，九代贞观，不绝司历，臣夙怀末意，惧于非任，今忝惟职统，敢昧死以闻。

## 二、《太平御览》

《卷第十六・时序部一・律》（节选）[1]

《吕氏春秋》曰：黄帝命伶伦作为律。伶伦自大夏之西，乃之阮隃之阴山，取竹于嶰谷，以生空窍厚均者，断两节间，长三寸九分而吹之。以为十二筒，听凤鸣，以别十二律，其雄鸣为六，雌鸣亦六。故曰，黄钟之宫，律之本也。凤有雌雄，故律有阴阳。

1 ［宋］李昉等编：《太平御览》卷十六，北京：中华书局，2000年，第79—80页。

《书》曰：肆觐东后，协时月正日，同律度量衡。

又曰：帝曰：夔！命汝典乐，教胄子。诗言志，歌永言，声依永，律和声。声谓五声，宫商角徵羽，律谓六律六吕，十二月之音气，言当依声，律以和乐。八音克谐，无相夺伦。伦，理也。八音能谐，理不错夺，则神人咸和。命夔使勉之。

又曰：予欲闻六律五声八音，在治忽，以出纳五言，汝听。孔氏曰：言欲以六律和声音，察天下治理及忽怠者。又以出纳仁义礼智信五德之言，汝当听审之也。

《礼》曰：孟春之月，律中太蔟。蔟，凑也，言万物始大而凑也。

《周礼》曰：大司乐以六律、六吕、五声、八音、六舞，六代舞。大合乐致鬼神。

又注曰：律吕相生者，上生者三分益一，下生者三分减一。黄钟律长九寸，下生林钟，六寸律也。

《左传》曰：六律、七音、八风、九歌，以相成也。清浊，大小，长短，疾徐，哀乐，迟速，高下，出入，周流，以相济也。君子听之，以平其心。

《尔雅》曰：律谓之分。郭璞注曰：律管，可以分气者也。

《易是类谋》曰：圣人兴起，不知姓名，当吹律听声以别其姓。律者，六律也。

《春秋元命包》曰：律之为言率也，所以率气令达也。率，犹导也。

《春秋孔演图》曰：孔子曰："丘援律吹，命阴得羽之宫。"

《孝经援神契》曰：圣王吹律有姓。

《汉书·张苍传》曰：苍乃自秦时为柱下御史，明习天下图书计籍，又善用算律历，故令苍以列侯居相府，领王郡国上计。

又曰：张苍代灌婴为丞相，汉兴二十余年，天下定，公卿皆军吏。苍为计吏时，正绪律历。故汉家言律历者法张苍。苍好书，无所不通，而尤邃律历。邃，深。

又：《京房传》曰：房字君明，东郡顿丘人。好钟律，知音声。房本姓李，推律自定为京氏。

又曰：夫五音生于本姓，分为十二律，转生六十二律，皆所以纪升气，效物类也。天效以影，地效以响，响即律也。阴阳和则影至以律，气应则灰除。是故天子常以冬夏至御前殿，合八能之士，陈八音，听乐均，度晷影，候钟律，权土灰，校阴阳。冬至阳气应则均清，景长极，黄钟通，土灰轻而衡仰；夏至阴气应则均浊，景短极，蕤宾通，土灰重而衡低。进退于先后五日之中，八音能各以候状闻，大史合封上效则和，否则占。候气之法，为室三重，户开涂衅必周，密布缇幔，室中以木为案，每律各一，内庳外高从其加律，其上以葭莩灰抑其内端，案历而候之，气至者灰去。其为气所动者，其灰散；风所动者，其灰聚。殿中候用玉律十二，唯二至乃候灵台，用竹律六十。

又曰：凡律度量衡用铜，铜为物也精，不为燥湿寒暑变其节，不为风雨曝露改其形，介然常似于士君子之行，是以用铜也。用竹为引者，事之宜也。

又曰：至治之世，天地之气，合以生风，天地之风气定十二律。

王隐《晋书》曰：荀勖以魏杜夔所制律吕，检校太乐总章，鼓吹八音，与律吕乖错。始知后汉至魏，度渐长于古四分余，而夔依为律吕，故致不韵，不和。部佐著作刘恭依周礼制尺，所谓古尺也。依古尺作新律吕，以调声韵，以律量黍，以尺度古器，皆与本铭尺寸无差。又故冢得古玉律，钟声亦与新律暗合，遂班下太常，使太乐总章鼓吹清商施用。勖遂典知乐事。

《晋诸公赞》曰：世祖时，以荀勖所造律班示朝臣，散骑侍郎阮咸唱议，谓勖所造声高，必由古今尺有长短所致，然勖亦依案经典算而制之，又求古器得周时玉律比较正同。荀勖奏曰："中所出御府铜竹律二十五具，部太常乐郎正刘秀等校试，其三具与杜夔、左延年法同，其二十二具视其铭题尺寸，是笛律也。"问协律中郎将列和云："昔魏明帝时，令和丞受笛声，以作此律，欲使学者别居一坊，歌咏讲习，依此律调至于都合乐时，但识其尺寸之名，则丝竹歌皆得均合。歌声浊者用长笛长律，歌声清者用短笛短律。凡弦歌调张清浊之制，不依笛寸尺名之，则不可知也。"

《赵书》曰：刘曜筑建德殿，取土城西南郭内，得圆石，状若水碓，其铭曰："律推石重四钧，同律度量衡，有辛氏造。"议者未之详，或以为瑞。参军事续咸曰：王莽时物。

东方朔《十洲记》曰：武帝时有西胡月氏国遣使曰："臣国去此三十万里，国有常占，东风入律百旬不休，青云干吕，连月不散者，阎浮国将有好道之君矣。"

《孟子》曰：师旷之聪，不以六律，不能正五音。

《淮南子》曰：夔合六律，调五音，通八风。

又曰：《天文》曰："帝张四维，帝，天帝也。运之以斗，运，提。月徙一辰，复反其所。正月指寅，十一月指子，一岁而匝，终而复始。寅，则万物蚓蚓也，蚓，虫也。律受太蔟。蔟者，凑而未出也。太蔟，正月律。指卯，卯则茂茂然，律受夹钟。夹钟者，钟始夹也。夹钟，二月律。指辰，辰则振振之也，律受沽洗。沽洗者，陈去而新来也。沽洗，三月律。指巳，巳则生巳定也，律受中吕。中吕者，中充大也。中吕，四月律。指午，午者，忤也，律受蕤宾。蕤宾者，安而服也。蕤宾，五月律。指未，未者，味也，律受林钟。林钟者，引而止之也。林钟，六月律。指申，申者，呻也，律受夷则。夷则者，易其则也，德去矣。夷则，七月律也。德以去，生气尽也。指酉，酉者，饱也，律受南吕。南吕者，任苞大也。南吕，八月律。指戌，戌者，灭也，律受无射。无射者，入之无厌也。无射，九月律。指亥，亥者，阂也，律受应钟。应钟者，应其钟也。应钟，十月律。指子，子者，兹也，律受黄钟，黄钟者，巳钟也。黄钟，十一月律。指丑，丑者，纽也，律受大吕。大吕者，旅旅而去也。大吕，十二月律也。

又曰：一律而生五音，十二律而为六十音。因而六之，六六三十六，故三百六十音以当一岁之日。故律历之数，天地之道。

## 三、《太平广记》

《卷七十一·道术一》（节选）[1]

### 赵高

秦王子婴，常寝于望夷宫。夜梦有人，身长十丈，鬓发绝青，纳玉舄而乘丹车，驾朱马，至宫门云："欲见秦王婴。"阍者许进焉。子婴乃与之言。谓婴曰："予是天使也，从沙丘来。天下将乱，当有欲诛暴者。"翌日乃起，子婴既疑赵高，因囚高于咸阳狱。纳高于井中，七日不死；更以镬煮之，亦七日不沸。戮之。子婴问狱吏曰："高其神乎？"狱吏曰："初囚高之时，见高怀有一青丸，大如雀卵。时方士说云：'赵高先世受韩终丹法。受此丹者，冬日坐于冰，夏日卧于炉上，不觉寒热也。'"及高戮，子婴弃尸于九逵之路，泣送者千家。咸见一青雀从高尸中出，直飞入云。九转之验，信于是乎。（出《王子年拾遗记》）

### 董仲君

汉武帝嬖李夫人。及夫人死后，帝欲见之，乃诏董仲君，与之语曰："朕思李氏，

1 ［宋］李昉等编：《太平广记》卷七十一，上海：上海古籍出版社，1990年，第356—360页。

其可得见乎?”仲君曰:“可远见而不可同于帷席。”帝曰:“一见足矣，可致之。”仲君曰:“黑河之北，有暗海之都也。出潜英之石，其色青，质轻如毛羽，寒盛则石温，夏盛则石冷。刻之为人像，神语不异真人。使此石像往，则夫人至矣。此石人能译人语，有声无气，故知神异传也。”帝曰:“此石可得乎?”仲君曰:“愿得楼船百艘，巨力千人。”能浮水登木者，皆使明于道术，赍不死之药，乃至暗海。经十年而还，昔之去人，或升云不归，或托形假死，获反者四五人。得此石，即令工人，依先图刻作李夫人形。俄而成，置于轻纱幕中，宛若生时。帝大悦，问仲君曰:“可得近乎?”仲君曰:“譬如中宵忽梦，而昼可得亲近乎?此石毒，特宜远望，不可迫也。勿轻万乘之尊，惑此精魅也。”帝乃从其谏。见夫人毕，仲君使人舂此石人为九段，不复思梦，乃筑梦灵台，时祀之。(出《王子年拾遗记》)

**窦玄德**

窦玄德，河南人也。贞观中，任都水使者，时年五十七，奉使江西。发路上船，有一人附载。窦公每食余，恒啗附载者，如是数日，欲至扬州，附载辞去。公问曰:“何速?”答曰:“某是司命使者，因窦都水往扬州，司命遣某追之。”公曰:“都水即是某也，何不早言?”答曰:“某虽追公，公命合终于此地，此行未至，不可漏泄，所以随公至此。在路蒙公余食，常愧于怀，意望免公此难，以报长者深惠。”公曰:“可禳否?”答曰:“颇闻道士王远和乎?”公曰:“闻之。”使者曰:“今见居扬州府。幽冥间事甚机密，幸勿泄之。但某在船日，恒赖公赐食，怀愧甚深。今不拯公，遂成负德。王尊师行业幽显，众共尊敬。其所施为，人天钦尚。与人章醮，有厄难者，天曹皆赦。公可屈节咨请，得度斯难。明晚奉报。”旋灭去。公既奉敕，初到扬州，长史以下诸官皆来迎。公未论事，但问官僚:“见王尊师乎?”于时诸官，莫测其意，催遣迎之。须臾，王尊师至，屏左右具陈情事。师曰:“比内修行正法，至于祭醮之业，皆所不为。公衔命既重，勉励为作，法之效验，未敢悬知。”于是命侍童写章，登坛拜奏。明晚，使者来报公曰:“不免矣。”公又求哀甚切。使者曰:“事已如此，更令奏之，明晚当报。仍买好白纸作钱，于净处咨白天曹吏，使即烧却;若不烧，还不得用。不尔，曹司稽留，行更得罪。”公然之，又白师，师甚不悦。公曰:“惟命是遵，愿垂拯济。”师哀之，又奏。明晚使者来，还报云:“不免。”公苦问其故，初不肯言，后俛首答曰:“道家章奏，犹人间上章表耳。前上之章，有字失体;次上之章，复草书‘仍乞’二字。表奏人主，犹须整肃，况天尊大道，其可忽诸？所上之章，咸被弃掷，既不闻彻，有何济乎?”公又重使令其请托，兼具以事白师。师甚悦云:“审尔乎。比窃疑章表符奏，缪妄而已。如公所言，验若是乎。”乃于坛上取所奏之章，见字误书草，一如公言。师云:“今奏之章，贫道自写。”再三合格，如法奏之。明旦使者报公云:“事已谐矣。”师曰:“此更延十二年。”公谓亲表曰:“比见道家法，未尝信之。今蒙济拔，其验如兹。从今以往，请终身事之。”便就清都观尹尊师受法箓，举家奉道。春秋六十九而卒。(出《玄门灵妙记》)

## 四、《玉海》

《玉海艺文校证·卷六·春秋·汉春秋蕃露》[1]

《董仲舒传》：所著皆明经术之意，及上疏条教，凡百二十三篇。志儒家。而说《春秋》事得失，《间举》、《玉杯》、《蕃露》、《清明》、《竹林》之属，皆所著书名。复数十篇，十余万言，皆传于后世。仲舒下帷发愤，潜心大业，令后学者有所统一，为群儒首。《唐志》：仲舒《春秋繁露》十七卷。《七录》、《隋志》同。《崇文目》：十七卷。其书八十二篇，义引宏博，然篇第亡舛，无以是正。又即用《玉杯》、《竹林》题篇，疑后人取而附著云。晁氏《志》：史称仲舒说《春秋》数十篇，今益而为八十二篇，又通名《繁露》，未详。陈氏曰:《通典》、《御览》所引皆今书所无。《中兴书目》：十卷。《繁露》之名，先儒未有释者。案《逸周书·王会解》:“天子南面立，絻无繁露。”注云:“冕之所垂也，有联贯之象。”《春秋》属辞比事，仲舒立名，或取诸此。《西京杂记》：仲舒梦蛟龙入怀，乃作《春秋繁露》。《古今注》：牛亨问崔豹:“繁露者何?”曰:“缀玉而下垂如繁露也。”则繁露，古冕之旒似露而垂。《史记》：上大夫董仲舒推《春秋》，颇著文焉。《索隐》曰:《繁露》。《礼·大司乐》注：董仲舒云:“成均五帝之学。”疏：出《繁露》，以为繁多露润。《后汉书·明德马后纪》：尤善《周官》、董仲舒书。注:《玉杯》、《蕃露》、《清明》、《竹林》之属。《礼仪志》注:《繁露》曰:“大旱雩祭而请雨。”《郎顗传》注亦引之。《舆服志》注:《繁露》曰:“剑之在左，苍龙

1 ［宋］王应麟撰，武秀成、赵庶洋校证:《玉海艺文校证》卷六，南京：凤凰出版社，2013年，第237—240页。

之象。”《通典》亦引之。《志》又引《止雨书》。《通鉴外纪》:《繁露》曰:“推神农以为九皇。”《太平御览》、《寰宇记》皆引《繁露》。《春秋会解》所引十三条。景祐四年四月，欧阳修书其后云：今其书才四十篇，又总名《繁露》，失其真也。馆中见有八十余篇，多错乱重复。民间献三十余篇，其间数篇在八十篇外。董生，儒者，其论深极《春秋》之旨，然惑于改正朔，而云王者、大一元者，牵于其师之说，不能高其论以明圣人之道。庆历七年二月，楼郁序曰:《公羊》之学，后有胡母子都、仲舒治其说。程大昌曰：馆本十七卷，绍兴间董□所进。通以《繁露》冠书，而《玉杯》、《清明》、《竹林》特各居篇卷之一。有垂旒凝露之象,《玉杯》、《竹林》同为托物。汉、魏人为文名《连珠》，其殆《繁露》之自出欤？大昌为《演蕃露》十四卷，又《续》六卷。楼钥曰：潘景宪本有八十二篇。《说文》引仲舒在《王道通三》第四十四篇,《传》中对“越三仁”之问，朝廷有大议，使使者及廷尉张汤就其家问之，求雨、止雨、三策、仁爱、阴阳德刑之类，皆在书中。又有言曰“不由其道而胜，不如由其道而败”，真得夫子心法。八十二篇，始《楚庄王》，终《天道施》。三篇阙,《玉杯》第二、《竹林》第三、《玉英》第四。一卷,《楚庄王》、《玉杯》。二,《竹林》。三,《玉英》、《精华》。四,《王道》。五,《灭国》上下、《随本消息》、《盟会要》、《正贯》、《十指》、《重政》。六,《服制象》、《二端》、《符瑞》、《俞序》、《离合根》、《立元神》、《保位权》。七,《考功名》、《通国身》、《三代改制》、《官制象天》、《尧舜汤武》、《服制》。八,《度制》、《爵国》、《仁义法》、《必仁且知》。九,《身之养》、《对胶西》、《观德》、《奉本》。十,《深察名号》、《实性》、《诸侯》、《五行》，阙文二篇。十一,《为人者天》、《五行之义》、《阳尊阴卑》、《王道通三》、《天容》、《天辨在人》、《阴阳位》。十二,《阴阳终始》、《阴阳义》、《阴阳出入》、《天道无二》、《暖燠孰多》、《基义》，阙文一篇。十三,《四时之副》、《人副天数》、《同类相动》、《五行相胜》、《相生》、《五行逆顺》、《治水五行》。十四,《治乱五行》、《五行变救》、《五行五事》、《郊语》。十五,《郊义》、《郊祭》、《四祭》、《郊祀》、《顺命》、《郊祀对》。十六,《执贽》、《山川颂》、《求雨》、《止雨》、《祭义》、《循天之道》。十七卷。《天地之行》、《威德所生》、《如天之为》、《天地阴阳》、《天道施》第八十二。《玉杯》、《竹林》二篇之名，未有以订之。

仲舒对策云：孔子作《春秋》，先正王而系以万事，见素王之文焉。仲舒曰:《诗》无达诂,《易》无达吉,《春秋》无达辞。

## 五、《古今图书集成》

《明伦汇编·宫闱典·太上皇部汇考一》(节选)[1]

### 汉

高祖六年，尊太公为太上皇。

按《汉书·高祖本纪》：高祖，沛丰邑中阳里人也，姓刘氏。母媪尝息大泽之陂，梦与神遇。是时雷电晦冥，父太公往视，则见交龙于上。已而有娠。汉元年二月，项羽立沛公为汉王。五月，汉王定雍地。九月，遣将军薛欧、王吸出武关，因王陵兵，从南阳迎太公、吕后于沛。羽闻之，发兵距之阳夏，不得前。二年三月，汉王入彭城，项羽击汉军睢水上，大破汉军。审食其从太公、吕后间行，反遇楚军，羽常置军中以为质。四年七月，项羽自知少助食尽，汉遣陆贾说羽，请太公，羽弗听。汉复使侯公说羽，羽乃与汉约，中分天下，割鸿沟以西为汉，以东为楚。九月，归太公、吕后，军皆称万岁。乃封侯公为平国君。五年二月，汉王即皇帝位。六年三月，上归栎阳，五日一朝太公。太公家令说太公曰：天亡二日，土亡二王。皇帝虽子，人主也；太公虽父，人臣也。奈何令人主拜人臣？如此，则威重不行。后上朝，太公拥篲，迎门却行。上大惊，下扶太公。太公曰：帝，人主，奈何以我乱天下法。于是上心善家令言，赐黄金五百斤。夏五月丙午，诏曰：人之至亲，莫亲于父子，故父有天下传归于子，子有天下尊归于父，此人道之极也。前日天下大乱，兵革并起，万民苦殃，朕亲被坚执锐，自帅士卒，犯危难，平暴乱，立诸侯，偃兵息民，天下大安，此皆太公之教训也。诸王、通侯、将军、群卿、大夫已尊朕为皇帝，而太公未有号。今上尊太公曰太上皇。

〈注〉师古曰：太上，极尊之称也。皇，君也。天子之父，故号曰皇。不预治国，故不言帝也。

九年，诸王朝太上皇于未央宫，上置酒为寿。

按《汉书·高祖本纪》：九年冬十月，淮南王、梁王、赵王、楚王朝未央宫，置酒前殿。上奉玉卮为太上皇寿，曰：始大人常以臣亡赖，不能治产业，不如仲力。今某之业所就孰与仲多？殿上群臣皆称万岁，大笑为乐。十年秋七月癸卯，太上皇崩，葬万年。赦栎阳囚死罪以下。八月，令诸侯王皆立太上皇庙于国都。

---

1 ［清］陈梦雷等编：《古今图书集成》第246册，上海：中华书局，1934年，第1—2页。

按《汉书·高祖本纪》云云。

**北魏**

献文帝皇兴五年，册命皇太子为皇帝，群臣上尊号曰太上皇帝。

按《魏书·献文帝本纪》：皇兴五年六月，行幸河西。秋七月，遂至阴山。八月丁亥，车驾还宫。帝雅薄时务，常有遗世之心，欲禅位于叔父京兆王子推，语在《任城王云传》。群臣固请，帝乃止。丙午，册命太子曰：昔尧舜之禅天下也，皆由其子不肖。若丹朱、商均能负荷者，岂搜扬侧陋而授之哉？尔虽冲弱，有君人之表，必能恢隆王道，以济兆民。今使太保、建安王陆馛，太尉源贺持节奉皇帝玺绶，致位于尔躬。其践升帝位，克广洪业，以光祖宗之烈，使朕优游履道，颐神养性，可不善欤？丁未，诏曰：朕承洪业，运属太平，淮岱率从，四海清晏。是以希心太古，志存澹泊。躬览万务，则损颐神之和；一日或旷，政有淹滞之失。但子有天下，归尊于父；父有天下，传之于子。今稽协灵运，考会群心，爰命储宫，践升大位。朕方优游恭己，栖心浩然，社稷乂安，克广其业，不亦善乎？百官有司，其祇奉嗣子，以答天休。宣布宇内，咸使闻悉。于是群公奏曰：昔三皇之世，澹泊无为，故称皇。是以汉高祖既称皇帝，尊其父为太上皇，明不统天下。今皇帝幼冲，万机大政，犹宜陛下总之。谨上尊号太上皇帝。乃从之。己酉，太上皇帝徙御崇光宫，彩椽不斫，土阶而已。国之大事咸以闻。

孝文帝延兴二年，太上皇诏诸将袭击蠕蠕，帝每月一朝崇光宫。

按《魏书·孝文帝本纪》：延兴二年二月，蠕蠕犯塞。太上皇帝次于北郊，诏诸将讨之。虏遁走。其别帅阿大干率千余落来降。东部敕勒叛奔蠕蠕，太上皇帝追之，至石碛，不及而还。壬子，高丽国遣使朝贡。三月，太上皇帝至自北讨。冬十月，蠕蠕犯塞，及于五原。十有一月，太上皇帝亲讨之，将度漠袭击。蠕蠕闻军至，大惧，北走数千里。以穷寇远遁，不可追，乃止。帝每月一朝崇光宫。

延兴三年改崇光为宁光宫，太上皇帝归自北讨寻复南巡。

按《魏书·孝文帝本纪》：延兴三年春正月丁亥，改崇光宫为宁光宫。戊戌，太上皇帝还至云中。二月戊午，太上皇帝至自北讨，饮至策勳，告于宗庙。死王事者复其家。秋八月庚申，帝从太上皇帝幸河西。拾寅谢罪请降，许之。冬十月，太上皇帝亲将南讨。诏州郡之民，十丁取一以充行，户收租五十石，以备军粮。十一月癸巳，太上皇帝南巡，至于怀州。所过问民疾苦，赐高年、孝悌力田布帛。

## 六、《四库全书》

《四库全书总目提要·卷九十二·子部二·儒家类二》(节选)[1]

《太极图说述解》一卷、《通书述解》一卷、《西铭述解》一卷(河南巡抚采进本)

明曹端撰。端字正夫，号月川，渑池人。永乐戊子举人。官霍州学正，后改蒲州。事迹具《明史·儒林传》。史称其学，务躬行实践，而以静存为要。读《太极图说》、《通书》、《西铭》，曰：道在是矣。笃志研究，坐下著足处两砖皆穿。盖明代醇儒，以端及胡居仁、薛瑄为最，而端又开二人之先。是编笺释三书，皆抒所心得，大旨以朱子为归，而《太极图》末附载辨戾一条，乃以朱子所论太极阴阳，语录与注解互异，而考定其说。盖注解出朱子之手，而语录则门人之所记，不能无讹。端得于朱子者深，故能辨别微茫，不肯雷同附和，所由与依草附木者异也。前有端自序，作于宣德戊申，惟论《太极图说》，及以诗赞辨戾附末之意，而不及《西铭》。卷末有正德辛未黎尧卿跋，始兼《西铭》言之。《通书》前后，又有孙奇逢序及跋，跋但言《通书》，而序则言渑池令张熼合刻三书。盖尧卿始以《太极图说》、《西铭》合编，熼又增以《通书》也。据端本传，其书本名《释文》，所注《孝经》，乃名《述解》。此本亦题曰《述解》，不知何人所改刊。版颇拙恶，排纂亦无体例，每句皆以正文与注连书，字画大小相等。但以方匡界正文每句之首尾，以为识别，殊混淆难读。今离而析之，使注与正文别行，以便省览焉。

《张子全书》十四卷、《附录》一卷(编修励守谦家藏本)

宋张载撰。考载所著书见于《宋史·艺文志》者，有《易说》三卷，《正蒙》十卷，《经学理窟》十卷，《文集》十卷。虞集作《吴澄行状》，称尝校正张子之书，以东、西铭冠篇，《正蒙》次之。今未见其本。此本不知何人所编，题曰全书，而止有《西铭》一卷，《正蒙》二卷，《经学理窟》五卷，《易说》三卷，《语录抄》一卷，《文集抄》一卷，又《拾遗》一卷，又采宋、元诸儒所论及行状等作为附录一卷，共十五

---

1 《四库全书总目提要》卷九十二，第2351—2358页。

卷。自《易说》、《西铭》以外，与史志卷数皆不相符。又语录、文集皆称曰抄，尤灼然非其完帙。盖后人选录之本，名以全书，殊为乖舛。然明徐时达所刻已属此本。嘉靖中吕柟作《张子抄释》，称文集已无完本，惟存二卷。康熙己亥，朱轼督学于陕西，称得旧稿于其裔孙五经博士绳武家，为之重刊。勘其卷次篇目，亦即此本，则其来已久矣。张子之学，主于深思自得，本不以著作繁富为长。此本所录，虽卷帙无多，而去取谨严，横渠之奥论微言，其精英业已备采矣。

《注解正蒙》二卷（江苏巡抚采进本）

国朝李光地撰。光地有《周易观彖》，已著录。《正蒙》一书，张子以精思而成，故义博词奥，注者多不得其涯涘。又章句既繁，不免偶有出入。或与程、朱之说相牴牾，注者亦莫知所从，不敢置议。光地是书，疏通证明，多阐张子未发之意。又于先儒互异之处，如太虚之说与周子太极不同；清神浊形之分为程子所议；太极阴阳为三之说，启胡氏三角太极之学；地有升降一条，黄瑞节以为执四游旧说。又如六经之中释《孟子》之过化为不滞于物；释《中庸》之敦化为体厚用神；释《易》继善为不已其善；释《论语》上智下愚为习成；释《中庸》仁者为生安，智者为学利；释《论语》空空无知为无思无为；释《易》蒙以养正为养蒙以正；释《论语》先进后进为急行缓行，洋洋盈耳为乐失其次，与朋友共敝之而无憾句，以共字属下；释好勇疾贫章二乱字为迷缪；释易险阻为圣德之高坚；释《论语》素绚后素二素字异义；释《诗》勿翦勿拜为拜跪之拜，棠棣为文王之诗而周公有所加，晨风为劳而不休；释《礼》禘祫之义牵用《注疏》旧说，殇祭之义又改《易》旧说。皆一一别白是非，使读者晓然不疑。于明以来诸家注释之中可谓善本矣。

《正蒙初义》十七卷（直隶总督采进本）

国朝王植撰。植有《四书参注》，已著录。是编诠释《正蒙》，于《性理大全》所收集释、补注、集解外，取明高攀龙、徐德夫、国朝冉觐祖、李光地、张伯行之注，列程、朱诸说之后。并采张子《经学》、《理窟语录》、《性理拾遗》三书相发明者，附录之，而各以己见参订于后。其大旨谓张子见道原，从儒释异同处入，故其言太虚皆与释氏对照。又谓太虚有三义，又谓程、朱多不满此书太虚二字，然晰其本旨，殊途同归，正不必执程、朱诸论以诋之。又谓《诗笺》、《书序》、《礼疏》旧说，张子所用为多，今人习见习闻，皆程、朱遗泽，遂咤而怪之。但当分别读之，不宜横生訾议。论皆持平，颇能破门户之见。其谓张子自注，惟见于参两神化至当三十乐器者各一，见于王禘者五，乾称者四，诸本或以集释误为自注。又谓十七篇为苏昞所传，张子手定，李光地本多割裂。其辨析皆为不苟。至所称张伯行注出于他人之假名，非所自著，云得诸伯行面言，亦足资考订也。

《二程遗书》二十五卷、《附录》一卷（江西巡抚采进本）

宋二程子门人所记，而朱子复次录之者也。自程子既殁以后，所传语录，有李吁、吕大临、谢良佐、游酢、苏昞、刘绚、刘安节、杨迪、周孚先、张绎、唐棣、鲍若雨、邹柄、畅大隐诸家，颇多散乱失次，且各随学者之意，其记录往往不同。观尹焞以朱光庭所钞伊川语质诸伊川，伊川有若不得某之心，所记者徒彼意耳之语。则程子在时，所传已颇失其真。（案：此事见朱子后序中。）故《朱子语录》谓游录语慢，上蔡语险，刘质夫语简，李端伯语宏肆，永嘉诸公语絮也。是编成于乾道四年戊子，乃因家藏旧本，复以类访求附益，略据所闻岁月先后，编第成为二十五卷。又以行状之属八篇为附录一卷。《语录》载陈淳问第九卷介甫言律一条何意，曰：伯恭以凡事皆具，惟律不说，偶有此条，遂漫载之。又郑可学问《遗书》有古言乾坤不用六子一段如何？曰：此一段却主张是自然之理，又有一段却不取。又《晦庵文集》内有答吕伯恭书曰：《遗书》节本已写出，愚意所删去者，亦须用草纸抄出，逐条略著删去之意，方见不草草处。若暗地删却，久远却惑人云云。今观书内如刘安节所录谨礼者不透，须看《庄子》一条，语涉偏矫，则注云别本所增。又畅大隐所记道岂可离而不可离一条，纯入于禅，则注云多非先生语。其去取亦深为不苟矣。考《文献通考》载《遗书》卷目，与此本同。而黄震《日抄》所载则至十七卷而止，与此互异。又震所载《遗书》卷目吕与叔《东见录》及《附东见录》均次为第二卷，而此本则《次附东见录》为第三卷，殆传本有异同欤？至附录中年谱一篇，朱子自谓实录所书文集内外书所载，与凡他书之可证者。震则谓朱子访其事于张绎、范棫、孟厚、尹焞而成。盖朱子举其引证之书，震则举其参考之人，各述一端，似矛盾而非矛盾也。

《二程外书》十二卷（江西巡抚采进本）

亦二程子门人所记，而朱子编次之，成于乾道癸巳六月，在《遗书》之后五年。后序称《遗书》二十五篇，皆诸门人当时记录之全书，足以正俗本纷更之谬。而于二先生之语则不能无所遗。于是取诸人集录，参伍相除，得此十二篇，以为《外书》。凡采朱光庭、陈渊、李参、冯忠恕、罗从彦、王蘋、时紫芝七家所录，又胡安国、游酢家本及《建阳大全》集印本三家，又传闻杂记自王氏《麈史》至孔文仲《疏》，凡一百五十二条，均采附焉。其语皆《遗书》所未录，故每卷悉以拾遗标目。其称《外书》者，则朱子自题所谓取之之杂，或不能审所自来，其视前书，学者尤当精择审取者是也。中间传闻异词，颇不免于丛脞。如程氏学拾遗卷内，以望道未见为望治道太平一条，黄震《日抄》谓恐于本文有增。又时氏本拾遗卷内，以老子天地不仁万物刍狗之说为是一条，震亦谓其说殊有可疑。盖皆记录既繁，自不免或失其本旨。要其生平精语，亦多散见于其中。故但分别存之，而不能尽废。如吕氏《童蒙训》记伊川言僧家读一卷经，要一卷经道理受用，儒者读书，都无用处一条。又明道至禅寺，见趋进揖逊之盛，叹曰：三代威仪尽在是一条。《朱子语录》尝谓其记录未精，语意不圆。而终以其言足以警切学者，故并收入传闻杂记中，无所刊削。其编录之意，亦大略可见矣。

《二程粹言》二卷（两江总督采进本）

宋杨时撰。时字中立，南剑州将乐人。熙宁九年进士，官至国子祭酒。高宗即位，除工部侍郎，兼侍读，以龙图阁直学士提举杭州洞霄宫。卒谥文靖。事迹具《宋史》本传。时始以师礼见明道于颍昌，相得甚欢。明道殁，又见伊川于洛。南渡以后，朱子及张栻等皆诵说程氏，屹然自辟一门户。其源委脉络，实出于时。是书乃其自洛归闽时以二程子门人所记师说，采撮编次，分为十篇。朱子尝称明道之言发明极致，善开发人；伊川之言即事明理，尤耐咀嚼。然当时记录既多，如《遗书》、《外书》、《雅言》、《师说》、《杂说》之类，卷帙浩繁，读者不能骤窥其要。又记者意为增损，尤不免牴牾庞杂。朱子尝欲删订为节本而未就。世传张栻所编《伊川粹言》二卷，又出依托。惟时师事二程，亲承指授，所记录终较剽窃贩鬻者为真。程氏一家之学，观于此书，亦可云思过半矣。

《公是先生弟子记》四卷（浙江巡抚采进本）

宋刘敞撰。敞有《春秋传》，已著录。是编题曰弟子记者，盖托言弟子之所记，而文格古雅，与敞所注《春秋》词气如出一手，似非其弟子所能。故晁公武《读书志》以为敞自记其问答之言，当必有据也。公武又称，书中于王安石、杨慥之徒书名，王深甫、欧阳永叔之徒书字，以示褒贬。今考公武所说，亦大概以意推之。即如王回一人，论四岳荐鲧一条，论圣人一条，则书其名。论泰伯一条，论晋武公一条，则书其字。是于褒贬居何等乎？且其书固多攻王氏新学，而亦兼寓针砭元祐诸贤之意，故其言曰：淫声出乎律吕，而非所以正律吕也；小道生乎仁义，而非所以明仁义也。又曰：八音不同物而同声，同声乃和；贤能不同术而同治，同治乃平。又曰：忘情者自以为达，悖情者自以为难，直情者自以为真，三者异趋而同乱。又曰：学不可行者，君子弗取也；言不可用者，君子弗询也。又曰：智不求隐，辨不求给，名不求难，行不求异。又曰：无为而治者，因尧之臣，袭尧之俗，用尧之政，斯孔子谓之无为也。又曰：夫贤者为人所能为而已矣。人所不能为，贤者不为也。又曰：君子耻过而欲改之，小人耻过而欲遂之；君子欲善而自反，小人欲善而自欺。又曰：矜小名以售大伪，饰小廉以钓大利者，惟钜孱尔。盖是时三党交讧，而敞独萧然于门户之外，故其言和平如是。至于称老子之无为，则为安石之新法发。辨孟子之人皆可以为尧舜，则为安石之自命圣人发。其说稍激，则有为言之者也。又王守仁谓无善无恶者性之体，有善有恶者意之用。明人断断辨正，称为卫道。今观是书，乃知王安石先有是说，敞已辟而辟之。是其发明正学，又在程、朱之前。其或谓仁义礼智不若道之全一条，谓道固仁义礼智之名，仁义礼智弗在焉，安用道。亦预杜后来狂禅之弊，所见甚正。徒以独抱遗经，澹于声誉，未与伊、洛诸人倾意周旋，故讲学家视为异党，抑之不称耳。实则元丰、熙宁间卓然一醇儒也。其书宋时蜀中有刻版。乾道十年，豫章谢谔得之于刘文濬，付三衢江溥重刊。淳熙元年，赵不黯又于敞从曾孙子和及子和从叔椿家得二旧本，较正舛脱，就江本改刻十八页，补三百七十字。此本即从不黯所刻抄出者，末有谔、溥、不黯三跋，证以《永乐大典》所引，一一符合，知为原书，亦可谓罕觏之笈矣。敞墓志及《宋史·本传》俱称《弟子记》五卷，《读书志》则作一卷，盖南宋之初已病其繁碎，合并为一。今以篇页稍多，厘为四卷，以酌其中。又钱曾《读书敏求记》载《极没要紧》一卷，注曰：即刘原父弟子记也。考浙江所进遗书，有《极没要紧》一卷，亦题公是先生撰。其文皆采掇郭象《庄子注》语，似出依托，与此显为二书。今别存其目于道家中，庶真赝不相淆焉。

## 七、《四部丛刊》

《四部丛刊续编目录》（节选书目、卷数、作者）[1]

经部：

1.仪礼疏存四十四卷　唐贾公彦等撰

2.春秋正义三十六卷　唐孔颖达等撰

3.汉上易传十一卷　宋朱震撰

4.周易要义存六卷　宋魏了翁撰

5.尔雅疏十卷　宋邢昺等撰

6.吕氏家塾读诗记三十二卷　宋吕祖谦撰

7.礼记要义存三十三卷　宋魏了翁撰

8.春秋传三十卷　宋胡安国撰

9.东莱吕太史春秋左传类编　宋吕祖谦撰

10.公是先生七经小传三卷　宋刘敞撰

11.读四书丛说八卷　元许谦撰

12.群经音辨七卷　宋贾昌朝撰

13.急就篇　汉史游撰　唐颜师古注

14.汗简七卷　后周郭忠恕撰

15.龙龛手鉴三卷　辽释行均撰

16.切韵指掌图　宋司马光撰

附释文互注礼部韵略五卷、附韵略条式一卷　宋阙名撰

史部：

1.贞观政要十卷　唐吴兢撰

1　张元济等辑：《四部丛刊初、续、三编总目》，上海：上海书店，1987年，第35—42页。

2.尽言集十三卷　宋刘安世撰

3.孔氏祖庭广记十二卷　金孔元措撰

4.汉丞相诸葛忠武侯传　宋张栻撰

5.南唐书三十卷　宋马令撰

6.南唐书十八卷、附音释一卷　宋陆游撰　音释元戚光撰

7.吴越备史四卷　宋范坰、林禹撰

8.大清一统志五百六十卷、目录二卷、附四角号码索引　清仁宗敕撰

9.麟台故事存三卷　宋程俱撰

10.作邑自箴十卷　宋李元弼撰

11.金石录三十卷　宋赵明诚撰

子部：

1.张子语录三卷、后录二卷　宋张载撰

2.龟山先生语录四卷、后录二卷　宋杨时撰

3.程氏家塾读书分年日程三卷　元程端礼撰

4.棠阴比事二卷　宋桂万荣撰

5.图画见闻志六卷　宋郭若虚撰

6.法书考八卷　元盛熙明撰

7.啸堂集古录二卷　宋王俅撰

8.饮膳正要三卷　元忽思慧撰

9.容斋随笔十六卷、续笔十六卷、三笔十六卷、四笔十六卷、五笔十卷　宋洪迈撰

10.梦溪笔谈二十六卷　宋沈括撰

11.愧郯录十五卷　宋岳珂撰

12.云溪友议三卷　唐范摅撰

13.云仙杂记十卷　唐冯贽撰

14.挥麈前录四卷、后录十一卷、三录三卷、余话二卷　宋王明清撰

15.清波杂志十二卷　宋周辉撰

16.桯史十五卷　宋岳珂撰

17.括异志十卷　宋张师正撰

18.续幽怪录四卷　唐李复言撰

集部：

1.东皋子集三卷　唐王绩撰

2.宋之问集二卷　唐宋之问撰

3.郑守愚文集三卷　唐郑谷撰

4.朱庆余诗集一卷　唐朱庆余撰

5.周贺诗集一卷　唐周贺撰

6.李丞相诗集二卷　南唐李建勋撰

7.雪窦四集一卷、颂古集一卷、拈古集一卷、瀑泉集一卷、祖英集二卷　宋释重显撰

8.山谷外集诗注十四卷　宋史容撰

9.嵩山文集二十卷　宋晁说之撰

10.北山小集四十卷　宋程俱撰

11.沈忠敏公龟溪集十二卷　宋沈与求撰

12.韦斋集十二卷　宋朱松撰

附玉澜集一卷　宋朱槔撰

13.东莱先生诗集二十卷　宋吕本中撰

14.范香溪先生文集二十二卷　宋范浚撰

附范蒙斋先生遗文一卷　宋范端臣撰

附范杨溪先生遗文一卷　宋范端杲撰

15.石屏诗集十卷　宋戴复古撰

16.平斋文集三十二卷　宋洪咨夔撰

17.梅亭先生四六标准四十卷　宋李刘撰

18.三山郑菊山先生清隽集一卷　宋郑震、元仇远撰

附所南翁一百二十图诗集一卷　宋郑思肖撰

附锦钱余笑二十四首一卷

附郑所南先生文集一卷

19. 先天集十卷、附录二卷　宋许月卿撰

20. 叠山集十六卷　宋谢枋得撰

21. 萧冰厓诗集拾遗三卷　宋萧立等撰

22. 许白云先生文集四卷　元许谦撰

23. 存复斋文集十卷　元朱德润撰

24. 青阳先生文集九卷　元余阙撰

25. 蜕庵诗四卷　元张翥撰、明释大杼辑

26. 张光弼诗集七卷　元张昱撰

27. 茗斋集二十三卷　明彭孙贻撰

附明诗九卷　明彭孙贻辑

28. 雍熙乐府二十卷　明郭勋辑

29. 白雪斋选订乐府吴骚合编四卷　明张楚叔、张旭初辑

## 八、《丛书集成初编目录》

《哲学类·儒家哲学》（节选书目、作者、丛书）[1]

礼记通注　（明）朱元弼撰［盐邑］

大学古本　（周）曾参述［百陵］

大学石经古本　附旁释及申释　（周）曾参述（明）王文禄申释［百陵］

大学疏义　（宋）金履祥撰［金华］

大学发微　（宋）黎立武著［学海］

大学本旨　（宋）黎立武著［学海］

大学古本旁注　（明）王守仁注［函海］

大学证文（西河合集之一）（清）毛奇龄稿［龙威］

大学辨业　（清）李塨稿［畿辅］

古本大学辑解　（清）杨亶骅述［畿辅］

1　商务印书馆编：《丛书集成初编目录》，北京：中华书局，1983年，第78—81。

中庸古本 （周）孔伋著［百陵］

中庸传 （宋）晁说之著［涉闻］

中庸指归 （宋）黎立武著［学海］

中庸指归图 （宋）黎立武撰［学海］

中庸分章 附元中子碑（宋）黎立武撰［学海］

中庸本解 附提要（清）杨亶骅述［畿辅］

易大谊 （清）惠栋撰［指海·海山］

论语集解义疏 （魏）何晏集解（梁）皇侃义疏［知不足·古经·古逸］

论语笔解 （唐）韩愈·李翱同注［唐宋·百陵·古经·范氏·艺海·墨海］

论语拾遗 （宋）苏辙撰［指海］

论语绝句 （宋）张九成纂［艺海］

癸巳论语解 （宋）张栻撰［学津］

论语意原 （宋）郑汝谐撰［经苑·指海·墨海·聚珍］

论语集注考证 （宋）金履祥撰［金华］

论语类考 （明）陈士元著［湖北·湖海］

论语稽求篇（西河合集之一）（清）毛奇龄撰［龙威］

论语竢质 附校讹及续校 （清）江声撰［琳琅］

论语注参 （清）赵良猷著［泾川］

论语附记 （清）翁方纲著［畿辅］

论语孔注辨讹 （清）沈涛撰［功顺·仰视］

孟子解 （宋）苏辙撰［指海］

孟子外书四篇 （宋）刘攽注［艺海·经苑·函海］

孟子集注考证 （宋）金履祥撰［金华］

尊孟辨 附续辨、别录 （宋）余允文撰［守山］

孟子杂记 （明）陈士元撰［湖海·湖北］

孟子附记 （清）翁方纲著［畿辅］

孟子事实录 （清）崔述著［畿辅］

孟子要略 附录 （清）刘传莹辑［湖北］

逸孟子 （清）李调元辑［函海］

续孟子 （唐）林慎思撰［函海·知不足］

孔子集语 （清）孙星衍辑［平津·范氏］

家语疏证 （清）孙志祖学［式训］

孔子家语疏证 （清）陈士珂辑［湖北］

曾子十篇 （清）阮元注释［文选］

晏子春秋 （周）晏婴撰［经训·子汇］

荀子 附校勘·补遗 （周）荀况著（唐）杨倞注［畿辅·古逸·抱经］

孔丛子 （汉）孔鲋撰［子汇·汉魏］

陆子 （汉）陆贾撰［两京·子汇·汉魏］

新书 （汉）贾谊撰［抱经·汉魏·两京·子汇］

春秋繁露 （汉）董仲舒撰（清）凌曙注［汉魏·畿辅·抱经·古经·聚珍·两京］

董子文集 （汉）董仲舒撰［畿辅］

韩诗外传 附补逸、校注、拾遗 （汉）韩婴著［古经·学津·汉魏·畿辅·津逮］

说苑 （汉）刘向著［汉魏］

新序 （汉）刘向著［铁华·汉魏］

法言 （汉）扬雄著［汉魏］

中论 附札记 （汉）徐干著［小万·汉魏·两京］

潜夫论 （汉）王符撰（清）汪继培笺［湖海·汉魏·两京］

申鉴（一名小荀子） 附札记 （汉）荀悦著［小万·捍卫·两京·子汇］

周生烈子 （魏）周生烈纂（清）张澍抄辑［二酉］

傅子 （晋）傅玄撰［聚珍］

中说 （隋）王通著［汉魏］

伸蒙子 （唐）林慎思纂［知不足·函海·艺海］

素履子 （唐）张弧撰［范氏·艺海·函海］

# 第十六讲 出土文献

出土文献主要是指从地下出土的古代文献。由地下出土而获得的文献古已有之,《晋书·束皙传》载“太康二年,汲郡人不准盗发魏襄王墓,或言安釐王冢,得竹书数十车。其《纪年》十三篇,记夏以来至周幽王为犬戎所灭,以事接之,三家分,仍述魏事至安釐王之二十年”,汲冢所发现竹书就属于当时的出土文献,随后荀勖、和峤将竹书中的《纪年》编订次序、考证文字,遂成十三篇《竹书纪年》,但这类文献在古代一经出土便被考释成书、流传后世,对于后世来说不再具有出土文献的性质。因此,现代学术界所关注的出土文献主要是近现代以来所发现的来源于地下的文字资料,大致包括甲骨文献、金石文献和简帛文献,其中,与中国哲学史研究最密切相关的是简帛文献。简,是指在古代作为书写工具的竹制或木制长条;帛,是指绢帛等丝织物,在晋代纸张普遍使用以前,简帛是先秦两汉时期主要的书写工具。因为中国古代典籍有大量亡佚,通过对简帛文献的研究一方面可以与传世文本进行校勘比对,纠正后者的错讹,另一方面,简帛文献提供的佚书也为中国哲学史研究提供了重要新资料。

## 一、郭店楚简

郭店楚简，又称郭店楚墓竹简，是1993年在湖北省荆门市沙洋县郭店村郭店一号楚墓出土的战国中晚期竹简。郭店楚墓属于土坑竖穴墓，墓内一棺一椁，根据其墓葬规格推测墓主人生前为士。竹简集中于椁室内的头箱中，共清理出804枚，除去有少量无字简，有字简共730枚，合计约13000余字，用楚国文字写出。

这批竹简按照形制分为三类，根据竹简文意、形制共整理出16篇先秦文献，包括《老子》（甲、乙、丙）、《太一生水》、《性自命出》、《缁衣》、《成之闻之》、《穷达以时》、《唐虞之道》、《鲁穆公问子思》、《忠信之道》、《尊德义》、《六德》、《五行》、《语丛一》、《语丛二》、《语丛三》、《语丛四》，其中除了《老子》《缁衣》有传世文本，《五行》曾见诸长沙马王堆帛书外，其余诸篇均为佚文，如属于早期道家文献的《太一生水》共竹简14枚，讲述了从太一生水开始的天道生化过程，“太一”与《老子》之“道”相似，“太一”生水后水反辅“太一”而形成天，天反辅太一而成地，天地、神明、阴阳、四时、冷热、湿燥、年岁之间又相辅相成，构成了天道生化过程。《性自命出》中提出“喜怒哀悲之气，性也”“性自命出，命自天降”等观点，是理解孔子“性相近也”“性与天道”的重要材料，为研究孔孟之间儒家心性学说发展历程提供了重要资料，2005年福建人民出版社出版的刘钊校释的《郭店楚简校释》是较好的版本。

## 二、马王堆汉墓帛书

1973年湖南省文物考古队和中科院考古研究所在发掘长沙马王堆三号墓时发现了

一批汉代帛书，该墓墓主是汉初长沙国丞相轪侯利苍之子，帛书总共28件，约12万字，涉及思想、军事、天文、医学各方面且多为佚书。这批帛书文献均抄写于幅宽48厘米或24厘米的黄褐丝帛之上，每篇均有行格，一行有30到70字不等。

三号墓出土的帛书约44种，湖南省博物馆编《马王堆汉墓帛书》按照《汉书·艺文志》将出土文献分为五类，六艺类有《周易》六十四卦和《系辞》《二三子问》《易之义》《要》《缪和》《昭力》《春秋事语》《战国纵横家书》，其中《二三子问》《易之义》《要》《缪和》《昭力》是已经亡佚的易学著作；诸子类帛书有《老子》(甲、乙本)、《五行》、《明君》、《九主》、《十六经》、《经法》、《德圣》、《道原》、《称》，其中《经法》《称》《道原》《十六经》是失传已久的“黄帝四经”；兵书类有《刑德》甲乙丙篇，方技类有《导引图》《却谷食气》《脉法等》，术数类有《五星占》、《阴阳五行》《相马经》等，还有《长沙国南部地形图》《驻军图》等地图类文献。

湖南省博物馆编定、岳麓书社2013年出版的《马王堆汉墓帛书》收录了帛书原件的图像并对应释文，中华书局1996年出版了高明撰写的《帛书老子校注》，该书将帛书老子甲乙本与王弼本同列，在参考了敦煌卷本等30余种刊本的基础上做出校注。

## 三、上海博物馆藏战国楚竹书

上海博物馆藏战国楚竹书简称“上博简”。1994年上海博物馆从香港文物市场购买及获赠两批战国楚竹简，总共1700余枚，合计35000余字，涉及著作80余种。

竹简以儒家类为主，旁及道家、兵家等学派，涉及儒家类的有《孔子诗论》《缁衣》《性情论》《鲁邦大旱》《民之父母》《子羔》《从政》等，涉及道家的有《恒先》《彭祖》等。其中《孔子诗论》是佚书，内容涉及孔子对《诗经》的阐发，《性情论》与郭店楚简《性自命出》大体相同，《鲁邦大旱》记述了鲁哀公十五年，鲁哀公因鲁邦大旱与孔子的问答，《子羔》记载了尧、舜、禹、契、后稷为天子的不同于《史记》的五帝系统。

从2001年到2012年，上海古籍出版社接连出版了《上海博物馆藏战国楚竹书》的第一册至第九册，按照该书目录将每册内容列举如下：

（一）《孔子诗论》《缁衣》《性情论》。

（二）《民之父母》《子羔》《鲁邦大旱》《从政》《昔者君老》《容成氏》。

（三）《周易》《中弓》《恒先》《彭祖》。

（四）《采风曲目》《逸诗》《昭王毁室·昭王与龚之脽》《柬大王泊旱》《内豊》《相邦之道》《曹沫之陈》。

（五）《竞内建之》《鲍叔牙与隰朋之谏》《季庚子问于孔子》《姑成家父》《君子为礼》《弟子问》《三德》《鬼神之明·融师有成氏》。

（六）《竞公疟》《孔子见季桓子》《庄王既成·申公臣灵王》《平王问郑寿》《平王与王子木》《慎子曰恭俭》《用曰》及《天子建州》（甲、乙本）。

（七）《武王践阼》《郑子家丧》《君人者何必安哉》《凡物流形》《吴命》。

（八）《子道饿》《颜渊问于孔子》《成王既邦》《命》《王居》《志书乃言》《有皇将起》《李颂》《兰赋》《鹠鷅》。

（九）《成王为城濮之行》《灵王遂申》《陈公治兵》《举治王天下》《邦人不称》《史蒥问于夫子》《卜书》。

## 四、北京大学藏西汉竹书

2009年北京大学通过接受捐赠获得了一批流失海外的西汉竹简，北京大学出土文献研究所主持了对这批竹简的清理保护。竹简总共有3346个，其中残断简1700余个，推测这批竹简的完整简数量在2300个左右，竹简中没有常见的官府文书，均为古代典籍，故称之为“北京大学藏西汉竹书”。这批竹简共有三种规格，长简为46厘米，中简为29.5—32.5厘米，短简为23厘米，不同形制的竹简书写内容不同，如短简内容均为医方，部分竹简背面的竹青部分被刮去，写有篇题。竹简大多有斜划痕，相邻竹简的划痕可以衔接，推测其目的是为了编连竹简。竹简中没有发现汉武帝之后的年号，根据竹简书体和内容推测竹简大多应为汉武帝后期书写，下限不晚于宣帝。

竹简中的古籍门类齐全，其中发现的《老子》竹简共有约5300字，分“老子上经”和“老子下经”，上经为今本“德经”，下经为今本“道经”，竹简中每章均有分章标记，与今本老子分章结构、文字均有不同。出土文献中，郭店楚简的《老子》仅存五分之一，马王堆帛书本《老子》多有阙文，北大简《老子》最为完整。竹简保存了大量古代佚书，《周驯》应为《汉书·艺文志》中的《周训》，属于战国晚期道家类文献；《赵正书》记载了秦始皇、胡亥、李斯等人在秦始皇病重及去世后到秦朝灭亡这段时期的言行，其中关于胡亥继位等记载多有与《史记》不同者。

北京大学出土文献研究所编纂的《北京大学藏西汉竹书》涵盖这批竹简的图片以及释文、注释，共出七卷。列各卷目录如下：

第一卷:《苍颉篇》

第二卷:《老子》

第三卷:《周驯》《赵正书》《儒家说丛》《阴阳家言》

第四卷:《妄稽》《反淫》

第五卷:《节》《雨书》《揕舆》《荆决》《六博》

第六卷:《日书》《日忌》《日约》

第七卷：医方

## 五、银雀山汉墓竹简

银雀山汉墓竹简是指在1972年山东省临沂市银雀山一号、二号汉墓考古发掘中出土的西汉竹简。银雀山汉墓竹简共计4974枚，竹简形制按长度分为69厘米、27.6厘米、18厘米三种，约写成于汉文帝、景帝至武帝早期。

竹简中《孙子兵法》《尉缭子》《晏子春秋》等有传本，《孙膑兵法》《地典》《唐勒》等系佚书。《汉书·艺文志》有《吴孙子》和《齐孙子》，前者即《孙子兵法》，后者即《孙膑兵法》，但《孙膑兵法》久已亡佚，后人有认为今本《孙子兵法》是孙膑所作而非孙武所作，银雀山汉墓同时出土《孙子兵法》和《孙膑兵法》解决了这一悬疑，《史记》孙武、孙膑分别作有兵法的记载可信，银雀山汉墓《孙子兵法》中《吴问》《黄帝伐赤帝》等也是不见于传世本的佚文。《尉缭子》《晏子春秋》被学者怀疑为汉代以后的伪书，银雀山汉墓中出土的《尉缭子》《晏子春秋》的一部分也证实了此二书汉代已经流传。文物出版社出版的《银雀山汉墓竹简》收录了经整理的简文，可供学者参考。

## 六、清华大学藏战国竹简

清华大学藏战国竹简简称“清华简”。清华简由清华大学校友在2008年于香港购买并捐赠给清华大学，这批竹简形制不同，最长的有46厘米，最短的10厘米，根据技术测定年代约为公元前305年左右，属战国中晚期，其总数有2388枚，涵盖约70篇文献。

在清华简的文献中大多属于经史类文献，与《尚书》相关的文献有20篇左右，其中一些篇目今本有存但文字有不同，如今本《金縢》有“周公居东二年”，清华简《周武王有疾周公所自以代王之志》(《金縢》) 作“适东三年”，可以校正今本之失。回答历代关于周公居东是待罪抑或是东征的争论，“适东三年”表明周公应是东征平定叛乱。此外清华简中的《系年》记载了西周初年至战国前期的史事，有些记载可以回答一些学术史上的争论，如《系年》中记载了周公将卫叔封于康丘的决定，对于《尚书·康诰》中“康”是国名抑或是谥号的争论提供了一种解答。

清华简的整理和释读工作主要由清华大学出土文献研究与保护中心主持，目前《清华大学藏战国竹简》已出版至第十三辑，前十三辑的目录如下：

第一辑:《尹至》《尹诰》《程寤》《保训》《耆夜》《金縢》《皇门》《祭公》《楚居》

第二辑:《系年》

第三辑:《傅说之命》《周公之琴舞》《芮良夫毖》《良臣》《祝辞》《赤鹄之集汤之屋》

第四辑:《筮法》《别卦》《算表》

第五辑:《封许之命》《厚父》《命训》《汤处于汤丘》《汤在啻门》《殷高宗问于三寿》

第六辑:《郑武夫人规孺子》《郑文公问太伯》《子产》《管仲》《子仪》

第七辑:《子犯子馀》《晋文公入于晋》《越公其事》《赵简子》

第八辑:《摄命》《邦家之政》《邦家处位》《治邦之道》《心是谓中》《天下之道》

《八气五味五祀五行之属》《虞夏殷周之治》

第九辑：《治政之道》《成人》《廼命一》《廼命二》《祷辞》

第十辑：《四告》《四时》《司岁》《行称》《病方》

第十一辑：《五纪》

第十二辑：《参不韦》

第十三辑：《大夫食礼》《大夫食礼记》《五音图》《乐风》《畏天用身》

## 七、阜阳汉简

阜阳汉简是指1977年安徽考古工作者在安徽阜阳双古堆一号墓中发现的西汉简牍，该墓主人为第二代汝阴侯、滕公夏侯婴之子夏侯灶，竹简均早于西汉文帝十五年。

因该墓早期被盗，简牍文献损坏严重，经整理后涵盖古籍十余种，包括《诗经》《周易》《苍颉篇》《吕氏春秋》《庄子》等，其中《苍颉篇》是秦代字书，包括李斯所作《苍颉》、赵高所作《爰历》、胡毋敬所作《博学》，该书自唐宋之后就已经亡佚，阜阳汉简《苍颉篇》共留存120余片，合计541字。《苍颉篇》残简曾在居延汉简等处有所发现，但皆为汉代以后版本，阜阳汉简《苍颉篇》避秦始皇讳，故其内容应为秦代版本。《诗经》存有国风中除《桧》之外的十四国风以及《小雅·鹿鸣之什》残文，简文与今本《毛诗》不同处多达上百，不同于齐、鲁、毛、韩，是来自于独立的《诗经》传承系统；简牍中《周易》残片涉及四十余卦的内容，合计约3000余字，卦辞与今本多有不同。

《文物》期刊登载了《阜阳汉简（苍颉篇）》、《阜阳汉简（诗经）》、《阜阳汉简（万物）》等文献的摹本、释文。

## 八、定县汉简

定县汉简是指1973年在河北定县（今定州市）八角廊40号汉墓（汉中山怀王刘修

之墓）发掘出的汉代竹简，该墓因早年被盗毁，竹简残损严重。

这批竹简涵盖八种古籍，有《论语》《儒家者言》《哀公问王义》《太公》《保傅传》《文子》《六安王朝五凤二年正月起居记》《日书》。其中《论语》的完整度约为传本《论语》的一半，文字与今本《论语》每章均有不同；佚书《儒家者言》共27章，其中记录了孔子和弟子的言行，大量内容见于《说苑》；属于黄老学著作的《文子》九篇见于《汉书·艺文志》，后人多疑今本《文子》是伪书，竹简《文子》与今本有六章相合，证实今本《文子》只是被篡改但并不是伪书。1997年文物出版社出版了河北省文物研究所定州汉墓竹简整理小组编纂的《定州汉墓竹简〈论语〉》，可供参考。

## 思考题

1. 简要介绍出土文献的学术价值。
2. 近代以前有哪些重大的出土文献发现事件?

## 【阅读材料】

### 一、《郭店楚墓竹简》

《性自命出》[1]

凡人虽有性，心无定志，待物而后作，待悦而后行，待习而后定。

喜怒哀悲之气，性也。及其见于外，则物取之也。性自命出，命自天降。道始于情，情生于性。始者近情，终者近义。知情者能出之，知义者能入之。

好恶，性也。所好所恶，物也。善不善，性也，所善所不善，势也。凡性为主，物取之也。金石之有声也，弗扣不鸣，虽有性，心弗取不出。凡心有志也，无举不可，人之不可独行，犹口之不可独言也。牛生而长，雁生而伸，其性使然，人而学或使之也。凡物无不异也者。

刚之柱也，刚取之也。柔之约，柔取之也。四海之内，其性一也。其用心各异，教使然也。

凡性，或动之，或逆之，或交之，或砺之，或出之，或养之，或长之。凡动性者，物也；逆性者，悦也；交性者，故也；砺性者，义也；出性者，势也；养性者，习也；长性者，道也。

凡见者之谓物，快于己者之谓悦，物之势者之谓势，有为也者之谓故。义也者，群善之蕝也。习也者，有以习其性也。道者，群物之道。凡道，心术为主。道四术，唯人道为可道也。其三术者，道之而已。

《诗》、《书》、《礼》、《乐》，其始出皆生于人。《诗》，有为为之也;《书》，有为言之也;《礼》、《乐》，有为举之也。圣人比其类而论会之，观其先后而逆顺之，体其义而节文之，理其情而出入之，然后复以教。

教，所以生德于中者也。礼作于情，或兴之也，当事因方而制之。其先后之序则宜道也。或序为之节则文也。致容貌，所以文节也。君子美其情，贵其义，善其节，好其容，乐其道，悦其教，是以敬焉。

拜，所以□□□其文也。币帛，所以为信与征也，其词宜道也。笑，礼之浅泽

1 刘钊著:《郭店楚简校释》，福州：福建人民出版社，2005年，第88—92页。

也。乐，礼之深泽也。

凡声，其出于情也信，然后其入拔人之心也厚。闻笑声，则鲜如也斯喜。闻歌谣，则陶如也斯奋。听琴瑟之声，则悸如也斯叹。

观《赉》、《武》，则齐如也斯作。观《韶》、《夏》，则勉如也斯敛。咏思而动心，喟如也，其居次也久，其反善复始也慎，其出入也顺，始其德也。

郑卫之乐，则非其声而从之也。凡古乐龙心，益乐龙指，皆教其人者也。《赉》、《武》乐取，《韶》、《夏》乐情。

凡至乐必悲，哭亦悲，皆至其情也。哀、乐，其性相近也，是故其心不远。哭之动心也，浸杀，其烈恋恋如也，戚然以终。乐之动心也，濬深郁陶，其烈则流如也悲，悠然以思。

凡忧思而后悲，凡乐思而后忻。凡思之用心为甚。叹，思之方也。其声变则心从之矣。其心变，则其声亦然。吟游哀也，噪游乐也，啾游声也，嚱游心也。

喜斯陶，陶斯奋，奋斯咏，咏斯摇，摇斯舞。舞，喜之终也。愠斯忧，忧斯戚，戚斯叹，叹斯辟，辟斯踊。踊，愠之终也。

凡学者求其心为难，从其所为，近得之矣，不如以乐之速也。虽能其事，不能其心，不贵。求其心有伪也，弗得之矣。人之不能以伪也，可知也。不过十举，其心必在焉，察其见者，情安失哉？

恕，义之方也。义，敬之方也。敬，物之节也。笃，仁之方也。仁，性之方也。性或生之。忠，信之方也。信，情之方也。

情出于性。爱类七，唯性爱为近仁。智类五，唯义道为近忠。恶类三，唯恶不仁为近义。所为道者四，唯人道为可道也。

凡用心之躁者，思为甚。用智之疾者，患为甚。用情之至者，哀乐为甚。用身之弁者，悦为甚。用力之尽者，利为甚。目之好色，耳之乐声，郁陶之气也，人不难为之死。

有其为人之节节如也，不有夫简简之心则采。有其为人之简简如也，不有夫恒殆之志则缦。人之巧言利词者，不有夫诎诎之心则流。人之悦然可与和安者，不有夫奋作之情则瞀。有其为人之快如也，弗养不可。有其为人之渊如也，弗补不足。

凡人伪为可恶也。伪斯吝矣，吝斯虑矣，虑斯莫与之结矣。慎，仁之方也。然而其过不恶。速，谋之方也，有过则咎。人不慎斯有过，信矣。

凡人情为可悦也。苟以其情，虽过不恶；不以其情，虽难不贵。苟有其情，虽未之为，斯人信之矣。

未言而信，有美情者也。未教而民恒，性善者也。未赏而民劝，含福者也。未刑而民畏，有心威者也。贱而民贵之，有德者也。贫而民聚焉，有道者也。

独处而乐，有内礼者也。恶之而不可非者，达于义者也。非之而不可恶者，笃于仁者也。

行之不过，知道者也。闻道反上，上交者也。闻道反下，下交者也。闻道反己，修身者也。上交近事君，下交得众，近从政，修身近至仁。

同方而交，以道者也。不同方而交，以故者也。同悦而交，以德者也。不同悦而交，以猷者也。门内之治，欲其掩也。门外之治，欲其制也。

凡悦人勿吝也，身必从之，言及则明举之而毋伪。凡交毋烈，必使有末。凡于路毋思，毋独言。独处则习父兄之所乐。苟无大害，少枉入之可也，已则勿复言也。

凡忧患之事欲任，乐事欲后。身欲静而毋撼，虑欲渊而毋伪，行欲勇而必至，貌欲庄而毋拔，欲柔齐而泊，喜欲智而亡末，乐欲释而有志，忧欲俭而毋惛，怒欲盈而毋掩，进欲逊而毋巧，退欲循而毋轻，欲皆文而毋伪。

君子执志必有夫皇皇之心，出言必有夫简简之信，宾客之礼必有夫齐齐之容，祭祀之礼必有夫齐齐之敬，居丧必有夫恋恋之哀。君子身以为主心。

《太一生水》[1]

大一生水。水反辅大一，是以成天。天反辅大一，是以成地。天地复相辅也，是以成神明。神明复相辅也，是以成阴阳。阴阳复相辅也，是以成四时。四时复相辅也，是以成沧热。沧热复相辅也，是以成湿燥。湿燥复相辅也，成岁而止。故岁者，湿燥之所生也。湿燥者，沧热之所生也。沧热者，四时之所生也。四时者，阴阳之所生也。阴阳者，神明之所生也。神明者，天地之所生也。天地者，大一之所生也。是故大一藏于水，行于时，周而又始，以己为万物母。一缺一盈，以己为万物经。此天

---

1 《郭店楚简校释》，第42—43页。

之所不能杀，地之所不能埋，阴阳之所不能成。君子知此之谓……下，土也，而谓之地。上，气也，而谓之天。道亦其字也，请问其名。以道从事者必托其名，故事成而身长。圣人之从事也，亦托其名，故功成而身不伤。天地名字并立，故过其方，不思相当。天不足于西北，其下高以强；地不足于东南，其上高以强。天道贵弱，削成者以益生者，伐于强，责于□，是故，不足于上者，有余于下，不足于下者，有余于上。

### 二、《帛书老子校注》

《三十八》（今本《德经》第三十八章）[1]

**甲本：〔上德不德，是以有德；下德不失德，是以无〕德。**

**乙本：上德不德，是以有德；下德不失德，是以无德。**

**王本：上德不德、是以有德；下德不失德，是以无德。**

世传诸本此文皆与王本同。

帛书甲本残甚，仅存一“德”字，乙本保存完好，可据补甲本缺文。与今本勘校，彼此经文全同。

《韩非子·解老篇》云：“德者内也，得者外也。‘上德不德’，言其神不淫于外也。神不淫于外则身全，身全之谓德。德者，得身也。凡德者，以无为集，以无欲成，以不思安，以不用固。为之欲之，则德无舍；德无舍则不全。用之思之，则不固；不固则无功，无功则生有德。德者无德，不德则有德。故曰‘上德不德，是以有德。’”以韩非所释，经义大白。德者，得也。常得无丧，利而无害，故以德为名。宇宙万物得失相附，成败相遂，何以得德，唯道是由。何以尽德，以无为用。以无为用，以虚为主，无事无欲，因循自若，不德而德，故谓之上。求则得之，为则成之，立善治物，名扬位显，实则得外失内，舍真求伪，似得实失，德则无德，故谓之下。

**甲本：上德无〔为而〕无以为也。上仁为之〔而无〕以为也。上义为之而有以为也。上礼〔为之而莫之应也，则〕攘臂而乃（扔）之。**

**乙本：上德无为而无以为也。上仁为之而无以为也。上德（义）为之而有以为**

1　高明撰：《帛书老子校注》，北京：中华书局，1996年，第1—8页。

**也。上礼为之而莫之瘫（应）也，则攘臂而乃（扔）之。**

**王本：上德无为而无以为。下德为之而有以为。上仁为之而无以为。上义为之而有以为。上礼为之而莫之应，则攘臂而扔之。**

世传今本“上德”、“下德”、“上仁”、“上义”四句多与王本相同，唯严遵本作“上德无为而无不为。下德为之而有以为”；傅奕、范应元、楼古三本作“上德无为而无不为，下德为之而无以为”；与之稍别。景龙、易玄、景福、庆阳、磻溪、楼正、遂州、严遵、河上、傅、顾、徽、苏、彭、志、焦诸本，末句“扔”字均作“仍”，作“则攘臂而仍之”。

帛书甲本残损十二字，假“乃”字为“扔”。乙本保存完好，亦假“乃”字为“扔”，而可据补甲本缺文。但是，乙本缺点是，误将“上义”之“义”字写成“德”，抄写不慎所致，可据甲本更正。与今本勘校，主要分歧有二处：

一、帛书甲、乙本无“下德”一句，世传本皆有之。此是帛书与今本重要分歧之一。《老子》原本当如何？从经文分析，此章主要讲论老子以道观察德、仁、义、礼四者之不同层次，而以德为上，其次为仁，再次为义，最次为礼。德仁义礼不仅递相差次，每况愈下，而且相继而生。如下文云：“失德而后仁，失仁而后义，失义而后礼。夫礼者，忠信之薄而乱之首也。”德仁义礼之间各自差距如何？老子用“无为”作为衡量四者的标准，以“无为而无以为”最上，“为之而无以为”其次，“为之而有以为”再次，“为之而莫之应，则攘臂而扔之”最次。据帛书甲、乙本分析，德仁义礼四者的差别非常整齐，逻辑意义也很清楚。今本衍“下德”一句，不仅词义重叠，造成内容混乱，而且各本衍文不一，众议纷纭。如王弼诸本衍作“下德为之而有以为”，则同“上义为之而有以为”相重；傅奕诸本衍作“下德为之而无以为”，则同“上仁为之而无以为”相重。由此可见，“下德”一句在此纯属多余，绝非《老子》原文所有，当为后人妄增。验之《韩非子·解老篇》，亦只言“上德”、“上仁”、“上义”、“上礼”，而无“下德”，与帛书甲、乙本相同，足证《老子》原本即应如此，今本多有衍误。

二、帛书甲、乙本“上德无为而无以为”一句，王弼本与其他传本多与帛书相同，唯严遵、傅奕、范应元、楼古四本及《韩非子·解老篇》作“上德无为而无不为”。“无以为”与“无不为”意义迥别，分歧绝非偶然，二者之间必有一误。但是，弄清孰是孰非，首先应澄清《解老篇》引文有无讹误，如此一问题得到解决，严、傅等传本经文之真伪即可迎刃而解。众所周知，《老子》主张“无为”，尤以“虚者之无为”尚可成为道家最高标准“上德”。如何才能达到此境界，《韩非子·解老篇》做了极其透彻的说明。他说：“所以贵无为无思为虚者，谓其意无所制也。夫无术者，故以无为无思为虚也。夫故以无为无思为虚者，其意常不忘虚，是制于为虚也。虚者，谓其意无所制也，今制于为虚，是不虚也。虚者之无为也，不以无为为有常。不以无为为有常则虚，虚则德盛，德盛之谓上德。”但在句末引《老子》语时，则谓“故曰上德无为而无不为也”。韩非所谓的“虚”，指无为无思，即在思想上不去为无为专下功夫而思虑。因此他说无术之人故意以无为无思为手段，常常为它绞脑筋，苦思虑，那是“其意常不忘虚，是制于为虚也”。“制于为虚”，实际是不虚。韩非的论述对《老子》的“无为”解释得很清楚。所谓“上德”，就是“虚者之无为”，同时说明“无为无思为虚者”。“无为无思”，指思想不受其制，即无所为的无为，思想不为无为而思虑的自然无为，也即老子所讲的“无为而无以为”，如此才能真正达到虚境，则谓“上德”。从韩非这段论述中，毫无“无为而无不为”之意，正是对“无为而无以为”之诠释。仔细阅读《解老篇》中这段文字，自然会觉察到它所论述的内容，则与引文“无为而无不为”互相舐牾，足证引文原非如此，当依帛书作“无为而无以为”，彼此才得吻合一致，错误显然是由后人传抄造成的。不言而喻，《解老篇》引文既然有误，而严、傅、范与楼古四本此文，也必经后人窜改，非《老子》原本之义。

**甲本：故失道而后德，失德而后仁，失仁而后义，〔失义而后礼。夫礼者，忠信之薄也〕，而乱之首也。**

**乙本：故失道而后德，失德而句（后）仁，失仁而句（后）义，失义而句（后）礼。夫礼者，忠信之泊（薄）也，而乱之首也。**

**王本：故失道而后德，失德而后仁，失仁而后义，失义而后礼。夫礼者，忠信之薄而乱之首。**

“失道”、“失德”、“失仁”、“失义”四句，王弼本与诸传本经文皆同，唯后一句严遵本无“夫”字，作“礼者，忠信之薄而乱之首”；景福、楼古、孟頫、傅奕、司马、范、徽、彭、焦诸本，句末均有“也”字，作“夫礼者，忠信之薄而乱之首也”。

帛书甲本残损十三字，首句“失”下似有重文号，又似“道”字残迹，“道”下一字模糊不清，似被勾去的坏字。据帛书研究组云："此多'失道矣'三字。"因字迹不清未敢苟同，姑记于此，以备参考。甲本"後"字，均写为"后"。帛书乙本保存完好，可据补甲本缺文。乙本"後"字亦写作"后"，或假"句"字为"后"。与今本勘校，经文多同，有之仅因虚词稍异。刘师培云："案《韩非子·解老篇》云'道有积而德有功，德者道之功。功有实而实有光，仁者德之光。光有泽而泽有事，义者仁之事也。事有礼而礼有文，礼者义之文也。故曰：失道而后失德，失德而后失仁，失仁而后失义，失义而后失礼。'据此文观之，则王本、河上本均脱四'失'字。"马叙伦曰："《后汉书·崔骃传》注引无四'而'字，《朱穆传》注引有，《辅行记》一之三引更有'失礼而后智，失智而后信'两句。然各本及《庄子·知北游篇》引并同此。又諗义，亦不当有此两句及四'失'字。"帛书甲、乙本经文与今本相同，均无四"失"字，则为马说得一确证。可见《韩非子·解老篇》所引《老子》之文，未必全是，皆应具体考证。

王弼注："不能无为而贵博施；不能博施而贵正直；不能正直而贵饰敬。所谓'失德而后仁，失仁而后义，失义而后礼也。'夫礼也，所始首于忠信不笃，通简不阳，责备于表，机微争制。夫仁义发于内，为之犹伪，况务外饰而可久乎！"按德、仁、义三者，虽相递次，然皆发之于内，守忠而笃信。夫礼者，形之于外，饰非而行伪。故曰礼行德丧仁义失。则质残文贵，本废末兴，诈谲日盛，邪慝争生，因而谓为"乱之首"。

**甲本：〔前识者〕，道之华也，而愚之首也。**

**乙本：前识者，道之华也，而愚之首也。**

**王本：前识者，道之华也，而愚之始。**

严遵本"识"字作"职"，谓"前职者"，注云："预设然也。"显知"职"乃"识"之误字。傅奕本"始"作"首"，下有"也"字，则为"前识者，道之华而愚之首也"。楼古、孟頫、司马、徽、邵、范、吴、彭、焦等诸本，"始"下皆有"也"字，作"前识者，道之华而愚之始也"。《韩非子·解老篇》引作"前识者，道之华也，而愚之首也"，与帛书甲乙本经文同。

帛书甲本残损三字，乙本完好可据补甲本缺文。与今本勘校，帛书末句"而愚之首也"，世传本多同王本作"而愚之始"，唯傅奕本与帛书同，《韩非子·解老篇》引亦作“而愚之首也”。王弼注亦云“道之华而愚之首”，是王本原亦作“首”。故知此文当从帛书甲、乙本作“愚之首”是。

河上公注：“不知而言知为前识。”王弼注：“前识者，前人而识也，即下德之伦也。竭其聪明以为前识，役其智力以营庶事，虽得其情，奸巧弥密，虽丰其誉，愈丧笃实。”《韩非子·解老篇》云：“先物行，先理动，之谓前识。前识者，无缘而忘（通妄）意度。何以论之？詹何坐，弟子侍，有牛鸣于门外，弟子曰：‘是黑牛也，而白在其题。’詹何曰：‘然，是黑牛也，而白在其角。’使人视之，果然黑牛而以布裹其角。以詹子之术婴众人之心，华焉殆矣，故曰‘道之华也’。尝试释詹子之察，而使五尺之愚童子视之，亦知其黑牛而以布裹其角也。故以詹子之察，苦心伤神，而与五尺之愚童子同功，是以曰‘愚之首也’。”韩非用詹何识牛之例，批判其不调查，不研究，不遵循认识规律，而任凭主观猜测之浮华虚伪之术，则对“前识者”解释的极其透澈。今本多作“愚之始”，傅奕同甲、乙本皆作“愚之首”。《尔雅释诂》：“首，始也。”“首”、“始”义同，“首”字当释为“始”。易顺鼎云：“窃谓‘愚’尝作‘遇’，即《书·盘庚》‘暂遇奸宄’之‘遇’，又即《淮南》‘偶𦄂智故’之‘偶’。《吕氏春秋·勿躬篇》‘幽诡愚险之言’，王氏《经义述闻》以为‘愚’即‘遇’，‘愚’、‘遇’古字通用，知此书亦然矣。‘愚之始’，即邪伪之始也。”

**甲本：是以大丈夫居其厚而不居其泊（薄）；居其实不居其华。故去皮（彼）取此。**

**乙本：是以大丈夫居〔其厚而不〕居其泊（薄）；居其实而不居其华。故去罢（彼）而取此。**

**王本：是以大丈夫处其厚不居其薄；处其实不居其华。故去彼取此。**

严遵、顾欢、傅奕、范应元四本“居”字均作“处”，读作“是以大丈夫处其厚不处其薄；处其实不处其华”；景龙、易玄、庆阳、楼古、磻溪、孟頫、楼正、遂州、徽、邵、司马、苏、吴、彭诸本首句“居”字作“处”，后句“处”字作“居”。读作“是以大丈夫处其厚不处其薄；居其实不居其华”。又严遵本无“故”字，作“去彼取此”。

帛书甲本假“泊”字为“薄”，假“皮”字为“彼”；乙本残损四字，可据甲本补。亦假“泊”字为“薄”，又假“罢”字为“彼”，经文相同。与今本勘校，帛书甲、乙本“居”字，严、傅诸本皆作“处”，其它本“居”、“处”两用，此二字词异义同，于经义无别。

老子所谓“厚”与“实”者，乃指道德而言，而“薄”与“华”者，则指仁、义、礼之谓也。如《文子·上仁篇》云：“文子问：‘仁义礼何以薄于道德也？’老子曰：‘为仁者必以哀乐论之，为义者必以取与明之；四海之内哀乐不能遍，府库之财货不足以赡万民。故知不如修道而行德，因天地之性，万物自正，而天下赡，仁义因附，是以大丈夫居其厚不居其薄。’”《韩非子·解老篇》云：“所谓‘大丈夫’者，谓其智之大也。所谓‘处其厚不处其薄’者，行情实而去礼貌也。所谓‘处其实不处其华’者，必缘理不径绝也。所谓‘去彼取此’者，去貌径绝，而取缘理好情实也。”

《四十一》（今本《德经》第四十章）[1]

**甲本：〔反也者〕，道之动也；弱也者，道之用也。**

**乙本：反也者，道之动也；〔弱也〕者，道之用也。**

**王本：反者，道之动；弱者，道之用。**

世传今本多同王本，唯赵至坚《道德真经疏义》“反”字作“返”，谓“返者，道之动”。

帛书甲本残损三字，乙本残损二字，彼此可互补缺文。与今本勘校，异在帛书多虚词，而经义无别。

王弼注：“高以下为基，贵以贱为本，有以无为用，此其反也。”“反”者是辩证之核心，相反之事物彼此对立，又相互依存。如第二章所云：“有无相生，难易相成，长短相形，高下相倾，音声相和，前后相随。”说明宇宙间万事万物既对立又依存相互运动，其中主要是“反”的作用。河上公注：“反，本也。本者道所以动，动生万物，背之则亡也。”《老子》中之“反”字又有“复”的意思。林希逸《道德真经口义》云：“反，复也，静也。”如第六十五章：“玄德深矣，远矣，与物反矣。”王弼注：“反其真也。”“反其真”之“反”当作“返”，谓复归其真也。又如第十六章：“夫物芸芸，复归其根。”王弼注：“各返其所始也。”第二十五章则明白指出：“有物混成，先天地

1 《帛书老子校注》，第26—29页。

生，寂兮寥兮，独立不改，周行而不殆，可以为天下母。吾不知其名，字之曰道，强为之名曰大。大曰逝，逝曰远，远曰反。”说明“反”的本义是使事物向自己对立方面发展、转化的辩证规律。

蒋锡昌云：“‘弱者道之用’，言用柔弱之道，为善成之用也。《老子》柔弱之道，盖从自然现象观察得来。八章：‘上善若水，水善万物而不争，处众人之所恶，故几于道。……夫唯不争，故无尤。’六十六章：‘江海所以能为百谷王者，以其善下之。’七十八章：‘天下莫弱于水，而攻坚强者莫之能胜。’此就水之现象观察也。七十六章：‘人之生也柔弱，其死也坚强。万物草木之生也柔脆，其死也枯槁。故坚强者死之徒，柔弱者生之徒。’此就生死现象观察也。以此道而用人事，则主‘不争’、‘不以兵强天下’。《老子》曰‘柔弱胜刚强’，又曰‘强梁者不得其死’，其所以戒人之深矣。”

**甲本：天〔下之物生于有，有生于无〕。**

**乙本：天下之物生于有，有〔生〕于无。**

**王本：天下万物生于有，有生于无。**

易玄、邢玄、楼古、磻溪、孟頫、楼正、敦煌戊、傅奕、范应元、司马、徽、彭、焦诸本“万”字均作“之”，谓“天下之物生于有，有生于无”。遂州本无“天”字，“万”字也作“之”，谓“下之物生于有，有生于无”。严遵本作“天地之物生于有，有生于无”。

帛书甲本残甚，仅存一“天”字。乙本保存较好，仅损一字，可据补甲本缺文。与今本勘校，帛书“天下之物”，傅、范诸本与之相同，王弼、河上诸本皆作“天下万物”，稍异。马叙伦云：“弼注曰：‘天下之物，皆有以为生。’是王亦作‘之物’。今作‘万物’者，后人据河上本改之。”验之帛书，《老子》古本确作“天下之物”，今本作“天下万物”者，乃由后人妄改。

《文子·道原篇》云：“有形者，遂事也；无形者，作始也。遂事者成器也，作始者朴也。有形则有声，无形则无声。有形产于无形，故无形者，有形之始也；……有名产于无名，无名者，有名之母也。”本章所谓之“有”与“无”，义犹一章。道既“无形”又“无名”，“无形”以表道之永恒性，“无名”以表道之普遍性。任继愈云：“老子的哲学在先秦哲学中巨大贡献之一，就是‘无与有’一对范畴的初次被认识。老子在他五千言里反反覆覆讲明事物中有个别和一般，有本质和现象的区别，现象是个别的，本质是一般的。个别的东西有生灭，本质的东西没有生灭。就这一点来说，就是人类认识史上一大进步。”

今本第四十章与四十一章错简。据帛书甲、乙本经文次序，本章当在第四十一章之后与第四十二章之前，兹依帛书文次移此。

### 三、《上海博物馆藏战国楚竹书》

《孔子诗论》(节选)[1]

凡例

一、本篇根据《上海博物馆藏战国楚竹书(一)》图版，参考马承源所作释文，简号、简序仍其旧贯。

二、释文用通行字，通假字直接读破，简文残缺或无法辨识者以□代之。

三、释文重新标点断句，竹简抄写符号仅保留长方形墨记。

四、文字考释在注解中择要说明。

第一简

行此者其有不王乎？■孔子曰：“《诗》亡隐志，乐亡隐情，文亡隐言。”

第二简

时也，文王受命矣。颂，旁德也，多言后；其乐安而迟，其歌申而寻，其思深而远。至矣！大雅，盛德也，多言

第三简

也，多言难而怨悱者也；衰矣，小矣！邦风，其纳物也溥，观人俗焉，大敛材焉；其言文，其声善。孔子曰：“唯能夫

第四简

曰：“《诗》，其犹旁门与？”“残民而怨之，其用心也将何如？”曰：“邦风是已。”“民之有戚患也，上下之不和者，其用心也将何如？”

第五简

是已。”“有成功者何如？”曰：“颂是也。”■《清庙》，王德也，至矣！敬宗庙之

1 周凤五：《〈孔子诗论〉新释文及注解》，《上博馆藏战国楚竹书研究》，上海：上海书店出版社，2002年，第152—155页。

礼，以为其本；秉文之德，以为其蘖，"肃雝

第六简

"多士，秉文之德。"吾敬之。《烈文》曰："亡竞维人，丕显维德。呜呼！前王不忘。"吾悦之。"昊天有成命，二后受之。"贵且显矣！颂

第七简

怀尔明德。"曷？诚谓之也。"有命自天，命此文王。"诚命之也。信矣！孔子曰："此命也夫！文王唯裕已，得乎此命也。"

第八简

《十月》，善辟言；《雨无正》、《节南山》，皆言上之衰也，王公耻之。《小旻》，多疑矣！言不中志者也。《小宛》，其言不恶，少有危焉。《小弁》、《巧言》，则言谗人之害也。《伐木》

第九简

贵咎于己也。《天保》，其得禄蔑疆矣！赞寡德故也。《祈父》之责，亦有以也。《黄鸟》，则困而欲反其故也，多耻者其方之乎？《菁菁者莪》，则以人益也。《裳裳者华》，则

第十简

《关雎》之娶、《樛木》之时、《汉广》之智、《鹊巢》之归、《甘棠》之报、《绿衣》之思、《燕燕》之情，曷？曰："重而皆贤于其初者也。《关雎》以色喻于礼。

第十一简

情，爱也。《关雎》之娶，则其思益矣。《樛木》之时，则以其禄也。《汉广》之智，则知不可得也。《鹊巢》之归，则俪者

第十二简

好，反纳于礼，不亦能娶乎？《樛木》，福斯在君子，不

第十三简

可得，不求不可能，不亦知极乎？《鹊巢》，出以百两，不亦有俪乎？《甘

第十四简

两矣！其四章则愈矣！以琴瑟之悦，拟好色之愿；以钟鼓之乐，

第十五简

及其人，敬爱其树，其报厚矣！《甘棠》之爱，以召公

第十六简

召公也。《绿衣》之忧，思古人也。《燕燕》之情，以其独也。孔子曰："吾以《葛覃》得是初之诗，民性固然。见其美，必欲反其本。夫葛之见歌也，则

第十七简

《东方未明》，有利词。《将仲》之言，不可不畏也。《扬之水》，其爱妇，烈。《采葛》之爱妇，

第十八简

因《木瓜》之报，以喻其怨者也。《杕杜》，则情喜其至也。■

第十九简

□志，既曰天也，犹有怨言。《木瓜》，有藏愿而未得达也。交

第二十简

币帛之不可去也，民性固然。其隐志必有以喻也，其言有所载而后纳，或前之而后交，人不可干也。吾以《杕杜》得爵

第二十一简

贵也。《将大车》之嚣也，则以为不可如何也。《湛露》之益也，其犹驰乎？孔子曰："《宛丘》，吾善之。《猗嗟》，吾喜之。《鸤鸠》，吾信之。《文王》，吾美之。《清

第二十二简

之。《宛丘》曰："洵有情，而无望。"吾善之。《猗嗟》曰："四矢反，以御乱。"吾喜之。《鸤鸠》曰："其仪一兮，心如结也。"吾信之。《文王》曰："文王在上，于昭于天。"吾美之。

第二十三简

《鹿鸣》，以乐始而会，以道交见善而效，终乎不厌人。《兔罝》，其用人，则吾取

## 四、《北京大学藏西汉竹书》

《赵正书》(节选)[1]

昔者，秦王赵正出游天下，还至柏人而病。病笃，喟然流涕长太息，谓左右曰：

1 北京大学出土文献研究所编：《北京大学藏西汉竹书（叁）》，上海：上海古籍出版社，2015年，第189—192页。此处依释文将通假字读破、简化。

“天命不可变欤？吾未尝病如此，悲□……”……而告之曰：“吾自视天命，年五十岁而死。吾行年十四而立，立卅七岁矣。吾当以今岁死，而不知其月日，故出游天下，欲以变气易命，不可欤？今病笃，几死矣。其亟日夜输趋，至白泉之置，毋须后者。其谨微密之，毋令群臣知病。”

病即大甚，而不能前，故复召丞相斯曰：“吾霸王之寿足矣，不奈吾子之孤弱何。……其后不胜大臣之纷争，争侵主。吾闻之：牛马鬭而蚊虻死其下；大臣争，齐民苦。吾哀怜吾子之孤弱，及吾蒙容之民，死且不忘。其议所立。”丞相臣斯昧死顿首言曰：“陛下万岁之寿尚未央也。且斯非秦之产也，去故下秦，右主左亲，非有强臣者也。窃善陛下高议，陛下幸以为粪土之臣，使教万民，臣窃幸甚。臣谨奉法令，阴修甲兵，饬政教，官鬭士，尊大臣，盈其爵禄，使秦并有天下，有其地，臣其王，名立于天下，势有周室之义，而王为天子。臣闻不仁者有所尽其财，毋勇者有所尽其死。臣窃幸甚，至死及身不足。然而见疑如此，臣等当戮死，以报于天下者也。”赵正流涕而谓斯曰：“吾非疑子也，子，吾忠臣也。其议所立。”丞相臣斯、御史臣去疾昧死顿首言曰：“今道远而诏期群臣，恐大臣之有谋，请立子胡亥为代后。”王曰：“可。”

王死而胡亥立，即杀其兄扶苏、中尉恬。大赦罪人，而免隶臣高以为郎中令。因夷其宗族，坏其社稷，燔其律令及故世之藏。又欲起属车万乘以抚天下，曰：“且与天下更始。”子婴进谏曰：“不可。臣闻之：芬茝未根而生凋香同，天地相去远而阴阳气合。五国十二诸侯，民之嗜欲不同而意不异。夫赵王巨杀其良将李微而用颜聚，燕王喜而轲之谋而背秦之约，齐王建遂杀其故世之忠臣而后胜之议。此三君者，皆终以失其国而殃其身。是皆大臣之谋，而社稷之神零福也。今王欲一日而弃去之，臣窃以为不可。臣闻之：轻虑不可以治国，独勇不可以存将，同力可以举重。比心壹智可以胜众，而弱胜强者，上下调而多力壹也。今国危敌比，鬭士在外，而内自夷宗族，诛群忠臣，而立无节行之人，是内使群臣不相信，而外使鬭士之意离也。臣窃以为不可。”秦王胡亥弗听，遂行其意，杀其兄扶苏、中尉恬，立高为郎中令，出游天下。

后三年，又欲杀丞相斯，斯曰：“先王之所谓牛马鬭而蚊虻死其下，大臣争而齐民苦，此之谓夫！”斯且死，故上书曰：“可道其罪，足以死欤？臣为秦相卅余岁矣，逮秦之陕而王之约。始时，秦地方不过数百里，兵不过数万人。臣谨悉意壹智，阴行谋臣，赍之金玉，使游诸侯。而阴修甲兵，兵饬鬭士，尊大臣，盈其爵禄。故终以胁韩而弱魏，又破赵而夷燕代，平齐楚，破屠其民，尽灭其国而虏其王，立秦为天子者，吾罪一矣。地非不足也，北驰胡幕，南入定巴蜀，入南海，击大越，非欲有其王，以见秦之强者，吾罪二矣。尊大臣，盈其爵禄，以固其身者，吾罪三矣。更刻画斗桶，度量壹，文章布之天下，以树秦之名者，吾罪四矣。立社稷，修宗庙，以明主之贤者，吾罪五矣。治驰道，兴游观，以见王之得志者，吾罪六矣。缓刑罚而薄赋敛，以见主之德，众其惠，故万民戴主，至死不忘者，吾罪七矣。若斯之为人臣者，罪足以死久矣。上幸而尽其能力，以至于今。愿上察视之。”秦王胡亥弗听，而遂杀斯。

## 五、《银雀山汉墓竹简》

《孙膑兵法·十问》[1]

兵问曰：交和而舍，粮食均足，人兵敌衡，客主两惧。敌人圆阵以胥，因以为固，击此奈何？曰：击此者，三军之众分而为四五，或傅而佯北，而示之惧。彼见我惧，则遂分而不顾。因以乱毁其固。四鼓同举，五队俱傅。五队俱至，三军同利。此击圆之道也。

交和而舍，敌富我贫，敌众我少，敌强我弱，其来有方，击之奈何？曰：击此者，或阵而攴之，规而离之，合而佯北，杀将其后，勿令知之。此击方之道也。

交和而舍，敌人既众以强，劲捷以刚，锐阵以胥，击之奈何？击此者，必三而离之，一者延而衡，二者［□□□□□］恐而下惑，下上既乱，三军大北。此击锐之道也。

交和而舍，敌既众以强，延阵以衡，我阵而待之，人少不能，击之奈何？击此者，必将三分我兵，练我死士，二者延阵长翌，一者材士练兵，期其中极。此杀将击衡之道也。

交和而舍，我人兵则众，车骑则少，敌人十倍，击之奈何？击此者，当保险带隘，慎避广易。故易则利车，险则利徒。此击车之道也。

交和而舍，我车骑则众，人兵则少，敌人十信，击之奈何？击此者，慎避险阻，决而导之，抵诸易。敌虽十信，便我车骑，三军可击。此击徒人之道也。

交和而舍，粮食不属，人兵不足侍，绝根而攻，敌人十信，击之奈何？曰：击此

1 银雀山汉墓竹简整理小组编：《银雀山汉墓竹简（贰）》，北京：文物出版社，2010年，第193—194页。此处依释文将通假字读破、简化。

者，敌人既□而守阻，我……反而害其虚。此击争□之道也。

交和而舍，敌将勇而难惧，兵强人众自固，三军之士皆勇而无虑，其将则威，其兵则武，而吏强粮接，诸侯莫之或待。击之奈何？曰：击此者，告之不敢，示之不能，坐拙而待之，以骄其意，以惰其志，使敌弗识。因击其不□，攻其不御，压其怠，攻其疑。彼既贵既武，三军徙舍，前后不相睹，故中而击之，若有徒与。此击强众之道也。

交和而舍，敌人保山而带阻，我远则不接，近则无所，击之奈何？击此者，彼敛阻移［□□□□□］则危之，攻其所必救，使离其固，以揆其虑，施伏设爰，击其移庶。此击保固之道也。

交和而舍，客主两阵，敌人形箕，计敌所愿，欲我陷覆，击之奈何？击此者，渴者不饮，饥者不食，三分用其二，期于中极，彼既□□，材士练兵，击其两翼。故彼先喜后□，三军大北。此击箕之道也。

### 六、《清华大学藏战国竹简》

《说命》（上、中）[1]

惟殷王赐说于天，庸为失仲使人。王命厥百工向，以货徇求说于邑人。惟弼人得说于傅岩，厥俾绷弓，引关辟矢。说方筑城，縢降庸力，厥说之状，腕肩如椎。王乃讯说曰："帝抑尔以畀余，抑非？"说乃曰："惟帝以余畀尔。尔左执朕袂，尔右稽首。"王曰："亶然。天乃命说伐失仲。"失仲是生子，生二牡豕。失仲卜曰："我其杀之"，"我其已，勿杀"。勿杀是吉。失仲违卜，乃杀一豕。说于围伐失仲，一豕乃旋保以逝，乃践，邑人皆从，一豕随仲之自行，是为赦俘之戎。其惟说邑，在北海之州，是惟圜土。说来，自从事于殷，王用命说为公。

说来自傅岩，在殷。武丁朝于门，入在宗。王原比厥梦，曰："汝来惟帝命。"说曰："允若时。"武丁曰："来格汝说，听戒朕言，渐之于乃心。若金，用惟汝作砺。古我先王灭夏，燮强，捷蠢邦，惟庶相之力胜，用孚自迩。敬之哉，启乃心，日沃朕心。若药，如不瞑眩，越疾罔瘳。朕畜汝，惟乃腹，非乃身。若天旱，汝作淫雨。若

1 清华大学出土文献研究与保护中心编，李学勤主编：《清华大学藏战国竹简（叁）》，上海：中西书局，2012年，第122—125页。此处依释文将通假字读破、简化。

津水，汝作舟。汝惟兹说底之于乃心。且天出不祥，不徂远，在厥落，汝克覭视四方，乃俯视地。心毁惟备。敬之哉，用惟多德。且惟口起戎出好，惟干戈作疾，惟衣载病，惟干戈眚厥身。若抵不视，用伤，吉不吉。余告汝若时，志之于乃心。

《系年》（节选）[1]

昔周武王监观商王之不恭上帝，禋祀不寅。乃作帝籍，以登祀上帝天神，名之曰千亩，以克反商邑，敷政天下。至于厉王，厉王大虐于周，卿士、诸正、万民弗忍于厥心，乃归厉王于彘，共伯和立。十又四年，厉王生宣王，宣王即位，共伯和归于宗。宣王是始弃帝籍弗田，立三十又九年，戎乃大败周师于千亩。

周幽王取妻于西申，生平王。王或取褒人之女，是褒姒，生伯盘。褒姒嬖于王，王与伯盘逐平王，平王走西申。幽王起师，围平王于西申，申人弗畀，缯人乃降西戎，以攻幽王，幽王及伯盘乃灭，周乃亡。邦君诸正乃立幽王之弟余臣于虢，是携惠王。立二十又一年，晋文侯仇乃杀惠王于虢。周亡王九年，邦君诸侯焉始不朝于周，晋文侯乃逆平王于少鄂，立之于京师。三年，乃东徙，止于成周，晋人焉始启于京师，郑武公亦正东方之诸侯。武公即世，庄公即位。庄公即世，昭公即位。其大夫高之渠弥杀昭公，而立其弟子眉寿。齐襄公会诸侯于首止，杀子眉寿，车轘高之渠弥，改立厉公，郑以始正。楚文王以启于汉阳。

周武王既克殷，乃设三监于殷。武王陟，商邑兴反，杀三监而立彔子耿。成王屎伐商邑，杀彔子耿，飞廉东逃于商盖氏，成王伐商盖，杀飞廉。西迁商盖之民于邾吾，以御奴虘之戎，是秦先人，世作周扞。周室既卑，平王东迁，止于成周。秦仲焉东居周地，以守周之坟墓，秦以始大。

周成王、周公既迁殷民于洛邑。乃追念夏商之亡由，旁设出宗子，以作周厚屏，乃先建卫叔封于康丘，以侯殷之余民。卫人自康丘迁于淇卫。周惠王立十又七年，赤翟王峁唐起师伐卫。大败卫师于睘，幽侯灭焉。翟遂居卫，卫人乃东涉河，迁于曹，焉立戴公申，公子启方奔齐。戴公卒，齐桓公会诸侯以城楚丘，□公子启方焉，是文公。文公即世，成公即位。翟人或涉河，伐卫于楚丘，卫人自楚丘迁于帝丘。

1　清华大学出土文献研究与保护中心编，李学勤主编：《清华大学藏战国竹简（贰）》，上海：中西书局，2012年，第136—144页。此处依释文将通假字读破、简化。

# · 后　记 ·

2018年秋，我正式在复旦哲院开课。除了研究生课程外，教研室让我每学年给本科生讲“中国哲学史史料学”与“周易”两门课，秋学期讲“史料学”，春学期讲“周易”。

“史料学”应该讲些什么？怎么讲？这既是简单的问题，又是可探索的问题。简单是因为前贤都有专著，照本宣科即是。可探索是因为我从自己从学的体会，以及当代中国哲学的研究现状看，照本宣科显然是于心不忍与不甘的，不忍是对不起学生，不甘是对不起自己。故我选择了探索的路径。

20世纪80年代初我在杭州大学哲学系念本科时，除了一学年每周六学时的“中国哲学史”课程外，还有同样学时的“中国哲学史资料选读”课程，使用的教材是北京大学哲学系中国哲学史教研室编的《中国哲学史资料选辑》上下册。当我毕业留系任助教开始从事研究后，始发现经过西学彻底格式化处理后的中国哲学史资料，实在是既破碎不堪，又乏导引之效；在编纂者那里，对于史料或许是全局在握，了然于胸的，但对初学者则无门径可寻。后来陈植锷师受命于沈善洪师，为我讲文献学，陈师专讲目录，从《汉志》《隋志》《文献通考》到《四库提要》，以及《丛书综录》，我始窥得传统学问的门径，同时也得以爬出中国现代学术所建构起来的哲学洞穴，在传统的知识世界中去体会中国哲人的思与行。因此，我决定以目录学为纲来组织“史料学”的教学。当然，我知道冯友兰先生的《中国哲学史史料学》也首先讲了目录学的知识，但仅是一般的介绍，不仅没有作为整体架构，所讲的目录学知识似不足以引导本科生真正以目录学为津梁进入传统中国哲学的知识世界，而且更在于它的整体架构一如其对中国哲学史的建构一样，是一种外部式的处理。

另一方面，只要是以西学中的哲学来外部式地选取中国哲学史的史料，那么往往会受制于某一种的西方哲学，而实际上，不仅西方哲学史是丰富多样的，而且西方哲学更是在发展变化的。随举一例以见之。福柯的《规训与惩罚》开篇即以酷刑的史料来切入，深入分析了惩罚形式背后的时空的权力运作与社会秩序及主体性的复杂关系，这样的分析方式与理论建构显然溢出了传统西方哲学的藩篱。以此反观中国的史料，则又足以引发别样的哲学思考，拓宽中国哲学的视域与问题意识。亦随举一例以见之。司马光《资治通鉴》在述及曹操虽久蓄无君之心，但没身不敢废汉而自立的史实后，分析其背后的原因并不是曹操无野心，而是害怕名义而强自抑制，并点出这种名义的力量来自于长时段的教化推行与风俗养成。如果能将这些史料纳入视野，那么对于朱子倾心与致力于礼制研究与实践无疑有极大助益，进而对包括朱子在内的整个理学世界真正获得一种具身性的理解。

此外，在经过了长达一个多世纪的全盘西学化的现代中国知识体系建构以后，随着中国式现代化的自觉，中国自主的知识体系建设业已成为重要的学术方向。在日前浙江大学召开的一个“文明交流互鉴与自主知识体系建设研讨会”上，我就其中的难题及其可能的解决路径谈到，推动知识进步的根源性动力应该来自现实生活，这个现实生活当然既是当下的，也必然是涵摄了传统的。知识创新的难题在于，当人们去面对与处理这个现实生活时，我们逃不掉既有的知识形态。不仅是我们本土的中国学者有这样的困惑与困难，即使西方的汉学家，他们在面对中国文化的时候，也同样有这样的难题。我还举了一个中国美术史研究的例子。美国前辈学者高居翰（James Cahill）在分析元代绘画时讲，元代绘画是中国绘画史上一个非常重要的转折，元代的画家们非常有意去模仿和沿续以前画家的风格，但对这种现象他只能借用西方的一些术语，比如archaism或者archaistic。他深知元代绘画的风格与这些西方术语不是一回事，但他除非以注音方式写成fukuism外，别无它法，而这个注音表达对于西方读者等于什么也没有讲。高居翰讲，其他的西方术语，诸如romantic，neoclassical和primitivist都是如此。换言之，自主知识体系的建设要面对和要处理分析的是新的现实生活，它是产生新知识的源头，但是分析这个现象世界的时候，却注定要运用既有的知识，而这个既有的知识基本上是源自西方现象世界所滋生的知识体系，这基本上是一个前置性的存在。显然，意识到这个难题，并不等于只能回避，或只能照走旧辙，亦步亦趋于西学。中国现代化所呈现的特色一定是与中国既有的文化传统有关，当我们有了自主知识体系建设的自觉，以及充分意识到这中间存在着的难题以后，除了借镜于西学化了的现代知识体系以外，事实上这个体系也在不断地变化着，我们自然也应该从中国特色的现代化的现象中去探究造成这一特色的中国原因，这就必然要求我们去回看自己的知识与文化传统，由此获得智慧，从而提出足以能够解释中国特色的现代化现象的具有自主性质的概念，进而形成具有自主性质的分析方法与知识。这大概可以说是我希望从传统中国知识体系内部出发来讲中国哲学史史料学的更深一层的原因。

从2018年秋学期讲起，“史料学”至今已讲过六遍。起初我尚无研究生，便商请吴震兄的博士生张亦辰担任这门课的助教，从讲课录音、资料编选，到课后讨论，亦辰为我做了大量的起步工作。后来我的博硕士生陆续进来，除了先后担任这门课的助教外，从录音稿到文字稿，从初稿编纂到清样校对，他们更深入地加入这门课的团队建设中，尤其是学院与学校教务处将这门课的教材编写列入重点计划后。整个工作历时数年，翻来覆去，几易其手，以至我已记不清具体细节了，只能大致记得，除了张亦辰外，先后担任助教的是：张良浩、丁少青、何泽昕、韩丰阳；对各章参与编纂的是：张良浩（目录、佛道教）、陈耀辉（经传六艺部分、诸子之道法及其他）、吴洁（经传之孝经与四书）、丁少青（史籍与文集）、解晓昕（语录与学案、类书与丛书、出土文献）。清样出来后，本学期又请助教黄义鹏与新入学的夏卓浩、宋泽齐帮助通校全书。现在学院将这本探索性的教材交由商务印书馆出版，我除了要向教研室、学院、学校教务处表示衷心感谢外，还必须郑重地向上述同学，以及这些年来选听这门课，并积极参与其中的本科同学表示诚挚的谢忱，如果没有他们的参与，我是绝无可能去编写这样一本教材的。

当然，由于这本教材旨在从传统中国知识体系出发，内生性地去理解中国的哲学史料，虽然是在西学的映照下，也绝无任何复古之意，但试图摆脱从前的外部式处理，由此带来的诸如哲学史料的边界模糊等，便可能成为新的问题。边界模糊大概是探索性的天然伴生性问题，但问题终究是问题，凡此以及其余种种不足，责皆在我。我也恳切希望可能使用这本教材的老师与同学给予批评，以利今后教学与可能修订时弥补。

何 俊

2024年12月23日冬至后二日于西鱼巷